Friedrich Köthe, Daniela Schetar

Chiemgau, Berchtesgadener Land

003ch sk

„Wen Gott lieb hat, den lasset er fallen in dieses Land!"

Ludwig Ganghofer

Impressum

Friedrich Köthe, Daniela Schetar
Reise Know-How Chiemgau, Berchtesgadener Land

erschienen im
Reise Know-How Verlag Peter Rump GmbH
Osnabrücker Str. 79
33649 Bielefeld

3., neu bearbeitete und aktualisierte Auflage 2019

Gestaltung
Umschlag: G. Pawlak, P. Rump (Layout);
Katja Schmelzer (Realisierung)
Inhalt: Günter Pawlak (Layout);
Caroline Tieman (Realisierung)
Fotonachweis: Friedrich Köthe (sk), Birgit Hempel (bh),
www.fotolia.de (Autorennachweis jeweils am Bild)
Titelfoto: Friedrich Köthe (Motiv: Bergpanorama mit
Königssee vom Rinnkendlsteg aus gesehen)
Karten: Ingenieurbüro B. Spachmüller, Thomas Buri

Lektorat: Caroline Tiemann
Lektorat (Aktualisierung): Katja Schmelzer

Druck und Bindung: Himmer GmbH, Augsburg

ISBN 978-3-8317-3167-1

Printed in Germany

Dieses Buch ist erhältlich in jeder Buchhandlung Deutschlands, der Schweiz, Österreichs, Belgiens und der Niederlande. Bitte informieren Sie Ihren Buchhändler über folgende Bezugsadressen:

Deutschland
Prolit GmbH, Postfach 1109,
D–35461 Fernwald (Annerod)
sowie alle Barsortimente

Schweiz
AVA Verlagsauslieferung AG
Postfach 27, CH–8910 Affoltern

Österreich
Mohr Morawa Buchvertrieb GmbH
Sulzengasse 2, A–1230 Wien

Niederlande, Belgien
Willems Adventure, www.willemsadventure.nl

Wer im Buchhandel trotzdem kein Glück hat, bekommt unsere Bücher auch über unseren
Büchershop im Internet: www.reise-know-how.de

002ch-sk

Wir freuen uns über Kritik, Kommentare und Verbesserungsvorschläge, gern auch per E-Mail an info@reise-know-how.de.

Alle Informationen in diesem Buch sind von den Autoren mit größter Sorgfalt gesammelt und vom Lektorat des Verlages gewissenhaft bearbeitet und überprüft worden.

Da inhaltliche und sachliche Fehler nicht ausgeschlossen werden können, erklärt der Verlag, dass alle Angaben im Sinne der Produkthaftung ohne Garantie erfolgen und dass Verlag wie Autoren keinerlei Verantwortung und Haftung für inhaltliche und sachliche Fehler übernehmen.

Die Nennung von Firmen und ihren Produkten und ihre Reihenfolge sind als Beispiel ohne Wertung gegenüber anderen anzusehen. Qualitäts- und Quantitätsangaben sind rein subjektive Einschätzungen der Autoren und dienen keinesfalls der Bewerbung von Firmen oder Produkten.

Friedrich Köthe, Daniela Schetar

CHIEMGAU, BERCHTESGADENER LAND

Vorwort

Im Westen und Norden der Inn, im Osten die Salzach und im Süden die Alpen – die Menschen in dieser vom Halbrund der Flüsse und vom Nachbarland Österreich umschlossenen Region müssen sich als etwas Besonderes begreifen, so lieblich und sanft-idyllisch wie aus einem Bilderbuch präsentiert sich der Landstrich. Eine Sehnsuchtslandschaft schlechthin.

Im südöstlichsten Teil Oberbayerns finden sich einige der schönsten Flecken des Landes. Vorneweg die Seen: der Königssee mit Kirche und Biergarten weit ab von allem, nur mit dem Schiff oder per Bergwanderung zu erreichen, im Hintergrund der Watzmann, Schicksalsberg der deutschen Gipfelstürmer; im weiten Tal der Chiemsee, grün-blau wie das Meer, mittendrin Inseln, eine für das Frauenstift und eine für das Männerkloster, darauf ein vollkommen abgedrehtes Schloss. Dass man auch noch mit dem Schaufelraddampfer hinfahren kann und vorher mit dem Dampfzug zum Hafen, ist schon fast zu viel. Oder Waging: Uferpromenade, Kunst und bayerische Bronzelöwen, Pavillons, Boote, Terrasse im See – ein Roman der 1930er Jahre ins Heute versetzt.

Das idyllische Schauspiel geht in den Bergen weiter: allerorten Bauernhäuser, von deren Balkonen rot leuchtende Geranien wie Wasserfälle quellen; braun oder schwarz geflecktes Rindvieh mit bedachtsam mahlenden Mäulern, großäugig mit der Welt zufrieden, auf hügeligen Weiden und Almen, die vom Panorama der Alpen die passende Kulisse erhalten.

Der Besucher kann erleben und genießen: an mittelalterlichen Mauern vorbei durch enge Gassen zum Marktplatz

004ch-sk

[>] Blick vom Kehlsteinhaus auf das Berchtesgadener Land

schlendern, auf dem die Menschen in den Straßencafés der Sonne entgegen blinzeln, vor sich einen Eisbecher oder einen Aperol Spritz; am schattigen Flussufer entlangradeln, den Blick auf die tausendfach in den glitzernden Wellen gebrochenen Strahlen; auf einer Sandbank Steine hüpfen lassen und zum Kloster am Hochufer wandern; dort von Fresken überwältigt werden und danach im Biergarten einer Schänke durchschnaufen. Oder wenn noch alles schläft den Rucksack packen, losmarschieren in der Kühle durch den morgendlichen Sommerwald und über die vom Tau benetzten Almwiesen zum Gipfelkreuz steigen, wo die wärmende Sonne die Felsen zum Glühen, die Bergdohlen zum Tanzen und das Herz zum Jauchzen bringt.

Kitsch? Klischee? Aber ja! Es gibt eben Gegenden, die so viel besitzen, die so bevorzugt, so sinnbildlich sind, dass sich bei einem Besuch vielleicht nicht alles, aber doch eine ganze Menge an Wünschen, an Fantasien und Ersehntem erfüllt. Der Chiemgau und das Berchtesgadener Land gehören dazu.

Lassen Sie sich von diesem Buch führen und verführen und genießen Sie's.

Daniela Schetar und *Friedrich Köthe*

Inhalt

Preiskategorien für zwei Personen Doppelzimmer mit Frühstück

① bis 60 €
② 60–100 €
③ 100–150 €
④ über 150 €

Preiskategorien für ein Menü mit zwei Gängen (ohne Getränke)

① bis 15 € ② 15–25 €
③ 25–50 € ④ über 50 €

Nicht verpassen!
Die Highlights der Region erkennt man an der **gelben Hinterlegung.**

Unser Tipp: ...
... steht für spezielle Empfehlungen der Autoren: abseits der Hauptpfade, persönlicher Geschmack.

Der Schmetterling ...
... zeigt an, wo man besonders gut Natur erleben kann oder Angebote im Bereich des nachhaltigen Tourismus findet.

Kinder-Tipps
Das Symbol kennzeichnet Sehenswürdigkeiten, Unterkünfte und Aktivitäten, an denen auch kleine Bayern-Urlauber ihre Freude haben.

Verweise auf die Stadtpläne
1 Die **farbigen Nummern** in den „Praktischen Tipps" der Ortsbeschreibungen verweisen auf den jeweiligen Karteneintrag.

GPS-Koordinaten
Die GPS-Koordinaten in diesem Buch sind als geografische Koordinaten (Breite und Länge, Lat./Lon.) in Dezimalgrad angegeben, also z.B. so: **GPS N 52.00017, E 8.49119.** Weitere Infos zum Thema unter www.reise-know-how.de/gps.

Exkurse

Updates nach Redaktionsschluss
Auf der Produktseite dieses Reiseführers in unserem Internetshop finden Sie zusätzliche Informationen und wichtige Änderungen.

Karten

Blick auf den Watzmann

900ch sk

Die Regionen im Überblick

1 Am Inn | 18

Die Städte am Inn lebten vom Handel, der – die Alpen querend – dem Flusstal folgte, und vom Salz im Südosten Bayerns. Der dadurch entstandene Reichtum ist noch heute zu sehen: prächtige Bürgerhäuser in **Rosenheim (S. 22)** und **Wasserburg (S. 43),** großzügige Stadtanlagen und herrliche Klöster wie in **Rott (S. 42)** hoch über dem Inn. Der angrenzende **Samerberg (S. 34)** ist eine der letzten Bastionen idyllisch-grüner Weiden, bevor die bewaldeten Flanken vom Beginn der Chiemgauer Alpen künden.

2 Chiemsee | 50

Im „bayerischen Meer" spiegelt sich der weißblaue Himmel, wie Möwen gleiten die Segelboote übers Wasser. In den Strandbädern von Seebruck und **Chieming (S. 69)** haben Kinder ihren Spaß, während in den Biergärten am Ufer Kastanien den Gästen willkommenen Schatten spenden. Ein **Schaufelraddampfer (S. 60)** bringt Besucher auf die **Herreninsel (S. 55)** zum Schloss Ludwigs II. Abseits vom Trubel lockt die **Eggstätter Seenplatte (S. 64)** mit ihrem Landschaftsschutzgebiet zu ausgedehnten Naturerkundungen.

3 An Traun und Alz | 70

In den Alpen entspringend, fließt die Traun zur Alz, die gerade den Chiemsee verlassen hat und nahe dem **Wallfahrtsort Altötting (S. 90)** und dem Papstgeburtsort **Marktl (S. 97)** schließlich in den Inn mündet. Dem Lauf der beiden Flüsse folgend, kommt man durch die reichen Salzstädte **Traunstein (S. 74), Altenmarkt (S. 83)** und **Trostberg (S. 86).** Flussauen, kleine Badeseen und sanfte Hügel bestimmen die Landschaft. Am Wegesrand liegen Burgen und Barockkirchen.

4 Salzach und Rupertiwinkel | 100

Städtchen an der Salzach wie **Laufen (S. 106)** und **Tittmoning (S. 121)** mit kleineren oder größeren Wehranlagen zeugen vom früheren

Reichtum und von notwendiger Wachsamkeit. Eine fast endlos lange Burg thront über **Burghausen (S. 127).** Oft lohnt sich auch ein Abstecher ans andere Ufer der Salzach nach **Österreich (S. 108, 132).** Nach den Besichtigungen verspricht der wärmste Badesee Bayerns bei **Waging (S. 112)** Abkühlung.

5 Chiemgauer Alpen | 138

Ziemlich abrupt wächst die erste Kette der Alpen 1000 m aus der lieblichen Hügellandschaft empor, sie erreicht eine Meereshöhe von 1600 m. Wer Bergerlebnis mit sommerlichem Badeurlaub verbinden will, ist hier richtig. Die Seen im Alpenvorland sind in Sichtweite. **Ruhpolding (S. 156)** und **Reit im Winkl (S. 151)** stehen für erholsame Sommerferien und ambitionierten Winterurlaub. Einfachere und anstrengendere Wanderungen sind in großer Zahl im Angebot.

6 Berchtesgadener Land | 166

Schnell wird es gebirgig und sogar felsig, wenn man weiter nach Süden vordringt. Der **Nationalpark Berchtesgaden (S. 212)** schützt eine einzigartige Alpenlandschaft mit ganz spezieller Flora und Fauna. Nicht umsonst trägt das **Steinerne Meer (S. 214)** seinen Namen und der **Watzmann (S. 213)** ruft wie eh und je. Solequellen wie in **Bad Reichenhall (S. 170)** ziehen Kurgäste an und Bergwerke Entdecker – so in **Berchtesgaden (S. 183)** oder im österreichischen **Hallein (S. 218).** Und der smaragdgrüne **Königssee (S. 207)** ist so sehr bayerische Postkartenidylle, dass es schon weh tut.

7 Salzburg | 220

Die viertgrößte Stadt Österreichs – einen Katzensprung von Berchtesgaden und nur 50 Kilometer vom Chiemsee entfernt – ist eine der Hauptattraktionen des Nachbarlandes und mindestens einen Tagesausflug wert. Ihr historisches Zentrum steht seit 1996 auf der Liste des Weltkulturerbes der UNESCO. Die Fürsterzbischöfe haben in Salzburg über Jahrhunderte regiert und ihre Duftmarken Stein werden lassen.

Reiserouten und Touren

Auch wenn der Chiemgau und das Berchtesgadener Land in der Größe recht überschaubar sind – es gibt **viel Interessantes** zu sehen. Man sollte sich also Zeit nehmen.

Wer eine Woche Zeit hat, wird die Region schon recht gut kennen lernen können, die eine oder andere Wanderung unternehmen, ab und an in einen See springen, und in den Städtchen die bedeutendsten Sehenswürdigkeiten, Museen und Ausstellungen besuchen.

Verkehrsmittel

Das Wegenetz ist feinmaschig und sehr gut ausgebaut, und die **Bahn** sowie die **Autobusse** des *Regional Verkehr Oberbayern (RVO)* bilden das Rückgrat des öffentlichen Verkehrssystems. In der Sommersaison gibt es auch mehrere spezielle Buslinien, die auf die Bedürfnisse der Wanderer zugeschnitten sind.

Das eigene Fahrzeug verspricht aber dennoch mehr Flexibilität und Unabhängigkeit – besonders, wenn man in die Berge will, denn die Wanderungen beginnen teils an sehr abgelegenen Plätzen.

Routenvorschläge

Im Folgenden werden **zwei Routen** vorgestellt. Route 1 macht in acht Tagen mit der ganzen Region vertraut, Route 2 ist eine Vier-Tages-Tour und konzentriert sich auf die absoluten Highlights.

Route 1 – In acht Tagen durch Chiemgau und Berchtesgadener Land

Eine Woche ist gar nicht so lang und zu sehen gibt es viel, von Kultur bis Natur, von kleinen, feinen Städtchen an Flüssen bis zu Dörfern in engen Tälern und an sanften Hängen. In den Museen gibt's moderne Kunst, Archäologie und Autos. Und am letzten Tag heißt es noch bei *Mozart* vorbeischauen.

- **Dauer:** Acht Tage mit sieben Übernachtungen
- **Transport:** Eigenes Fahrzeug
- **Reisezeit:** Ganzjährig

1. Tag: *Anreise* aus Richtung München; Erkundung **Rosenheims,** Übernachtung in Rosenheim und Umgebung.

2. Tag: Besuch des Lokschuppen, Fahrt über **Amerang** und **Wasserburg;** Übernachtung in **Burghausen.**

3. Tag: Besuch der Festung Burghausen und Mittagessen in **Altötting;** Fahrt über **Trostberg** nach **Prien,** Übernachtung in Prien.

4. Tag: Besuch von **Herren-** und **Frauenchiemsee,** Badenachmittag; Übernachtung in **Prien** oder an der **Eggstätter Seenplatte.**

5. Tag: Fahrt über **Traunstein** nach **Bad Reichenhall,** Salinenbesuch; Fahrt auf den **Obersalzberg;** Übernachtung in **Berchtesgaden.**

6. Tag: Bergwerkbesuch; Fahrt zum **Königssee** und Bootsausflug; Übernachtung in **Schönau.**

7. Tag: Fahrt nach **Salzburg,** Übernachtung.

8. Tag: *Rückfahrt*

Route 2 – Die Highlights

Schade, dass Sie nicht mehr Zeit haben. Also beschränken Sie sich erzwungenermaßen auf das Notwendigste, das Allerschönste und das Allerwichtigste. Ein bisschen Natur also, ein wenig Geschichte und ein Häubchen Kultur oben auf.

- **Dauer:** Vier Tage mit drei Übernachtungen
- **Transport:** Eigenes Fahrzeug
- **Reisezeit:** Ganzjährig

1. Tag: *Anreise* aus Richtung München, Besuch von **Herren-** und **Frauenchiemsee;** Übernachtung in **Prien.**

2. Tag: Fahrt nach **Berchtesgaden** und Bergwerksbesichtigung, **Obersalzberg;** Übernachtung in **Ramsau.**

3. Tag: Bootsfahrt auf dem **Königssee** nach **St. Bartholomä,** Übernachtung.

4. Tag: *Rückfahrt* über **Burghausen** und **Wasserburg** nach **München.**

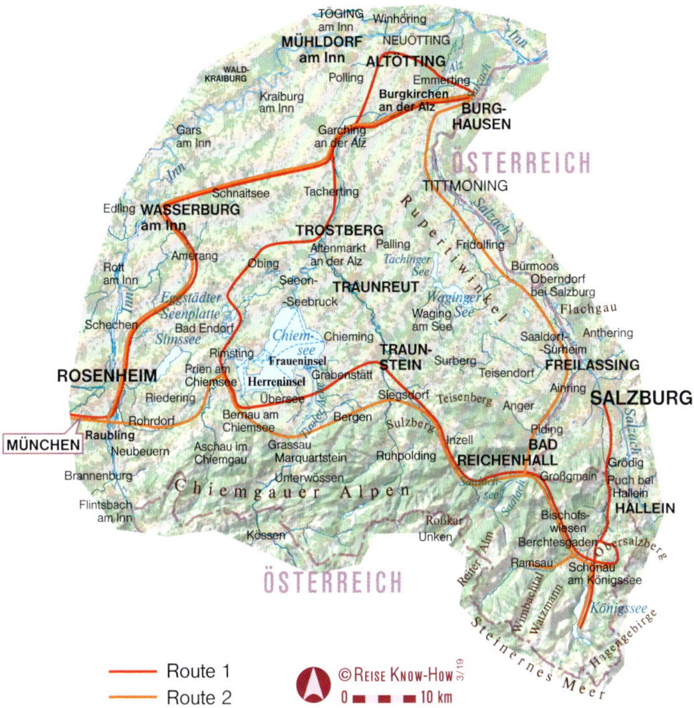

Biathlon-Weltcup
im Januar in Ruhpolding

Jazzwoche
im März in Burghausen

Maibaum-Aufstellung
mit einer zünftigen Brotzeit und viel Bier

JAN | FEB | MÄR | APR | MAI | JUN

Wintersportsaison in der Region

Georgiritt in Traunstein
am Ostermontag (März/April)

Sonnwendfeier in den Bergen

Bayerische Schulferien

Salzige Festwochen im Juli in Bad Reichenhall

Schifferstechen in Laufen an einem August-Wochenende

Oldtimer-Bergrennen Ende September in Berchtesgaden

Adventsmärkte

JUL	AUG	SEP	OKT	NOV	DEZ

Badesaison

Almabtrieb(e) eines der größten und schönsten lokalen Feste im Jahreskreis

Klostermarkt an einem Juli-Wochenende in Altötting

Almer Bergwallfahrt am Königssee im August am Sa nach Bartholomä

Leonhardiritt in St. Leonhard Anfang November

Salzburger Festspiele

Fünf Orte zum Staunen

120ch sk

Herrenchiemsee | 55

Man muss schon in einer, naja, ganz eigenen Gedankenwelt leben, um sich ein Schloss zu planen und hinstellen zu lassen, wie es herrlicher nicht sein könnte – mit der Idee im Hinterkopf, dass man die Pracht keinesfalls mit irgendjemandem zu teilen wünscht: Herrenchiemsee! Und dann stelle man sich noch vor, dass der König das Wasser und den Chiemsee nicht mochte (und ihn hinter Bäumen verbergen ließ).

121ch sk

Eggstädter Seenplatte | 64

Wer als Skandinavien-Fan die dunklen Wälder und schwarzen Seen des Nordens liebt, ist in Bayern genau richtig. Die Eggstädter Seenplatte ist von hohem Gehölz gerahmt, dichte Wälder treten bis an die Ufer und nur ab und an ragt ein Steg über das dunkle Wasser. Am frühen Morgen und am späteren Abend kann es nordischer nicht sein. Wenn aber die Sonne im Himmelblau glänzt, taucht sie die Seen in heitere Farben.

122ch sk

Baumburg | 83

Nirgends auf der Welt ist das Rokoko so siegreich durchs Land gezogen wie in Bayern. Grandiose Beispiele für die Handwerkskunst der Freskenmalerei und der Stuckatur sind in fast allen Dörfern zu finden, in kleinen Kapellen, in Pfarrkirchen und in den großen Gotteshäusern der Klöster. Verspielt in Weiß und Gold kringelt sich dort der Gips und pastellig blicken in Baumburg die Heiligen aus biblischen Szenen auf die Gläubigen.

123ch sk

Golfplatz von Berchtesgaden | 293

Sauberer kann die Luft nicht sein unterhalb des Kehlstein am Obersalzberg. Auch wenn der Golfplatz von Berchtesgaden nur neun Löcher sein eigen nennt, das Panorama bringt es voll. Als einer der ältesten (und höchstgelegenen) Golfclubs in Deutschland kann man auf eine ganze Liste an illustren Gastspielern zurückblicken, die es geliebt haben, die abwechslungsreichen Geländeformationen zu meistern.

124ch sk

Ruhpolding | 264

Irgendwie haben sie den Spagat geschafft die Bayern – zur beliebtesten Urlaubsregion Deutschlands zu werden und sich dennoch eine Natur zu bewahren, die in den weitesten Bereichen vielleicht nicht unverfälscht, aber doch intakt ist. Wer sich zu Fuß oder mit dem Rad auf den Weg macht, wird zahlreiche Plätze finden, die wirken, als hätten sie die Jahrhunderte unberührt gelassen – wie rund um Ruhpolding in den Bergen.

Fünf Orte zum Träumen

Archenkanzel | 258

Viel Mühe kostet es hinaufzusteigen zur Archenkanzel hoch über dem Königssee, nichts für Ungeübte oder die ohne Trittsicherheit, weit weg vom See, wo sich die Besucher rund um Bartholomä einen Uferplatz streitig machen. Ja doch! Schön ist es dort unten schon; aber hier oben ist es tausendmal schöner, und besonders unter der Woche – ganz alleine – der perfekte Platz für einen Traum von einer besseren Welt.

125ch sk

Ludwig Fessler | 60

Auf dem Wasser gibt es fast kein schöneres Geräusch als das behäbig-gemütliche flap-flap der Schaufelräder in den riesigen Seitenkästen der Ludwig Fessler auf dem Chiemsee.1926 gebaut versieht sie seit nun fast 100 Jahren ihren Dienst auf grünem Wasser unter wolkenweiß betupftem, stahlblauem Himmel. Und wenn es draußen stürmt, das Innere – ein bisschen Jugendstil, ein bisschen Biedermeier – ist nicht weniger traumhaft.

126ch sk

Pelhamer See | 65

Wenn's noch ganz früh im Jahr ist, aber die ersten Strahlen bereits von der Kraft der Sonne künden, oder denn der Herbst schon braune Vergänglichkeit in die Bäume gemalt hat, dann ist es am Pelhamer See am schönsten. Absolute Ruhe herrscht hier dann und auf einem der Bootsstege streckt man die Füße in ein blaues Nirgendwo zwischen Wasser und Himmel und die Gedanken fliegen einem um die Ohren.

127ch sk

Motorradmuseum | 159

Grad weil es so unaufgeräumt wirkt, so beliebig an die Wand gehängt, dazwischen gestellt und aufeinander gestapelt, schön restauriert oder im Rost verkommen, mit Protz-PS oder als Nähmaschine tuckernd – es ist einfach lässig. Das private Motorradmuseum, der Schnauferlstall, lässt die Träume von Generationen über Freiheit und Unabhängigkeit, über „Sonne putzen" und schnurgeraden Asphalt noch einmal aufblitzen.

128ch sk

Burg Burghausen | 130

Braucht es für einen geruhsamen Moment ausgerechnet die längste Burg der Welt? Manchmal schon! Die weiten Plätze der Burganlage auf dem Bergrücken hoch über dem Städtchen Burghausen, die blanken Hausfassaden, die eleganten Turmspitzen und hölzernen Wehrgänge, die Bilderbuch-Hauptburg mit Aufgängen und wuchtigem Palas – hier entstehen im Kopf die schönsten Geschichten vom Burgfräulein und ihrem Prinzen.

129ch sk

015ch sk

1 Am Inn

Neubeuern überschaubar und fein, Rosenheim behäbig und sich seiner Würde bewusst und schließlich das mittelalterlich angehauchte Wasserburg in einer Flussschleife: Besucher erwartet in den Städten am Inn und in seiner Umgebung ein bunter Strauß an Kunst und Kultur, an Freizeitspaß und Entspannung.

< Wasserburg am Inn

Am Inn (Süd)

0 2 km
©Reise Know-How
Chiem_K1b 3/19
Radtour
1 Neubeuern – Wasserburg
S. 36
Schechen
Seebruck, Chiemsee
Bad Endorf
Rinssee
Hofstätter See
Prutting
Pfaffenhofen am Inn
Groß-karolinenfeld
Krottenmühl
Rimsting
ROSENHEIM
BAD AIBLING
Simssee
Ratzing
Mitter-feld
Erlenau
Schloß-berg
Haidholzen
Baierbach
Pietzing
Heilig-Geist-K.
St. Nikolaus
Stephanskirchen
Kolbermoor
NSG
Prien, Chiemsee
Ecking
Kastenau
Riedering
Aisinger-wies
Kaltmühl
Heilig Blut
Heilig Kreuz
Aising
Westerndorf
Pang
Thansau
Lauterbach
Bernau, Chiemsee
E 45
E 52
Rasthof Samerberg
Dreieck Inntal
Rosenheim
Achen-mühle
Frasdorf
Rohrdorf
Raubling
Mühlsteinbruch
Hinterhör
Achenmühle
Deutsche Alpenstraße
Kollerfilze
Nickelheim
Altenmarkt
Pinswang
Törwang
Grainbach
Kirchdorf am Inn
Start 1
Altenbeuern
Neubeuern
Samerberg
Bad Feilnbach
Kleinholz-hausen
Großholz-hausen
Reischen-hart
Riesenberg 1444
Zeller Horn 1396
Deutsche Alpenstraße
Nußdorf am Inn
1568 Hochries
Wasserfall
Farrenpoint 1272
Weidach
Brannenburg
Zinnenberg 1565
Aschau
Rasthof Inntal
Milbing
Kitzstein 1398
Flintsbach am Inn
Fischbach
Gletscherschliff
Hochsalwand 1624
Wendelstein 1838
1720 Wildalpjoch
1337 Gr. Riesenkopf
Pasterkopf 1322
1365 Kranzhorn
Spitzstein 1595
ÖSTERREICH
Sachrang
Dümpfel 1354
Deutsche Alpenstraße
Ölberg-kapelle
Wildbarren 1447
Erl
Bayrischzell
Bichlersee
Niederndorfer-berg
Niederndorf bei Kufstein
Rettenschöss
Auerbach
Oberaudorf

AM INN

Wenn der Inn unweit von Neubeuern über die Grenze nach Deutschland fließt, hat er schon ein gehöriges Wegstück hinter sich. Er bringt das Eiswasser des Schweizer Engadin aus 2500 m Höhe an Innsbruck vorbei durch Österreich hindurch und schließlich via Rosenheim und Wasserburg bis nach Passau, wo er in die Donau mündet – mächtiger und mehr Wasser führend als diese. Sein Unterlauf bildet vom österreichischen Braunau bis Passau die Staatsgrenze. Die alten Römer haben den Fluss bereits für den Warenverkehr genutzt, über die Jahrhunderte profitierten die Städte an seinem Ufer vom Handel. Die Alpen waren über den Inn und seinen verlässlichen Wasserstand mit den großen Städten im Osten verbunden. Salz und Erze aus den Bergen wurden auf dem Fluss nach Wien, Bratislava, Budapest und Belgrad transportiert. Wasserburg entwickelte sich zum bedeutendsten Hafen und Warenumschlagplatz.

Radtour am Inn

Die Strecke zwischen Neubeuern und Wasserburg ist Teil des schönen, gut beschilderten Inn-Radwegs vom Maloja-Pass in der Schweiz bis zur Mündung in die Donau bei Passau. Die Etappe von Neubeuern nach Wasserburg misst etwa 50 km. Will man die Sehenswürdigkeiten am Wegesrand intensiver besichtigen, sollte man zwei Tage einplanen. Eine Beschreibung der Route findet sich im Kapitel „Touren": **Radtour 1.**

NICHT VERPASSEN!

- Ausstellung im **Lokschuppen** in Rosenheim | 24
- Schönstes Oberbayern am **Samerberg** | 34
- Baden im **Simssee** | 38
- **Oldtimermuseum** in Amerang | 41
- **Klosterkirche St. Marinus und Anianus** in Rott am Inn | 42
- Altstadt von **Wasserburg** | 43

Diese Tipps erkennt man an der gelben Hinterlegung.

Rosenheim

Bürgerpaläste und durch schmale Gassen verbundene weite Plätze prägen das Stadtbild der Rosenheimer Altstadt. Straßencafés und traditionelle Wirtschaften laden zu einer Rast ein. Die Nähe zum Chiemsee und zu den Bergen und das Kulturangebot locken zahlreiche Besucher in die 60.000 Einwohner zählende Stadt.

Der Zusammenfluss von Mangfall und Inn war von jeher eine wichtige Landmarke des Handels und so geht die Geschichte Rosenheims bis in die Zeit des Alten Rom zurück, in der es als **Militärstation Pons Aeni** und Kreuzung bedeutender Handelsstraßen auf den Landkarten stand. Mit dem Rückzug der Römer verschwand auch die Station. Erst die **Wittelsbacher** wagten einen Neuanfang und gründeten 1247 Rosenheim unterhalb einer von den **Wasserburger Grafen** wenige Jahre zuvor errichteten Burg, die die Inn-Schifffahrt sichern sollte. Auf die Wasserburger ginge auch der Name *Rosenheim* zurück: Im Wappen der Wasserburger Grafen finden sich Rosen. Sagen die einen, die anderen meinen, dass es vom Wort *rozo* – Sumpf abgeleitet ist.

Ab 1809 war die Siedlung mit der Eröffnung der Soleleitung aus Reichenhall und der Errichtung einer **Saline** in die Salzgewinnung eingebunden, das Geld sprudelte. 1857 machte die Eisenbahn von München nach Salzburg in Rosenheim halt und 1864 erhielt man Stadtrecht.

Die Highlights für Kinder

- Der Lokschuppen | 24
- Spielplätze im Riedergarten und im Mangfallpark | 30
- Bauerngolf in Grainbach | 35
- Bauernhausmuseum Amerang | 42

Sehenswertes

Max-Josefs-Platz

Im Herzen Rosenheims, in der Fußgängerzone am langgestreckten Max-Josefs-Platz, dem früheren Straßenmarkt, stehen prächtige **Patrizierhäuser** mit Arkaden und vorgeblendeten Giebelfassaden, die die Dächer verstecken und den Bauwerken ihre wuchtige Wirkung verleihen – bekannt als **Inn-Salzach-Architektur.**

Holztechnisches Museum

In einem von ihnen, dem **Ellmaierhaus,** erfahren die Besucher des Holztechnischen Museums recht anschaulich und kompetent alles, was es über Holzverarbeitung zu sagen gibt. Schließlich ist aus dem in Rosenheim 1925 gegründeten Holztechnikum, einer Holzfachschule,

> Ludwigsplatz mit Städtischem Museum

005ch sk

die Fakultät Holztechnik der hiesigen Hochschule hervorgegangen.

■ **Holztechnisches Museum,** Max-Josefs-Platz 4, Tel. 0 80 31 / 1 69 00, Di–Sa 10–17 Uhr, jeden 2. und 4. So im Monat auch 13–17 Uhr, 4 €, Kind 2 €, Familienkarte 8 €.

Stadtpfarrkirche St. Nikolaus

Die östliche Häuserzeile des Max-Josefs-Platzes überragt der 61 m hohe Turm der auf das Jahr 1450 zurückgehenden, 1641 teilweise abgebrannten und neu errichteten Stadtpfarrkirche St. Nikolaus. 1880 vergrößerte man den Baukörper. Wichtigstes Ausstattungsdetail ist das Bild **„Maria mit dem Kinde"** als Schutzmantelmadonna von 1514 an der Stirnseite des nördlichen Seitenschiffes.

Heilig-Geist-Kirche

Vom einstigen Reichtum der Rosenheimer zeugt die Heilig-Geist-Kirche westlich des Max-Josefs-Platzes in der Heilig-Geist-Straße. Der Kaufmann *Hans Stier* ließ sie 1449 direkt im Anschluss an sein Wohnhaus als Spitalkirche errichten, sie steht bündig mit der Häuserflucht. Die obere der Doppelkapelle – dem hl. Wolfgang geweiht – war die Privatkapelle des Stifters. In ihr entdeckte man 1963 hinter dem Altar das wertvolle **Lucca-Bild** aus dem 15. Jh., eine Seccomalerei, die Christus fast wie vor dem Kreuz schwebend und ihm zu Füßen einen Geiger zeigt.

Städtisches Museum

Nördlich schließt sich der **Ludwigsplatz** an mit dem einzigen verbliebenen Stadttor, dem **Mittertor** aus dem 14. Jh. In 23 Räumen spannt dort das bereits 1895 gegründete Städtische Museum einen zweitausendjährigen Bogen der Regionalgeschichte, „vom Römergrab zum Nierentisch" der 1950er Jahre. Allerdings ist das Mittelalter ausgespart: In dieser Zeit war Rosenheim ein unbeschriebenes Blatt und es mangelt an Exponaten.

■ **Städtisches Museum,** Ludwigsplatz 26, Tel. 0 80 31 / 3 65 87 51, www.museum.rosenheim.de, Di–Sa 10–17 Uhr, jeden 1., 3. und 5. So im Monat 13–17 Uhr, 4 €, Kind 2 €, Familienkarte 8 €.

Lokschuppen

Der Lokschuppen ist berühmt für seine richtungsweisenden Ausstellungen. Bis zu 280.000 Besucher kommen im Jahr und machen ihn zu einem der zehn **erfolgreichsten Ausstellungszentren Deutschlands.** Im September 2019 wiedereröffnet der Lokschuppen nach über einjähriger Sanierung mit der Ausstellung *Saurier – Giganten der Meere –* Urviecher, die in den Ozeanen lebten (also keine Dinos).

■ **Ausstellungszentrum Lokschuppen Rosenheim,** Rathausstraße 24, Tel. 0 80 31 / 3 65 90 36, www.lokschuppen.de, Mo–Fr 9–18 Uhr, Sa/So 10–18 Uhr, voraussichtlich 15 €, Kind- und Familienkartenpreise standen bei Drucklegung nicht fest. Mit **Souvenirshop** und **Gastronomie,** die, wenn's passt, mit den Ausstellungen abgestimmte Gerichte auf der Speisekarte hat.

Klepper Museum

Noch in den 1950er Jahren war der größte Arbeitgeber Rosenheims die **Firma Klepper,** die mit ihren segeltuchbespannten und faltbaren Bootskörpern auch heute in der ganzen Welt die Augen passionierter Wasserwanderer leuchten lassen. Das Klepper Museum südlich des Bahnhofs im Gewerbegebiet erläutert die Firmengeschichte und zeigt mit vielen Exponaten die Entwicklung des **Faltbootes** – „vom Lumpenkreuzer zum Hightech-Kajak".

■ **Klepper Museum,** Klepperstr. 18, Tel. 0 80 31 / 21 67 14, www.kleppermuseum.de, Mo, Do, Fr 13–18 Uhr, Sa 10–14 Uhr, 2 €, Kind 1 €.

Inn-Museum

Das Inn-Museum östlich des Zentrums am Innufer ist im historischen Bruckbaustadl aus dem 17. Jh. untergebracht. Thema ist die **Schifffahrt auf dem Inn** als Lebensader der Stadt, die mit zahlreichen detailliert gearbeiteten Modellen beschrieben wird. Eine der **Plätten,** der Inn-Boote, wurde in Originalgröße nachgebaut. Das immer zugängliche **Freigelände** ist als Park gestaltet und zeigt historischen und modernen Uferschutz.

■ **Inn-Museum,** Innstr. 74, Tel. 0 80 31 / 3 05 01, www.wwa-ro.bayern.de, April bis Okt. Sa und So 10–16 Uhr, 4 €, Kind 2 €, Familie 8 €, Führung So 14 Uhr 3 €.

Parks

Bevor man in die Altstadt zurückkehrt, könnte man noch südlich davon im **Salinpark** mit seinen Großplastiken (früher der Platz, an dem die Sole versottet wurde), oder im **Riedergarten,** einem Apotheker- und Kräutergarten aus dem 18. Jh., pausieren. Im Riedergarten wurde zur Landesgartenschau 2010 wieder ein Heilkräutergarten angelegt. Auch **am Inn** hat die Landesgartenschau ihre Spuren hinterlassen: Dort finden sich nun ein großes Open-Air-Veranstaltungsgelände, ein schöner Uferweg, ein Minigolfplatz und Kneippbecken.

Wallfahrtskirche Heilig Blut

Drei Kilometer südlich der Altstadt erreicht man über die Kufsteiner Straße bzw. B15 die Wallfahrtskirche Heilig Blut, die einen wundertätigen Bildstock barg. Sie geht auf eine Holzkapelle des späten 15. Jh. zurück. 1508 baute man in Stein, 1610 kam das Langhaus hinzu und 1687 barockisierte man das Ganze. 1802 sollte die Kirche im Zuge der Säkularisation abgerissen werden, doch es kam anders: Ein blinder Holzdrechsler aus der Gemeinde fuhr nach München zu König *Maximilian,* das schönste der von ihm gedrechselten Spinnräder als Geschenk im Gepäck. Sein erbetener und ihm gewährter Lohn: die Rettung der Kirche. Heute ist der **Gnadenstuhl im Hochaltar** ihr wertvollster Besitz. Geschnitzt hat ihn der Meister von Rabenden 1508, ein unbekannter gotischer Künstler, der auch den Hochaltar der Kirche in Rabenden bei Seeon nördlich des Chiemsees schuf.

■ **Heilig Blut,** Zugspitzstr. 20, Rosenheim, Ortsteil Aisingerwies, http://kirchenamwasen.de.

Kirche Heilig Kreuz

Die Kirche Heilig Kreuz bzw. St. Johannes der Täufer, 6 km südwestlich des Zentrums, ist ein kreisrunder, lichtdurchfluteter, innen reich mit Stuck ausgestatteter Zentralbau mit drei Hauptapsiden. Am Platz einer Vorgängerkirche aus dem 13./14. Jh. 1668 begonnen und 1670 geweiht, beträgt der Innendurchmesser 17 m und die Höhe 11 m. Die **Zwiebelkuppel** (20 m hoch und 20 m weit) ist eine der größten freitragenden Holzkuppelkonstruktionen und wurde ohne Metall fertiggestellt. Sogar die Nägel sind aus Holz. Über dem Sakristeieingang ist eine **Pietà** von 1520 zu sehen.

■ **Heilig Kreuz,** Am Wasen, Pang/Westerndorf, http://kirchenamwasen.de.

Praktische Tipps

Informationen

■ **Tourist-Info Rosenheim,** Hammerweg 1 (im Parkhaus P1), 83022 Rosenheim, Tel. 0 80 31 / 3 65 90 61, www.touristinfo-rosenheim.de, Di–Fr 10–13, 14–17, Sa 10–14 Uhr. Beliebt sind die hier angebotenen **Stadtführungen** mit Themenschwerpunkten wie „Auf den Spuren der Rosenheim Cops".

Rosenheim Cops

In der Königstraße 24 steht das **Rosenheimer Rathaus.** Das Gebäude ist in ganz Deutschland bekannt, da seine Fassade immer dann zu sehen ist, wenn die *Rosenheim Cops* der **ZDF-Serie** ihre Dienststelle betreten.

Tatsächlich residiert die Polizei aber 700 m nördlich des Rathauses – was den Erfolg der Serie nicht schmälert. In mittlerweile 17 Staffeln mit über 400 Episoden haben die Filmpolizisten in der Stadt und im Chiemgau ermittelt.

Service

- **Post:** Bahnhofstr. 27.
- **Internet:** Städtisches WLAN im Zentrum: „komro CITY WLAN" auswählen, Nutzungsbedingungen bestätigen und täglich 2 x 1Std. kostenlos surfen.
- **Alpenverein:** Von-der-Tann-Str. 1a, Tel. 0 80 31/ 23 34 52, www.dav-rosenheim.de.

Verkehr

- **Parken:** Zahlreiche Parkhäuser, die zentralsten sind P1 (Hammerweg), P2 (Kufsteiner Str.), P3 (Königstr.) und P10 (Stadtcenter, Brixstr.). Wenn auf den Loretowiesen nicht gerade ein Fest stattfindet, ist er der größte gebührenfreie Parkplatz der Stadt (in die Altstadt fünf Gehminuten).
- **Bahn:** Bahnhof südlich der Altstadt, Haltestelle an den Fernstrecken München – Salzburg/Kufstein, Nahverkehr Richtung Wasserburg und Holzkirchen.
- **Taxi:** *Edelweiß*, Tel. 0 80 31 / 35 99 35, https://taxi-rosenheim.de.
- **Radverleih:** *Radlalm*, Waldmeisterstr. 2a, Großkarolinenfeld, Tel. 0 80 31 / 3 52 91 28, www.fahrrad-rosenheim.de.

Einkaufen

10 **Trachten-Moser,** Georg-Aicher-Str. 4, www.trachten.de. Riesiger Laden der Handelskette mit traditioneller Tracht, modernen Abwandlungen und Sonderangeboten.

5 **Trachten-Unterseher,** Ludwigsplatz 30/31, www.trachten-unterseher.de. Traditionsgeschäft in der Stadtmitte mit Maßanfertigung und Originalkleidung ohne Chichi.

- **Rosenheimer Gourmet Manufaktur,** www.rosenheimer-gourmet-manufaktur.de. Dinge, die das Backen interessanter machen – von der natürlichen Lebensmittelfarbe über essbaren Glitzer bis zum Kornblumenzucker, alles selbst produziert oder abgemischt. Nur Online-Bestellungen.

Unterkunft

4 **Parkhotel Crombach**③, Kufsteinerstr. 2, Rosenheim, Tel. 0 80 31 / 35 80, www.parkhotel-crombach.de. Zentral gelegenes, modernes, in den 1960er Jahren errichtetes und renoviertes Drei-Sterne-Hotel mit 64 komfortablen Zimmern und Suiten, Parkplätze und Tiefgarage.

1 **B & B Hotel Rosenheim**②, Eduard-Rüber-Str. 1, Rosenheim, Tel. 0 80 31 / 9 01 09 90, www.hotelbb.de. Topmodernes Hotel mit allem was nötig ist, in gestyltem Ambiente; auch die Lage am Bahnhof ist bestens. Gutes Frühstücksbüffet zu fairem Preis. Online buchen, zahlen und direkt ins Zimmer – *the new generation.*

13 **Huberwirt**②, Am Wasen 72, Westerndorf, Tel. 0 80 31 / 6 74 84, www.landgasthof-huberwirt.de. Schöner Landgasthof mit Restaurant, Bier- und Wintergarten; helle Zimmer mit viel Holz.

13 **Lindlweberhof**②, Raublingerstr. 10, Aising, Tel. 0 80 31 / 6 77 38, www.lindlweberhof.de. Zimmer und Ferienwohnungen in einem historischen Bauernhof (kein Restaurant) mit drei Zimmern und drei Ferienwohnungen.

Essen und Trinken

7 Zum Johann Auer②, Färberstr. 17, Rosenheim, Tel. 0 80 31 / 3 41 21, www.zumjohann-auer.de, tgl. 10–23 Uhr, So ab 15 Uhr, Mo bis 17 Uhr. Natürlich gibt es hier die Bierspezialitäten der Auerbrauerei und dazu Passendes wie Kalbslüngerl oder Krautwickerl (aber auch Tafelspitz oder Vegetarisches) – eben eine bayerische Traditionsgaststätte.

6 Restaurant Glückspilz②, Färberstr. 6, Rosenheim, Tel. 0 80 31 / 2 32 83 77, www.restaurant-glueckspilz.de, Di–Sa 11.30–14 und 17.30–21.30 Uhr. Von der Sesamcremesuppe mit Räucherlachs bis zum Filet im Speckmantel mit Prosecco-Rahmkraut: die Karte ist überschaubar, das Essen lecker und das Ambiente geradlinig-aufgeräumt; auch günstige Mittagsgerichte.

12 Dinzler in der Kunstmühle②, Kunstmühlstr. 12, Rosenheim, Tel. 0 80 32 / 4 08 25 31, www.dinzler.de, Mo– Sa 8–18, So 9–18 Uhr. Eigentlich eine Kaffeerösterei, heute ein feines Café-Restaurant in einem historischen Industriegebäude mit köstlichem Frühstück und nicht zu teurem Mittagsmenü. Auf der Tageskarte stehen neben Pasta, Risotto und Pizza auch leichte Salatkost und immer auch vegane und vegetarische Gerichte. Tipp: Zum Nachtisch ein Crèpe.

3 strehles deli . bioladen①-②, Herzog-Otto-Str. 8a (im Innenhof), Rosenheim, Tel. 0 80 31 / 8 09 38 99, http://strehles.com, Mo–Fr 10–16, Sa 9–16 Uhr. In *Strehles Bioladen* gibt es mittags sehr lecker zubereitete, günstige vegetarische Gerichte (teils auch vegan oder glutenfrei) und eine Salatbar. Frühstücken kann man ebenfalls gut und auch der Kuchen ist toll.

13 Pfeiffenthaler ②-③, Kufsteiner Str. 10, Bad Feilnbach (15 km südwestlich Rosenheim), Tel. 0 80 66 / 2 02, www.pfeiffenthaler.de, Mi–So 10–23 Uhr. Die Küche ist vornehmlich bodenständig und biergartengerecht mit Kaspressknödelsuppe, Cordon bleu (mit Schinken-Käse-Sauce) und dem ausgezeichnete Zwiebelrostbraten – das Ambiente von einer klar-hellen Gemütlichkeit. Do/Fr ist jeweils *Börger-Dog* (Burger-Tag) und man glaubt gar nicht, wie lecker die Buletten zubereitet und wie überraschend Garnitur und Gewürze sein können.

Abends unterwegs

8 Revenge, Kaiserstr. 8, Rosenheim, Tel. 08 031 / 2 35 97 91, www.facebook.com (Revenge). Mi, Do 20–2, Fr/Sa 20–4 Uhr. Bar mit Party-Atmosphäre und wildgemischtem Publikum aus allen Altersklassen, zu späterer Stunde kann es ruhig werden oder die Gäste feiern enthemmt.

9 Oscar's Bar, Adlzreiterstr. 11, Rosenheim, Tel. 01 77 / 8 01 68 79, www.facebook.com/oscars.rosenheim. Cocktail-Bar und Lounge in historischen Gewölben mit DJs und immer guter Stimmung (Do 21–2 Uhr, Fr, Sa bis 3 Uhr).

11 Vetternwirtschaft, Oberaustr. 2, www.vfbk.net. Di, Do, Fr, So 19–24 Uhr, Sa nur bei Veranstaltungen, meist längere Sommerpause. Abendunterhaltung selbstverwaltet: Kneipenkooperative mit der Musik, die dem, der gerade den Wirt macht, gefällt – ab und an auch Schafkopfrunden.

Theater

■ **Kuko,** Kufsteinerstr. 4, Rosenheim, Tel. 0 80 31 / 3 65 93 65, www.kuko.de. Theaterstücke (z.B. vom Rosenheimer Theater, theater-ro.de.ronet.info), Konzerte und Auftritte von Comedians wie *Markus Maria Profitlich* im Kultur- und Kongresszentrum.

■ **Theater am Markt,** Chiemseestr. 31, Rosenheim, Tel. 0 80 31 / 23 41 80, www.tam-ost.de. Die Theatertruppe in privater Trägerschaft bringt vornehmlich Komödien auf die Bühne.

■ **Volksbühne Rosenheim,** Ludwigsplatz, Rosenheim, Tel. 0 80 31 / 6 75 58, www.volksbuehne-ro.de. Volksstücke und Klassiker wie „Das sündige Dorf", aber auch neuere Stücke, von einer Amateurspielgruppe in Szene gesetzt.

Unser Tipp: Theaterzelt, Tinningerstr. 50, Riedering (9 km östlich Rosenheim Richtung Simssee),

Rosenheim

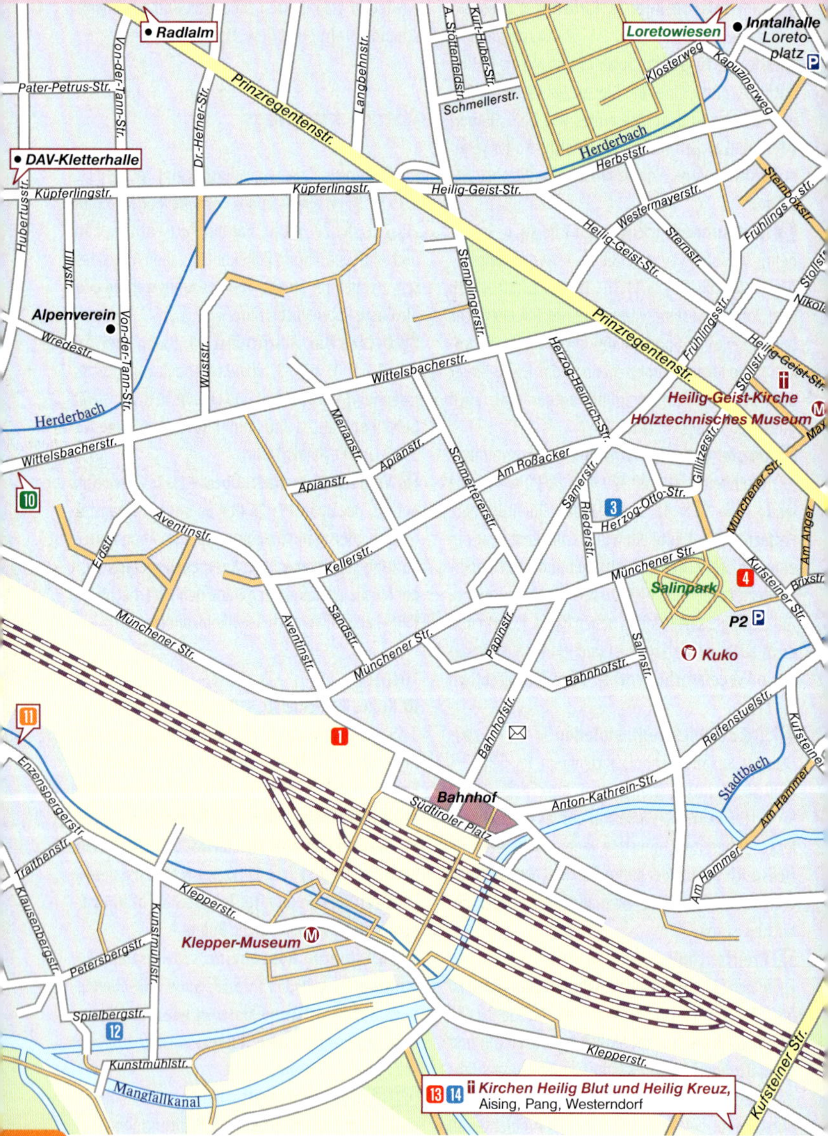
0 100 m
Radlalm
Loretowiesen
Inntalhalle
Loreto-platz
DAV-Kletterhalle
Alpenverein
Heilig-Geist-Kirche
Holztechnisches Museum
Salinpark
Kuko
P2
Bahnhof
Südtiroler Platz
Klepper-Museum
Kirchen Heilig Blut und Heilig Kreuz,
Aising, Pang, Westerndorf
Prinzregentenstr.
Pater-Petrus-Str.
Von-der-Tann-Str.
Dr.-Hefner-Str.
Langbehnstr.
A. Stöttenfeldstr.
Kurt-Huber-Str.
Schmellerstr.
Klosterweg
Kapuzinerweg
Herderbach
Herbststr.
Küpferlingstr.
Heilig-Geist-Str.
Westermayerstr.
Sternstr.
Steinbökstr.
Frühlingsstr.
Hubertusstr.
Tillystr.
Stemplingerstr.
Wredestr.
Wuststr.
Wittelsbacherstr.
Herzog-Heinrich-Str.
Stollstr.
Merianstr.
Apianstr.
Schmettererstr.
Am Roßacker
Samerstr.
Riederstr.
Herzog-Otto-Str.
Gillitzerstr.
Münchener Str.
Am Anger
Aventinstr.
Eidstr.
Kellerstr.
Sandstr.
Papinstr.
Kufsteiner Str.
Brixstr.
Salinstr.
Bahnhofstr.
Reifenstuelstr.
Anton-Kathrein-Str.
Stadtbach
Am Hammer
Enzensperger Str.
Traithenstr.
Klausenbergstr.
Kepperstr.
Kunstmühlstr.
Petersbergstr.
Spielbergstr.
Mangfallkanal
Klepperstr.

Übersichtskarte S. 20

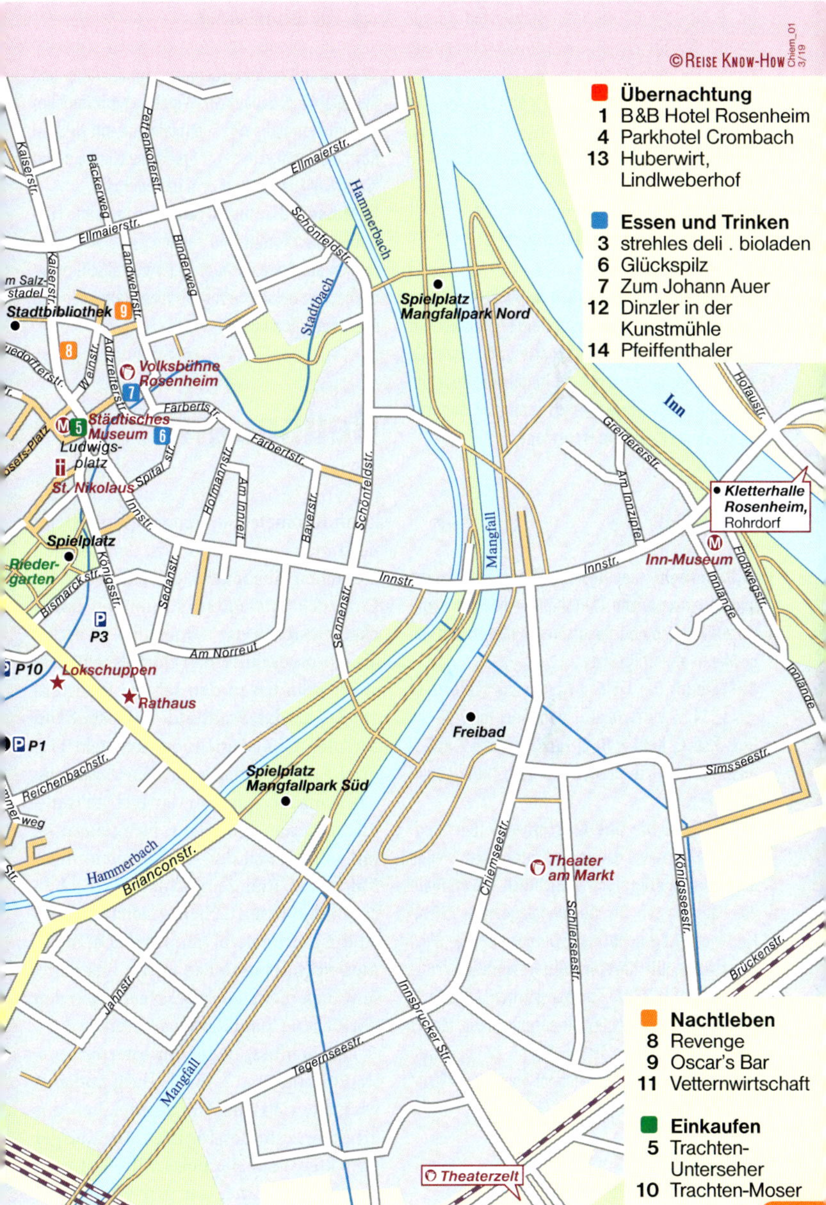

Tel. 0 80 36 / 67 49 544, www.e-und-e-ringsgwandl.de. Die Eheleute *Ringsgwandl* haben ein eigenes Theaterzelt und bespielen es seit 10 Jahren mit vielen Gleichgesinnten, eigenen Stücken und immer vollem Erfolg – am Puls der Zeit: schräg, ernst, lustig, traurig. Lange vorher buchen!

Feste und Veranstaltungen

- **Herbstfest,** Loretowiesen, www.herbstfest-rosenheim.de, zwei Wochen Anfang September mit Wies'n-Stimmung (Fahrgeschäfte und Festzelte). Auf den Loretowiesen mit der Inntalhalle findet im März auch das **Starkbierfest** statt, im Sommer gibt es dort ein **Oldtimertreffen.**

Aktivitäten

- **Badeseen:** Happinger See, Happinger-Au-See und Floriansee bilden 4 km südlich eine Kette parallel zum Inn. Sie sind alle drei recht kühl, haben Liegewiesen und Grillplätze.
- **Freibad:** Das Freibad Rosenheim (Chiemseestraße 14, www.swro.de, im Sommer tgl. 7.30–20 Uhr, 3,50 €, Kind 2,40 €, Familienkarte 7 €) hat mehrere beheizte Becken (25/28 °C) und Liegewiesen.
- **Klettern:** Die **DAV-Kletterhalle** (Pürstlingstraße 47a, www.dav-rosenheim.de) ist wegen Komplettsanierung vorraussichtlich bis Frühjahr 2019 geschlossen. Die Indoor-Anlage misst 230 m² Fläche und ist 8 m hoch, die Outdoor-Anlage (Pilz) misst 40 m². Die **Kletterhalle Rosenheim** (Finsterwalderstr. 4, 83071 Stephanskirchen, Tel. 0 80 31 80 94 850, www.kletterhalle-rosenheim.de, Mo–Fr 10–23, Mi, Do, Sa, So ab 9, Sa/So bis 22 Uhr, Tageskarte 13 €) besitzt 1150 m² Indoor-Vorstiegs-, 700 m² Boulder- und 410 m² Outdoor-Fläche.

☐ Die Burg von Neubeuern

Spaß für Kinder

- **Spielplätze:** im Riedergarten (große Turm- und Kletteranlage, Schaukeln, Wippen und Trampolin) und im Mangfallpark: Spielplatz Süd mit Netzen, Rutsche, Sandkasten etc.; Spielplatz Nord u.a. mit Kinderkajakparcour auf dem Hammerbach.
- **Museen:** Die Museen bieten kindgerechte Führungen, Workshops und pädagogische Veranstaltungen an. Der *Lokschuppen* (www.lokschuppen.de) hat ausstellungsbezogene Veranstaltungen und Abenteuer für Kinder.

Neubeuern

Zehn Kilometer südlich von Rosenheim fährt man vom Inn hoch zu dem kleinen Städtchen Neubeuern, das sich als erster Eindruck mit einem stimmigen **barocken Gesicht** zeigt – doch dies ist nichts als ein potemkinsches Dorf. Nach massiven Bränden in den Jahren 1883 und 1893 war das Stadtbild weitestgehend zerstört. Der Münchner Architekt *Gabriel von Seidl* hat beim Wiederaufbau das gemacht, was ihm das Liebste war – historisieren. Trotzdem, Neubeuern ist mit seinem von der Kirche bestimmten Marktplatz und dem Schloss hoch oben ein Bilderbuchort. Nicht zuletzt trägt dazu die Lüftlmalerei bei. Dass schon immer ein **Lüftlmaler** (s.u.) im Ort lebte, hilft ungemein, auch bei Neubauten den dörflichen Charakter zu wahren.

Das **Schloss,** heute ein Internat, entstand Ende des 12. Jh. als Burg und entwickelte sich im Hochmittelalter zur größten Feste des Inntales. Die Bürger schickten ihre Handelsschiffe auf dem Inn in die Ferne, wurden vermögend und die Burg mauserte sich zum Schloss, das zu Beginn des 20. Jh. anlässlich der „Neubeurer Runde" berühmte Dichter regelmäßig aufsuchten, darunter *Hugo von Hoffmansthal* und *Rudolf Borchardt*.

Die **Pfarrkirche Mariä Unbefleckte Empfängnis** geht auf das 13. Jh. zurück, wurde 1637 mit dem Langhaus erweitert und erhielt Ende des 17. Jh. eine Sakristei. Mehrere Änderungen bei der Innenausstattung machte man 1923 rückgängig und gab der Kirche ihren Rokoko-Charakter zurück. Der Hochaltar von 1776 birgt eine Mondsichelmadonna aus Holz von 1475.

Das kleine **Innschifffahrtsmuseum** beschäftigt sich mit der Geschichte des Ortes und zeigt neben Gemälden und Urkunden das Modell eines Schiffszuges.

- **Innschifffahrtsmuseum,** Marktplatz 4, April–Sept. Di–Fr 10–14 Uhr, Sa 9–12 Uhr, sonst Di, Do 10–14 Uhr.
- **Malerei Michael Pertl,** Marktplatz 17, Tel. 0 80 35 / 28 25.

Am östlichen Ortsrand gilt es noch den **Hinterhörer Steinbruch** zu besuchen. In ihm wurden über Jahrhunderte Mühlsteine gebrochen und auf dem Inn in alle Welt transportiert. Übrig geblieben ist eine beeindruckende von Menschenhand bearbeitete Felswand. Anfahrt über die Hinterhörerstraße (500 m) dann 50 m Fußpfad.

Urweltmuseum

Das Urweltmuseum Neiderhell in **Kleinholzhausen,** 7 km westlich von Neubeuern, lässt mit mehr als 2800 Fossilien und Mineralienfunden aus aller Welt, vom Kambrium bis zu Eiszeit, vergangene Zeiten auferstehen.

- **Urweltmuseum Neiderhell,** Steinbrucker Str. 4, Kleinholzhausen, Tel. 0 80 34 / 18 94, www.urweltmuseum.com, Mai–Okt. Do, Fr 10–14 Uhr, Sa/So 11–16 Uhr, 8,50 €, Kind 3 €, Familienkarte 17,50 €.

007ch sk

Praktische Tipps

Informationen

■ **Tourist-Info Neubeuern,** Marktplatz 4, 83115 Neubeuern, Tel. 0 80 35 / 21 65, www.kulturdorf-neubeuern.de, April–Sept. Di–Fr 10–14, Sa 9–12, sonst Di, Do 10–14 Uhr.

Verkehr

■ **Bus:** von Rosenheim Nr. 9490.
■ **Bahn:** von Rosenheim zum Bahnhof Raubling (4 km außerhalb, Bus Nr. 9490), Fahrradmitnahme begrenzt möglich.

Einkaufen

■ **Tracht & Sach,** Marktplatz 30, Neubeuern, www.tracht-und-sach.de. Kleidung und ländliche Accessoires wie Wadlstrümpf oder Kropfband.
UNSER TIPP: **Pike Brothers,** Johann-Flitsch-Str. 12, Bad Feilnbach (ca. 8 km westlich von Neubeuern), Tel. 0 80 64 / 9 06 52 12, www.pikebrothers.com. Ja – tatsächlich – es ist eine Chiemgauer Firma, die die stylishe Work- und Jeanswear für Motorradfahrer und Streetpeople anfertigt, in hoher Qualität und nach Originalen aus einer vergangenen Zeit, haptisch und optisch ein Genuss. Lagerverkauf nach telefonischer Absprache.
■ **Brennerei Paul,** Nockl-Hof, Nockl 1 (3 km südlich Neubeuern bei Holzham), Tel. 0 80 35 / 23 24, www.brennerei-paul.de. Schnaps in ewiger Tradition und wie er besser nicht sein kann (Himbeere, Marille, Kirsche, Birne ... – das meiste von den eigenen Streuobstwiesen).

Unterkunft

■ **Hofwirt**③, Marktplatz 5, Neubeuern, Tel. 0 80 35 / 96 66 60, www.hofwirt.info. Im „Zentrum" nächtigt man in einem schön sanierten, historischen Gebäude, das schon seit Jahrhunderten Reisende beherbergt, auch gutes Restaurant.
■ **Niederauer-Hof**②, Niederau 1, Neubeuern, Tel. 0 08 34 / 77 83, https://niederau.bayern. In ruhiger Alleinlage zwischen Wiesen und Weiden 2 km südlich von Neubeuern; angenehme, helle Zimmer und Ferienwohnungen nach ökologischen Richtlinien auf einem Bauernhof mit Milchwirtschaft.

▷ Badespaß in schönster Natur am Neubeurer See

Essen und Trinken

■ **Klein & Fein**①-②, Marktplatz 3, Neubeuern, Tel. 0 80 35 / 96 88 939, www.facebook.com (Klein-Fein), Geschenkeladen mit selbstgemachtem Kuchen, kleiner Gastraum (wie bei Oma früher) und zwei Tischchen vor dem Laden.

■ **Gasthaus Haschl**②, Marktplatz 21, Neubeuern, Tel. 0 80 35 / 98 37 135, www.gasthaus.haschl.de, Mo, Di, Do–Sa 17–23 Uhr, So 11–23 Uhr. Dorfwirtschaft mit einer Küche von Bayern bis Spanien, vom Krustenschweinebraten zu Chorizos: Tapas auf schöner Gartenterrasse und in gemütlicher Stube.

Aktivitäten

■ **Neubeurer See:** Der Neubeurer See 2 km südlich bietet Liegewiesen, Minigolfplatz, Tischtennis und Beachvolleyball (Mai bis Mitte Sept. bis 21 Uhr, Parkplatz Pkw 2,50 €, Motorrad 1 €, sonst Eintritt frei).

009ch sk

Samerberg

Die sich östlich von Neubeuern erstreckende Gemeinde Samerberg ist eingebettet in eine der **idyllischsten Landschaften des Chiemgau.** Zwischen sanften Hügeln liegen romantische Weiler mit markanten Kirchen, schmucke Höfe stehen auf grünen Weiden. Schützenverein und Trachtenkapelle geben den rechten Hintergrund für einen Wander- und Erholungsurlaub.

Törwang und Grainbach

Die beiden Hauptdörfer Törwang und Grainbach sind bayerisch wie es sich gehört, mit Kirche, Rathaus und Wirtschaften am Dorfplatz. Das Grainbacher Gotteshaus **St. Ägidius und Nikolaus** entstand als Wehrkirche mit einem romanisch geprägten, später gotisch überformten Langhaus (1275). **Mariä Himmelfahrt** in Törwang zeigt noch einige Ausstattungsstücke aus der Bauzeit im beginnenden 16. Jh., darunter im Chor ein Flachrelief des hl. Valentin (1515).

Hochries

Die Hochries (1568 m) gilt als **Hausberg** der Rosenheimer und ist von Grainbach aus mit **Sessellift und Kabinenbahn** erschlossen. Die Gegend lädt zu einfachen und ausgedehnteren Wanderungen ein und lockt Drachenflieger und Paraglider oder auch einfach nur Besucher, die das Alpenpanorama genießen wollen.

- **Hochriesbahn,** Hochriesstr. 80, Tel. 0 80 32 / 9 75 50, www.hochriesbahn.de, zwei Etappen (erst Sessellift, dann Gondelbahn), 9.30–17 Uhr, nur Sommerbetrieb, rauf/runter 22 €, Kind 12 €, Familie 49 €.

Praktische Tipps

Informationen

- **Tourist-Info Törwang,** Dorfplatz 3, 83122 Törwang, Tel. 0 80 32 / 86 06, www.samerberg.de, Mo–Fr 9–12 Uhr.

Verkehr

- **Bus:** von Rosenheim nach Törwang/Grainbach Nr. 9493 (nur werktags).
- **Wanderbus Samerberg:** Nr. 9493 verbindet Mai–Okt. auch sonntags Samerberg mit Rosenheim, Bad Aibling und Bad Feilnbach (Fahrradmitnahme möglich).

Einkaufen

- **Schuh & Trachten Auer,** Am Anger 1, Törwang, www.schuh-auer.de. Trachtenschuhe und -gewand, in einem Laden wie er sein soll; mit Werkstatt für die Reparatur der kostbaren Erbstücke.

Essen und Trinken

UNSER TIPP: **Gasthof Alpenrose**②, Kirchplatz 2, Grainbach, Tel. 0 80 32 / 82 63, www.alpenrose-samerberg.de. Mo, Di geschl. Idyllischer geht es nicht! Seit 1580 existiert der Gasthof (mit **Zimmervermietung**②), die feine, bayrisch-mediterrane Küche wird immer wieder prämiert: z.B. Bärlauchcremesuppe und geschmortes Baby-Beef in Balsa-

008ch sk

mico oder Leberknödelsuppe und Schweinsbraten, danach hausgemachtes Eis. Im Sommer ist der kleine Biergarten eine Oase, im Winter wärmen die Kachelöfen.

Feste und Veranstaltungen

■ Der **Samerberger Künstlerkreis** (Zur Aussicht 12, Törwang, Tel. 0 80 32 / 6 36 62, http://samerberger-kuenstlerkreis.de) fördert seit dem Jahr 2000 die Künstler der Region und veranstaltet Lesungen, Vernissagen, Feste und Flohmärkte.

Aktivitäten

■ **Bikepark Samerberg:** Auf einer naturverträglich konzipierten, 2 km langen Strecke zwischen Mittel- und Talstation der Hochriesbahn können sich durch Wald und über Wiesen Anfänger und Profis austoben (Hochriesstr. 69, Tel. 0 80 32 / 89 42, www.bikepark-samerberg.de, März–Nov.).

UNSER TIPP: **Naturbad Samerberg:** Eines der schönsten Freibäder Bayerns, entstanden als Moorsee und mit Holzstegen eingefasst. Gaststätte mit Kiosk (Samerberger Filze, zwischen Törwang und Grainbach, Eintritt frei).

Spaß für Kinder

■ **Bauerngolf:** In Grainbach bindet man einen Holzschuh an eine Stange und schlägt das handballgroße Leder auf dem Wiesenparcours Richtung Loch – der Spaß für die ganze Familie geht über 1550 m und dauert ca. 2 Std. (Familie *Spöck,* Kirchplatz 5, Grainbach, Tel. 0 80 32 / 83 20, www.bauerngolf-samerberg.de, 5 €, Kind 3,50 €, Familie 14 €).

Für einen Bauern gibt es keine schönere Visitenkarte

Am Inn (Nord)

0 2 km
© Reise Know-How
Chiem_K1a 3/19
Radtour
1 Neubeuern – Wasserburg
Soyen
Albaching
Babensham
Forsting
Tulling
Edling
WASSERBURG am Inn
Gabersee
Reitmehring
Ziel 1
St. Jakob
Obing
Pfaffing
Frauen-neuharting
Eiselfing
Alt-eiselfing
Attel
Rettenbach
Kerschdorf
Ramer-berg
Bauernhaus-museum
Oldtimer-museum
Amerang
Schloss Amerang
Emmering
Rott am Inn
Griesstätt
Ehem.Klosterk. St. Marinus u.Anianus
Schonstett
Frei-moos
Rotter Forst
Vogtareuth
Halfing
Oster-münchen
Hochstätt
Chiemgau
Schechen
Söchtenau
Seebruck, Chiemsee
Bad Endorf
Prutting
Groß-karolinenfeld
Pfaffenhofen am Inn
Krottenmühl
Rimsting
Hirnsberg
ROSENHEIM
Ratzing
BAD AIBLING
Simssee
Baierbach
Pietzing
Kolbermoor
Erlenau
Schloß-berg
Haidholzen
Stephanskirchen
Heilig-Geist-K.
St. Nikolaus
Kastenau
S. 20
Ecking
Prien, Chiemsee

Nußdorf am Inn

Auch Nußdorf, 4,5 km südlich von Neubeuern, war eng mit der Innschifffahrt verbunden und blickt auf eine lange Geschichte zurück. Erstmals erwähnt wurde es im Jahr 788. Begehrt waren im Mittelalter der Gips und der Kalk aus der Region, was für zusätzliche Einnahmequellen sorgte. Auf dem **Nußdorfer Mühlenweg** (3,5 km) erfährt man an 18 Stationen die Bedeutung der Wasserkraft für den Ort – sie trieb die Hammerschmieden, Mühlen für Getreide, Öl und Gips und auch Sägewerke an.

Informationen

- **Tourist-Info Nußdorf am Inn,** Brannenburgerstr. 10, 83131 Nußdorf, Tel. 0 80 34 / 9 07 90, www.nussdorf.de, Mo–Fr 8–12 Uhr, Do auch 16–18 Uhr.

Verkehr

- **Bus:** von Rosenheim Nr. 9490.

Einkaufen

Jaud's Käse, Bergen 72, Nußdorf am Inn, www.jauds-kaese.de. Der Laden (tgl. 9–19 Uhr) des Bauernhofs Huben verkauft köstlichen, selbst hergestellten Rohmilchkäse in großer Auswahl; außerdem gibt's Marmeladen, Mixed-Pickles, Geräuchertes und süßen Senf aus eigener Fertigung. Erlebnisführung auf dem Hof Mai–Nov. jeden 2. und 4. Sa 9–11 Uhr, 8 €, Kind 4 €.

Bad Endorf und der Simssee

Erst seit 1987 hat Endorf den Status eines Heilbades erhalten und darf sich seitdem mit „Bad“ schmücken. Urkundlich erwähnt wurde die Siedlung erstmals 924. Letztlich drehte sich damals schon alles um **Salz,** da man an der Salzstraße lag. Heute sind es die **Jod-Thermalsole-Quellen,** die für Besucher sorgen. Ein typisch bayerisches Städtchen darf man nicht erwarten, Bad Endorf (8000 Einwohner) gibt sich modern-mondän. 1963 hatte man bei Tiefenbohrungen in fast 5000 m das Heilwasser entdeckt, das nun die Thermen speist. Der Erfolg als Heilbad liegt sicherlich auch an der bevorzugten Lage zwischen dem Simssee und der Seenplatte bei Eggstätt mit deren vielfältigen Freizeitangeboten.

Die **Pfarrkirche St. Jakobus d.Ä.** (8–17/18 Uhr) mit ihrer heute strengen Einrichtung aus den 1960er Jahren ersetzte 1855 den Vorgängerbau unter Einbeziehung des ursprünglichen Kirchturms aus dem 16./18. Jh. Ältestes Ausstattungsteil ist eine gotische Schnitzfigur des Kirchenpatrons aus Holz von 1475 gleich rechts neben dem Haupteingang.

Museum 1900

In **Söchtenau,** 7 km nordwestlich von Bad Endorf, entführt das Museum 1900 in das Bayern der vorvorigen Jahrhundertwende. Originale Ladeneinrichtungen, Werkstätten und Wohnräume (u.a.

011ch sk

Kramerladen, Metzger, Schmiede und jedes Jahr kommen neue hinzu) sind liebevoll arrangiert und erfreuen Erwachsene und Kinder gleichermaßen. Jugendstil und Historismus wurde so neues Leben eingehaucht.

■ **Museum 1900,** Lagerhausstr. 8, Söchtenau, Tel. 0 80 55 / 18 78 55, www.museum1900.de, Mai–Okt. Di–So 10–18 Uhr, 4 €, Kind 1,50 €.

Simssee

Der über 6 km² große und bis zu 22 m tiefe Simssee liegt inmitten der sanften Hügellandschaft zwischen Bad Endorf und Rosenheim. Gespeist wird er von der Thalkirchner und der Anworter Achen, Abfluss ist die in den Inn mündende Sims. Der Rundweg misst 20 km und ist gut per Rad oder zu Fuß machbar. Mehrere Plätze am weitestgehend mit Schilf bewachsenen Ufer laden zu einem Sprung ins Wasser ein, dessen Temperatur im Sommer auf etwa 20 °C steigt. Der **Badeplatz Krottenmühl** am nordwestlichen Ufer besteht aus einer Liegewiese und einem Badesteg. Der **Pietzinger Badeplatz** am Südostufer besitzt sogar einen Sandstrand. Das **Strandbad von Ecking** mit dem Gasthof *Seewirt* hat einen Bootsverleih. Ebenfalls beliebt ist die **Liegewiese bei Baierbach** im Südwesten (u.a. Spielplatz und Badeinsel).

⌃ Der Simssee

Praktische Tipps

Informationen

■ **Tourist-Info Bad Endorf,** Bahnhofsplatz 2, 83093 Bad Endorf, Tel. 0 80 53 / 30 08 50, www.bad-endorf.de, Mo–Fr 9–12 und 13–17 Uhr, Sa 9–12 Uhr.

■ **Tourist-Info Simssee,** Schömeringer Str. 16, 83071 Stephanskirchen am Simssee, Tel. 0 80 36 / 6 15, www.simssee.org, April–Sept. Mo–Fr 9.30–12, Jan.–März Mo–Fr 10–11.30, Okt.–Dez. Mo, Mi, Fr 10–11.30 Uhr.

Verkehr

■ **Bahn:** Bad Endorf ist IC-Haltestelle auf der Strecke München – Salzburg.

■ **Bus:** von Bad Endorf zum Simssee Nr. 9511, nach Söchtenau Nr. 9414, dann 9492.

Einkaufen

■ **Chiemgau Trachten,** Bahnhofstr. 26, Bad Endorf, www.chiemgautracht.de. Auf Wunsch schneidert *Magdalena Kirner* Trachten nach Originalvorlagen, so wie die Vereine sie bevorzugen.

Chiemgau Weberei, Ströbing 13, Bad Endorf, www.chiemgauer-weberei.de. Werksverkauf mit Wollsocken, Mützen, Teppichen, Tischwäsche, Schafmilchseife und „Arscherlwärmer" für bequemes Felsensitzen am Berg.

■ **Bauernmarkt,** Bahnhofstraße (hinter der *Raiffeisenbank* in einer Halle); Bad Endorf, jeden Freitag 11–15.30 Uhr, www.bauernmarkt-bad-endorf.de.

Unterkunft

■ **Kurfer Hof**③, Kurf 1, Bad Endorf, Tel. 0 80 53 / 79 90 00, www.kurferhof.de. Komforthotel etwas außerhalb in ruhiger Lage, Restaurant mit wechselnder Leistung, Schwimmbad; schöne Sonnenterrasse, Zimmereinrichtungen etwas ältlich.

■ **Weingarten**②-③, Ratzinger Höhe, Rimsting, Tel. 0 80 51 / 962 16 10, www.gasthaus-weingarten.de. Berggasthof zwischen Simssee und Chiemsee in 700 m Höhe mit herrlichem Panoramablick auf die Alpen und über die Chiemseeinseln, gutes Restaurant und angenehme, moderne Zimmer.

■ **Campingplatz Stein,** See 10, Simssee, Tel. 0 80 53 / 93 49, www.camping-stein.de. Vier-Sterne-Camping am Nordostufer, mit Spielplatz und Radverleih, April–15. Okt.

Essen und Trinken

■ **Gocklwirt**②, Weinbergstr. 9, Stephanskirchen (Simssee), Tel. 0 80 36 / 12 15, www.gocklwirt.de, Mi, Do 17–24, Fr/Sa 12.30–24, So 12–24 Uhr. Von Weinbergschnecke bis Radi, vom Bärlauchschaum zum Bauern-Gockl mit Pommes – die Gäste lieben die Einrichtung zwischen Kitsch und Antiquität.

■ **Gasthaus Hilger**②, Hirnsberg 1½ km südwestlich von Endorf, 3 km vom Simssee, Tel. 0 80 53 / 37 19, www.gasthaus-hilger.de, Mo–Do 17–24, Do–So 10/12–24 Uhr. Bayerische Gerichte und Stimmung in Landgasthof mit schönem Biergarten (und manchmal auch Blasmusik). Beliebt sind die Grillabende.

■ **Simssee-Stuben**②, Seestr. 41, Krottenmühl, Tel. 0 80 53/79 64 64, www.simssee-stuben.de, tgl. 11–24 Uhr. Auf der fantastischen Terrasse direkt am Simssee kommen die Fische bestens präpariert auf die Tische, als Carpaccio, Fischtopf oder vom Grill; auch Fleisch und Vegetarisches.

Feste und Veranstaltungen

■ **Theatergesellschaft Bad Endorf,** Rosenheimer Str. 6, Bad Endorf, Tel. 0 80 53 / 37 43, www.theater-endorf.de. Seit 1790 treten die Amateurspieler des Theaters auf. Berühmt ist das religiöse Schauspiel im Frühsommer, die Aufführungen beginnen am Pfingstmontag und dauern 5 Wochen.

Aktivitäten

■ **Chiemgau Thermen,** Ströbingerstr. 18, Bad Endorf, Tel. 0 80 53 / 20 09 00, www.chiemgau-thermen.de, tgl. 9–22 Uhr, Thermenlandschaft um 15 €, Kind bis 5 Jahre frei (jeweils 3 Std.). Große Thermalanlage mit mehreren Schwimmbecken (bis zu 34 °C) und Saunen, Heilwasser für Erkrankungen des Durchblutungs-, Immun- und Bewegungsapparats.

UNSER TIPP: **Lokalbahn Endorf – Obing (LEO),** Tel. 01 74 / 2 89 89 03, www.leo-online.org. Im Sommer jeden Sonntag Fahrt im historischen Zug (Triebwagen VT 103 oder unter Dampf) von Bad Endorf nach Obing, hin und zurück 12 €, Kind 6 €, Familie 25 €, Dampfzuschlag 3/1,50 €.

Amerang

Das außerhalb des Ortes erhöht liegende **Schloss Amerang** wurde 1072 erstmals erwähnt. Im 16. Jh. war es Wohnsitz des Veroneser Adelsgeschlechtes der *Skaliger,* die aus ihrer Heimatstadt flüchten mussten. Heute gehört es der Familie *von Crailsheim,* die die Rundburg zu einem kulturellen Zentrum gemacht hat und hier wunderbare **Konzerte** veranstaltet (s.u.: „Feste und Veranstaltungen"). Beim Museumsrundgang kommt man von der Kapelle über die hervorragend restaurierten Wohnräume tief hinunter bis zum Burgverlies, im Schloss-Café kann man sich stärken.

■ **Schlossmuseum,** Schloss 1, Tel. 0 80 75 / 9 19 20, www.schlossamerang.de, Ostern–Mitte Okt. Fr–So Führungen um 11, 12, 14, 15 und 16 Uhr, 8 €, Kind 3,50 €.

012ch sk

Bauernhausmuseum

Im in den 1980er Jahren eröffneten Bauernhausmuseum wurden 17 Gebäude aus dem Umland mit Akribie nach konservatorischen Gesichtspunkten wiedererrichtet. Sie geben hervorragende Einblicke in die bäuerliche Architektur und das Landleben.

■ **Bauernhausmuseum,** Hopfgarten 2, Tel. 0 80 75 / 91 50 90, www.bhm-amerang.de, April–Okt. 9–18 Uhr, 4 €, Kind 1,50 €, Familie 8 €.

Oldtimermuseum

Autobegeisterte sind im beeindruckenden EFA-Museum für **Deutsche Automobilgeschichte** genau richtig. Über 220 perfekt restaurierte Exponate schlagen den Bogen von der Frühzeit bis in die Gegenwart des deutschen Automobilbaus. Gezeigt werden die ersten Autos überhaupt, Luxuskarossen der 1920er und -30er, die Fahrzeuge der Massenmobilität und Rennwagen von heute. Man erfährt viel Interessantes: Den Automobilboom der 1920er Jahre hat nicht zuletzt die galoppierende Inflation beflügelt – die Deutschen investierten in Sachwerte. Nach der Neukonzeption der Ausstellung, u.a. mit moderner Lichtregie, wirken die Exponate des Museums noch eindrücklicher. Außerdem zu sehen ist die **weltgrößte Modellbahnanlage** in Spur II. Das Museum steht in privatem Besitz.

■ **EFA-Museum für Deutsche Automobilgeschichte,** Wasserburger Str. 38, Tel. 0 80 75 / 81 41, www.efa-mobile-zeiten.de, März–Okt. Do–So 10–18 Uhr, 11,50 €, Kind 7,50 €, Familie 28 €.

Praktische Tipps

Informationen

■ **Tourist-Info Amerang,** Wasserburger Str. 11, 83123 Amerang, Tel. 0 80 75 / 91 97 31, www.amerang.de, Mo, Di, Do, Fr 8–12 Uhr, Mo auch 14–17 Uhr, Do auch 14–18 Uhr.

Verkehr

■ **Bus:** von Bad Endorf Nr. 9414.

Essen und Trinken

UNSER TIPP: **Museumsstüberl Amerang**①, Hopfgarten 2, Amerang, Tel. 0 80 75 / 91 37 89, www.museumsstüberl.de, April–Okt. Di–So 10–18 Uhr. Mitten im Bauernhofmuseum sitzt man im Biergarten zwischen altehrwürdigen Häusern sehr kommod und isst Brotzeitbrettl, Leberkas oder Wurstsalat; für den besten Freund des Menschen gibt's Hundefutter gratis.

Hofstub'n Amerang②-③, Freiberger Platz 2, Amerang, Tel. 0 80 75 / 91 42 284, www.hofstubn-amerang.de, Do–Sa 17–23 Uhr, So 12–22 Uhr. Auf Gut Weng leben seltene Rinder- und Schweinerassen im natürlichen Herdenverband: also Fleischküche, die besser nicht geht (aber auch vegetarische Gerichte). Vermietung von **Ferienapartments**②.

■ **Schloss Café Amerang**②, Schloss 1, Tel. 0 80 75 / 91 92 30, www.schlossamerang.de, Do–So 8–19 Uhr. Kaffee, Kuchen sowie italienische und französische Spezialitäten in den Gewölben des Richterhauses.

◁ Im Oldtimermuseum von Amerang

Feste und Veranstaltungen

- **Sommerkonzerte Schloss Amerang,** Tel. 0 80 75 / 91 92 33, www.schlossamerang.de; philharmonische Aufführungen, Opernarien und Jazz werden zum fürstlichen Ereignis.
- **Ritterfest auf Schloss Amerang;** Mitte August drei Tage lang Spiele, Jahrmarkt, Konzerte und Schlachten.
- **Gut Immling,** Halfing (zwischen Amerang und Bad Endorf), Tel. 0 80 55 / 9 03 40, www.gut-immling.de; im Sommer Oper vom Feinsten mitten in der Walachei, vom bayerischen Singspiel „Brandner Kasper" über „Bajazzo" bis „Montezuma".

Spaß für Kinder

- Das **Bauernhausmuseum Amerang** (s.o.) führt zahlreiche Veranstaltungen für Kinder und Familien durch („Frosch Toni auf Brautschau", Märchensommerfest u.v.m.).

Rott am Inn

Das Städtchen 20 km nordwestlich von Bad Endorf hoch über dem Inn ist nicht (nur) wegen der Grabstätte von *Franz Josef Strauß* einen Besuch wert. (Auch) die ehemalige Abtei- und heutige **Pfarrkirche** lohnt einen Abstecher.

Klosterkirche St. Marinus und Anianus

Sie wurde als Hauptgebetsraum des Benediktinerklosters 1763 nach nur – auch damals sensationellen – fünf Jahren Bauzeit unter dem berühmten Rokokobaumeister *Johann Michael Fischer* fertiggestellt, der zuvor in ganz Bayern für zahlreiche Kirchen verantwortlich zeichnete.

014ch sk

Hell und jauchzend war das Programm des Rokoko, lichtdurchflutet musste das Bauwerk sein. Mit klaren Linien, sparsamem, elegantem Stuck und Schnitzwerk sollte der Reichtum des Glaubens dargestellt und die Anbetung befördert werden. *Fischer* ist dieses Spätwerk seiner Person und des Barock perfekt gelungen, seine Mitstreiter *Matthäus Günther* (Fresken), *Jakob Rauch* (Stuck) und *Ignaz Günther* (Skulpturen) haben ebenfalls ihr Bestes gegeben.

Errichtet wurde der langestreckte Bau mit einem achteckigen Zentralraum auf den Grundmauern einer im 12. Jh. entstandenen Basilika. In seiner Kuppel verherrlicht ein Fresko den Benediktinerorden – **Rotter Himmel** genannt. Besonderes Augenmerk verdienen auch die **Altarskulpturen.** U.a. sind auf den freistehenden Podesten Kaiser *Heinrich II.* und seine Frau *Kunigunde* dargestellt. Das Gesicht an *Heinrichs* linkem Knie soll ein Selbstbildnis von *Ignaz Günther* sein.

■ **St. Marinus und Anianus,** Kaiserhof, 8–20 Uhr.

Einkaufen

■ **Confiserie Dengel,** Am Eckfeld 18, Rott am Inn, www.confiserie-dengel.de, tgl. offen. Verkauf von Schokolade und Pralinen und Möglichkeit, sich seine „persönliche" Schokotafel zu kreieren.

■ **Genuß von Dahoam,** Zainach 15, Rott am Inn (direkt an der B15), www.genuss-von-dahoam.de. Süßes und Deftiges aus der Region zum Essen, Trinken und Mitbringen.

☐ Prachtvoller Rokoko am „Rotter Himmel"

Essen und Trinken

■ **Stechl**②, Marktplatz 5, Rott am Inn, Tel. 0 80 39 / 12 25, www.landgasthofstechl.de, Di geschl. Landgasthof in der Ortsmitte mit mehrhundertjähriger Tradition, eigener Metzgerei, Biergarten und gutbürgerlichen, bayerischen Gerichten, auch **Zimmervermietung**②.

Aktivitäten

■ **Rotter Ausee,** Oberwöhrn 99, beliebter kleiner und künstlich angelegter Badesee im Wald nahe dem Inn, mit Kiosk, Badesteg und Spielplatz; 5 km südlich von Rott am Inn in Höhe des Stauwehrs Feldkirchen.

Wasserburg

Ihren Namen hat die Stadt zu Recht erhalten: Wie eine Insel liegt Wasserburg (12.000 Einw.) in einer Innschleife und ist so auf allen Seiten geschützt. Nur eine Zufahrt führte und führt noch heute vom Ostufer des Inns über die **Rote Brücke** in die Altstadt.

1338 erstmals erwähnt, überspannte die einstige Holzkonstruktion mit zehn Jochen das Wasser. Das äußerste Joch konnte abgeworfen, das innerste als Zugbrücke hochgezogen werden. So sollten etwaige Feinde am anderen Ufer vor der Stadt stehen und machtlos auf die Reihe der prachtvollen Bürgerhäuser starren. Folgerichtig scheiterte 1422 *Heinrich von Landshut* bei seiner Belagerung Wasserburgs. Andererseits nahmen Feuer, Pest und Hochwasser die Stadt über die Jahrhunderte mit. Reich geworden war man ursprünglich mit dem Salzhandel. An der **Salzstraße** von Reichenhall nach Augsburg gelegen, erhielt Wasserburg 1439 „auf ew'ge Zeiten" das Recht, den Salzscheibenpfennig, eine Salzsteuer, zu erheben. Und auf dem Inn herrschte reger Schiffsverkehr zu Salzach und Donau hin.

Sehenswertes

Brucktor und Heilig-Geist-Spital

Über die Rote Brücke gelangt man zum Brucktor, eine der wenigen verbliebenen Anlagen der ehemaligen **Stadtbefestigung.** 1470 errichtet, wurde es 1568, wie in der Renaissance üblich, bemalt.

Im angebauten Komplex war ehemals das Heilig-Geist-Spital und bis 2013 das Imaginäre Museum untergebracht. Heute befindet sich darin über drei Stockwerke verteilt die riesige **Sammlung** des ehemaligen Pfarrers *Bernd Joa,* der sich im Ruhestand voll seiner Sammelleidenschaft für Ansichten seiner Stadt samt Geschirr etc. gewidmet hat (die ursprünglichen Ausstellungsräume im Rathaus waren zu klein geworden). Seine Ausstellung **Wasserburg in fünf Jahrhunderten** ist nur mit Führung zu besichtigen (Kontakt über die Touristeninformation).

Die heutige **Hl.-Geist-Spitalkirche** entstand 1380, nachdem der Vorgängerbau abgebrannt war. Sie besitzt ein faszinierendes gotisches Netzgewölbe und einen Herrensaal. Der Zugang ist jedoch nur während der Messe an Pfingsten möglich, ansonsten muss vorab ein Termin für eine Führung mit der Touristeninformation verabredet werden.

Rathaus

Die kurze Bruckgasse führt direkt zum **Hauptplatz Wasserburgs,** dem langgestreckten, arkadengeschmückten **Marienplatz,** und dem mit seinem gotischen Stufengiebel ins Auge springenden Rathaus. Es wurde 1459 fertig und erfüllte zu jener Zeit mehrere Funktionen: Darin fand der zentrale Brotverkauf statt – jeder Bäcker hatte seine Waren hierher zu bringen –, außerdem wurde im Haus Getreide gelagert und in den oberen Etagen tagte der Stadtrat in der noch erhaltenen **Ratsstube.** Sie ist mit ihren Fresken und der Holzdecke eines der Glanzlichter der Wasserburger Vergangenheit.

■ **Rathaus,** Marienplatz 2, Führungen Mo–Fr 11, 14 u. 15 Uhr, Sa, So 13 u. 14 Uhr, 2,50 €, Kind 1 €.

Kernhaus

Dem Rathaus gegenüber am Marienplatz steht das Kernhaus von 1738. Seine reiche Fassade hat der Rokoko-Stuckateur *Johann Baptist Zimmermann* aus Wessobrunn gestaltet.

Frauenkirche

Die Frauenkirche mit dem **Stadtturm** neben dem Rathaus ist das älteste Gotteshaus der Stadt. Sie geht auf das 14. Jh. zurück, war Wallfahrtskirche und wurde 1753 im Rokoko-Stil umgebaut. Wichtigstes Werk ist die **gotische Madonna** von 1420 am Hochaltar vor einer Stadtansicht Wasserburgs, durch das Gitter nur von Weitem zu sehen.

Städtisches Museum

Über die Rathausgasse gelangt man in die Herrengasse zum interessanten Städtischen Museum. Es beleuchtet die Vergangenheit von der ersten Siedlung bis in die heutige Zeit, widmet sich dem Handwerk und dem Handel, der Schifffahrt und der Wohnkultur. Zu sehen sind u.a. Kaufladen, Schulzimmer, Arztpraxis, Backstube und Konditorei.

■ **Städtisches Museum,** Herrengasse 15, Tel. 0 80 71 / 92 52 90, Di–So 13–17 Uhr, im Winter bis 16 Uhr, 2,50 €, Kind 1 €.

Pfarrkirche St. Jakob

Über die Herrengasse nach links erreicht man den Kirchhof mit der an der Stelle eines Vorgängerbaus 1478 fertiggestellten Pfarrkirche St. Jakob, eine **spätgotische, dreischiffige Hallenkirche** mit wuchtigem, kurzem Turm. Besonders beachtenswert im Innern sind das Sterngewölbe des Langhauses und das Bogenrippengewölbe im Chor. Die Innenausstattung ist teils neugotisch und vom 19. Jh. Aus der Renaissance stammt noch die Kanzel (1636) mit ihrer bemerkenswerten figürlichen Holzschnitzerei. Wie in der Frauenkirche ist außerhalb der Messzeiten die Besichtigung nur durch ein Gitter möglich.

Altes und Neues Mauthaus

Durch die Schustergasse nach Süden kommt man an der Ecke zur Schmidzeile zum Alten und Neuen Mauthaus, wo einst die Steuern auf die Handelswaren erhoben wurden. Das Alte, ältestes Gebäude der Stadt, entstand um 1400, das Neue um 1500. Beide sind mit Erkern versehen.

Blick von der Roten Brücke auf die Uferfassaden der Bürgerhäuser

016ch sk

Ganserhaus

Über die Schmidzeile nach Westen passiert man das *Ganserhaus* (Schmidzeile 8), mit Fassadenmalerei aus der Renaissance, Sitz der Künstlergemeinschaft Wasserburgs mit Galerieräumen.

Burg

Vorbei an der **Kapelle St. Michael** (Schmidzeile 28), einer Doppelstockkapelle von 1503, im Jahr 1810 profanisiert, geht es zur Burg, die im Jahr 1085 erstmals erwähnt und bis 1415 mehrfach ausgebaut und verstärkt wurde. Herzog *Wilhelm IV.* ließ sie ab 1531 zum Schloss umbauen. Heute sind darin Behörden und ein Seniorenheim untergebracht.

Roter Turm und Friedhof

Am östlichen Ende der breiten **Ledererzeile** mit Cafés und Läden steht der markante Rote Turm, Teil der mittelalterlichen **Stadtbefestigung** und damals neben dem Brucktor einziger Stadtzugang. Einen Blick wert ist auch der Friedhof entlang den Resten der alten Stadtmauer. Sein neuromanisches Portal stammt von 1855, einige schöne Grabstätten sind noch aus dem 19. Jh.

Skulpturenweg

Für den Rückweg kann man den mit **moderner Kunst** versehenen Skulpturenweg zwischen Altstadt und Inn wählen, der dem weiten Flussbogen folgt und zum Brucktor zurückführt.

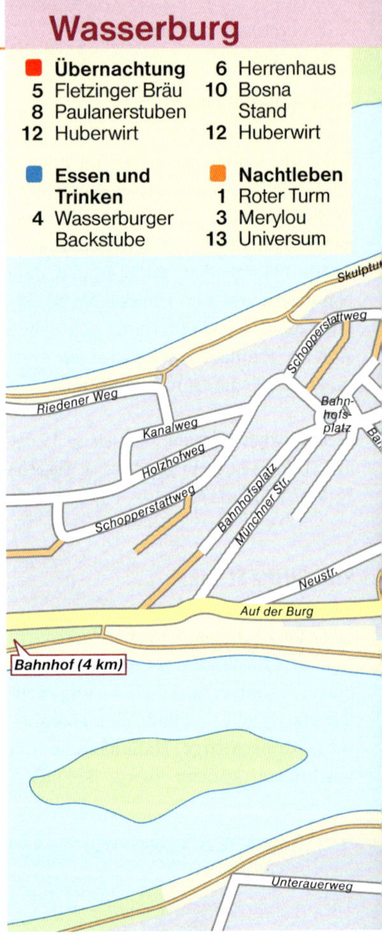

Bierkatakomben

Da die bayerischen Kurfürsten wegen der Brandgefahr ein sommerliches Brauverbot erlassen hatten, musste im Winter für die heißen Monate vorgesorgt und das Bier eingelagert werden. Um es lange frisch zu halten, benötigte man **viel Eis** und eine **tiefe Lagerstätte,** die Katakom-

ben. Am Südufer gegenüber der Stadt hatte man gute Voraussetzungen für die Bierkeller, die Straße trägt noch heute den Namen „Kellerstraße".

■ **Bierkellerführungen,** ein- bis zweimal im Monat, Anmeldung bei der Touristeninformation, 6 €.

Praktische Tipps

Informationen

■ **Tourist-Info Wasserburg,** Marienplatz 2, 83512 Wasserburg am Inn, Tel. 0 80 71 / 1 05 22, www.wasserburg.de, Mai–Sept. Mo–Fr 9.30–12.30, 13.30–18 Uhr, Sa 9.30–14 Uhr, Okt.–April Mo–Fr 9.30–12.30, 13.30–16, Sa 9.30–14 Uhr.

017ch sk

Verkehr

■ **Bahnhof:** 4 km außerhalb in Reitmehring, Regionalverbindungen nach München, Rosenheim und Mühldorf, in die Stadt mit Bus Nr. 9418.
■ **Parken:** Am günstigsten gelegen ist das Parkhaus Kellerstraße an der Innbrücke (kostenfrei), von dort zu Fuß über die Rote Brücke.

Einkaufen

11 **Wasserburger Töpferei,** Bruckgasse 4, www.heldwasserburg.de; Fein- und Baukeramik aus eigener Herstellung in großer Auflage.
9 **Wasserburger Bohnenröster,** Marienplatz 11, www.wasserburger-bohnenroester.de; Kaffee aus aller Welt frisch geröstet und noch viel mehr wie Pralinen, Tee und Accessoires.
7 **Pfeiffer am Rathaus,** Marienplatz 3, www.pfeiffer-am-rathaus.de; Spielzeug aus Holz und Blech in hoher Qualität.

Unterkunft

5 **Fletzinger Bräu**②-③, Fletzinger Gasse 3, Wasserburg, Tel. 0 80 71 / 90 40 90, www.fletzinger.de. Traditionshaus in der Altstadt, modernisiert und komfortabel eingerichtet, kein Restaurant.
8 **Paulanerstuben**②, Marienplatz 9, Wasserburg, Tel. 0 80 71 / 39 03, www.paulanerstuben wasserburg.de. Historisches Haus mit 14 komfortablen Zimmern direkt in der Altstadt, am schönsten sind die Zimmer zum Inn hin.
12 12 **Huberwirt**①-②, Salzburgerstr. 25, Wasserburg, Tel. 0 80 71 / 74 33, www.huberwirtamkellerberg.de. Am Südufer des Inns am Kellerberg, Landgasthof in Familienbesitz mit Blick auf die Altstadt, angenehme, einfache Zimmer mit Bad, auch Zimmer mit Etagenbad, bayerische Küche②, Di geschlossen).

⌃ Das Kernhaus am Marienplatz war Patrizierpalast und Stadtrichterhaus

Essen und Trinken

6 Herrenhaus③, Herrengasse 17, Wasserburg, Tel. 0 80 71 / 5 97 11 70, www.restaurant-herrenhaus.de, Di–Sa 12–14 und ab 18 Uhr. Junge deutsch-mediterrane und einfallsreiche Küche in lässig-eleganter Atmosphäre in einem historischen Haus der Altstadt. Empfehlenswert ist das Abendmenü, gute Weinkarte mit einer nicht zu teuren Auswahl.

10 Bosna Stand①, Marienplatz, Wasserburg, mittags in der Schulzeit. Kleiner Holzverschlag wie aus der Zeit gefallen, an die Kirche geklebt und schon immer da, wie auch seine Würstchen – die *Bosna*. Semmel, Zwiebeln rein, Curry und Ketchup und die schlanke Grillwurst, aus der Hand essen. Das Rezept kam einst vom Balkan über Salzburg in die Stadt. DER Wasserburger Snack!

4 Wasserburger Backstube①, Hofstatt 2, Wasserburg, Tel. 0 80 71 / 92 17 21, www.deliano-wasserburg.de, Mo–Fr 6–18 Uhr, Sa 6.30–18 Uhr, So 7–18 Uhr. Wer ausgezeichnet und ausgiebig frühstücken will oder ein leichtes, gesundes und günstiges Mittagessen sucht, ist in der Familienbäckerei genau richtig.

LandWirtschaft im Gut Staudham②, Münchner Str. 30, einige Kilometer westlich nahe dem Staudhamer See, Tel. 0 80 71 / 9 04 45 90, www.landwirtschaft-staudham.de, tgl. 9–24 Uhr. Ob in der Wirtsstube an langen Tischen oder im Restaurant – in der Herberge mit Geschichte sitzt man angenehm und speist bodenständige, saisonale Gerichte, hausgemachte Torten, Kuchen und Brote (auch zum Mitnehmen).

Fischerstüberl②-③, Elend 1, im Ortsteil Attel einige Kilometer südlich am Inn, Tel. 0 80 71 / 25 98, http://fischerstueberlattel.de, tgl. 8–23 Uhr. Elegantes Ausflugslokal, in dem es besonders lecker zubereiteten Fisch aus dem Chiemsee und aus eigener Zucht gibt, auch **Hotel**③ und angeschlossenes Nordafrika-Bistro *Wunderlampe* (18–24 Uhr).

Abends unterwegs

1 Roter Turm, Hofstatt 1, Tel. 0 80 71 / 10 48 98, www.roter-turm.de, Di–Fr ab 17 Uhr, Sa ab 15 Uhr, So ab 12 Uhr; Bar-Restaurant und Cocktail-Lounge mit Live-Musik und Sportübertragungen.

13 Universum, Alkorstr. 10, etwas außerhalb im Süden der Stadt, Tel. 0 80 71 / 92 65 55, www.fitfun-party.de, Sa ab 22 Uhr; Groß-Diskothek mit drei Areas.

3 Merylou, Hofstatt 13, Mi–Sa ab 20 Uhr, am Wochenende bis 3 Uhr. Bar-Lounge und ab und an animieren DJs die Gäste zum Tanzen.

Feste und Veranstaltungen

2 Bauernmarkt: jeden Do (April–Okt.) ab 12.30 Uhr, Hofstatt.

Jahrmarkt: An fünf Tagen im Jahr (März – Mittfasten, April – Georgi, Juni – Benno, Sept. – Michaeli, Nov. – Kathrein).

Taubenmarkt: jeden ersten So im Feb. ab 7 Uhr, seit 1878 werden Vögel verkauft.

Volksmusiktage: eine Woche im März/April, www.wasserburger-volksmusiktage.de.

Frühlingsfest: Elf Tage im Mai/Juni mit Bierzelt und Fahrgeschäften.

Aktivitäten

Innschifffahrt, Tel. 0 80 71 / 47 93, www.heldwasserburg.de, Ausflug auf dem Inn (Dauer ca. 1 Std.), Anlegestelle an der Roten Brücke, April–Okt., 12 €, Kind 6 €.

Badria Sport- und Badezentrum, Alkorstraße 14, Tel. 0 80 71 / 81 33, www.badria.de, 9–21 Uhr, Fr, Sa bis 22 Uhr, 8,20 €, Kind 5,20 € (jeweils 4 Std.).

Staudhamer See, Seestr. 31 (5 km im Westen), Haussee der Wasserburger mit zwei Badeplätzen.

018ch sk

2 Chiemsee

Boote und weiße Segel auf blaugrünem Wasser, glanzblauer Himmel mit Wolkentupfern, sattgrüne Hügel im Rund und dahinter die Alpen – schöner kann Bayern kaum sein.

< Es gibt sie noch, die „verschwiegenen" Ecken am Chiemsee: bei Gstadt

Chiemsee
0 2 km
© Reise Know-How
Chiem_K2 3/19
Frabertsham
304
Schwarzau
86
TROST-BERG
Rabenden
Obinger See
83
Altenmarkt an der Alz
Bauernhaus-museum
40
Amerang
Oldtimer-museum
67
Obing
67
Kirche St. Jakobus d.Ä.
81
Schloss Stein
Alz
Griessee
Taubensee
Schloss Amerang
66
Kloster Seeon
Seeon-
Klostersee
Stein an der Traun
Sankt Georgen
Pittenhart
81
TRAUNREUT
Truchtlaching
Höslwang
65
Seebruck
Stöffling
Laubensee
Eschenauer See
Frei-moos
Traunstein
C h i e m g a u
Pelham
Pelhamer See
Hartsee
Eggstätt
Stetten
Kurpark
Arlaching
Hart
64
Eggstätter Seenplatte
Schlosssee
37
Bad Endorf
Hemhof
Schloss Hartmannsberg
NSG
Gollenshausen am Chiemsee
Egerer
Rosenheim
Langbürgner See
Breitbrunn am Chiemsee
69
Chieming
Chiem-
Rimsting
Gstadt am Chiemsee
Traunstein
Rosenheim
58
Kloster Frauenchiemsee
Fraueninsel
Krautinsel
see
Vogelschutzgebiet
Osternach
Stock
54
Maria Himmelfahrt
Prien am Chiemsee
55
Schloss Herrenchiemsee
Herreninsel
NSG
Grabenstätt
Trautersdorf
Ernsdorf
Übersee
108
Grabenstätt
Rasthof Chiemsee
Wildenwart
Winkl bei Grabenstätt
8
109
59
St. Jakobus
E 60
E 52
Feldwies
Urschalling
Felden
107
Felden
62
Übersee
Damberger
Filz
Bernau am Chiemsee
Irschen
NSG
106
62
Bernau am Chiemsee
146
Kendlmühlfilzen
105
Rottau
Frasdorf
Frasdorf
Deutsche Alpenstraße
Deutsche Alpenstraße
305
146
Grassau
Tiroler Achen
Staudach-Egerndach
Bairerkopf 1283
142
Maria Himmelfahrt
Aschau im Chiemgau
Hohenaschau
Großstaffen 1298
Marquartstein

CHIEMSEE

Das „bayerische Meer" ist mit seinen 80 km² der größte See Bayerns und der drittgrößte Deutschlands. Die Umgebung ist eine **Urlaubsregion par excellence** und deckt alle Bedürfnisse Erholungssuchender ab, sei es dass sie aktiv sein wollen oder kulturelle Erfahrungen suchen. Die Insel **Herrenchiemsee** mit ihrem Schloss und die Fraueninsel mit Kloster und Fischerdorf sind Highlights einer Reise zum See. Die Uferortschaften **Prien, Seebruck** und **Chieming** bieten zahlreiche Unterkünfte und Lokale für die, die mitten drin sein wollen. **Eggstätt** an der kleinen, romantischen Seenplatte, die sich im Norden anschließt, ist ruhiger und gemütlicher. Einmal im Jahr im August geht am Südufer des Chiemsees die Post ab. Dann kommen Zehntausende Besucher und Musiker aus aller Welt zum fünftägigen *Chiemsee Summer* – Ausnahmezustand.

NICHT VERPASSEN!

- **Schloss Herrenchiemsee** auf der gleichnamigen Insel | 55
- **Kirchlein St. Jakobus** in Urschalling | 59
- Seefahrt mit dem **Schaufelraddampfer Ludwig Fessler** | 60
- **Chiemsee Summer,** Open-Air-Festival bei Übersee | 63
- Wanderung durch die **Eggstätter Seenplatte** | 64

Diese Tipps erkennt man an der gelben Hinterlegung.

Chiemsee-Radweg

Rund um den Chiemsee zu radeln, ist wegen fehlender Steigungen keine große Herausforderung. 60 km misst die Strecke (reine Fahrzeit etwa 4 Std.) und an zahlreichen Stellen locken Badeplätze zur Erfrischung. Überall findet man Cafés, Biergärten und Gastwirtschaften.

Buchtipps

- Die Bücher **111 Orte im Chiemgau** von *Dorothea Steinbacher* und **111 Orte in Rosenheim und im Inntal** von *Julia Lorenzer* und *Fabian Marcher* (beide *Emons-Verlag*) eignen sich hervorragend als Hintergrundliteratur, zur Vertiefung, zur Entdeckung weiterer mehr oder weniger geheimer Plätze oder einfach als kurzweilige Urlaubslektüre.
- Im *Pendragon Verlag* ist eine ganze Reihe an lesenswerten und spannenden **Chiemgau-Krimis** erschienen, darunter die Bücher rund um das **Ermittlerteam Gruber und Bischoff** vom Autor *Wolfgang Schweiger*, die in mittlerweile sieben Fällen versuchen, der Wahrheit auf die Spur zu kommen. In **„Frau Maier fischt im Trüben"** ließ die Autorin *Jessica Kremser* ihre schon etwas ältere Protagonistin den ersten Fall erleben, inzwischen war sie bereits in drei weiteren Krimis tätig.

Prien und die Inseln

Luftkurort und **Kneippbad,** Haupthafen für die Chiemsee-Schifffahrt, Haltestelle der Bahnlinie von München nach Salzburg – das Städtchen Prien (10.000 Einwohner) kann sich über mangelnden Zulauf nicht beklagen.

Die **Pfarrkirche Mariä Himmelfahrt** entstand zwischen 1735 und 1738 an der Stelle eines Vorgängerbaus. Hier war ein weiteres Mal *Johann Baptist Zimmermann* zugange, der den ornamentalen Bandelwerkstuck schuf. Das Langhaus schmückt ein beeindruckendes, detailreiches **Gemälde der Seeschlacht von Lepanto** – mit 200 m² das größte Fresko des Chiemgaus. In der Schlacht hatte die Christenheit 1571 einen großen und gänzlich unerwarteten Sieg über die Flotte des osmanischen Reiches erfochten.

Heimatmuseum

Das bereits 1913 gegründete Heimatmuseum ist der **Geschichte des westlichen Chiemgaus** verpflichtet und zeigt mit Originaleinrichtungen das Leben der Handwerker und Bauern sowie der Fischer, die in den typischen **Chiemsee-Einbäumen** auf den See hinausfuhren. Aus einem Eichenstamm geschlagen und gebrannt, fand dieser Bootstyp über Jahrtausende Verwendung. Auch Ortsmodelle aus unterschiedlichen Epochen sind ausgestellt und vermitteln die Entwicklung Priens. Den **Chiemsee-Malern,** die u.a. in der Künstlerkolonie auf der Fraueninsel lebten, ist eine ganze Abteilung gewidmet.

■ **Heimatmuseum,** Valdagnoplatz 1, Tel. 0 80 51 / 9 27 10, April–Okt. Di–So 14–17 Uhr, 2 €, Kind 1 €.

„Ein Wind weht von Süd
und zieht mich hinaus auf See …"

Die Highlights für Kinder

■ **Kletterwald** | 62
■ **Bedaius-Familienfest auf dem Keltengehöft Stöffling** | 69

019ch sk

Chiemseebahn

Wer mit der Bahn anreist und weiter auf die Herreninsel will, kann ganz stilecht wie vor über 100 Jahren mit der Chiemseebahn vom Bahnhof zum zwei Kilometer entfernten **Hafen im Ortsteil Stock** reisen. Als *Ludwig II.* gestorben war, machte der nachfolgende Prinzregent *Luitpold* Herrenchiemsee der Öffentlichkeit zugänglich. Die Bürger aus München stürmten in Massen nach Prien und in Kutschen zu den Schiffen – an Wochenenden herrschte Chaos. Zur Abhilfe eröffnete man 1887 die **Schmalspurbahn.** Auch heute noch wird sie mit Dampf betrieben, wenngleich ersatzweise auch eine (mit historischem Gewand getarnte) Diesellok zum Einsatz kommt; die Waggons allerdings sind durchweg Originale.

■ **Chiemseebahn,** www.chiemsee-schifffahrt.de, hin und zurück 4 €, Kind 2 €; Parken 2 Std. 3 €, Tag 4,50 €.

Herreninsel

Die 2,3 km² große Insel, auch **Herrenchiemsee** oder **Herrenwörth** genannt, liegt 15 Schiffsminuten von Prien entfernt. Auf ihr befinden sich das **Alte Schloss** (eine 1803 säkularisierte Klosteranlage), und das **Neue Schloss,** eine der steingewordenen Wahnsinnsideen von *Ludwig II.* Die gesamte Insel ist als **Park** gestaltet, ihr Baumbestand jahrhundertealt. Gerettet hat ihn *Ludwig,* der die Insel für 350.000 Gulden Holzhändlern abkaufte, die den Wald abholzen wollten.

021ch sk

Herrenchiemsee, www.herrenchiemsee.de, tgl. Sommer 9–18, Winter 10–16.15/16.45 Uhr, Sammelticket für Neues Schloss, Altes Schloss und Museen 9 €, Kind frei.

Neues Schloss

Ludwig II. ließ sich auf der Insel eines seiner Refugien errichten, in denen er dem gemeinen Volk und seinen nervenden Ministerialbeamten entgehen konnte. Diesmal sollte es keine Märchenburg, sondern ein **Klein-Versailles mit fünf Schlossflügeln** werden. 1878 war Grundsteinlegung, doch vollendet wurde Herrenchiemsee nicht. Geldmangel stoppte den Bau 1885 und ein Jahr später war *Ludwig* tot. Insgesamt zehn Tage soll er sich im Schloss aufgehalten haben. Aber er hatte auch gar nicht geplant, in den prächtigen Sälen zu wohnen.

Die Wasserspiele vor dem Neuen Schloss ...

UNSER TIPP: Von der Anlegestelle gelangt man in 10–15 Minuten zu Fuß oder bequemer in einer **Kutsche** zum Schloss. Beeindruckend ist die von *Carl von Effner* geschaffene, streng symmetrische, baumflankierte **Gartenanlage** der Mittelachse mit ihren **Wasserbecken, Fontänen** und dem Blumenparterre (Wasserspiele Mai–Sept.).

In einem Flügel ist das **Ludwig II.-Museum** untergebracht. Memorabilien wie Prunkgewänder, Fotos und Pläne seiner Bauprojekte lassen seine Person und seinen Lebensstil Gestalt gewinnen. Die enorme Prunksucht zeigt sich beim Besuch der **Repräsentationsräume** wie dem Treppenhaus, dem Schlafzimmer oder dem Spiegelsaal. Das Schloss diente ihm einzig und allein als Museum, das nur ihm zur Verfügung stand – und alles war eine Spur größer und prächtiger als im Original des Sonnenkönigs *Ludwig XIV.*, den der Bayer so grenzenlos verehrte. Aber auch die **Privaträume** *Ludwig II.*, die er neben den Prunkräumen für sich einrichten ließ, waren recht ordentlich geraten – inklusive des berühmten **Tischleindeckdich.** Dieses hatte allerdings einen gravierenden Nachteil: Der Aufzug, mit dem die Speisetafel aus der Küche in seine Privaträume hinaufgefahren werden konnte, benötigte 30 Minuten Kurbelei – das Essen war dann kalt und so verzichtete *Ludwig II.* auf seine Benutzung.

■ **Kutschfahrt,** im Sommer, hin und zurück 7 €, Kind 2 €.

Altes Schloss

Im Alten Schloss, einer **barocken Vierflügelanlage,** die einen Rosengarten umschließt, kann man sich zur Geschichte des Klosters informieren, das der Agilolfinger *Tassilo III.* als **Augustiner Chorherrenstift** im Jahr 765 gegründet hatte. Der Klosterneubau entstand zwischen 1642 und 1731. Zu besichtigen sind der von *Johann Baptist Zimmermann* gestaltete barocke Bibliothekssaal, Privaträume *Ludwigs II.* und Galaräume wie Kaisersaal und Gartenzimmer. Man erfährt auch, welche Bedeutung das Schloss in jüngerer Zeit hatte: Hier tagte 1948 der Verfassungskonvent der neu zu schaffenden deutschen Nachkriegsrepublik – am Ende stand dann keine Verfassung, sondern das Grundgesetz. Ein Teil des einstigen Klosters wird als **Schlosshotel Herrenchiemsee** genutzt (s.u.: „Unterkunft“).

020ch sk

... sind gespickt mit Gestalten der Mythologie

Fraueninsel

Schon *Rainer Maria Rilke* erfreute die 15 ha große Fraueninsel, auch **Frauenchiemsee** oder **Frauenwörth** genannt, mit ihrem Fischerdorf als Ort der Besinnung. Von dieser Ruhe ist immer noch etwas zu spüren, allerdings erst abends, wenn der Raddampfer *Ludwig Fessler* oder eines der anderen Schiffe die Tagesbesucher „weggeschaufelt" hat.

Unser Tipp: Wenn es nicht zu voll ist, macht es richtig Spaß, die **Insel zu umrunden,** an den kleinen Fischerhäuschen vorbei zu spazieren und die Ausblicke zu entdecken, die seit Jahrhunderten Dichter und Künstler mit Pinsel und Staffelei anlocken. Keinesfalls sollte man Frauenwörth verlassen, ohne sich mit einem der weltbesten **Fischbrötchen** zu stärken. Fein geräuchert über Buchenholz, kommt die Renke zwischen zwei Semmelhälften und wird natürlich direkt aus der Hand verspeist – damit man gleich nachbestellen kann.

Kloster Frauenchiemsee

Ihren Namen erhielt die Insel von der 766 von *Tassilo* gestifteten **Frauenabtei,** die im 9. Jh. Benediktinerinnen übernahmen. Der Karolinger König *Ludwig der Deutsche* setzte als erste Äbtissin der Benediktinerinnen seine Tochter *Irmengard* ein und sorgte für die standesgemäße Ausstattung des **bis heute bewirtschafteten Klosters.** Aus dieser Zeit ist noch die **Torhalle** erhalten. Im Obergeschoss befindet sich die sehenswerte ehemalige **Kapelle St. Michael** mit einer in den 1960er Jahren entdeckten Ausmalung aus der Bauzeit: byzantinisch beeinflusste, romanische Abbilder von Engeln. Die Ausstellung in der Kapelle zeigt Kopien kostbarer Sakralgegenstände.

Das an die Torhalle angebaute, barocke **Vikarhaus** präsentiert in wechselnden Ausstellungen Werke früher und heute am Chiemsee tätiger Künstler.

Die Abtei Frauenchiemsee selbst ist bis auf die Kirche nicht zugänglich, allerdings kann man im **Klosterladen** Liköre, Lebkuchen und ein überaus leckeres Marzipan erstehen – alles von den Nonnen selbst produziert.

- **Torhalle,** Frauenchiemsee 41 (Eingang über das Vikarhaus), Mai–Okt. tgl. 11–17 Uhr.
- **Vikarhaus,** Inselgalerie Gailer, Tel. 0 80 54 / 94 97, www.inselgaleriegailer.de, Ostern bis Okt. tgl. 11–17 Uhr.

Kirche und Friedhof

Das Glanzlicht des Komplexes ist die dreischiffige romanische **Säulenbasilika Mariä Opferung** aus dem 11. Jh., die ebenfalls aus der Bauzeit erhaltene Malerei aufweist (an den Bogenlaibungen des Chors). In der **Irmengardkapelle** hinter dem Chor werden die Gebeine der 1929 selig gesprochenen ersten Äbtissin aufbewahrt.

Auf dem **Inselfriedhof** findet man Namen der intellektuellen Elite des Chiemgaus und von **Künstlern,** die ihre Liebe zur Insel lebten: Maler, Bildhauer, Dichter und Musiker ruhen hier neben einfachen Fischern. Gegründet haben die **Künstlerkolonie von Frauenwörth** 1828 *Maximilian Haushofer* und seine Freunde. Schriftstellernde Mitglieder waren u.a. *Felix Dahn, Ludwig Thoma* und *Erich Mühsam; Erich Kästner* soll

022ch sk

auf der Insel an seinem „Doppelten Lottchen“ gearbeitet haben.

■ **Abteikirche,** Tel. 0 80 54 / 90 70, www.frauenwoerth.de, 8–18/19 Uhr.

Urschalling

Eigentlich wäre das Dorf 2 km südlich von Prien ohne Belang, besäße es nicht ein weithin bekanntes Kleinod mittelalterlicher Sakralkunst. Das romanische **Kirchlein St. Jakobus** brilliert mit Bildern aus dem 14. Jh. Immer wieder übermalt, dadurch konserviert und 1942 entdeckt, zeigen die wandweiten und gewölbebedeckenden **Fresken** u.a. einen 1380 entstandenen Zyklus zur Heilsgeschichte und die Dreieinigkeit im Chorgewölbe. An einigen Stellen sind sogar noch ältere Malereien erhalten, so am Apsisbogen der Sündenfall aus den Jahren um 1200.

■ **St. Jakobus,** Urschalling 4, Sommer 9–19 Uhr, Winter 9–17 Uhr.

Die Fraueninsel mit dem Kloster

Praktische Tipps

Informationen

■ **Tourist-Info Prien,** Alte Rathausstr. 11, 83209 Prien, Tel. 0 80 51 / 6 90 50, http://tourismus.prien.de, Mai–Sept. Mo–Fr 8.30–18 Uhr, Sa 8.30–16 Uhr, Okt.–April Mo–Fr 8.30–17 Uhr.

Verkehr

■ **Bahnhof:** Bahnhofplatz 2 (2 km vom Hafen), IC-Haltestelle an der Strecke München – Salzburg, Verbindungen nach Aschau und Wasserburg.

■ **Bus:** Die **Chiemseeringlinie** (Bus Nr. 9586) fährt Mitte Mai–Mitte Okt. mehrmals am Tag rund um den Chiemsee (Juni–Sept.); Tageskarte 10 €, Inhaber einer Gästekarte der Uferorte frei, Radmitnahme 2,10 €. Nach **Urschalling** Bus Nr. 9505.

■ **Chiemsee-Schifffahrt:** Seestr. 108, Prien, Tel. 0 80 51 – 60 90, www.chiemsee-schifffahrt.de. Die aus 14 Schiffen bestehende Flotte der Chiemsee-Schifffahrt verbindet Prien mit den Inseln, Gstadt, Seebruck, Chieming, Übersee/Feldwies und Felden/Bernau ab etwa 7 Uhr bis etwa 20 Uhr. Prien – Herreninsel hin und zurück 8,20 €, Kind 4,10 €, Familie 22,60 €; Herreninsel zur Fraueninsel 6,10/3/16,70 €, Große Seerundfahrt 13/6,50/35,80 € (Möglichkeit an beliebiger Stelle auszusteigen, „hop-on/hop-off").

023ch sk

Schaufelraddampfer Ludwig Fessler

Unter den Schiffen der Chiemsee-Flotte ist ein echter alter Schaufelraddampfer: Die „Ludwig Fessler" entstand 1926 und ist 53 m lang sowie 11,60 m breit, wobei die ungewöhnliche Breite auch den riesigen seitlichen Kästen geschuldet ist, in denen die Räder mit ihrem typischen Flap-Flap-Geräusch das Wasser nach hinten drücken. Heute steht das Schiff nicht mehr unter Dampf, stattdessen produzieren seit 1973 Dieselgeneratoren den Strom für die zusammen 552 PS starken Elektromotoren, welche die Schaufelräder antreiben. Benannt ist das 685 Passagiere fassende Schiff nach dem Münchener Kupferschmied *Ludwig Fessler,* der am Bau der Bahnlinie zum Hafen beteiligt war.

■ **Radverleih Chiemsee,** Osternacher Str. 120, Prien, Tel. 0 80 51 / 77 77, www.radlverleih-chiemsee.de, Tourenräder, Mountainbikes und E-Bikes, ab 10 € pro Tag (E-Bike 30 €).

Einkaufen

Klosterladen Frauenwörth, Fraueninsel, Tel. 0 80 54 / 90 70; Liköre, Lebkuchen und Marzipan aus eigener Herstellung.

■ **Hut-Brunhuber,** Seestr. 2, Prien, www.hut-brunhuber.de; der typische Priener Trachtenhut mit den goldenen Quasten und einem samtenen Halteband am Hinterkopf wird hier seit 1897 aufwendig hergestellt, seit 1920 ist er in den Trachtenvereinen unverzichtbar.

Unterkunft

■ **Schlosshotel Herrenchiemsee**③-④, Schlosshotel 5, Herrenchiemsee, Tel. 0 80 51 / 9 62 76 70, www.herrenchiemsee-schlosshotel.de. Derzeit kann man im Schloss nur essen, die Renovierung der 30 Zimmer in den oberen Etagen ist noch nicht abgeschlossen. Die Wiedereröffnung ist für 2020 vorgesehen.

■ **Inselwirt**③, Fraueninsel, Tel. 0 80 54 / 6 30, www.hotel-inselwirt.de. Im 12. Jh. erbaut, ehemals Sitz des Hofrichters und auch Tuchmacherei, seit 1951 Hotel mit lichten, angenehm eingerichteten Zimmern, einer guten Gastronomie und Bootsanleger.

■ **Holzmayer**②-③, Fraueninsel 14, Tel. 0 80 54 / 3 28, www.haus-sommerfrische-fraueninsel.de. Gemütliche Pension mit fünf Gästezimmern in einem Haus, das schon die Künstlergemeinde der Insel gern bewohnte (Dusche im Parterre, WC im Flur, im Zimmer Waschbecken); eine Suite mit allen Annehmlichkeiten.

■ **Fischer am See**②-③, Harrasser Str. 145, Prien, Tel. 0 80 51 / 9 07 60, www.fischeramsee.de. Sonnenterrasse, eigener Bootshafen, toller Seeblick und im Restaurant fangfrischer Chiemseefisch und Spezialitäten aus der eigenen Räucherkammer (tgl. 8–23.30 Uhr, Oktober bis April Mo geschlossen).

■ **Camping Panorama Harras**①, Harrasser Str. 136, Prien, Tel. 0 80 51 / 90 46 13, www.camping-harras.de. Ruhig auf einer Halbinsel gelegen, Restaurant, Biergarten, Kiosk und Spielplatz, April bis Oktober.

Essen und Trinken

■ **Fischräucherei Thomas Lex**①, Frauenchiemsee 31 (Uferweg), Tel. 0 80 54 / 4 79, www.chiemseefischerei-lex.de, März–Okt. tgl. 11–17 Uhr. Fischsemmeln mit auf Buchenholz geräucherter Renke sind die absolute Spezialität auf der Insel; die Familie *Lex* fischt seit 1857 im Chiemsee, Qualität ist also garantiert.

Unser Tipp: **Fischhütte Reiter**①, Forellenweg 29, Prien/Osternach, Tel. 0 80 51 / 6 34 31, bei trockenem Wetter Di–So ab 11.30 Uhr. Von Prien Richtung Rimsting steht in Ufernähe die einfache Holzhütte mit Bierbänken und -tischen; auf dem Grill brutzeln auf Holzstäbe gesteckte Chiemseefische, die besten Steckerlfische der Welt.

■ **Schlosswirtschaft Wildenwart** ③, Ludwigstraße 8, Wildenwart, Tel. 0 80 51 / 27 56, www.schlosswirtschaft-wildenwart.de, Mi–So 10–14 und 17–24 Uhr. Im Schloss 7 km südwestlich von Prien wohnt der Herzog *Max,* die Wirtschaft existiert aber schon seit 500 Jahren. Es gibt bayerische und mediterrane Küche auf hohem Niveau, gemütliche Atmosphäre mit allerlei Geweihen, Holztäfelung und Biergarten.

Abends unterwegs

■ **Barracuda,** Seestr. 38, Prien, Tel. 0 80 51 / 6 63 85 40, www.facebook.com/barbarracuda, tgl. 18–2, Fr, So bis 4 Uhr. Bar und Lounge mit Sonnenterrasse, Dart, Billard und bei Fußballereignissen Großbildschirmen.

Feste und Veranstaltungen

- **Musik auf dem Schiff,** die Chiemsee-Schifffahrt (s.o.: „Verkehr") startet mehrmals im Jahr zu abendlichen Rundfahrten mit Musik, z.B. mit Rock'n'Roll zur sommerlichen Sonnwend, mit Boogie & Swing oder auch mit Mozart.

Aktivitäten

- **Badeplatz Schöllkopf,** Schöllkopf 1, Prien, für die Einheimischen die schönste Badestelle, naturbelassen, Eintritt 2 €, Kind 1 € (Parken frei), mit Liegewiese, Schatten unter Eichen, Bootsverleih und Kiosk.
- **Prienavera-Bad,** Seestr. 120, Prien, Tel. 0 80 51 / 60 95 70, www.prienavera.de; Wiese mit Liegen- und Sonnenschirmverleih, Spielplatz, Beachvolleyball und Kiosk. Kommt ein Regenschauer, kann man ins Hallenbad gehen; Strandbad (Mai–Sept.) Erw./Kind 2,50 €, Erlebnisbad (ganzjährig) 12 €, Kind 7 € (jeweils 4 Std.).
- **Badeplatz Felden (Chiemsee-Park),** Spielplätze, Tischtennis, Trampoline, Volleyball- und Fußballfeld, Boccia, Kiosk, Boots- und Radverleih – frei zugänglich.

Spaß für Kinder

- **Kletterwald,** Harrasser Str., Prien, Tel. 0 80 51 / 9 65 08 85, www.kletterwald-prien.de; speziell für Kinder und Familien, mit 13 Parcours und 110 „Schikanen" unterschiedlichen Schwierigkeitsgrades, März–Nov. in den Ferien tgl., sonst teils nur an Wochenenden 9/10–18/20 Uhr, 23 €, Kind ab 4 Jahre 9 €, ab 7 Jahre 18 € und 13–17 Jahre 20 €.

Bernau und Übersee

Bernau, 6 km südlich von Prien und durch die Autobahn vom Chiemsee getrennt, steht im Schatten der Uferorte. *Elisabeth Flickenschild* hat auf dem **Friedhof** im nördlichen Ortsteil Hittenkirchen die letzte Ruhe gefunden. Älteren Semestern ist sie als grandiose Theaterschauspielerin bekannt, die nicht zuletzt mit ihrer Kunst auch den deutschen *Edgar-Wallace*-Verfilmungen ein klein wenig Würde verliehen hat.

Vogelschutzgebiet Tiroler Ache

Das **Binnendelta** der Tiroler Ache nahe dem Ort Übersee ist ein sehr artenreiches Vogelschutzgebiet, in dem 300 der in Bayern vorkommenden 350 Vogelarten leben und teils auch brüten, darunter Blaukehlchen, Bekassine, Fluss-Seeschwalbe, Großer Brachvogel, Fluss-Uferläufer, Wachtelkönig, Tüpfelsumpfhuhn, Eisvogel, Pirol, Silberreiher, Seeadler und Sterntaucher. Die **Aussichtsplattform** im Delta erreicht man zu Fuß in 40 Min. vom Parkplatz am **Strandbad Übersee** (www.oekomodell.de, www.traunstein.bund-naturschutz.de).

Dass das Schutzgebiet als Vogelrefugium überhaupt existiert, ist übrigens nicht jedem Recht, schon gar nicht den Chiemseefischern – 1,5 kg Fisch holt so ein Kormoran jeden Tag aus dem Wasser, umgerechnet in Fischbrötchen und deren Geldwert also eine ganze Menge. Und dann hat auch noch irgendeiner im

August 2014, in der besten Touristenzeit des Jahres, nachts heimlich einen Kormoran getötet und an einen Pfahl drapiert, mit seitlich weit gestreckten Flügeln – gekreuzigt. Freunde sind Tierschützer und Fischer am See also noch nie gewesen.

Praktische Tipps

Einkaufen

■ **Weiler's Kunstgewerbestube,** Priener Str. 15, Bernau, www.weiler-kunstgewerbe.de; duftende Chiemgauer Gewürzsträuße und Krippen in allen Größen und das ganze Jahr über.

Unterkunft

■ **Jägerhof**②, Rottauerstraße 15, Bernau, Tel. 0 80 51 / 73 77, www.jaegerhof-bernau.de. Kleines Drei-Sterne-Hotel in Familienbesitz mit rühriger Betreuung der Gäste; unbedingt Halbpension buchen, die Küche (nur für Hotelgäste) ist ausgezeichnet.

Essen und Trinken

■ **Hinterwirt**①-②, Dorfstr. 35, Übersee, Tel. 0 86 42 / 2 28, www.hinterwirt.de, Di–So 11–22 Uhr. 400 Jahre alter Hof in Familienbesitz mit einer eigenen Metzgerei, die die traditionellen Rezepte bestens beherrscht: vom Überseer Geräucherten bis zur Bratwurst. Das leckere Kaiserpfandl ist übrigens Saibling in Pfannkuchenteig.

■ **D'Feldwies**②, Greimelstr. 30, Feldwies/Übersee, Tel. 0 86 42 / 59 57 15, www.wirtshaus-feldwies.de. 500 Jahre Geschichte auf dem Buckel und in den Gewölben ist eine Herausforderung, die das Lokal großartig meistert. Dass es überhaupt noch existiert, ist einer Dorfinitiative zu danken, die „Gasthofaktien" kaufte und die Gaststätte so vor der Schließung bewahrte. Bayerische Küche von der gebackenen Milzwurst über Schweinkrustenbraten bis zur Ochsenbrust mit Wintergemüse – für die Schicken von auswärts aber auch Zander in Prosecco-Rahm, Mi ab 18 Uhr Musik.

■ **Jägerhof**③ (s. Unterkunft), Di–Sa 17.30–22 Uhr, So 12–14.30 und 17.30–22 Uhr. Nicht immer sind Hotelküchen eine Empfehlung wert, die vom Küchenchef *Mehlhart* aber schon. Im Restaurant kommen Fische aus dem See und Wild aus den Wäldern der Umgebung auf den Tisch, geschmacklich mit Fantasie und handwerklich perfekt auf den Punkt gebracht, mediterran und mitunter auch fernöstlich beeinflusst. Man muss hier allerdings auch Hotelgast sein, um im Restaurant speisen zu können.

Abends unterwegs

■ **Bernauer Volksbühne,** Gasthaus Kampenwand, Aschauerstr. 12, Bernau, Tel. 0 80 51 / 966 88 22, www.bernauer-volksbuehne.de; von Juli bis Sept. gibt's zwei- bis viermal im Monat ein deftiges Mundartstück.

■ **Palma Lounge/Beachbar,** im Strandbad Übersee (s.u.); www.facebook.com/strandbaduebersee, Bar mit Lounge für den Sonnenuntergangscocktail und Chillen bis spät.

■ **Sundowner Beachbar,** Julius-Exter-Promenade 21, www.sundownerbar.de, der Mitbewerb gleich neben dem Strandbad.

Feste und Veranstaltungen

■ **Chiemsee Summer,** www.chiemsee-summer.de, **Mitte August** treffen sich bei am Chiemseeufer mehrere Zehntausend Besucher mit über 100 Musikgruppen aus aller Welt. Die Veranstaltung fiel 2018 aus, 2019 soll es aber weitergehen.

Aktivitäten

- **Strandbad Übersee,** Julius-Exter-Promenade 31, riesige Liegewiese und 800 m langer Naturstrand, Beachvolleyball, Fußball, Tischtennis, Spielplatz, Strandcafé mit Loungebereich, Kiosk, Wellness, Mai–Sept., 2,50 €, Kind 1 €, Parken 5 €.
- **Mit der Barkasse ins Delta:** die *Chiemseeschifffahrt* (s.o.) unternimmt 3–4 mal im Jahr auf der *Birgit* von 1924 dreistündige Naturbeobachtungsfahrten von Übersee/Feldwies aus, 22 €, Kind 11 €.

Eggstätter Seenplatte

Ist der Chiemsee schön und mondän, die Seenplatte bei Eggstätt (2800 Einw.) ist schöner und richtig romantisch. Verantwortlich dafür zeichnet der Tod der Gletscher am Ende der letzten Eiszeit. Sie hinterließen eine wild durchzeichnete Landschaft mit sanften Senken und Hügeln, Wäldern und Mooren – und Seen. 1939 erklärte man das einzigartige Biotop zum **Naturschutzgebiet,** in dem Seerosen weite Wasserflächen bedecken und die „Zierliche Moosjungfer“ seither ungestört herumschwirren darf – eine der 40 hier lebenden Libellenarten (Leucorrhinia caudalis). **17 Seen** mit einer Gesamtwasserfläche von 3,5 km² sind rund um Eggstätt aufgereiht. **Wanderwege und Fernradwege** führen an ihnen entlang, winters wie sommers sind die Seen und Moore ein beliebtes Ziel für Spaziergänge auf Bohlenwegen und zur Naturbeobachtung.

Schloss Hartmannsberg

Die Seenplatte war bereits in der Antike ein wichtiger Handelsweg, der Rosenheim (Pons Aeni) und Salzburg (Juvavum) verband. Gesichert war er mit einer römischen Straßenstation auf der schmalen Passage zwischen **Schlosssee** und **Langbürgner See.** Heute steht hier noch das Schloss Hartmannsberg, dessen Ursprünge auf das Jahr 900 zurückgehen, als eine erste Fluchtburg errichtet wurde. 1680 wandelte man die Anlage um in das Barockschloss, das derzeit für **Kunstausstellungen und Konzerte** genutzt wird.

Praktische Tipps

Informationen

- **Tourist-Info Eggstätt,** Obinger Str. 7, 83125 Eggstätt, Tel. 0 80 56 / 90 46 19, www.eggstaett.de, Sommer Mo–Do 9–12 und 13–16 Uhr, Fr 9–12 Uhr.

Verkehr

- **Bus:** von Prien nach Eggstätt Nr. 9511.

Unterkunft

- **Hotel Seeblick**②, Pelham am See 4, Pelham, Tel. 0 80 53 / 30 90, www.hotel-seeblick-pelham.de. Familiengeführtes Haus am Ufer des Pelhamer Sees mit komfortablen Zimmern, schönem Biergarten, Seeterrasse und gutem **Restaurant**② (mediterran-internationale Küche, tgl. 7.30–24 Uhr) in einem der ältesten Naturschutzgebiete Bayerns.
- **Unterwirt**②, Kirchplatz 8, Eggstätt, Tel. 0 80 56 / 3 37, www.unterwirt-eggstaett.de. Landgasthof im Ort mit Biergarten, Zimmer und Ferienwoh-

nungen, auf Radfahrer eingestellt (E-Bike-Garage mit Stromanschluss), Radverleih, Halbpension möglich.

Essen und Trinken

■ **Weißbräu**①-②, Bachham 6, Eggstätt, Tel. 0 80 56/ 3 51, www.weissbraeu-bachham.de, Mi–So 11–24 Uhr. Einfaches Gasthaus 2 km nördlich Eggstätt – Dorfwirt mit ehrlicher und günstiger Küche; neben Tafelspitz und Lüngerl viele Fischgerichte mit Fang aus dem Chiemsee. Freitag gibt es als Alternative Dampfnudeln.

Unser Tipp: **Mooswirt**②, Weitmoos 15, Eggstätt, Tel. 0 80 56 / 268 99 73, www.mooswirt-eggstaett.de, Mo–Fr ab 15 Uhr, Sa/So ab 11.30 Uhr. 3 km nordöstlich steht mitten im Wald das kleine Lokal mit ausgezeichneter, aber unprätentiöser Küche. Am schönsten sitzt man auf der Terrasse mit Blick auf die Kampenwand.

⌃ Bootshaus am Langbürgner See

Aktivitäten

■ **Freibad/Freizeitgelände Hartsee,** Am Hartseebad, Eggstätt; Liegewiese, Spielplatz, Beachvolleyball, Basketball, Minigolf und Kiosk, Eintritt frei.

■ **Badeplatz Stockerhof,** Stock 1, Langbürgner See; idyllische Lage und meist nicht überlaufen, große Liegewiese, Kiosk, Eintritt frei, Parken 3 €.

■ **Strandbad Pelhamer See,** Pelham am See 4; schöner Platz mit Liegewiese und Badesteg beim Hotel Seeblick (s.o.), Eintritt frei.

■ **Hochseilgarten Pelham,** Pelham am See 4, Tel. 0 86 65 / 92 88 99, www.hochseilgarten-pelham.de, April–Okt. Sa ab 14 Uhr; an Masten aufgehängter Hochseilgarten am Seeufer mit 13 Übungen, Kletterwand und Riesenschaukel, 38 €, Kind 28 € (jeweils 3½ Std.).

Seeon-Seebruck

Die Sommerfrische am Seeabfluss der **Alz** besitzt mit über 500 Liegeplätzen den größten **Yachthafen** des Chiemsees

– ein Mekka der Segler. Außerdem darf sich Seeon-Seebruck (4500 Einwohner) mit dem Prädikat **Luftkurort** schmücken. Zur Gemeinde gehören die Ortsteile Seebruck, Seeon und Truchtlaching. Sie hat sich schmuck hergerichtet mit viel Kunst im öffentlichen Raum und gepflegten Straßen. Schließlich hat man eine lange Geschichte.

Römermuseum

Das Römermuseum Bedaium – Teil der Archäologischen Staatssammlung – macht klar, dass die Siedlung bereits 50 v.Chr. gegründet wurde, Seebruck gilt als einer der besterforschten archäologischen Plätze Bayerns. Die **Römerstraßen** von Augsburg nach Salzburg und vom Pass Thurn nach Regensburg trafen sich hier an der Brücke über die Alz, wo eine Benefiziarierstation – ein Polizeiposten – stand. Zu sehen sind neben zahlreichen weiteren Exponaten (auch aus der Frühzeit und von Kelten und Bajuwaren) ein sorgfältig rekonstruiertes **römisches Kampfgeschütz** und Uniformen. Auf dem am Museum beginnenden 27 km langen **Archäologischen Rundweg** passiert man zehn Stationen an den wichtigsten Fundorten.

■ **Römermuseum,** Römerstr. 3, Tel. 0 86 67 / 75 03, http://roemermuseum-bedaium.byseum.de, wochenweise wechselnde Öffnungszeiten, meist Mi, Sa/So nachmittags, Do, Fr vor- und nachmittags, 4 €, Kind 1–3,50 €.

Kloster Seeon

Kloster Seeon liegt ausgesprochen idyllisch 6 km nördlich von Seebruck auf einer **Insel im Klostersee.** Heute ist es säkularisiert und ein Kulturzentrum mit Tagungshotel des Bezirks Oberbayern, eine Besichtigung ist nur im Rahmen von Führungen für Gruppen möglich. Dennoch sollte man hin, denn die Lage ist einzigartig und immerhin darf man die Kirche anschauen.

025ch sk

Die Geschichte des Klosters beginnt mit der Gründung durch Benediktiner aus Regensburg 994. Im 12. Jh. ersetzte man eine Vorgängerkirche durch eine romanische Basilika, die im 15. Jh. gotisiert wurde. Ein Brand 1561 verschonte nur die dann im 17. Jh. barockisierte Kirche. 1803 säkularisiert, fiel das Kloster schließlich 1873 an Verwandte der Zarenfamilie *Romanow*, die die Anlage zum **Schloss** umbauen ließen. Neben *Haydn* kam **Wolfgang Amadeus Mozart** einige Male nach Seeon, er komponierte für das Kloster sogar zwei liturgische Gesänge. In neuerer Zeit war der Komplex SA-Schule, Kaserne der Bereitschaftspolizei und Polstermöbelfabrik.

Die **Kirche St. Lampert** und das Kloster zeigen heute noch architektonische Merkmale aller Bauphasen. Die Türme (bis auf die 1561 aufgesetzten Hauben) und die Fundamente stammen aus romanischer Zeit, Zeugen des gotischen Umbaus sind der Chor, die Ummantelungen der Tragsäulen und die freskierten Netz- bzw. Sternrippengewölbe.

Kurz vor dem Übergang zur Insel steht das **Kirchlein St. Walburgis** mit Malereien aus dem 16. Jh. Auf dem Friedhof ist das Grab von *Anastasia Manahan* (1896–1984), angeblich eine Tochter des letzten russischen Zaren.

■ **Kirche St. Lampert,** tgl. 9–16 Uhr, **Klosterführung** am 3. Sonntag im September anlässlich des klösterlichen Markttages, kostenfrei. **Kirche St. Walburgis,** tgl. 9–16 Uhr.

Kloster Seeon

Rabenden und Obing

UNSER TIPP: Die **Kirche St. Jakobus d.Ä.** in Rabenden 10 km nördlich von Seebruck sollte man unbedingt aufsuchen. Aus unverputztem Naturstein und mit einem neugotischen schlanken Turm versehen, wirkt sie von außen unscheinbar. Ein Schnitzer, von dem nur sehr wenige Werke bekannt sind, dessen Herkunft und Werdegang im Dunklen liegt und der deshalb nur **Meister von Rabenden** heißt, hat allerdings ein Werk von höchstem künstlerischen Wert hinterlassen. Der sechs Meter hohe **spätgotische Flügelaltar** von 1515 hat über dem Sockel mit seinen zwei verschiebbaren Bildern zwei feste Tafeln und zwei davor angebrachte Drehflügel. In der Mitte stehen drei Apostelfiguren mit äußerst markanten Gesichtszügen: links *Simon,* in der Mitte der Namensgeber der Kirche, *Jakobus,* und rechts *Thaddäus.* Sind die Schwenkflügel aufgeklappt, sieht man vier Szenen aus dem Marienleben, zugeklappt und den Mittelteil verdeckend, zeigen die Rückseiten die vier Kirchenlehrer Hieronymus, Gregor, Augustinus und Ambrosius, die festen Flügel links die hl. Sebastian und Gregor, rechts oben den hl. Florian und unten wieder Jakobus. Nur in der Fastenzeit sind die Rückseiten und damit auch die Standflügel zu sehen. Die Schiebebilder an der Pedrella zeigen den leidenden Christus und seine Mutter.

Auch die **Kirche St. Laurentius** in Obing, 5 km westlich von Rabenden, besitzt ein Werk des Meisters. Der neugotische Altar dort zeigt drei eindrucksvoll geschnitzte Skulpturen: Madonna mit dem Kinde, hl. *Jakobus* und hl. *Laurentius.* Dass rund um den Chiemsee so viele

Kirchen Jakobus als Namenspatron haben, liegt daran, dass eine der vielen Varianten des Pilgerweges nach Santiago (= Jakob) di Compostela durch den Chiemgau führt.

- **Kirche St. Jakobus d.Ä.,** Forster Str., Rabenden, 9–17 Uhr.
- **Kirche St. Laurentius,** Kienberger Str., Obing, 9–17 Uhr.

Praktische Tipps

Informationen

- **Tourist-Info Seebruck,** Am Anger 1, 83358 Seebruck, Tel. 0 86 67 / 71 39, www.seeon-seebruck.de, Mitte Sept.–Juni Mo–Fr 9–12 und 14–17 Uhr, Juli, Aug. Mo–Fr 9–18 Uhr, Sa 10–14 Uhr So 10–12 Uhr.
- **Tourist-Info Gstadt,** Seeplatz 5, 83257 Gstadt, Tel. 0 80 54 / 442, www.gstadt.de, Mo–Fr 8–12 Uhr, Mo–Do 14–17 Uhr, Mai–Okt. auch Sa 10–12 Uhr.

Verkehr

- **Bus:** von Prien nach Seebruck Nr. 9520, nach Obing Nr. 9414, dann 9441. Von Seebruck nach Seeon Nr. 9445, von Obing nach Seeon Nr. 9522. Von Seeon nach Rabenden Nr. 9523.

Unterkunft

- **Malerwinkel**③, Lambach 3, Seebruck, Tel. 0 86 67 / 8 88 00, www.hotel-malerwinkel.de. Drei-Sterne-Haus am Ufer und einem guten **Restaurant**②-③ der gehobenen Kategorie mit Panoramablick.
- **Camping Kupferschmiede,** Trostberger Str. 4, Arlaching, Tel. 0 86 67 / 4 46, www.camping-kupferschmiede.de. Vom Nordufer des Chiemsees tut sich das ganze Panorama vor den Augen auf; gut ausgestatteter Platz jenseits der Uferstraße östlich von Seebruck.
- **Hingerl**①-②, Albertaich 1, Obing, Tel. 0 86 24/ 15 14, www.gasthaus-hingerl.de. Landgasthof 4 km nordwestlich von Obing mit einfacheren, im 1970er-Jahre-Stil eingerichteten Zimmern (teils Etagenbad) und rustikaler **Gaststätte**②.

Essen und Trinken

- **Taverna**②-③, Römerstr. 3a, Seebruck, Tel. 0 86 67 / 77 00, http://taverna-weinlokal.de, Mi–Mo 17–1 Uhr. Beim Römischen Museum speist man mediterran-österreichisch.
- **Marxhof Café**①, Stetten 12, Seeon, Tel. 0 80 56 / 9 01 90 01, www.marxhof-stetten.de, So 13–18 Uhr. Familiärer Betrieb 5 km westlich von Seebruck; selbstgebackener Kuchen und kleine Gerichte auf der Terrasse oder im gemütlichen Gastraum.
- **Biererlebniswelt Camba**②, Mühlweg 2, Truchtlaching, Tel. 0 86 67 / 87 60 00 00, www.camba-bavaria.de; Mi, Do 15–23, Fr/Sa 11–23, So 11–21 Uhr. Gaststätte mit über 50 eigenen *Craft*-Biersorten und passenden deftigen Gerichten, auch Brauereiführungen – für Bierfans ein Muss!

Abends unterwegs

UNSER TIPP: **Kleinkunstbühne zur Post,** Wasserburger Str. 1, Obing, Tel. 0 86 42 / 22 06, www.john-obing.de. *John* und *Rita Gonzalves* – bayerischer geht's doch gar nicht mehr, Rock, Blues oder Folk. Vom Buchenholzgrill des Biergartens kommen deftige Steaks und Burger.

Feste und Veranstaltungen

- **Mozartwoche,** *Kulturzentrum Kloster Seeon,* Klosterweg 1, Tel. 0 86 24 / 89 70, www.klosterseeon.de; hörenswerte Konzerte im April (mit Übernachtungspauschale im Hotel).

Aktivitäten

■ **Strandbad Seebruck,** Am Chiemseepark 9. Liegewiese, Badesteg, Floß, Spielplatz, Schirm- und Liegenverleih auf 2 ha Areal, 2,20 €, Kind 1,50 €.
■ **Strandbad Inselblick,** Gstadt; kleines Strandbad am Westufer des Sees mit Badesteg und einem herrlichen Gebirgspanorama hinter der Fraueninsel, Café, Liegen- und Schirmverleih, Eintritt frei.
■ **Strandbad Breitbrunn,** der längste Strandabschnitt am Chiemsee, Café, Kiosk, Liegewiese, Spielplätze, Steg, Badefloß und Bootsverleih; wegen des flachen Wassers am Uferabschnitt auch sehr gut für kleinere Kinder geeignet, Eintritt frei, Parken 3 €.

Spaß für Kinder

■ **Keltengehöft Stöffling,** Teil des Archäologischen Rundwegs des Römermuseums; am 3. Oktober darf man beim **Bedaius-Familienfest** in das dörfliche Leben der Kelten schnuppern und zugucken, wie gewebt, geflochten und Salz gesiedet wird; Bogenschießen und vieles mehr.

Chieming

In Chieming am Ostufer des Sees scharen sich in lockerer Bebauung die Häuser im Voralpenstil und die Höfe rund um die Dorfkirche Mariä Himmelfahrt aus dem 19. Jh. An Kulturellem hat der Ferienort und sein näherer Umkreis praktisch nichts zu bieten. Einzig das **Heimathaus** kann ein wenig auf die lange Siedlungsgeschichte verweisen. Einige der Exponate stammen aus der Bronzezeit, weitere aus römischer und bajuwarischer Epoche.

■ **Heimathaus,** Dorfführung im Sommer Do um 10 Uhr, www.heimathaus-chieming.de, Treffpunkt Haus des Gastes/Tourist-Info.

Informationen

■ **Tourist-Info Chieming,** Hauptstr. 20b, 83339 Chieming, Tel. 0 86 64 / 98 86 47, www.chieming.de, Mai–Sept. Mo–Do 8–20 Uhr.

Verkehr

■ **Bus:** von Prien und Seebruck nach Chieming Nr. 9520.
■ **Radverleih Chiemsee,** Bei den Bädern 1, Chieming, Tel. 0 86 64 / 92 77 06, www.radlverleih-chiemsee.de, Tourenräder, Mountainbikes und E-Bikes, ab 10 € pro Tag (E-Bike 30 €).

Unterkunft

■ **Gut Ising**④, Kirchberg 3, Chieming, Tel. 0 86 67 / 7 90, www.gut-ising.de. Luxuriöse Herberge in exponierter Lage über dem See zwischen Seebruck und Chieming, Wellness-/Spa-Bereich (2500 m²), Restaurants (der hohen Preisklasse) und Biergarten, Zimmer, Suiten und Apartments auf mehrere Gebäude verteilt, 9-Loch-Golfplatz, Reitmöglichkeit, Tennis.

Aktivitäten

■ **Strandbad Chieming,** An den Bädern 3, www.strandbad-chieming.de; Liegeweise, Badesteg, Beachvolleyball, Tischtennis, Kiosk, Surf- und Segelschule, 2,50 €, Kind 1,80 €.

026ch sk

3 An Traun und Alz

Die Geschicke der Städte entlang der Traun und der Alz sind eng mit dem Salzhandel verwoben. Entsprechend lang und bewegt ist ihre Geschichte. Doch nicht nur Kunstsinnige sollten sich von der Region angesprochen fühlen, in der sanften Hügellandschaft locken Flussauen und kleine Badeseen zum Naturerlebnis.

< Schloss Pertenstein an der Traun

Altötting
Holzen
S. 90
Hart an der Alz
Hirten
Höresham
Eigel-wald
Burghausen
Taufkirchen
Garching an der Alz
Alzkanal
Alz
Wald an der Alz
Halsbach
Engelsberg
20
Wiesmühl
Asten
Peters-kirchen
Kirch-weidach
Tacherting
Feichten an der Alz
Leitgeringer See
Emertsham
Rupertiwinkel
Tittmoning
Wester-holz
Tyrlaching
Degernfeld
Kay
Freuts-moos
89
Kienberg
299
Wimm
86
Schwarzau
TROST-BERG
4
Palling
83
304
Altenmarkt an der Alz
Rabenden, Obing
Tengling
81
Schloss Stein
Stein an der Traun
Sankt Georgen
Seeon
Taching am See
81
TRAUNREUT
116
Tettelham
Truchtlaching
81
Waging am See
65
Seebruck
Schloss Pertenstein
Traun-walchen
Matzing
Kammer
Kurpark
304
Herbsdorf
Hart
Egerer
Aiging
Wonneberg
Nußdorf
4
69
Chieming
Chiemsee
Empfing
Teisendorf, Freilassing, Salzburg
74
TRAUNSTEIN
Radtour
4 Hammer/Inzell – Marktl
Lauter
Erlstätt
St. Rupert und Maximilian
Surberg
Wegscheid
Vogel-schutzgebiet
S. 140
NSG
Graben-stätt
Ruhpolding, Inzell
Hochberg
Vachendorf
306

AN TRAUN UND ALZ

Die in den Inn mündende Alz und ihr rechter Nebenfluss, die Traun, waren wichtige Verkehrswege. Bereits römische Händler befuhren die Flüsse mit flachen Kähnen, doch für den Salzhandel hatte die Traun nur eine indirekte Bedeutung. Ihre Zuflüsse kommen allerdings aus den waldreichen Bergen. Als zu Beginn des 17. Jh. in Reichenhall neue Salzvorkommen entdeckt wurden, war klar, dass eine Versiedung vor Ort mangels Holz nicht mehr möglich war. Man baute also auf Geheiß des Herzogs *Maximilian* die Soleleitung nach Traunstein und dort eine Saline. Die Wälder von Traunstein und die über die Traun herangeflößten Stämme versorgten nun die Sudpfannen mit Brennstoff.

Traun-Alz-Radweg

Der familiengeeignete und gut ausgeschilderte Traun-Alz-Radweg verläuft von Hammer bei Inzell über Traunstein bis Marktl bei Altötting. Insgesamt misst er etwa 100 km mit nur geringem Steigungsprofil; von Traunstein nach Marktl verläuft er auf verkehrsarmen Straßen oder Feldwegen. Zwei Tage sollte man sich nehmen, um ausreichend Zeit für Besichtigungen zu haben. Eine Beschreibung des Radwegs findet sich im Kapitel „Touren“: **Radtour 4.**

NICHT VERPASSEN!

- Der österliche **Georgiritt von Traunstein** | 80
- **Schloss Stein** mit Höhlenburg | 81
- Die Altstadt von **Trostberg** | 86
- Die **Wallfahrtskapelle von Altötting** | 91
- Das päpstliche Geburtsdorf **Marktl** | 97

Diese Tipps erkennt man an der gelben Hinterlegung.

Traunstein

Geschützt auf einer Anhöhe in einer **Schleife der Traun** gelegen, kann die Stadt (19.000 Einw.) auf eine lange Geschichte zurückblicken. Es gibt viel zu entdecken: **prachtvolle Bürgerhäuser,** schöne, weite Plätze und **Museen.**

Eine Besiedlung ist bereits für die Hallstattzeit mit Hügelgräbern dokumentiert. Die ersten festen Wohnbauten standen hier wohl schon zu Beginn des 12. Jh. Zu dieser Zeit gab es auch eine Brücke für die **Salzfuhrwerke** Richtung München. Das Geld machte man schließlich mit dem **Salzscheibenpfennig,** einer vom Kurfürsten verfügten Zollsteuer; jeder Händler hatte für eine Salzscheibe mit dem Gewicht von ca. 70 kg einen Pfennig an die Stadt abzuführen. Nachdem den Salzbergwerken im Süden das Holz ausgegangen war, konstruierte man die **Soleleitung** von Berchtesgaden aus über die Berge und baute **Sudpfannen** in Traunstein. Mehrere große Stadtbrände (deren Ursache meist außer Kontrolle geratene Feuer unter den Sudpfannen waren) haben einen Großteil der mittelalterlichen Gebäude zerstört (der letzte Brand war 1851). Die heutige Bausubstanz stammt also im Wesentlichen aus der zweiten Hälfte des 19. Jh. – was dem Stadtbild aber keinen Abbruch tut. Traunstein wirkt lebhaft und heiter.

Die Highlights für Kinder

- **Erlebnis-Warmbad** | 80
- **Höhlenburg Stein** | 83

Sehenswertes

Rund um den Stadtplatz

Das Zentrum bildet der **ehemalige Markt,** der weite Stadtplatz mit 250 m Länge und fast 100 m Breite. Er wurde so groß angelegt, damit die Händler die Fuhrwerke entladen und ihre Waren anbieten bzw. den Zöllnern offenlegen konnten. Hier atmet man noch mittelalterliche Atmosphäre, obwohl der **Brothausturm** (auch **Oberer Turm** genannt) mit dem angrenzenden **Ziegleranwesen** zu den wenigen Überbleibseln aus dieser Epoche am Platz gehört. Der wuchtige Vierkant und der Zieglerbau beherbergen zusammen das **Spielzeug- und Stadtmuseum.** Die stadtgeschichtliche Sammlung präsentiert insbesondere die Salinenwirtschaft und das Handwerk, besitzt aber auch Exponate zum städtischen Leben und sakrale Kunstwerke. Einzigartig ist die Sammlung an Spielzeug, vom Blechauto über Modellbahn und Flugzeug bis zu Puppenstuben und Teddys.

■ **Spielzeug- und Stadtmuseum Traunstein,** Stadtplatz 2/3, Tel. 08 61 / 16 47 86, www.spielzeugmuseum-traunstein.de; April bis Okt. Mo–Sa 10–15 Uhr, So 10–16 Uhr, Eintritt frei.

Die den Stadtplatz dominierende **Stadtpfarrkirche St. Oswald** entstand gegen Ende des 17. und Anfang des 18. Jh. an

027ch sk

der Stelle mehrerer Vorgängerbauten (darunter ein spätromanischer Bau des 13. Jh.). 1851 wurden Teile der Kirche erneut ein Raub der Flammen und bis 1885 erhielt das Gotteshaus sein heutiges Aussehen. Anfang des 20. Jh. gestaltete man das Innere hell und licht, dem neobarocken Geschmack jener Zeit folgend, 1969 den Altarraum dem II. Vatikanischen Konzil entsprechend. Dass *Benedikt XVI.* in der Kirche seine Firmung erhielt, als Theologiestudent an der Liturgie teilnahm, seine erste Messe hielt und als Erzbischof das Sakrament der Firmung erteilte, macht sie zu einem beliebten Ziel für Reisende auf den Lebensspuren des „deutschen Papstes".

In der Schaumburger Straße am Westende des Platzes stehen noch einige **mittelalterliche Bürgerhäuser.** Die Stadtbrände führten vielerorts dazu, dass die vorkragenden Dächer, an denen sich Feuer gut fangen und übertragen konnte, im 16.–18. Jh. durch die typischen Vorschussmauern ersetzt wurden – bekannt als **Inn-Salzach-Stil.**

Gleich östlich der Kirche steht der uralte **Lindlbrunnen,** das Wahrzeichen

⌃ Hofbräuhaus Traunstein

der Stadt. Auf einer schmalen Säule, die der achteckigen Brunnenfassung entwächst, wacht ein Bürger in Rüstung und mit Lanze bewaffnet seit 1526. Geschaffen hat die Figur aus rotem Ruhpoldinger Marmor ein Steinmetz aus Traunstein – *Meister Stephan*. Ursprünglich bestand die Brunnenfassung aus Eichenholz, 1646 ersetzte man sie durch weißen Marmor.

An der Ostseite des Platzes bestimmt der **Jacklturm** das Bild – der **Untere Turm.** Er steht aber erst seit 1999 – eine Replik des Wachtturms, auf dem über Jahrhunderte ein Ausguck für die frühzeitige Entdeckung von Brandherden sorgte, und der dann 1851 selbst vom großen Stadtfeuer zerstört wurde.

Die Salinenkirche St. Rupert und Maximilian

028ch sk

Brauereimuseum

Wenige Schritte nach Süden demonstriert in der Hofgasse das **Museum des Hofbräuhauses Traunstein** (seit 1612 wird schon gebraut) die Bierproduktion, beim Malzboden beginnend, über das Sudhaus und den Gärkeller bis zur Schäfflerei und Pichlerei und schließlich der Flaschenabfüllung.

■ **Brauereimuseum,** Hofgasse 6–11, Tel. 08 61 / 9 88 66 42, www.hb-ts.de; Führungen (ca. 90 Min.) Mo–Mi 11, Mo auch 18 Uhr, Erwachsene 8,50 € mit Verkostung, Kind 4,50 €.

Salinenkirche

Über die Salzmeierstiege, vorbei am heutigen **Rathaus,** in dem sich einst unter anderem das Hauptsalzamt befand, gelangt man vom Stadtplatz zum modern gestalteten Karl-Theodor-Platz und zur hübsch in einem kleinen Park gelegenen Salinenkirche **St. Rupert und Maximilian.** Gestiftet hat die kreuzförmige Kapelle mit ihrem zentralen, niedrigen Turm Kurfürst *Maximilian I.* anlässlich der Salineneröffnung 1631. Es entstand ein frühbarockes Bauwerk, dessen Innenausstattung, insbesondere der Hochaltar, im Rokoko verfeinert wurde. *Rupert,* einer der Namenspatrone, war der erste Bischof von Salzburg und wird auch als „Salzheiliger“ bezeichnet. Beachtenswert ist der Hochaltar. Dass die Wittelsbacher das Sagen hatten, zeigt sich im Hauptbild. Der hl. *Maximilian,* Namensgeber des Salinengründers Herzog *Maximilian,* segnet den vor ihm knienden Bischof *Rupert* – Symbol des Primats der weltlichen Macht.

Salinenhäuser

Die Salinenhäuser an der Südseite waren einst Wohn- und Arbeitsstätte der Salzwerke. Die Gebäude – Stöcke – trugen die Namen von Wittelsbachern (wie *Ferdinandi* und *Maximiliani*), in ihnen befanden sich jeweils das **Pfieselhaus,** in dem das Salz abschließend trocknete und in handelsübliche Form gebracht wurde, **Lager- und Werkstätten** und **Wohnungen** für die Arbeiter. Zwischen den Häusern und der Salinenstraße erstreckten sich die **Sudpfannen,** die 1787 das zentrale Sudhaus auf dem Karl-Theodor-Platz ersetzte.

Druckereimuseum

Das Druckereimuseum westlich des Karl-Theodor-Platzes gehört dem *Traunsteiner Tageblatt* und beleuchtet die Geschichte des Satz- und Druckwesens mit zahlreichen Exponaten vom Setzkasten bis zu den ersten Computern, vom Steindruck bis zur Rotationsmaschine. Die Zeitung besteht seit 1855 und ist – durch eine kurze Periode der Enteignung im Dritten Reich zusätzlich geadelt – in Besitz derselben Familie.

■ **Druckereimuseum,** Marienstr. 12, Tel. 08 61 / 9 87 70, www.traunsteiner-tagblatt.de, Mi 14–16 Uhr, Eintritt frei.

Von Sud- und Pfieselhaus auf die Straße – der Weg des Salzes

Tag und Nacht brannten in Traunstein die Feuer unter den **Sudpfannen,** immer wieder goss der Sudmeister neue Sole nach – bis schließlich in der Pfanne ein **eingedickter Salzbrei** entstanden war. Um die Restfeuchtigkeit zu entfernen, musste der Brei im Pfieselhaus etwa eine Woche **nachtrocknen** und kam dann in die Formen. Da man für den Transport im Fernhandel die **Scheibenform** bevorzugte, arbeiteten in der Saline **Küfer,** die Holzdauben herstellten und aus Weidenzweigen Fassreifen flochten. Die so entstandenen Behältnisse fassten jeweils etwa 70 kg ausgetrocknetes Salz und dienten auch als Verpackung für den Transport.

Nach einer weiteren Woche Trocknung hatte der Brei insgesamt 20 % seines Gewichtes verloren und war in der gewünschten Form verbacken und ausgehärtet. Nun konnten die Händler – die **Salzsender** – das Salz übernehmen, auf die *Plätten* genannten Lastkähne schaffen lassen und flussabwärts nach **Ungarn und Böhmen** oder, auf Packpferde und Planwagen verfrachtet, auf dem Landweg entlang der Güldenen Straße nach **Augsburg** bringen. Wer über Land fuhr, war gefährdet, weshalb die Sender sich zu Kolonnen zusammenschlossen und von Soldaten schützen ließen. Doch die am meisten gefürchtete Katastrophe war der Bruch einer Achse oder eines Rades, der Sturz eines Pferdes.

Sobald das Salz auf der Straße lag, ging es ins Eigentum des jeweiligen Grundherren über. Der Händler schaute in die Röhre bzw. musste seine Ware mit hohen Summen auslösen. Dass die Händler dennoch reich wurden, zeigt die Bedeutung und den großen Bedarf des weißen Goldes – nicht als Gewürz für die Bürger, sondern als einziges bekanntes **Mittel, Fisch und Fleisch haltbar zu machen.**

Praktische Tipps

Informationen

- **Tourist-Info Traunstein,** Stadtplatz 39, 83278 Traunstein, Tel. 08 61 / 6 55 00, www.traunstein.de, Mo–Fr 8–17 Uhr, Sa 10–12 Uhr.

Verkehr

- **Bahn:** Traunstein ist Haltestelle an der Fernstrecke München – Salzburg, Verbindungen nach Altötting und Ruhpolding.
- **Parken:** Zentralste Parkmöglichkeit ist der Karl-Theodor-Platz mit kostenpflichtigen Stellflächen

(P2) und Parkhaus (P2). Sind beide besetzt, bleibt die ausreichend große kostenfreie Parkfläche auf dem Festplatz (P3) an der Siegsdorfer Straße am jenseitigen Traunufer im Süden der Altstadt.

Einkaufen

4 **Traunsteiner Woll- und Trachtenstube,** Stadtplatz 9, Traunstein, Tel. 08 61 / 1 30 23, www.graspeuntner.de. Lederhosen und Dirndl, und – damit es wirklich passt – eine Änderungsschneiderei.

Unterkunft

5 **Park Hotel 1888**③, Bahnhofstr. 11, Traunstein, Tel. 08 61 / 98 88 20, www.parkhotel-traunstein.de. Modern eingerichtetes Komforthotel mit 55 Zimmern im Zentrum, kleiner Wellnessbereich, Restaurant mit bayerischer Küche.

6 **Rosenheimer Hof**②, Rosenheimer Str. 58, Traunstein, Tel. 08 61 / 98 65 90, http://rosenheimer-hof.de. Kleines Hotel mit nur 13 Zimmern und unaufdringlicher Einrichtung mit allem Notwendigen.

8 **Hochberg**②, Hochberg 6, Traunstein, Tel. 08 61 / 42 02, http://alpengasthof-hochberg.de. Empfehlenswerter Familienbetrieb 5 km südlich von Traunstein auf dem Hochberg in toller und ruhiger Panoramalage mit Blick auf die Alpen; angenehm und hell eingerichtete Zimmer und gutes Restaurant (günstige Halbpension, Ruhetage Di, Mi), Biergarten unter Kastanien.

Essen und Trinken

3 **Schnitzlbaumer**②, Mühlenstr. 8, Traunstein, Tel. 0 8 61 / 34 00, www.schnitzlbaumer.de, tgl. ab 9 Uhr. Dass die Getränke des Brauereiausschanks erster Klasse sind – Ehrensache! Aber auch die Küche hat Einiges zu bieten, z.B. Schnitzlbaumers Salatteller mit eingelegtem Kürbis, Schafsfrischkäse und Cranberries, aber auch Simpleres wie Schweinsbraten in Biersauce und Saures Lüngerl.

7 **Wochinger Brauhaus**②, St.-Oswald-Str. 4, Traunstein, Tel. 08 61 / 30 45, www.wochinger braeu.de, tgl. 10–24 Uhr (Winter Mo geschl.). Braufrisch und unter Biergartenkastanien (jeden Mittwoch auch noch mit Steckerlfisch) schmeckt Wochinger am besten. Die kleinste der drei Traunsteiner Brauereien offeriert ihr Essen im Brauereiausschank nicht unbedingt urbayerisch, aber der Qualität ist die Darreichung als Buffet nicht abträglich.

Unser Tipp: 2 **Tortenatelier und Pralinengießerei,** Kaiserstr. 24, Traunstein, Tel. 08 61 / 90 99 17 30, www.tortenatelier-harrecker.de, Mi–Sa 12–17 Uhr. Hier darf man sich voll der Sünde hingeben: feine Pralinen, Schokoladen und Torten aus eigener Herstellung in der kleinen Kaffeestube verkosten und für Zuhause an der Theke kaufen.

Abends unterwegs

1 **Rock Club Villa,** Wasserburger Str. 10, Traunstein, Tel. 01 70 / 2 00 18 28; Fr, Sa 22–5 Uhr; praktischerweise fünf Gehminuten vom Bahnhof, DJs und große Tanzfläche, auch ruhigerer Bar- und Gaststättenbereich.

1 **Club Kafka,** Herzog-Wilhelm-Str. 1, Traunstein, Tel. 08 61 / 2 09 26 51, www.monta-music.de, Fr, Sa ab 21 Uhr (Juli/Aug. geschl.); Lounge mit Minimaleinrichtung.

■ **NUTS – Kulturfabrik,** Crailsheimstr. 12, Traunstein, Tel. 08 61 / 84 31, www.nuts-diekulturfabrik.de; ernstes Theater, Boulevard, Kabarett, Konzerte.

Feste und Veranstaltungen

■ **Traunsteiner Sommerkonzerte,** Kunstraum Klosterkirche, Ludwigstr. 10, Traunstein, Tel. 08 61 / 2 09 96 67, www.traunsteiner-sommerkonzerte.de; Konzertreihe im ersten Septemberdrittel.

Traunstein

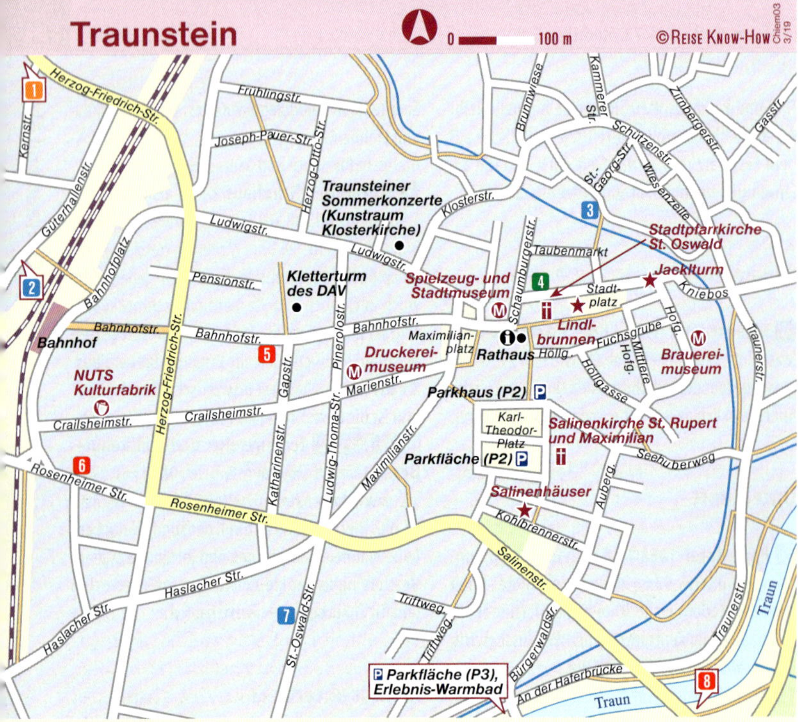

■ **Übernachtung**
5 Park Hotel 1888
6 Rosenheimer Hof
8 Hochberg

■ **Essen und Trinken**
2 Tortenatelier
3 Schnitzlbaumer
7 Wochinger Brauhaus

■ **Nachtleben**
1 Club Kafka, Rock Club Villa

■ **Einkaufen**
4 Woll- und Trachtenstube

■ **Georgiritt,** am **Ostermontag** findet eine der größten und prächtigsten Pferdewallfahrten Bayerns statt (zum Ettendorfer Kircherl).

■ **Traunsteiner Lindl,** am **3. Novembersamstag,** Volksmusikwettbewerb mit Wanderpreis.

Aktivitäten

■ **Kletterturm des DAV,** Sektion Traunstein, Bahnhofstr. 18b, Tel. 08 61 / 6 93 99, www.alpenverein-traunstein.de, beim Schwimmbad, Schlüssel beim DAV, Mitte März–Okt., DAV-Mitglieder 5,50 €, Kind 3,50 €, Nicht-Mitglieder das Doppelte.

Spaß für Kinder

■ **Erlebnis-Warmbad,** Siegsdorfer Str. 33, Tel. 08 61 / 16 47 44; Freibad mit Wasserlandschaft, 50-m-Becken und 75 m langer Riesenrutsche; Mai/Sept. 9–19, Juni–Aug. 9–20 Uhr, 4 €, Kind 2,50 €.

Traunreut

So hart es klingt, Traunreut wäre eigentlich keinen Besuch wert, wenn es nicht das Museum **DASMAXIMUM** gäbe. Die 20.000 Einwohner zählende Stadt, obwohl die größte im Landkreis Traunstein, ist zu jung, als dass sie historische Bauwerke oder ein stimmiges Stadtbild besäße. Sie entstand als Siedlungsneugründung für Heimatvertriebene des Zweiten Weltkriegs. Das Museum ist folgerichtig der Gegenwartskunst verschrieben und zeigt Werke von Berühmtheiten wie *Georg Baselitz, John Chamberlain* und *Andy Warhol.* Der Galerist *Heiner Friedrich* hat es 2011 in Eigeninitiative eröffnet. Die Sammlung steht in puncto nordamerikanischer Kunst auf Augenhöhe mit Museen wie dem Brandhorst oder der Pinakothek der Moderne in München.

Traunreut wurde auf dem Gebiet der einstigen Heeresmunitionsanstalt St. Georgen errichtet, die im Krieg u.a. Senfgasgranaten und Nervenkampfstoffe herstellte (die aber nie zum Einsatz kamen und von der US-Armee nach Kriegsende recht insuffizient entsorgt wurden). Große Teile des Stadtgebiets mussten deshalb nachträglich aufwendig und für 60 Mio. Euro von den Altlasten der Giftherstellung befreit werden. 2012 war man fertig.

Das **Heimathaus** ist Veranstaltungsort und Museum. Es widmet sich vornehmlich den Kulturen aus den ehemaligen deutschen Ostgebieten.

■ **DASMAXIMUM,** Fridtjof-Nansen-Str. 16, Tel. 0 86 69 / 1 20 37 13, www.dasmaximum.com, Sa, So 12–18 Uhr, Winter 11–16 Uhr, 8 €, Kind 2 €, Familienkarte 12 €.

■ **Heimathaus,** Wichernstr. 5, Tel. 0 86 69 / 93 80, www.heimathaus-traunreut.de, Mo–Fr 8–12 Uhr.

Schloss Pertenstein

Das **Wasserschloss,** 7 km südlich von Traunreut romantisch am Ufer der Traun gelegen, steht als Burg 1290 erstmals in den Urkunden. Zu Beginn des 17. Jh. verwandelte man diese in ein Schloss, die *Grafen von Toerring-Stein* galten als äußerst vermögend. Die folgenden Generationen konnten den Besitz aber nicht halten und das Schloss verfiel zusehends. Gegen Ende des 20. Jh. hat die Familie das Schloss schließlich langfristig an den „Heimatbund Schloss Pertenstein“ verpachtet, der es aufwendig saniert hat. Heute ist es wieder eine bemerkenswert repräsentative Anlage, ein Ort für **Konzerte, Theateraufführungen** und andere Events wie Hochzeiten oder Tagungen. Bei den Konzerten liegt ein besonderes Gewicht auf Werken von *Carl Orff.* Sogar ein Marionettentheater ist vorhanden, in dem ab und an „Die Kluge“ gezeigt wird.

■ **Schloss Pertenstein,** Schlossstr. 4, Traunreut, Tel. 0 86 69 / 65 00, www.schloss-pertenstein.de.

Schloss Stein

Beim kleinen Ort **Stein an der Traun,** kurz vor der Mündung in die Alz, 5 km nordwestlich von Traunreut, zeigt sich das Tal der Traun enger. Oben auf der 500 m langen, 50 m hohen Nagelfluhwand, thront Schloss Stein, das **Hoch-**

schloss. Auf halber Höhe befindet sich die wehrhafte **Höhlenburg,** eine der besterhaltenen Deutschlands. Unten am Wasser steht das neogotische **Untere Schloss.** Die obere Anlage geht auf das 12. Jh. zurück, als mit Wehrbauten der Salzhandel entlang der Traun geschützt wurde. Die Höhlenburg entstand wohl ab 1400 zusammen mit dem Unteren Schloss. In den folgenden Jahrhunderten grub man sich immer weiter in das weiche Konglomeratgestein. Zweimal wurde die Burg erstürmt (1231 und 1435), einmal widerstand sie einer Belagerung (1504). Mehrfach umgebaut und umgestaltet (im 19. Jh. erhielt das Untere Schloss seine heutige Gestalt), wird das Unterschloss derzeit als Schule, Internat und als **Brauerei** genutzt. Bei der Führung gelangt man in die Braustätte, aber auch in die Höhlen. Abschließend gibt es eine Bierverkostung.

■ **Schlossbrauerei Stein,** Schlosshof 2, Stein an der Traun, Tel. 0 86 21 / 9 83 20, www.steiner-bier.de, Führungen Mai–Mitte Okt. Fr–So 13 und 15 Uhr (ca. 100 Min.), 8 €, Kind 2/4 €.
■ **Höhlenburg Stein,** Schlosshof, Stein an der Traun, www.steiner-burg.de; Führungen Mitte April bis Ende Okt. Di–So 14 Uhr, in den Sommerferien auch 16 Uhr (Dauer ca. 60 Min.), 3 €, Kind 2 €. Der wilde Raubritter *Heinz von Stein* hat in der größten Felsen- und Höhlenburg Deutschlands gehaust und ab und an auch ein Mädchen entführt, vielleicht ist er aber nur eine Sagengestalt – bei der Führung mit Kerze und Taschenlampe erfährt man gruselige Geschichten.

▷ Die Höhlenburg von Schloss Stein

Praktische Tipps

Informationen

■ **Tourist-Info Traunreut,** Rathausplatz 3, 83301 Traunreut, Tel. 086 69 / 85 71 24, www.touristinfo-traunreut.de, Mo–Fr 8.30–12 Uhr, Mo und Do auch 14–17.30 Uhr.

Verkehr

■ **Bahn:** von Traunreut, Stein an der Traun und Matzing (Pertenstein) Verbindungen nach Traunstein, Mühldorf und Altötting.

Unterkunft

■ **Poschmühle**②, Poschmühle 2, Traunreut, Tel. 0 86 69 / 78 95 00, www.pension-poschmuehle.de. 1,5 km westlich von Traunreut am Mühlbach nächtigt man in aller Ruhe und im Grünen in den Traunauen; hell eingerichtete Zimmer mit allem Komfort.
■ **Martini**②, Hauptstr. 5, Stein an der Traun, Tel. 0 86 21 / 5 08 47 11. Zehn komfortable Zimmer in historischem Brauereigasthof, **Gaststätte**② (Di–So 10–24 Uhr, Winter Di–Fr 10–14, 17–24, Sa/So 10–24 Uhr) mit schönem Biergarten unter ehrwürdigen Kastanien direkt neben der Schlossanlage.

Essen und Trinken

■ **Kulinarium**②, Munastr. 1, Traunreut, Tel. 0 86 69 / 78 70 27, www.kulinarium-traunreut.de, Mi–Mo 11–14 und ab 17, Sa nur ab 17 Uhr, So durchgehend offen. Leichte Küche, Vegetarisches und Schwereres wie Fleisch vom Rind, aber auch vom Strauß, modernes Ambiente, Biergarten.
■ **Dorfwirt**①-②, Bräubergstr. 3, St. Georgen, Tel. 0 86 69 / 7 89 49 55, www.derdorfwirt.eu, Mo–Mi ab 16 Uhr, Fr/Sa ab 11 Uhr, So ab 9 Uhr. Gemütliche

029ch sk

Gaststube und ein auch bei Einheimischen sehr beliebter Biergarten im Nachbarort. Auf der Speisekarte stehen gutbürgerliche Gerichte und Internationales wie *Toast Hawaii* oder riesige Schnitzel Wiener Art.

Abends unterwegs

- **Cube,** Werner-von-Siemens-Str. 7, Traunreut, Tel. 01 52 / 03 85 19 39, www.facebook.com/cubetraunreut, Do 10–0 Uhr, Fr, Sa 23–5 Uhr; Lounge, Klub und Shisha-Bar mit DJs.

Feste und Veranstaltungen

- **Steiner Spiele,** im Juni/Juli findet alle fünf Jahre für etwa vier Wochen vor dem Hochschloss von Stein ein Ritter(theater)spiel statt (das nächste Mal voraussichtlich 2019, www.steiner-spiele.de).
- **Burgfestival,** an einem Juliwochende gibt's auf der Burg Rockmusik und Rap, www.steiner-burgfestival.de.

Spaß für Kinder

- **Höhlenburg Stein,** s.o.

Altenmarkt an der Alz

Acht Kilometer nördlich von Traunreut am **Zusammenfluss von Alz und Traun** liegt das Städtchen Altenmarkt a.d. Alz. Der Schnittpunkt zweier Handelswege an dieser Stelle machte den Markt ab dem 10. Jh. recht bedeutend. Mit dem Nachbarort Trostberg, dem Neuen Markt, ist ihm bereits im 13. Jh. eine übermächtige Konkurrenz entstanden.

Auf einem Moränenrücken der eiszeitlichen Landschaft hatte man zu Beginn des 12. Jh. ein Augustinerchorherrenstift errichtet – **Kloster Baumburg.** Gestiftet hat es *Adelheid von Megling-Frontenhausen.* Als junges Mädchen hatte sie heimlich und gegen den Willen ihres Vaters (der sie daraufhin enterbte) den *Grafen von Marquartstein* geheiratet, der allerdings wegen einer vorehelichen anderweitigen Liaison bald zu Tode geprügelt wurde. Er hatte *Adelheid* als Alleinerbin eingesetzt und verfügt, dass sie das Kloster Baumburg stiften solle.

Erst einmal allerdings heiratete sie den *Grafen von Pütten,* der gleich darauf bei einem Turnier starb (nicht ohne zuvor mit ihr die Stammmutter derer *von Ortenburg-Kraiburgs* gezeugt zu haben, die später die Burg in Trostberg bauten). Nun heiratete sie den *Grafen Berengar von Sulzbach,* verpflichtete ihrerseits diesen, das Kloster zu stiften – und hauchte ihr Leben aus. Geschworen, gegründet, gebaut – *Berengar* hielt sein Wort.

Heute wird das ehemalige Kloster als Seminarhotel genutzt und ist Veranstaltungsort des **Baumburger Kultursommers** (s.u.). Auch für die Konzertreihe

Kloster Baumburg: die Kirche mit ihrer Rokoko-Ausstattung

031ch sk

Musiksommer zwischen Inn und Salzach sind die historischen Klosteranlagen eine der Spielstätten (www.musiksommer.info).

Die ehemalige **Klosterkirche St. Margaretha** von 1758 zeigt als Wandpfeilerkirche noch den ursprünglichen Grundriss der Basilika des 12. Jh. Das Deckengemälde im Chor stellt u.a. das Begräbnis der Stifterin *Adelheid* dar. Am Hochaltar danken Sonnenkönig *Ludwig XIV.* und seine Gattin der Kirchenpatronin für einen Erbfolger. *Margaretha* ist im Heiligenpantheon der katholischen Kirche die richtige Adresse gegen Kinderlosigkeit.

Verkehr

- **Bahn:** Verbindungen von Altenmarkt nach Traunstein, Mühldorf und Altötting.

Unterkunft

- **Angermühle**②, Angermühle 1, Altenmarkt, Tel. 0 86 21 / 9 84 70, www.hotel-angermuehle.de. Tiefenmodernisiertes ehemaliges Herrenhaus mit komfortablen, hellen Zimmern in einer Flussschleife der Alz; gutes, italienisch inspiriertes Restaurant② (Mo–Sa 17–24 Uhr).

Abends unterwegs

- **Bergwerk/LiBella,** Trostberger Str. 6, Altenmarkt, Tel. 0 86 21 / 48 15, www.cafe-libella.de, www.club-bergwerk.de, Fr/Sa ab 22 Uhr; Konzerte und Partys.

Feste und Veranstaltungen

- **Baumburger Kultursommer,** im historischen Gutshof, Baumburg 20, 83352 Altenmarkt a.d. Alz, www.baumburger-kultursommer.de.

Trostberg

Zwei Seiten hat die zwischen der Alz und dem Burgberg sich schmal erstreckende Altstadt von Trostberg (11.500 Einw.) und beide sind sehr sehenswert. Die Hauptstraße dominieren die **prächtigen Fassaden der Bürgerhäuser** mit ihren vorgeblendeten Giebelmauern im Inn-Salzach-Stil. An der **Rückseite** zeigen sich dieselben Häuser mit unterschiedlich hohen Traufen und stark gegliedert mit Balkonen, Laubengängen und den

Die typischen „Scheinfassaden" des Inn-Salzach-Stils in Trostberg

032ch sk

kaminförmigen ehemaligen Abtritten – im Volksmund Trostberger Orgeln genannt.

Hoch über der Stadt auf dem **Burgberg** stehen noch die Ruinen des Sitzes der *Grafen von Ortenburg-Kraiburg* aus dem 12. Jh. Als Markt findet man „Trosperg“ seit 1233 in den Archiven, 1248 gelangte es in die Hände der *Wittelsbacher,* die den Markt an der Grenze zum Salzburger Hochstift ausbauten. Erst brachte der Salzhandel Reichtum, im 17. und 18. Jh. dann die Tuchmacherei. Heute sorgen Chemiefirmen wie BASF und Alzchem für Beschäftigung.

Sehenswertes

Heimat-/Stadtmuseum

Bedeutendste Sehenswürdigkeit der drittgrößten Stadt des Chiemgaus ist das absurderweise nur sonntags geöffnete Heimatmuseum am östlichen Ende der Hauptstraße. Es wurde 1939 gegründet und ist in einem eigens für die Ausstellung erbauten Komplex untergebracht. Mit über 20.000 Exponaten in 35 Räumen, über vier Stockwerke verteilt, lässt es die **bürgerliche und bäuerliche Wohnkultur** vergangener Zeiten auferstehen, zeigt mittelalterliche Waffen und Spielzeug und beleuchtet die handwerkliche und industrielle Entwicklung der Region. Die Einrichtungen der Zimmer vom Biedermeier über den Jugendstil bis zu den 1950ern, der Bauernstub'n, Schlafkammern und der Schlosskapelle sind perfekt arrangiert.

■ **Heimatmuseum,** Schedling 7, Tel. 0 86 21 / 64 52 61, März–Nov. So 14 Uhr Führung, 3 €, Kind 2 €.

Rosengarten

Unterhalb des Museums liegt an der Schulstraße der 3000 m² große Trostberger Rosengarten, ehemals der Klostergarten der Englischen Fräulein, die hier ab 1862 eine Schule betrieben und den

Garten als Gemüse- und Obstpflanzung anlegten. 1998 übernahm die Stadt die Anlage und 2004 entstand der Rosengarten mit heute **über 300 Rosensorten.** Besonderes Augenmerk wird auf Fundrosen gerichtet, Vertreter **uralter Arten,** die irgendwo überlebt haben und nun bewusst erhalten werden, um sie nach Möglichkeit wieder zu verbreiten.

- **Rosengarten,** Schulstraße, ganzjährig geöffnet, Eintritt frei.

Pfarrkirche St. Andreas

Am westlichen Ende der Hauptstraße wachen die Türme der Pfarrkirche St. Andreas über die Stadt. Sie entstand als dreischiffige Hallenkirche an der Stelle eines aus der Mitte des 14. Jh. stammenden Vorgängerbaus. Von 1420 sind noch Teile des Chors und die Frauenkapelle zu sehen, das Langhaus entstand bis 1506. Als Baustoff fand Nagelfluh aus der Umgebung mit seiner typischen Struktur Verwendung. Besonders augenfällig ist der Kirchturm mit einer Kuppel und bekrönender Laterne.

Burgberg

Auf dem Burgberg (zehn Gehminuten vom Zentrum) steht mit der **Vorburg** noch der Rest der ehemaligen „Trozzeburg". Beim Rundturm befindet sich die **Burgkapelle St. Michael** mit gotischem Ursprung und massiven Umbauten während des Barock (Schlüssel im Pfarrbüro von St.Andreas, Vormarkt 22).

Praktische Tipps

Informationen

- **Tourist-Info Trostberg,** Hauptstr. 24, 83308 Trostberg, Tel. 0 86 21 / 80 11 40, www.stadt-trostberg.de, Mo–Fr 8–12.30 Uhr, Di auch 14–16 Uhr, Do auch 14–17.30 Uhr.

Verkehr

- **Bahn:** Verbindungen von Trostberg nach Traunstein, Mühldorf und Altötting.
- **Bus:** nach Wasserburg mit Nr. 9441.
- **Radverleih:** *Hungerhuber,* Schwarzauer Str. 66, Trostberg, Tel. 0 86 21 / 24 46, www.hungerhuber.de, E-Bikes und E-MTBs für 30 €/Tag.

Einkaufen

Mussenmühle, Mussenmühle 1, Tacherting, Tel. 0 86 21 / 2349, www.mussenmuehle.de, Mo und Sa 9–12 Uhr, Do/Fr 9–18 Uhr. Zwischen Trostberg und Tacherting verkauft der Mühlenladen bestes Mehl, Donnerstag und Freitag gibt es Holzofenbrot (und geräucherte Fische, Obst und Gewürze aus der Region).

Unterkunft

- **Auf Wolke 8**②, Schwarzerberg 8, Trostberg, Tel. 0 86 21 / 6 48 49 00, www.hotelaufwolke-8.de. Ein bisschen quietschig, ein bisschen modern, ein bisschen gemütlich – auf alle Fälle mal was anderes, erfrischend und mit einem tollen Blick gesegnet.
- **Hotel zur Post**②, Vormarkt 30, Trostberg, Tel. 0 86 23 / 80 61 44, www.hotel-post-trostberg.de. Stadthotel mit 18 in modernem Landhausstil eingerichteten komfortablen Zimmern – auch Familien

sind gerne gesehen (Spielzimmer!). Und für Leseratten: die Buchhandlung gegenüber gehört dazu.

Essen und Trinken

■ **Pfaubräu**②, Hauptstr. 2, Trostberg, Tel. 0 86 21 / 9 82 90, www.pfaubraeu.de, tgl. 11–22 Uhr. Im Zentrum mit gotischem Gewölbekeller und Biergarten (freitags bei schönem Wetter Grillbuffet), bunt gemischte Karte.

■ **Hex'n-Küch**①-②, Schwarzerberg 8, Trostberg, Tel. 0 86 21 / 6 40 40, www.hexnkuech.de, Di–Sa ab 16.30 Uhr, So ab 11 Uhr. Helles Holz, helle Lampen – von dunkelverschwommener Gemütlichkeit hält man nicht viel, auch nicht von Beschränkungen auf der Karte, also gibt es von Schweinsbraten und Schinkennudeln bis zu Garnele und Tintenfisch so ziemlich alles; und dass der Biergarten bis Mitternacht auf hat, man dankt es.

Abends unterwegs

■ **Club Stiege,** Hauptstr. 39, Trostberg, Tel. 0 86 21 / 21 39, www.facebook.com/stiege.trostberg, Do–Sa ab 21 Uhr, gemütliche Gewölbe, Kerzenlicht, Indie bis Elektro, ab und an Blues-Frühschoppen wochenends um 10 Uhr.

Feste und Veranstaltungen

■ **Rosenfest,** Anfang Juni in geraden Jahren im Trostberger Rosengarten mit Rahmenprogramm.

Aktivitäten

■ **Freizeitzentrum Trostberg,** Schwimmbadstraße 1, www.stadtwerke-trostberg.de, Mai–Mitte Sept. 9–19/20 Uhr, 4 €, Kind 2,50 €; Freibadanlage mit Rutschen, Sprungturm, 50-m-Becken, Minigolf, Spielplatz etc.

Rätselhafte Donnerlöcher

Acht Kilometer westlich von Trostberg liegt das Dorf **Kienberg,** das eigentlich so gar nichts Interessantes aufzuweisen hätte, gäbe es da nicht die Donnerlöcher. Immer wieder tut sich bei Kienberg der Untergrund auf, entstehen Löcher mit einem Durchmesser von bis zu einem guten Meter und einer **Tiefe von bis zu zehn Metern.** Inzwischen sind weit über 100 dieser Einbrüche dokumentiert, mal tiefer, mal flacher, immer aber mit einem ähnlichen Durchmesser. Die Einbrüche passieren ein- bis fünfmal im Jahr. Wie sie entstehen, warum und weshalb, keiner weiß es so recht – nicht die Geologen, nicht die Heimatpfleger und auch nicht die jungen Burschen des Ortes. Nur das Amt weiß es genau: „Ganz offensichtlich handelt es sich um eine Form der Suffosion, also einer unterirdischen Ausspülung von Feinsanden in Hohlräume." Und markierte das Gebiet auf seiner Gefahrenhinweiskarte.

An Traun und Alz (Nord)

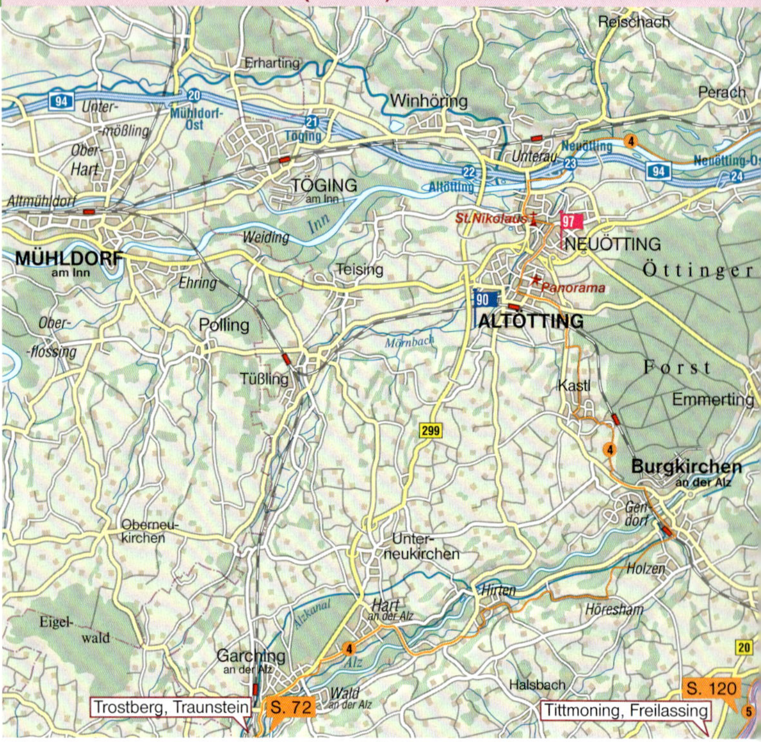

Altötting

Zwischen Alz und Inn liegt eine der spirituell bedeutendsten Städte Bayerns, der **Marienwallfahrtsort** Altötting (12.500 Einwohner). Dass hier kultische Handlungen vorgenommen wurden, geht aber schon auf das Jahr 500 n.Chr. zurück. Die Germanen hatten sich auf der Anhöhe versammelt, ihrem Thingplatz, den sie für religiöse Zeremonien, zur Beratung und zur Rechtsprechung nutzten. Später gründeten die Agilolfinger einen Amtshof (um 750). Heute steht in Altötting alles unter dem Vorzeichen der Wallfahrt. Die **Schwarze Madonna** zieht im Jahr bis zu eine Million Pilger an, der Ort findet sich so auf Augenhöhe mit Fatima in Portugal, Lourdes in Frankreich, Tschenstochau in Polen, Loreto in Italien und Mariazell in Österreich, zu denen Altötting tatsächlich auch in einem Netzwerk intensiv Kontakte pflegt – die „Shrines of Europe" (www.shrines-of-europe.com).

Geschichte

Die kirchliche Geschichte Altöttings beginnt im Jahr 877 mit der Gründung ei-

nes **Chorherrenstiftes,** das aber nur wenige Jahrzehnte überdauerte. In der Basilika fand der Karolinger *Karlman,* Urenkel *Karls des Großen,* seine letzte Ruhe. Ein Ungarneinfall machte dem Stift 907 den Garaus, die Gebäude brannten nieder. Allerdings überstand die ursprüngliche **Taufkapelle** den Feuersturm – das Oktogon im Inneren der heutigen Gnadenkapelle. Die *Wittelsbacher* reanimierten das Chorherrenstift 1228. 1330 wurde in der Taufkapelle die frühgotische **Schwarze-Madonna-Figur** aufgestellt, die ab 1489 für ihre Wundertätigkeit in ganz Europa Berühmtheit erlangte. Bereits zehn Jahre später war der Ansturm der Pilger so angewachsen, dass Altötting aufrüsten musste. An Stelle einer romanischen Basilika aus dem 13. Jh. entstand bis 1511 die heutige **Stiftskirche** in gotischem Stil, dem Oktogon mit der Gnadenfigur wurde ein Langhaus angefügt und 1517 auch noch ein Bogenumgang – die Wallfahrtskapelle St. Maria war damit im heutigen Aussehen fertiggestellt.

Sehenswertes

Wallfahrtskapelle

Großzügig gibt sich der fast zwei Hektar große **Kapellplatz** mit seiner barocken Umbauung und der zentralen Wallfahrtskapelle. Im 17. Jh. war geplant, die Kapelle mit einem weiteren Bau zu umschließen, was aus Kostengründen dann nicht geschah. Im Pflaster rund um die Kapelle sind die Fundamentmaße des projektierten Baus angedeutet.

Die Madonnenfigur war übrigens nicht von Anfang an schwarz. Der Kerzenruß aus Jahrhunderten hat dem Gnadenbild sein heutiges Antlitz verliehen. In den Nischen des Oktogons bilden die silbernen **Urnen mit den Herzen bayerischer Herrscher** die Ehrenwache für die wundertätige Maria (auch *Ludwig II.* hat seines geben müssen).

Die Wände des Bogenumgangs sind mit Aberhunderten **Votivbildern** geschmückt, Dankesgaben für erhörtes Flehen. Am Boden liegen **Kreuze der Pilger,** die zu Fuß nach Altötting gekommen sind, immerhin 50.000 im Jahr. Etwa gleich groß soll die Zahl der Wunder sein, die die Muttergottes von Altötting in 500 Jahren erwirkt hat.

■ **Wallfahrtskapelle,** Kapellplatz, 5.30–20 Uhr, Gottesdienste So 6–11 Uhr jede volle Stunde, Mai–Okt. So 12 Uhr (Angelus), 14 Uhr (Pilgerandacht), ganzjährig tgl. 18 Uhr (Rosenkranz), Fr 14.30 Uhr (Kinderrosenkranz).

Kirche St. Philipp und Jakob

Am südlichen Rand des Kapellplatzes steht die **ehemalige gotische Stifts- und heutige Pfarrkirche** St. Philipp und Jakob von 1511. Die westlich gelegene Vorhalle erinnert noch an den romanischen Vorgängerbau. Zugang geben die beiden prächtigen **doppelflügeligen Portale** mit reichem Schnitzwerk aus dem beginnenden 16. Jh. am Nordportal. Die dreischiffige Hallenkirche wirkt mit ihren schlanken Tragsäulen weit und luftig. Besonders beachtenswert ist die **Standuhr „Tod von Ötting"** beim Nordportal wegen ihres fein geschnitzten, versilberten Skeletts aus dem 17. Jh., das an den Pesttod erinnern soll.

Rechts vom Südeingang der Kirche im Südflügel des Kreuzgangs ruhen in der **Tilly-Kapelle** die sterblichen Überreste des kaiserlich-katholischen Feldherren *Graf von Tilly* (1559–1632). Er war im Dreißigjährigen Krieg für die Verwüstung des protestantischen Magdeburg verantwortlich – ein Ereignis, das den Begriff „magdeburgisieren" für die komplette Zerstörung einer Stadt und die Auslöschung jeglichen Lebens in ihr prägte. In der ehemaligen Sakristei und Schatzkammer schräg links vom Nordeingang befindet sich die 2006 von Papst *Benedikt XVI.* geweihte **Anbetungskapelle.**

Jesuitenkirche St. Magdalena

Östlich der Wallfahrtskapelle erhebt sich am Platzrand die augenfällige Fassade der Jesuitenkirche St. Magdalena mit ihrem schwungvollen Barockgiebel von 1697. Heute ist das Gotteshaus Teil des **Kapuzinerklosters,** in dem auch das Wallfahrtsbüro Platz gefunden hat.

Marienwerk

An der Westseite des Kapellplatzes steht das Marienwerk und zeigt im ehemaligen Chorherrenstock von 1616 zwei **Marienfilme** (je 45 Min.) über das Wunder-

▷ Der schlanke, spitze Turm markiert am Kapellplatz die Wallfahrtskapelle

geschehen und eine **Dioramenschau** mit 22 Einzelbildern zur Geschichte des Ortes und der Wallfahrt.

■ **Marienwerk,** Kapellplatz 18, Tel. 0 86 71 / 68 27, Dioramen Mo–Fr 10.30, 11.15, 13.15 und 14, Sa/So (außer Nov.) 12.15 Uhr, Diorama und Film je 3 €, Kind je 2 €, Familienkarte je 6 €, Kombikarte 5,50/3,50/11 €.

Schatzkammer und Wallfahrtsmuseum

Die Neue Schatzkammer im Haus Papst Benedikt XVI. an der Nordseite des Platzes ist eines der Glanzlichter Altöttings. Das Gebäude errichtete der kurfürstliche Baumeister *Zuccalli* 1687, der postmoderne Anbau kam 2009 hinzu. Schatzkammer und Wallfahrtsmuseum (mit Museumsshop) besitzen neben wertvollen Liturgiegegenständen über 2000 Rosenkränze und mehrere Tausend Schmuckstücke, Münzen und Wallfahrtsabzeichen, gespendet von dankbaren Geheilten. Gern begutachtet wird auch der **Brautkranz von Sisi,** der bayerischen Prinzessin und späteren österreichischen Kaiserin. Kostbarstes Exponat ist das **Goldene Rössl** von 1404, ein 62 cm hoher Tischaltar aus Gold, Silber und Emaille aus den königlichen Werkstätten des Pariser Hofes. Es war ein Geschenk der Wittelsbacherin *Isabella* an ihren Mann König *Karl VI.* von Frankreich. Der chronisch verschuldete französische Hof verpfändete es den bayerischen Herzögen, die es wiederum in einem ihrer Erbfolgekriege gegen Geld an das Kloster Altötting versetzten und nicht mehr auslösten. Das **Rathaus** neben dem Wallfahrtsmuseum entstand 1906 in neobarockem Stil.

■ **Schatzkammer und Wallfahrtsmuseum,** Kapellplatz 4b, Tel. 0 86 71 / 9 24 20 15, www.schatzkammer-altoetting.de, März–Okt. Di–So 10–16 Uhr, Advent Di–Fr 13–18, Sa, So 10–18 Uhr, 2 €, Kind 1 €, Familie 5 €.

033ch sk

Panorama

Unser Tipp: Recht weltlich und monumental setzt sich das Panorama einige Meter östlich des Kapellplatzes mit religiösen Themen auseinander – eindeutig „was fürs Auge". Die **Kreuzigung Christi** hat der Münchner Maler *Gebhard Fugel* 1902/3, während der Hochzeit der gewaltigen Rundbilder, konzipiert. Dargestellt ist das antike Jerusalem auf 1200 m² Leinwand und mit Einbauten, die den Übergang vom **360-Grad-Monumentalgemälde** zum Betrachter illusionistisch kaschieren. 12 m hoch, 95 m breit, besteht das Bild aus 27 zusammengenähten Stoffbahnen, die mehrere Künstler im Team beschichtet haben.

■ **Panorama,** Gebhard-Fugel-Weg 10, Tel. 0 86 71 / 69 34, www.panorama-altoetting.de, Mitte März–Oktober 10–17 Uhr, sonst Sa, So 11–15 Uhr, 4,50 €, Kind 2 €.

Mechanische Krippe

Die **einzigartige Krippe** mit beweglichen, elektrisch angetriebenen Figuren, 1926–28 von den besten Oberammergauer Künstlern geschnitzt, zeigt 130 Gestalten im Panorama des Heiligen Landes mit der Stadt Bethlehem. Auf über 25 m² gibt es so allerlei zu entdecken, vom Fischer, der seine Angel ins Wasser wirft, bis zum Bauern, der seinen Esel antreibt.

■ **Krippe,** Kreszentiaheimstr. 18, derzeit geschlossen, eine Übernahme durch die Stadt ist in Planung, u. U. Wiedereröffnung im Sommer 2019.

Kirche St. Konrad

Westlich des Kapellplatzes ist die Kirche St. Konrad für Pilger ein weiteres wichtiges Ziel. In der ehemaligen Franziskaner- und heutigen Kapuzinerkirche von 1657 befindet sich in einem Glassarg eine Nachbildung und eine Kopfreliquie des Laienbruders des Kapuzinerordens *Konrad von Parzham* (bürgerlich *Johann Birndorfer,* 1818–94), der 1930 selig- und 1934 heiliggesprochen wurde. Die Gründe für diese Erhebung lagen in seinem Wesen, in Demut und Geduld begründet und in seinem Aufopferungswillen während seiner 41-jährigen Tätigkeit als Pförtner des Klosters.

Praktische Tipps

Informationen

■ **Tourist-Info Altötting,** Kapellplatz 2a, 84503 Altötting, Tel. 0 86 71 / 50 62 19, www.altoetting.de, Mai–Okt. Mo–Fr 8–17 Uhr, Sa 10–16 Uhr, So 11–15 Uhr, Nov.–April Mo 8–17 Uhr, Di–Do 8–12 und 14–17 Uhr, Fr 8–12 Uhr.

Verkehr

■ **Bahn:** Verbindungen von Altötting nach Traunstein, Freilassing, Burghausen und Mühldorf.

■ **Parken:** zentrumsnächste, kostenfreie Parkfläche ist an der Wöhrstraße (P4), ansonsten Tiefgarage Kapellplatz und P1 (0,50 €/Stunde).

■ **Radverleih:** Zweirad Schröck, Burghauser Straße 14, Altötting, Tel. 0 86 71 / 67 61, www.schroeck-zweirad.de. Cityrad 5 €/Tag, E-Bike ab 10 €/Tag.

Einkaufen

4 **Gänseblümchen,** Kapellplatz 2, Tel. 0 86 71 / 9 57 10 18, www.dasgaensebluemchen.de; Trachten aus den besten Werkstätten, nicht billig, dafür aber mit einem Touch des Besonderen.

Buchtipp

Alles, was Sie schon immer über Altötting wissen wollten, aber bisher nicht zu fragen wagten: *Andreas Altmann* widmet sich in seinem Buch **„Das Sch…leben meines Vaters, das Sch…leben meiner Mutter und meine eigene Sch…jugend“** (Piper Verlag) dem Heranwachsen in der von Devotionalienhandel und klerikaler Machtdemonstration geprägten Atmosphäre Altöttings.

5 Duffek's Reiseandenken, Kapuzinerberg 9, Kapellplatz 16, und fünf weitere Filialen, Tel. 0 86 71 / 47 53; Devotionalien in jeglicher Größe, Preisklasse und Qualität.

Unterkunft

2 Zwölf Apostel②, Kapuzinerstr. 3, Altötting, Tel. 0 86 71 / 9 69 60, www.hotel-zwoelf-apostel.de. Klassische und komfortable Pilgerherberge in zentraler Lage mit 55 Zimmern und Restaurant (Halb- und Vollpensionsangebote); wird auch gern von Radlern gebucht.

UNSER TIPP: **8 Plankl**②–③, Schlotthamer Str. 4, Altötting, Tel. 0 86 71 / 92 84 80, www.hotel-altoetting.de. Intensiver kann der Unterschied zur bräsig-klerikalen Behäbigkeit der Pilgerstadt nicht sein: quietschbunt mit so richtig unüblich eingerichteten „Superzimmern", koreanisch, venezianisch, ägyptisch, griechisch ...

3 Zur Post③, Kapellplatz 2, Altötting, Tel. 0 86 71 / 50 40, www.zurpostaltoetting.de. Die erste Adresse am Hauptplatz mit schickem, barockem Ambiente; mehrhundertjährige Kutschenstation und Pilgerherberge mit einer illustren Gästeliste aus Klerus und Adel, 1646 erbaut und 1688 im Stil der Zeit neu gestaltet.

Essen und Trinken

1 Weißbräustuben①-②, Konventstr. 2a, Altötting, Tel. 0 86 71 / 55 11, www.weissbraeustuben.de, tgl. 8–17 Uhr. Unaufgeregte bayerische Gaststätte mit Biergarten, Schweinsbraten und Milzwurst oder Brotzeiten von der Weißwurst mit Brez'n bis zur Wollwurst mit Kartoffelsalat.

7 Gockerlwirt①-②, Tillyplatz 3–5, Altötting, Tel. 0 86 71 / 63 61, www.gockerlwirt.de, tgl. 8–22/23 Uhr. Wie der Name verspricht, vornehmlich Geflügel, außen kross und innen zart, auch mit Straßenverkauf für die schnelle Hungerstillung – *McDonald's* à la Altötting sozusagen.

Graminger Weißbräu①-②, Graming 79, Altötting, Tel. 0 86 71 / 9 61 40, www.graminger-weissbraeu.de, Fr–Mi 11–23 Uhr. Gasthof der Privatbrauerei am Ortsrand 2 km südlich von Altötting mit deftiger bayerischer Küche und einem schönen Biergarten; die Bierspezialitäten werden des Öfteren prämiiert; auch **Gästezimmer**①-②.

Abends unterwegs

6 Lips, Marienstr. 3, Altötting, Tel. 01 51 /23 56 52 95, www.lips-disco.de, Fr und Sa 23–5 Uhr; Partyclub mit Rap, House und Hip Hop.

Feste und Veranstaltungen

- **Hofdult,** Traditionsveranstaltung an 10 Tagen im Juni, Volksfest mit Bierzelten, Fahrgeschäften und zahlreichen Schaustellern, www.hofdult-altoetting.de.
- **Klostermarkt,** Klöster aus ganz Europa verkaufen an einem Juliwochenende ihre selbst produzierten Waren, www.altoettinger-klostermarkt.de.

Aktivitäten

- **Pilgertag** – Wer sich nicht selbst organisieren will, folgt dem Vorschlag des Wallfahrtsbüros für einen Pilgertag. Zwischen 6 und 10 Uhr Teilnahme an einer der Messen in der Gnadenkapelle, dann um 11 Uhr 90-minütige Stadtführung und anschließend Mittagessen. Nachmittags besucht man das Jerusalem-Panorama und die Neue Schatzkammer und beginnt den Abend beim Rosenkranz in der Gnadenkapelle um 18 Uhr. Nach einem kurzen Abendessen kann man dann um 20 Uhr noch an der Vorabendmesse in St. Anna und an der abschließenden Lichterprozession teilnehmen.

Neuötting

UNSER TIPP: Wie der Name erahnen lässt, zeigt sich Neuötting: hell und freundlich, mit einem 500 m langen Stadtplatz, um den sich die vom Inn-Salzach-Stil geprägten Bürgerhäuser mit ihren Arkaden und pastellfarbenen Barockfassaden gruppieren. Der Ort verströmt im Gegensatz zu seiner Schwester drei Kilometer südlich fast mediterrane Leichtigkeit.

So ganz neu ist Neuötting nicht. Gegründet hat es der Wittelsbacher Herzog *Ludwig* im 13. Jh. auf einer Anhöhe über dem Inn. Folgerichtig machte man sein Geld hier natürlich mit dem Salzhandel, und zwar nicht wenig. Die Händler der Stadt hatten schließlich so viel in ihrem Säckel, dass sie die Errichtung der **Pfarrkirche St. Nikolaus** finanzierten und als Baumeister den Besten der Besten jener Zeit holten: *Hans von Burghausen*. 1410 begann man, allerdings dauerte die Fertigstellung der dreischiffigen, spätgotischen Hallenkirche dann bis 1623.

Im **Stadtmuseum** erfährt man in der Dauerausstellung im 1550 für das Kloster Baumburg errichteten Zehenthaus (in dem die Bauern einst ihre Naturalsteuern für die Klosterbrüder abgaben) alles über die Geschichte Neuöttings.

- **Stadtmuseum,** Ludwigstr. 12, Tel. 0 86 71 / 88 37 10, Mo–Fr 9.30–12 und 14–17 Uhr, Sa, So 14–17 Uhr, Eintritt frei.

Informationen

- **Tourist-Info Neuötting,** Ludwigstr. 12, 84524 Neuötting, Tel. 0 86 71 / 8 83 71, www.neuoetting.de, Mo–Fr 9–12 und 14–17 Uhr, Sa, So 14–17 Uhr, Winter Mo–Do 9.30–12, 14–17, Fr 9.30–12 Uhr.

Unterkunft

- **Krone**②, Ludwigstr. 69, Neuötting, Tel. 0 86 71/ 23 43, www.gasthof-krone-doerfl.de. Familienbetrieb am historischen Stadtplatz, fair und ehrlich; und die Gästezimmer heißen noch so, wie sich das in Bayern gehört: Fremdenzimmer!

Marktl

Wie eine Bombe hat das Dörflein nahe dem Zusammenfluss von Alz und Inn, 18 km nordöstlich von Altötting, die Nachricht am 19. April 2005 getroffen, dass sein Sohn nun **Papst** sei. Denn unmittelbar nach der Verlautbarung setzte der Besucherstrom ein, der das Geburtshaus von **Kardinal Joseph Aloisius Ratzinger** besichtigen wollte. Da war aber nicht wirklich was zu sehen, nur ein normales Häuschen mit bald beträchtlich angenervten Bewohnern. Geschäftsfindig wurde dann nicht unbedingt speziell gebrautes, dafür aber speziell etikettiertes Benedikt-Bier ins Schaufenster des Dorfladens gestellt. Der Hype war groß und Marktl wusste ihm erst einmal nicht zu begegnen.

Allerdings währte die Phase der Besinnung nicht lange. Bereits im April 2007 öffnete das **Geburtshaus** Ratzingers als „Papsthaus“ seine Pforten. In den Biografieräumen erfährt man alles zum Leben *Ratzingers*, mit seiner Person und dem katholischen Glauben kann man sich in den Vertiefungsräumen auseinandersetzen. Was sonst noch? Die **Taufkirche** Benedikts, das **Taufbecken** Benedikts und die 4,20 m hohe, als Schriftrolle geformte **Benediktsäule** vor dem Geburtshaus, die anlässlich des Papstbesuches in Marktl 2006 aufgestellt wurde.

- **Papsthaus,** Marktplatz 11, Tel. 0 86 78 / 74 76 80, www.papsthaus.eu, Ostern bis Allerheiligen Di–Fr 10–12 und 14–18 Uhr, Sa, So 10–18 Uhr, 3,50 €, Kind 2,50 €.

Heimatmuseum

In elf Räumen fächert das Museum die **Stadtgeschichte** auf, zeigt archäologische Funde (keltische Münzen), Fossilien – unter ihnen ein Teil eines Mammutzahns – und widmet sich der Schifffahrt mit liebevoll präparierten Modellen. Außerdem ist eine voll eingerichtete Schmiede rekonstruiert.

- **Heimatmuseum,** Marktplatz 1, Marktl, Voranmeldung über die Tourist-Info, 2 €, Kind 1,50 €.

Praktische Tipps

Informationen

- **Tourist-Info Marktl,** Marktplatz 1, 84533 Marktl, Tel. 0 86 78 / 74 88 20, www.marktl.de, Mo–Sa 10–12, 13–15, Mi nur 10–12 Uhr, Winter Mo–Sa 10–12 Uhr.

Verkehr

- **Bahn:** Verbindung von Marktl nach Mühldorf.

[>] Marktl am Inn

Unterkunft, Essen und Trinken

■ **Hummel**①-②, Hauptstr. 34, Marktl/Stammham, Tel. 0 86 78 / 2 82, www.gasthof-hummel.de. 14 Zimmer in einer einfachen, kleinen Landpension mit **Gaststätte**①-② (Di geschl.), Wintergarten und Freisitz.

■ **Hotel Bonimeier**②, Kirchplatz 3, Marktl/Niedergottsau, Tel. 0 86 78 / 9 88 10, www.bonimeier.de. 4 km östlich von Marktl gelegener, schöner Landgasthof in einem kleinen und ruhigen Dorf mit gutem Restaurant (Halbpension empfohlen) und 22 modern ausgestatteten Zimmern; Biergarten, Radfahrer sind gern gesehen.

■ **Leonberg**①-②, Leonberg 57, Marktl, Tel. 0 86 78 / 88 88, www.landgasthof-leonberg.de, Mai–Sept. Mo–Fr ab 16 Uhr, Sa/So ab 11 Uhr. Landgasthof in 300-jährigem Bauerngut mit tollem Biergarten unter Kastanien, gemütlicher Gaststube mit Kachelofen und handfesten, leckeren Gerichten. Jeden letzten Sa im Monat 20 Uhr Musikerstammtisch mit Lagerfeuer und an einem Do im Monat die Veranstaltung „Leonberg lauscht" mit Bands aus der Region.

■ **Campingplatz Marktler Badesee,** Queng 3, Marktl, Tel. 0 86 78 / 17 86, www.campingplatz-marktl.de. Schöne, ruhige Lage am Badesee mit Spielplatz, 2 km von Marktl, ganzjährig geöffnet.

034ch sk

037ch sk

4 Salzach und Rupertiwinkel

Der Rupertiwinkel am Unterlauf der Salzach ist Bauernland, mit sanften Hügelkuppen und ausgedehnten Wäldern, durch das – auf dem Fluss und auf den Salzstraßen – einst die Kaufleute zogen auf ihrem Weg in die Ferne und zu neuem Reichtum.

< Laufen an der Salzach – der Fluss bildet die Grenze zu Österreich

Salzach und Rupertiwinkel (Süd)

SALZACH UND RUPERTIWINKEL

Von den Hohen Tauern kommend und sich nach 225 Kilometern kurz vor Braunau in den Inn ergießend, ist die Salzach ein ungebärdiger **Gebirgsfluss,** der den anrainenden Gemeinden des Rupertiwinkels immer wieder verheerende Hochwasser beschert. Ihr Unterlauf bildet bis zur Mündung die Grenze zwischen Deutschland und Österreich. An den Ufern der Salzach liegen zwei schöne und ebenso geschichtsträchtige Wehrstädte: Salzburg und Burghausen. Die Geschichte des Rupertiwinkels war bis 1806 aufs Engste mit Salzburg verbunden. Die Salzachstädte (außer Burghausen) standen unter der Regierung des Salzburger Erzbischofs und kamen als Kornkammer der Bischofsstadt „unter dem Krummholz“ (Bischofsstab) ganz gut durch die Zeiten.

Tauern-Radweg

310 km sind es von Krimml in Österreich an Salzach und Inn entlang nach Passau. In zwei Tagen machbar ist der 76 km lange, auch für Familien sehr gut geeignete Abschnitt von Salzburg über Burghausen nach Braunau. Er verläuft auf Feldwegen und wenig befahrenen Straßen und weist fast keine Steigungen auf (www.tauernradweg.at).

Salzach-Radweg

Als Runde in Ergänzung zu Radtour 4 lässt sich die 110 km lange Tour von Marktl am Inn nach Hammer bei Inzell machen. Über weite Strecken geht es schön ruhig mal auf deutscher, mal auf österreichischer Seite am Ufer der Salzach entlang bis nach Freilassing, ab da durch die hügelige Voralpenlandschaft Richtung Siegsdorf nach Hammer an der Roten Traun. Wer die Städte erkunden und auch mal baden will, sollte sich zwei bis drei Tage Zeit lassen. Eine Beschreibung der Route findet sich im Kapitel „Touren“: **Radtour 5.**

NICHT VERPASSEN!

- **Lokwelt von Freilassing** | 104
- Salzachstädtchen **Laufen** | 106
- Badeurlaub am **Waginger See** | 112
- **Leonhardiritt** von St. Leonhard im November | 119
- Altstadt von **Tittmoning** | 121
- Stadtanlage und Burg von **Burghausen** | 127

Diese Tipps erkennt man an der gelben Hinterlegung.

Freilassing

Freilassing gibt es eigentlich erst seit 1923. Davor war es ein Viertel der Gemeinde Salzburghofen – bis man die Rollen tauschte. Die Gemeinde hieß nun Freilassing, Salzburghofen war künftig nur Ortsteil. Und zur Stadt wurde man auch erst 1954.

Doch die Geschichte reicht weiter zurück. Im 6. Jh. entstand an der **Mündung der Saalach in die Salzach** ein Wirtschaftshof für die Versorgung der herzoglichen Residenz in Salzburg, eben Salzburghofen. Im 10. Jh. gelangte Salzburghofen an den Salzburger Bischof. Nach den napoleonischen Kriegen wurde die Grenze nach Österreich entlang der Saalach und Salzach gezogen, die kleine Bauernsiedlung lag nun in Bayern und avancierte zur Zollstation.

Den richtigen Schub aber gab es erst mit dem Eisenbahnbau 1860. Bis ins 20. Jh. hinein entstand ein riesiger **Verschiebebahnhof,** über den ein Großteil des Bahnverkehrs von Mittel- nach Südeuropa lief. Der Ort prosperierte, die Eisenbahn war aber für einige Jahre nicht nur ein Segen, sondern auch Fluch. Durch Freilassing rollten die Sonderzüge der Nazi-Regierung von Berlin nach Berchtesgaden zum Obersalzberg, dem bevorzugten Aufenthaltsort *Hitlers* und damit auch seiner Entourage. Während des Krieges versuchten alliierte Bomber, diesen wichtigen Bahnhof auszuschalten.

Nach dem Krieg fanden viele Flüchtlinge aus Schlesien und dem Sudetenland in und um Freilassing eine neue Heimat. Auch wenn der Ort an Architekturgeschichte nur wenig zu bieten hat, seine Lage vor dem **Alpenpanorama** und seine Nähe zu Glanzlichtern wie Bad Reichenhall, Berchtesgaden und Salzburg machen es als Ausgangsort durchaus attraktiv.

Die Highlights für Kinder

- **Kleine Lokwelt** | 106
- **Piratenschlacht** | 111
- **Strandbäder Taching und Tengling** | 119
- **Walderlebnispfad Meggenthal** | 127
- **Minigolf** | 137
- **Abenteuerspielplatz** im Stadtpark Burghausen | 137

Lokwelt und Stadtmuseum

In seiner größten Ausbaustufe besaß Freilassing 24 beidseitig angeschlossene Gleise und sieben Durchgangsgleise. Das Bahnbetriebswerk war mit einem **Ringlokschuppen** mit Drehscheibe und 20 Ständen ausgerüstet, ein eigenes Elektrizitätswerk erzeugte Strom für die Werkstätten. Bis zu 1000 Menschen waren auf dem Areal beschäftigt. 1994 wurden die Werkstätten geschlossen, die europäische Grenzöffnung kam, Verzollung und Personenkontrollen fielen an der Grenze weg, und der Weg für das **Eisenbahnmuseum** Lokwelt Freilassing war frei. Der Ringlokschuppen (auch: Rundlokschuppen) ist das Zentrum des Museums. Er wurde 1905 erbaut. Vorbildlich restauriert, beherbergt er heute die Loks, die Kernstücke der Sammlung,

035ch sk

036ch sk

die in Zusammenarbeit mit dem Deutschen Museum in München aufgestellt wurden. Eine **Dampflok** (auf einer Seite offen, um die Technik zu demonstrieren) und beeindruckend große **Elektroloks,** wie die Krokodil, lassen die Herzen jedes Eisenbahnfans höher schlagen.

Auch im **Stadtmuseum** kann man sich neben der Geschichte der Region in einer eigenen Abteilung über die Eisenbahn in Freilassing informieren.

- **Lokwelt Freilassing,** Westendstr. 5, Tel. 0 86 54 / 77 12 24, www.lokwelt.freilassing.de, Fr–So 10–17 Uhr, in den bayerischen Schulferien Di–So 10–17 Uhr, 6 €, Kind 4 €, Familie 12 €.
- **Stadtmuseum,** Lindenstr. 5a, Tel. 0 86 54 / 16 75, www.stadtmuseum-freilassing.de, Fr, Sa 9–12 Uhr, Eintritt frei.

In der Lokwelt

Praktische Tipps

Informationen

- **Tourist-Info Freilassing,** Hauptstr. 45, 83395 Freilassing, Tel. 0 86 54 / 7 78 84 14, www.freilassing.de, Mo–Do 9–12 Uhr.

Verkehr

- **Bahn:** Freilassing ist Haltestelle an der Fernstrecke München – Salzburg, Verbindungen nach Mühldorf und Bad Reichenhall.

Einkaufen

Handweberei Huber, Berg 5, Saaldorf-Surheim, Tel. 0 86 54 / 7 72 09 58, www.handweberei-huber.de; 5 km nördlich von Freilassing (in Berg bei Saaldorf, Richtung Waginger See) webt der Bauer *z'Berg* aus unbehandelter, naturbelassener und heimischer Schafwolle Teppiche per Hand.

Unterkunft

■ **Rieschenwirt**①-②, Auenstr. 2, Freilassing, Tel. 0 86 54 / 82 22. Gasthof seit 1652, abgebrannt und 1844 neu errichtet; hinreichend komfortable und modern eingerichtete Zimmer, Lokal mit bayerisch-österreichischer Küche (So–Fr 9–22 Uhr).

■ **Moosleitner**③, Wasserburger Str. 52, Freilassing, Tel. 0 86 54 / 6 30 60, www.moosleitner.com. Schöne, luxuriös gestaltete Zimmer in Traditionshof am westlichen Ortsrand nahe dem Freibad Brodhausen, Wellnessbereich, Halbpension② möglich.

Essen und Trinken

■ **Zollhäusl**①-②, Zollhäuslstr. 11, Freilassing, Tel. 0 86 54 / 6 20 11, www.zollhaeusl.de, tgl. 10–24 Uhr. Gemütliche Stub'n unter Gewölben, netter Gastgarten mit Bedienung und Biergarten auch für Selbstversorger, bayerische Küche mit Schmankerl wie Bier-Brez'n-Suppen, Leberknödel und Semmelknödelscheiben mit Speckpilzen und Kernöl.

■ **Schmuggler**①-②, Laufener Str. 7, Freilassing, Tel. 0 86 54 / 94 89, www.schmuggler.eu, tgl. 9–1 Uhr. Mit dem Frühstück beginnt es (bis spätestens 12 Uhr sollte man bestellt haben), dann geht's mit Pizza, Flammkuchen oder Sandwiches weiter; zur einen Hälfte Esslokal und Kneipe, zur anderen Bar und Biergarten; gemischtes Publikum, das sich meist wohl fühlt.

Feste und Veranstaltungen

■ In der **Lokwelt** (s.o.) finden rund ums Jahr sehens- und hörenswerte „fachfremde" Veranstaltungen statt, wie Jazzfrühschoppen, Jazznächte, Filmtage und Vernissagen.

⊡ Das Untere Stadttor in Laufen, links die Stiftskirche

Aktivitäten

■ **Freibad Brodhausen,** Wasserburger Str. 62, Freilassing, Tel. 0 86 54 / 98 26, Mai–Mitte Sept. 8–20 Uhr, 5 €, Kind 3 €; große Liegewiese auch mit Schatten, 50-m-Becken, Rutsche, Kinderbecken, Spielplatz.

Spaß für Kinder

■ **Kleine Lokwelt,** in der *Lokwelt* (s.o.); speziell auf Kinder zwischen 6 und 12 Jahren abgestimmter Ausstellungsbereich, der in die Welt der Eisenbahn einführt.

Laufen und Oberndorf

Die idyllische Lage des Städtchens Laufen (6900 Einw.) in einem **Bogen der Salzach** war für seine Entwicklung von ganz besonderer Bedeutung. Die Stromschnellen der Schleife zwangen die Bootsleute zur Entladung ihrer Lastkähne auf der einen Seite. Nach dem Landtransport wurden die Waren auf der anderen wieder auf Schiffe verladen, natürlich nicht ohne entsprechend besteuert worden zu sein. Die für die Weiterfahrt benötigten Schiffe, größer als die Salzkähne, die aus Hallein kamen, entstanden auf den Werften der Stadt, was zusätzlich Geld in die Kassen spülte. Der Landesvater Kaiser *Ludwig der Bayer* tat 1333 das Seinige, indem er verfügte, dass das Salz nur noch per Wasserfracht gehandelt werden durfte. Über Hunderte von Jahren blühte der Handel und in nur einer einzigen Dekade zum Ende des 18. Jh. bauten die Werften über 6000 Salzschiffe.

Prächtige Bürgerhäuser, repräsentative Stadttore und das Schloss zeugen vom einstigen Wohlstand Laufens. Als 1816 die Grenze zwischen Bayern und Österreich neu gezogen wurde, entstand aus den ehemaligen Vororten am jenseitigen Ufer die heutige Schwesterstadt Laufens: Oberndorf (5600 Einwohner).

Sehenswertes in Laufen

Quert man die Salzach und die Grenze, von österreichischer Seite kommend, über die 1903 erbaute **Eisenbrücke** mit ihren elegant geschwungenen Torpfeilern im Liberty-Stil, hat man das **Panorama der Stadt Laufen** vor Augen. Da auf deutscher Seite ein wenig mehr der Brücke steht (um genau zu sein: 60 %), haben die Deutschen die Baukosten der Salzachbrücke mit eben diesem Anteil getragen (und zahlen bei Renovierungen noch heute entsprechend). Die schönsten und augenfälligsten Bauwerke Laufens stammen aus salzburgischer Zeit, linker Hand das Schloss, rechter Hand die Stiftskirche.

Stiftskirche Zu Unserer Lieben Frau

Die **älteste gotische Hallenkirche Bayerns** entstand 1340 als Ersatz für eine romanische Basilika, von der nur noch Bauteile am Turmfundament erhalten blieben. Der klare rechteckige Grundriss mit drei gleich breiten und hohen Schiffen bindet den Turm ein, der – plan zur Westfassade – die Kirche nur schmal und kurz überragt. Ganz außerordentlich sind auch die die Kirche an drei Seiten umfassenden, kreuzgangähnlichen, **freskengeschmückten Arkaden,** mit zahlreichen Grablegen vermögender Bürger – mit **200 Marmorepitaphen** befindet sich die Kirche in einer Liga mit

038ch sk

Johann Michael Rottmayr

Der in Laufen 1654 geborene *Rottmayr* war ein begnadeter **Maler des Barock** und stattete zahlreiche Kirchen im Salzburger Land, im Rupertiwinkel und die Residenz in Salzburg aus. Seine Fähigkeiten vervollkommnete er auf Reisen nach Venedig, später arbeitete er auch in Wien, wo er 1730 starb.

Salzburg. Von der gotischen Ausstattung von 1467 sind nur noch sechs der acht **Tafelbilder** des ursprünglichen Hochaltars erhalten. Sie befinden sich heute je zu zweit an den Wänden dreier Seitenaltäre. Am vierten ist ebenfalls ein gotisches Bild aus dem 15. Jh. zu sehen – die Kreuzigung Christi. Der kaiserliche Hofmaler *Johann Michael Rottmayr* hat das Bild für den Schiffer-Altar 1691 geschaffen; es zeigt den hl. Rupertus, wie er den Salzhandel segnet. Der heutige **Hochaltar** im frühklassizistischen Stil stammt aus dem Jahr 1800.

In der Altstadt

Das **Schloss** diente 1702 als fürsterzbischöflicher Sommersitz und hatte zur Unterhaltung des kirchlichen Oberhaupts häufig *Wolfgang Amadeus Mozart* zu Gast. Ulanenkaserne, Gefängnis und Seniorenheim waren weitere Daseinsstationen des Schlosses, bis es 1970 in Privathand gelangte, die es zu einem Wohn- und Bürokomplex umwandelte.

Durch das wuchtige, gedrungene **Obere Stadttor** aus dem 13. Jh., auch als Salzburgtor bekannt, gelangt man über die Schlossstraße und vorbei an Handwerkerhäusern zum **Marienplatz,** dem ehemaligen Markt, mit der namensstiftenden Mariensäule. Umstanden ist die Fläche von schönen Bürgerhäusern im Inn-Salzach-Stil. Einige mussten 1903 abgerissen werden, um einen Zugang zur neuen Brücke zu schaffen.

Am Rupertusplatz steht das **Alte Rathaus** von 1474, das mehrfach Umbauten erlebte. Es dient heute als Veranstaltungsgebäude der Stadt. Wenige Schritte nach Westen führen zum **Unteren Stadttor,** dem Brückentor, ebenfalls aus dem 13. Jh. und nicht weniger wehrhaft als das Obere Tor. Hindurch gelangt man zur zweiten Brücke Laufens, dem 2006 erbauten **Europasteg.**

Abstecher nach Oberndorf

Unser Tipp: Ein etwas längerer Abstecher führt über diese Brücke im Westen der Laufener Altstadt hinüber auf die österreichische Seite und dort über die monumentale **Kalvarienbergstiege** von 1721 hinauf zu der in einer Halbschale geschützten **Kreuzigungsgruppe.**

Einen Kilometer weiter gelangt man zur **Kirche Maria Bühel,** von der aus sich ein toller Blick auf Salzburg und die Berge öffnet. Die Wallfahrten nach Maria Bühel begannen im 17. Jh., Ziel war damals noch ein einfacher Bildstock. An der Ausschmückung der Kirche beteiligte sich *Johann Michael Rottmayr* mit einem seiner schönsten Werke. Er stiftete das Gemälde „Marias Heimsuchung“ für den Altar.

An die Schifffahrt auf der Salzach erinnern die **Nepomuk-Statue** an der Kalvarienbergstiege zu Ehren des Schutz-

039ch sk

heiligen der Schiffer und Flößer und „Brückenheiligen“ St. Nepomuk, eine lebensgroße Bronze aus dem Jahr 1720, und die **Schifferkapelle** westlich der Stiege an der Uferstraße, erstmals 1518 errichtet. Hier blickten die Schiffer auf die Kapelle, schrieben mit dem Ruder ein Kreuz ins Wasser und sprachen den Satz „Nahui in Gott's Nam“ – In Gottes Namen flussab. Mit dem Neubau 1858 hatten die Schiffer, so die Vorgabe, entweder die Kapelle vor Abfahrt aufzusuchen, oder bei Passieren ein dreimaliges Vaterunser zu beten.

St. Nepomuk vor der Kalvarienbergstiege im österreichischen Oberndorf

„Stille Nacht, Heilige Nacht“ – Museum und Kapelle

Der Oberndorfer Vikar *Joseph Mohr* hat den Text geschrieben, *Franz Xaver Gruber,* Lehrer und Organist in Oberndorf, die Musik komponiert – und 1818 wurde das **Weihnachtslied** erstmals in der Oberndorfer Kirche St. Nikolai gesungen. Heute existiert die Kirche nicht mehr, das Hochwasser von 1899 hat sie weggespült. An ihrer Stelle, der Stiftskirche von Laufen gegenüber am anderen Ufer der Salzach, steht die **Stille-Nacht-Gedächtniskapelle,** und wenige Schritte davon entfernt, das **Stille-Nacht-Heimatmuseum** im ehemaligen Pfarrhaus von Oberndorf.

■ **Stille-Nacht-Museum,** Stille-Nacht-Platz 4, Tel. 0043 / 62 72 / 2 16 60, Do–So, Juli, Aug., Advent tgl. 10–18 Uhr, 4,50 €, Kind 3 €, Familie12 €.

Schloss Triebenbach

Sechs Kilometer südlich von Laufen liegt in den Auen der Salzach die **Wasserburg** Triebenbach. Ursprünglich stand hier ein Landgut, das um 1150 in den Besitz des Salzburger Klosters St. Peter geriet, das es künftighin als Lehen ausreichte. Wohl um 1355 wurde die Genehmigung für die Errichtung einer Festung erteilt. Ende des 18. Jh. kam das Anwesen in den Besitz der Familie des Salzburger Landschaftskanzlers *Schidenhofen,* der als Freund *Mozarts* diesen des Öfteren zu sich auf die Burg einlud. Über Umwege gelangte das Schloss 1924 wieder in den Besitz der Familie *Schidenhofen,* die schließlich mit der Stadt Laufen einen langfristigen Vertrag über die Teilnutzung des Schlosses als Veranstaltungsort der **Salzach-Festspiele** (s.u.) abschloss. Sonst ist der Bau nicht zu besichtigen.

Praktische Tipps

Informationen

■ **Tourist-Info Laufen,** Rathausplatz 1, 83410 Laufen, Tel. 0 86 82 / 89 87 49, www.stadtlaufen.de, Mo–Fr 8.30–12.30, Di auch 14–16, Do auch 14–18 Uhr.

040ch sk

Schloss Triebenbach

■ **Tourist-Info Oberndorf,** Stille-Nacht-Platz 2, A-5110 Oberndorf, Tel. 0043 / 62 72 / 44 22, www.stillenacht-oberndorf.at, Mo–Fr 8.30–12.30 Uhr.

Verkehr

■ **Bahn:** Verbindungen von Laufen nach Freilassing und Mühldorf; von Oberndorf nach Salzburg.
■ **Parken:** kostenpflichtige Tiefgarage Salzachhalle/Briouder Platz in Laufen.

Einkaufen

■ **Trompetenbau Pöhlmann,** Schlossstr. 16, Laufen, Tel. 0 86 82 / 9 56 03 03, www.klauspoehlmann.de; Herstellung und Reparatur von Holz- und Blechblasinstrumenten.
■ **Geigenbau Hagen Schiffler,** Landratsstr. 5, Laufen, Tel. 0 86 82 / 95 51 99, www.geigenbau-schiffler.de; Geigen- und Bogenbau „nach Maß" – die Instrumente werden vor Baubeginn detailliert besprochen.

Unterkunft

■ **Kapuzinerhof**②–③, Schlossplatz 4, Laufen, Tel. 0 86 82 / 95 40, www.kapuzinerhof.de. Unterkunft im ehemaligen Kapuzinerkloster in modernen, komfortablen Zimmern, gutes Gastronomieangebot und schöne Terrasse am Klostergarten.
■ **Salzachhof**①, Brückenstr. 14, Oberndorf, Tel. +43 / 62 / 72 42 46. Acht recht einfach gestaltete Zimmer im Zentrum bei der Landesbrücke, gern von Radlern gebucht (Radlgarage), angeschlossenes **China-Restaurant.**
■ **Camping am Abtsee,** Abtsee 15/17, Laufen, Tel. 0 86 82 / 95 68 78. Kleiner Platz mit Strandbad und bewirtschafteter Seeterrasse 5 km südwestlich von Laufen am Abtsdorfer See (April–Okt.).

Essen und Trinken

■ **Café Steinbach**①-②, Abtsdorfer Str. 2, Laufen, Tel. 0 86 82 / 95 68 86, www.facebook.com/cafesteinbach, Mo, Mi–Sa 10–24, So 10–22 Uhr. Einmal quer durch den Tag mit Frühstück, Mittagsimbiss, dann Kaffee und Kuchen und schließlich Abendessen. Urig-gemütliche Kneipe mit schönem Biergarten und engagiertem Service.
■ **Hellbauer Wirt z'Göming**②, Grünbrücke 1, Oberndorf, Tel. +43 / 62 72 / 2 06 97, Di–Sa 10–24, So 10–21 Uhr. Gasthaus mit schmackhaften, österreichisch angehauchten Knödelgerichten; auf der Karte finden sich u.a. Gulasch und Blunzengröstl.

Feste und Veranstaltungen

■ **Salzach-Festspiele:** Konzerte während zweieinhalb Wochen im **Juli** im Schlosshof von **Schloss Triebenbach** (bei schlechtem Wetter Salzachhalle in Laufen), Triebenbach 31, Laufen, Tel. 0 86 82 / 89 87 36, http://salzachfestspiele.de.
UNSER TIPP: **Schifferstechen:** An einem **Wochenende im August** findet das Schifferstechen auf der Salzach statt. Die Traditionsveranstaltung, die erstmals für 1640 dokumentiert ist, verlangt Geschicklichkeit von den Akteuren, die sich mit Lanzen aus den Plätten und Zillen stoßen – wer ins Wasser fällt, hat verloren. Ab und an findet ein weiteres Schifferstechen auf dem Abtsdorfer See statt.

Spaß für Kinder

■ **Piratenschlacht:** An einem Tag im August findet die schröckliche Piratenschlacht statt, wenn das elendigliche Räuberpaar *Adolfo* und *Claudine* ehr- und sittsame Schiffer überfallt, schließlich aber bei einer Seeschlacht überwältigt und dann verurteilt und gerichtet werden kann (alle fünf Jahre, nächstes Mal 2023, aufgeführt von der Oberndorfer Schiffergarde).

Waging und Waginger See

Salzstraßen

Die **Obere Salzstraße** führte von Reichenhall über Traunstein und Rosenheim nach München, die **Untere Salzstraße** verband Reichenhall über Waging am See und Altenmarkt an der Alz mit Wasserburg am Inn.

Noch ein See? Ja schon – und eigentlich sogar zwei: Die nördliche Hälfte ist durch einen Straßendamm vom Hauptsee getrennt und heißt **Tachinger See.** Dass das Gewässer so beliebt ist (allein acht Campingplätze befinden sich an seinem Ufer) liegt an der äußerst kommoden **Wassertemperatur,** die im Sommer auf bis zu 27 °C ansteigt. Und am ausgezeichneten Marketing. Als 1902 die Lokaleisenbahn Waging mit Traunstein verband, startete die Karriere des größten Ortes am Waginger See als **Sommerfrische** mit 200 Besuchern. In den 1920er Jahren reihte sich Waging dann bei den Orten im Chiemgau ein, die für bayerisches Landleben standen. Richtig los ging es aber erst ab 1935, als die Nationalsozialisten begannen, den Urlaub für breitere Bevölkerungsschichten zu entwickeln. KdF-Züge („Kraft durch Freude") wurden aus den Industriezentren im Norden und Westen Deutschlands in den Süden nach Waging geschickt. Der Bremer Reiseunternehmer *Wilhelm Scharnow* nahm die Idee 1951 wieder auf und charterte im Folgejahr acht Sonderzüge. 1952 verbuchte Waging 38.000 Übernachtungen. Am Saisonende schrieben die Zeitungen landesweit über das „Deutsche Fremdenverkehrswunder Waging am See".

Dass sich der 9 km lange und bis zu 1,7 km breite See schnell erwärmt, liegt an seiner geringen Tiefe (maximal 27 m). Allerdings kühlt er bei Schlechtwetterperioden auch zügig wieder aus. Waging am See lag – wie der Name suggeriert – tatsächlich einmal direkt am Seeufer und nicht wie heute und auch die anderen Orte rundherum etwas abseitig. 1867 hatte man die Götzinger Achen, den Abfluss, zur Landgewinnung tiefer gelegt und so den See um mehr als zwei Meter abgesenkt. Die ursprünglich am Ufer liegenden Orte befanden sich plötzlich im Landesinneren und die **Landenge bei Tettenhausen,** die „Auer Zipf", war entstanden, der See zweigeteilt. Nebeneffekt: Am Ufer wurde nicht gesiedelt und weite Flächen sind als **Naturschutzgebiet** ausgewiesen.

Geschichte

Die Geschichte des Siedlungsraums um den Waginger See reicht weit zurück. Keltenschanzen und Urnengräber, die bis um 1200 v.Chr. zurückreichen, wurden gefunden, und eine Römerstraße führte am See vorbei. Um 15 n.Chr. entstand eine **Villa Rustica** – ein 1956 entdeckter römischer Gutshof.

Erstmals taucht die Ortschaft als *Villa Uaginga* im Jahr 720 in den Archiven auf. Der Agilolfinger *Theodebert,* Herzog der Bajuwaren, schenkte sie dem Salzburger Kloster Nonnberg – heute das älteste, ununterbrochen tätige, christliche Frauenstift der Welt. Die Lage an der **Unteren Salzstraße** (die entlang der heutigen Salzburger und Bahnhofsstraße verlief) machte die Bewohner ab dem 13. Jh. wohlhabend, 1350 erhielt Waging Marktrechte und schließlich mit dem „Hallerhaus" das Niederlagerecht. Jegliches Salz, das gehandelt wurde, unterlag damit in Waging der Steuer.

1803 wurde die Gegend im Zuge der napoleonischen Säkularisation mit Salzburg dem Großherzog *Ferdinand von Toscana* zugeschrieben. Sie geriet schließlich 1805 mit dem Preßburger Frieden an Österreich und 1810 endgültig an Bayern. Und was sonst noch? Verheerende Stadtbrände im 17. und 18. Jh. – und natürlich die unvermeidliche Übernachtung vom „Wolferl", ohne die man nicht satisfaktionsfähig wäre: In Waging machte *Wolfgang Amadeus Mozart* am 23. September 1777 Station.

Sehenswertes in Waging

Heute ist Waging ein schmucker Ort mit hübschen Bauernhäusern und im Zentrum den typischen Bürgerhäusern im Inn-Salzach-Stil. Beachtenswert ist das **Salzburgische Pfleggerichtsgebäude** in der Bahnhofstr. 17 westlich des Marktplatzes, das spätere Schwemmbräu. Ab dem 13. Jh. hatten die Erzbischöfe ihre Verwaltung optimiert und die Pfleggerichte geschaffen, die heute etwa Bezirksgerichten entsprächen. Das Waginger Gerichtsgebäude entstand im 16. Jh., die Fassade wurde im 17. Jh. umgestaltet.

Die **Pfarrkiche St. Martin** im Ortskern ersetzte 1611 einen Vorgängerbau, dessen Wurzeln bis in die Zeit der Agilolfinger zurückreichte. Der untere Turm entstammt dem 15. Jh., der Über-

☑ Am Waginger See

041ch sk

bau mit seinem charakteristischen mehrstöckigen Zwiebeldach ist aus dem Jahr 1688. Die Ausstattung der dreischiffigen Basilika wurde Ende des 17. Jh. komplett verändert und in den folgenden Jahrhunderten fanden weitere Umbauten und Renovierungen statt. Vornehmlich Salzburger Meister waren mit der Innenausstattung beschäftigt. Heute sieht man eine helle und lichte Kirche des Rokoko, pastellfarben und mit pointiertem Goldschmuck durchaus stimmig.

Im angrenzenden **Kurpark** leitet das **Bajuwarenhaus** zur frühen Geschichte des Ortes über. Der 2007 errichtete Ständerbau ist ein typisches Langhaus der Agilolfinger Zeit, er dient als Ausstellungsraum und Veranstaltungsort. Das steile Holzschindeldach schützt die mit Lehm verputzten Flechtwände aus Weidenruten.

Bajuwarenmuseum

Der richtige Einstieg in die bayerische Stammesgeschichte geschieht dann im überschaubar großen Bajuwarenmuseum gleich südlich an der Salzburger Straße. Hier erfährt man alles zur **Stammesbildung** der Bajuwaren, die nach der römischen Epoche während der Völkerwanderungen aus der Durchmischung von Zuwanderern unterschiedlicher **germanischer Stämme** entstanden. Man sieht Schmuck aus Perlen, Edelsteinen und Bernstein und lernt den Unterschied zwischen *Sax* (dem kurzen, einschneidigen Schwert) und *Spatha* (der langen, zweischneidigen Handwaffe). In dem Maße, wie um 700 die Bajuwaren zu Christen wurden, änderten sich auch die Sitten. Das heidnische Ritual der Grabbeigabe verschwand (gegen Ende des Heidentums kennzeichneten goldene Kreuze die Toten christlichen Glaubens).

■ **Bajuwarenmuseum,** Salzburger Straße 32, Tel. 0 86 81 / 4 58 70, www.waging-am-see.de, Juli, Aug. Mo–Fr 9–19, Sa 9–13 Uhr, Okt.–Mai Mo–Fr 8–16 Uhr, Juni, Sept. Mo–Fr 8–17, Sa 9–13 Uhr, Eintritt frei.

Vogelmuseum

Im selben Gebäude befindet sich das Vogelmuseum. Die Ausstellung zu den kleinen gefiederten Freunden ist nicht spektakulär, aber für Vogelliebhaber durchaus sehenswert. Nach Habitaten geordnet, erhält man einen guten Überblick über die europäische Fauna mit Schwerpunkt auf der Region. Wer noch nie eine Buschgrasmücke, einen Ziegenmelker oder einen Buntspecht gesehen hat, ist hier genau richtig.

■ **Vogelmuseum,** Salzburger Straße 32, Tel. 0 86 81 / 3 13, www.waging-am-see.de, Juli, Aug. Mo–Fr 9–19, Sa 9–13 Uhr, Okt.–Mai Mo–Fr 8–16 Uhr, Juni, Sept. Mo–Fr 8–17, Sa 9–13 Uhr, am Eingang Drehkreuz mit Einwurf: 2 x 1 €.

Grüner Erfolg

Sepp Daxenberger, 1996 in Waging gewählt, war der **erste grüne Bürgermeister Bayerns.** Er blieb zwölf Jahre im Amt.

042ch sk

Barockmuseum

Das private Barockmuseum an der Strandpromenade im **Kurhaus** entstand unter der Ägide von *Sebastian Schuhbeck,* dem Adoptivvater des Fernsehkochs *Alfons Schuhbeck.* Er war 1951 Bürgermeister von Waging und maßgeblich daran beteiligt, dass *Scharnow* seine Sonderzüge voller Sommerfrischler nach Waging schickte. Im Museum sind in zehn Räumen über 250 profane und sakrale **Kunstgegenstände** zu bewundern, von der Skulptur bis zur Anrichte, vom Gemälde bis zum Prachtstuhl.

■ **Barockmuseum,** Strandkurhaus, Tel. 01 60 / 5 93 32 66, Mo–Sa nach telefonischer Anmeldung, 5 €.

Geruhsames Dorfleben in Waging

In der Umgebung des Sees

St. Leonhard am Wonneberg

Der Weiler St. Leonhard am Wonneberg (eine Verkürzung von „Waging am Berg“) ist alljährlich Ziel eines weit über die Region hinaus bekannten **Leonhardiritts** (s.u.: „Feste und Veranstaltungen“).

Die **Kirche St. Leonhard** mit ihrem dreistöckigen Zwiebeldach entstand 1496 an der Stelle eines romanischen Vorgängerbaus aus dem 12. Jh. – gestiftet und auch Begräbnisstätte von *Wilhelm von Wonneberg,* einem Sachwalter der Salzburger Kirche. Wann und warum genau die **Wallfahrten** zu dem Bauernheiligen *Leonhard* begannen, ist nicht bekannt. Herrlich sind die im 18. Jh. bei einer Umgestaltung übermalten und 1986 freigelegten **Wand- und Decken-**

043ch sk

gemälde aus dem Jahr 1633: ein pastellfarbener Heiligenhimmel und Passionszyklus, der den ganzen Kirchenraum schmückt. Besonderes Augenmerk verdienen die **Bildtafeln des Hochaltars.** Geschaffen hat sie der Laufener Meister *Gordian Gukh* 1513. Die vier Passionstafeln zeigen als Besonderheit im Hintergrund Landschaften der Region.

Schlossberg von Tettelham

Unser Tipp: Besonders hoch ist er nicht, der Schlossberg fünf Kilometer westlich von Waging, und ein Schloss hat er auch nicht. Doch ein Besuch ist nicht falsch, wenn man ein wenig Ruhe, Entspannung und eine **schöne Aussicht** sucht. Mit nur 559 m Höhe überragt er seine Umgebung um nur 100 m, dafür ist der Blick aber recht ordentlich. Wohl ab dem 9. Jh. stand hier oben eine Burg, an die nur noch wenige Fundamentfragmente erinnern. Dafür gibt es eine 1919 von Kriegsheimkehrern gepflanzte **Friedenslinde** und ein 1947 von deutschen Veteranen des Zweiten Weltkrieges erbautes **Kirchlein.** Die Kugel mit Kreuz am Dachreiter entstand aus Metallteilen eines 1944 neben der Linde abgestürzten US-amerikanischen Bombers, in dem fünf der neun Besatzungsmitglieder umkamen.

Zur Anfahrt muss man um den ganzen Ort herum den Schildern „Schlossberg" folgen, bis vor einem Hof der Asphalt endet; dort parken und 5–7 Minuten den Berg hochgehen.

Bauernhofmuseum Kirchanschöring

Glanzlicht des privaten, nicht immer überschwänglich betreuten Bauernhofmuseums in Kirchanschöring, einige Kilometer östlich des Waginger Sees, sind sicherlich die **40 Schlepper** (25 weitere sind nicht zu sehen, sie dienen als Ersatzteillager), deren ältester 1937 montiert wurde. Ansonsten lernt man allerlei vom mühseligen Leben in der Landwirtschaft und sieht im Museumsstadel zahlreiche Gerätschaften. Der auf dem Areal stehende **Schmidhof** wurde 1981 aus Hötzling hierher versetzt und ist original wie in den 1920er Jahren eingerichtet. Einmal im Jahr, am letzten Sonntag im August, wird die **Dampfdreschmaschine** angeworfen.

■ **Bauernhofmuseum,** Hof 1, Kirchanschöring, Tel. 0 86 85 / 4 69, www.kirchanschoering.info, Juni–Aug. Mi/Sa 12–16 Uhr, 3 €, Kind 1 €.

Praktische Tipps

Informationen

■ **Tourist-Info Waging,** Salzburger Str. 32, 83329 Waging am See, Tel. 0 86 81 / 3 13, www.waginger-see.de, Juni–Mitte Sept. Mo–Fr 9–18 Uhr, Sa/So 10–13 Uhr, sonst Mo–Fr 8–16 Uhr.

Verkehr

■ **Bahn:** Stichstrecke vom Bahnhof Traunstein über Hufschlag nach Waging.
■ **Vario-Bus:** Der flexibel auf Vorbestellung zahlreiche Haltestellen anfahrende Bus verbindet die Kommunen Taching am See, Kirchanschöring, Fridolfing und Tittmoning. Der Bahnhof von Waging wird ebenfalls angefahren. Der Fahrpreis beträgt pro berührter Kommune 2 €, plus 2 € Servicepauschale – die Voranmeldungsfrist von mindestens zwei Stunden ist zwingend einzuhalten (Tel. 0 86 84 / 12 25).

☒ Ausblick vom Tettelhamer Schlossberg

■ **Radverleih:** *Shell*-Tankstelle, Traunsteiner Straße 2, Waging, Tel. 0 86 81 / 2 33, www.grabl-waging.de, tgl. 8–19 Uhr; Tourenrad ab 7 €, Mountainbike ab 13 €, E-Bike ab 25 €/Tag.

Einkaufen

■ **Bergader Kulinarium,** Marktplatz 10, Waging, Tel. 0 86 81 / 4 77 92 50, www.bergader.de. *Bergader Edelpilz* oder *Bavaria Blu* ist wohl jedem Käseliebhaber ein Begriff. Ihren Ursprung hat die Firma im Jahr 1902, als *Basil Weixler* eine kleine Dorfkäserei eröffnete. In den 1920er Jahren war man dann schon so groß und mit Blauschimmelkäse so erfolgreich, dass sich der französische Hersteller des Roquefort auf den Schlips getreten fühlte und eine Klage gegen *Weixler* einreichte.
■ **Julius Meindl,** Dorfplatz 8–10, Kirchanschöring, Tel. 0 86 85 / 98 52 70, www.meindl-fashions.de. Bergwander-und Trekkingschuhe, Haferlschuhe und Winterstiefel – das Ladengeschäft am Stammsitz von Meindl verkauft aber auch die edle Bekleidungslinie aus Leder mit Jacken und Hosen.

Unterkunft

■ **Tanner**③, Aglassing 1, Waging, Tel. 0 86 81 / 6 97 50, www.landhaus-tanner.de. Renoviertes Landhaus-Hotel mit viel hellem Holz gestalteten Zimmern, Familienbetrieb mit gutem **Restaurant**③.
■ **Michlwirt**②, Steiner Str. 1–3, Palling, Tel. 0 86 29 / 9 88 10, www.michlwirt.de. Großer, zum Hotel modernisierter Landgasthof 12 km nordwestlich von Waging mit fairen Preisen, komfortablen Zimmern und einem hochgerühmten **Restaurant**②-③ mit eigener (prämierter) Metzgerei; Wellnessbereich.
■ **Campingplatz Stadler,** Strandbadstr. 11, Petting, Tel. 0 86 86 / 80 37, www.camping-stadler.de. Am Südufer, kleinster der Campingplätze am See, dennoch mit Strandbad und allen Annehmlichkeiten, familiäre Atmosphäre, April–Sept.

Essen und Trinken

■ **Seestüberl am Wellnessgarten**②, Am See 9, Waging, Tel. 0 86 81 / 17 46, www.wellness-hotel-tennis.de, tgl. 11.30–22 Uhr. Das geschmackvoll gestaltete „Stüberl" des Hotels serviert neben hausgemachter Pasta, gesunder Küche und viel Salaten auch ein Menü auf Feinschmeckerniveau zu einem fairen Preis.

■ **Strandkurhaus**②, Am See 1, Waging, Tel. 0 86 81 / 4 79 00, www.strandkurhaus.de, tgl. 8–22 Uhr (Winter Mo, Di geschl.). Im Kurhaus aus den 1950er Jahren, einst die Topadresse für perfektes Essen in

☑ Vom bayerischen Löwen bewacht: Badeplatz am Strandkurhaus

044ch sk

der Region (*Schuhbeck* hatte hier gewirkt), sollte man wegen der schönen Terrasse ein Getränk einnehmen.

■ **Bräustüberl Schönram**①-②, Salzburger Str. 10, Petting/Schönram, Tel. 0 86 86 / 2 71, www.braeustueberl-schoenram.de, Do–Di 9–21 Uhr. Landgaststätte südlich des Sees, mit eigener Brauerei, Biergarten und handfester bayerisch-schwäbischer Küche von Kässpatzn bis zum Krustenbraten, vom Wurstsalat zum Reiberdatschi. Besonders beliebt und empfohlen: die Bierprobe mit sechs Sorten in Verkostungsgläsern (0,1 l).

■ **Saliterwirt**②, Kirchplatz 3, Kirchanschöring, Tel. 0 86 85 / 77 86 08, www.der-saliterwirt.de, Di–So ab 10 Uhr. Zurückhaltend eingerichtetes Lokal mit abgewandelten österreichisch-bayerischen Gerichten und Ingredienzen zumeist aus der Region.

Abends unterwegs

■ **Bacchus,** Marktplatz 4, Waging, Tel. 0 86 81 / 69 85 71, bis 23 Uhr, Do–Sa bis 1 Uhr; Weinbar und Lounge mit Snackangeboten und Weinverkauf zum Mitnehmen.

Feste und Veranstaltungen

■ **Leonhardiritt:** der Wallfahrtsritt von St. Leonhard am Wonneberg – einer der ältesten Bayerns und der größte im Landkreis – findet Anfang November statt. Ursprünglich war das Ereignis am Ostermontag, wurde aber vom Salzburger Erzbischof *Graf Colloredo* ab 1786 verboten, weil ihm Volksfrömmigkeit und Aberglaube bei den Wallfahrtsritten zu eng verwoben schienen. Zwischen 1920 und 1966 folgte man wieder der Tradition, dann hatten Traktoren die Pferde als landwirtschaftliche Nutztiere endgültig verdrängt, sie waren schlicht ausgegangen. 1977 begann man erneut – diesmal mit Reitsportpferden.

■ **Waginger Musiktage:** Von Ende Juli bis Anfang August gibt es ein buntes Musikprogramm von Klassik über Volksmusik bis zu Pop, www.kulturverein-waging.de/musiktage.

Aktivitäten

■ **Strandbad am Strandkurhaus,** Am See 1, Waging, Tel. 0 86 81 / 5 52, www.strandcamp.de; Traditionsadresse mit einem 2 km langen Kiesstrand, Sport- und Wasserpark, Tageskarte ab 14 Jahre 2,50 €.

■ **Waginger-See-Radrundweg,** auf knapp 30 km summiert sich die Rundstrecke um Waginger und Tachinger See mit zahlreichen Möglichkeiten zu baden und in Wirtschaften zu rasten – auch für Kinder gut geeignet; 150 Höhenmeter, Untergrund Asphalt und Kies, gut ausgeschildert.

■ **Windsurf-Schule Eva Bittl,** Am See 1, Kurhausstrand, Waging, Tel. 01 71 / 7 66 64 55, www.bittl-surfschule.de.

Spaß für Kinder

■ **Strandbäder Taching und Tengling:** Bewirtschaftete Bäder am Tachinger See mit flachen Abschnitten, besonders für Familien mit kleineren Kindern geeignet – beide mit Spielplatz, Gaststätte und Sprungturm, in Taching auch Bootsverleih; Tageskarte 3 €, Kind 1,50 €.

Salzach und Rupertiwinkel (Nord)

0 2 km ©Reise Know-How Chiem_K4a 3/19

Tittmoning

Auf dem westlichen **Hochufer über der Salzach** gelegen, brilliert Tittmoning (5700 Einw.) mit einer hübschen, vorzüglich sanierten Altstadt. Wegen seiner Lage vom Hochwasser verschont, zeigt sich der Ort in der Anlage noch als die im 13. Jh. errichtete Bürgerstadt mit den Maßen eines gleichseitigen Dreiecks. Die **typischen Häuser im Inn-Salzach-Stil** mit ihren zarten Pastellfarben entstanden aber erst ab Ende des 16. Jh., nachdem der Stadtbrand von 1571 praktisch den ganzen Ort vernichtet hatte. Enge Gassen, verwinkelte Wege, die Burg und der repräsentative Stadtplatz, alles umschlossen von einer ursprünglich 2000 m langen **Stadtmauer** (von der noch etwa zwei Drittel erhalten sind), laden zu einem Bummel ein – oder verführen zu einer Pause in einem der Straßencafés.

Geschichte

Die Siedlungsgeschichte der Gegend reicht bis in die Bronzezeit zurück, auch die alten Römer schätzten das Hochufer am Fluss und errichteten sich eine Villa Rustica, von der noch Mosaikreste erhalten sind. Die neuere Geschichte beginnt mit den Agilolfingern und deren Bajuwarenherzog *Theodebert* (685–719), der **Titamaninga** dem Kloster Nonnberg in Salzburg schenkte. 1234 gelangte die Gegend dann in den Besitz des Salzburger Erzbischofs *Eberhard II.*, der – als Schutz gegen die benachbarten Wittelsbacher Besitztümer Burghausen und Braunau – Tittmoning als Grenzbefestigung mit einer wehrhaften **Burg** versah, es zur Stadt erhob und mit einem Pfleggericht ausstatten ließ.

Mehrfach verlor Salzburg den Einfluss in Tittmoning und gewann ihn wieder. 1324 besetzte der deutsche König *Ludwig der Bayer* die Stadt und die Erzbischöfe mussten sie für ungeheure 5500 Salzburger Pfennige zurückkaufen. Beim Salzkrieg zwischen dem Erzbischof von Raitenau und dem bayerischen Herzog *Maximilian* – die wie Hund und Katze waren und sich regelrecht hassten – zog letzterer 1611 siegreich in die Salzburger Lande ein. Und im österreichischen Erbfolgekrieg plünderte der in bayerischen Diensten stehende französische General *Claude-Louis Comte de Saint Germain* Tittmoning. Ab 1806 war schließlich Schluss mit der erzbischöflichen Fürstenherrlichkeit Salzburgs und 1810 gelangte Tittmoning endgültig an Bayern, die Grenze zu Österreich wurde in der Mitte der Salzach gezogen. Im Gegensatz zu den anderen Orten an der Salzach spielte für Tittmoning der Salzhandel keine entscheidende Rolle. Der Wohlstand der Stadt entstand als Verwaltungszentrum der landwirtschaftlich genutzten Umgebung und als Grenzbefestigung mit Militärgarnison.

045ch sk

Sehenswertes

Am Stadtplatz

Die Fundamente des **Rathauses** am Stadtplatz mit seinem augenfälligen Mitteltürmchen gehen auf das 13. Jh. zurück. Das heutige Gebäude entstand nach dem Stadtbrand des 16. Jh., um 1712 wurde die perfekt in die Häuserflucht passende Fassade umgestaltet. Die vergoldeten Terrakottabüsten in den Nischen über den Fenstern der beiden Mitteletagen zeigen römische Imperatoren.

Auf dem 350 m langen Stadtplatz befinden sich mehrere Skulpturen und Brunnen. Ursprünglich bestand er aus dem nördlichen Herrenmarkt mit den feineren Anrainern und dem südlichen Saumarkt, bis beide schließlich durch den Abriss einiger Häuser in Höhe des Stadtbaches zusammengelegt wurden.

Der achteckige **Florianibrunnen** vor dem Rathaus umrandet den hl. Florian („Lass unser Haus, zünd and're an"), lebensgroß in Marmor gehauen. Die prominente Position des Fürbitters gegen Feuersnot zeugt von den bewusstseinsprägenden Stadtbränden des Mittelalters. Auf keinem bayerischen Stadtplatz sollte die **Marienstatue** fehlen. Tittmonings Rokoko-Immaculata aus Untersberger Marmor hat der Bildhauer *Itzelfeldner* – ein Sohn der Stadt – 1758 geschaffen. Dritter im Bunde ist der **hl. Johann Nepomuk** von 1717, Schutzheiliger Salzburgs und ebenfalls aus Marmor. Zwischen Florianibrunnen und Marienstatue hat man die Pferdeschwemme 1888 zum **Springbrunnen** umgebaut.

Früher wurden hier die Tiere gesäubert und im Sommer gekühlt.

Im südlichen Bereich des Stadtplatzes befinden sich das **Kriegerdenkmal** von 1881 in Erinnerung an den deutsch-französischen Krieg 1870/71 und schließlich der **Storchenbrunnen,** dessen Säule aus dem Jahr 1627 stammt. Der Vogel hat gerade eine Schlange besiegt und trägt sie stolz im Schnabel – der Sieg des Guten über das Böse. Zwischen Kriegerdenkmal und dem hl. Nepomuk plätschert der Stadtbach munter über den Platz.

Im Norden des Stadtplatzes steht das **Burghauser Tor** am Ende einer Platzverengung, im Süden schließt das Salzburger bzw. **Laufener Tor** den Saumarkt ab. Karge Befensterung und eine Mittelalter simulierende Bemalung lassen es recht wehrhaft wirken.

Mittelalterlich geprägt: Tittmoning

St. Laurentius

Die spätgotische **Pfarr- und Stiftskirche** St. Laurentius westlich des Herrenmarktes ist das bedeutendste Gotteshaus der Stadt. Seinen Ursprung hat es in romanischer Zeit. 1410 nahm man den Neubau in Angriff, 1571 wurde die Kirche ein Raub der Flammen. 1815 zerstörte ein weiteres Feuer den Sakralbau erneut. Der Wiederaufbau hinterließ eine dreijochige Saalkirche mit hohen Seitenkapellen. Wichtigste und wertvollste Ausstattung sind die zwei Gemälde am äußeren Chorbogen vom Rokoko-Meister *Cosmas Damian Asam* aus dem Jahr 1720, die er ursprünglich mit drei weiteren für eine Kapelle in Weihenstephan malte. Nur diese beiden sind in der Originalgröße erhalten, die anderen wurden beschnitten, damit sie in neue Rahmungen passten.

Klosterkirche der Augustinereremiten

Die Klosterkirche der Augustinereremiten westlich des Saumarktes stiftete der Salzburger Erzbischof, 1683 erfolgte die Weihe zu Ehren aller Heiligen (deshalb auch Allerheiligenkirche genannt), aber erst 1707 war die Innenausstattung komplett. Ebenfalls als Wandpfeilerkirche konzipiert, zeigt sie sich in typischem **Salzburger Barock** mit vorherrschendem Schwarz und Gold. 1929 zog die Familie *Ratzinger* aus Marktl nach Tittmoning und hier soll Sohn *Joseph* als kleiner Bub im Kindergarten in den ehemaligen Klostergebäuden anlässlich eines Besuches von Kardinal *Faulhaber*, durch dessen festliches Ornat beeindruckt, gesagt haben, dass er auch einmal Kardinal werden wolle – das hat er geschafft und noch mehr.

Burg

Die Burg im Westen hoch über der Altstadt wirkt mit ihren wuchtigen Mauern überaus abweisend. Doch das, was man heute sieht, ist schon eine wesentliche Abmilderung der ursprünglichen Wehrhaftigkeit. Als 1611 Bayerns *Maximilian* die Stadt eroberte, wurde auch die Burg in Mitleidenschaft gezogen. 1614 ließ sie der Erzbischof *Markus Sittich* zu einem Jagdschloss umgestalten. Während des Dreißigjährigen Krieges (1618–48) diente die Anlage mehrmals als Fluchtpunkt des Freisinger Bischofs, der die Kurzasylgewährung im neutralen Salzburg nur allzu gern in Anspruch nahm. Ende des 18. Jh. während der Befreiungskriege diente das Schloss einmal als Lazarett der Franzosen, im Jahr 1800 plünderten sie es und 1805 fackelte unachtsames französisches Militär u.a. den Fürstenflügel ab. Statt seiner wurden mehrere Wohnhäuser errichtet. Nun folgte die Nutzung als Armenhaus, ab 1911 auch als Ausstellungsräume des Historischen Vereins, als Treffpunkt des katholischen Quickbornes, Kreisschule der NSDAP, Offiziersgefangenenlager und schließlich als Durchgangslager für Flüchtlinge aus dem Sudetenland. Heute ist die Schlossanlage teilweise in Privatbesitz und wird auch als Museum genutzt.

Das Museum **Heimathaus Rupertiwinkel** besitzt eine bedeutende Sammlung an Volkskunst. Besonders hervorzuheben sind die 120 Schützenscheiben aus vier Jahrhunderten und die 180 schmiedeeisernen Grabkreuze. Ansonsten gibt's Schränke, Truhen, Gemälde, Handwerkszeug, Exponate zur Volksfrömmigkeit – einmal quer durch die Welt des Rupertiwinkels also. Hat man alles angeschaut, ist einem ganz schwindelig ob der Unzahl an Einzelstücken.

Das **Gerbereimuseum** im ehemaligen Marstall des Schlosses beleuchtet das in der Region traditionsreiche Handwerk der Lederherstellung, das im 16. Jh. begann und erst 1953 aufgegeben wurde. Im experimentellen Museum darf man mit Herz und Verstand am Prozess der Gerberei teilnehmen, tasten, fühlen und selbst Hand anlegen.

Besuchenswert ist auch die 1693 erbaute **Schlosskapelle St. Michael** mit einem künstlerisch wertvollen Gemälde des in Laufen geborenen Barockmalers *Johann Michael Rottmayr* am rotmarmornen Hochaltar – der Erzengel bereitet Luzifer den Höllensturz.

■ **Heimathaus** und **Gerbereimuseum,** Am Burgberg, Tel. 0 86 83 / 70 07 10, www.burg-tittmoning.de, Mai–Sept., Besichtigung des Heimathauses nur mit Führung (ca. 90 Min.) Mi–So 14 Uhr (13–17 Uhr Zugang zu einem Teilbereich ohne Führung), 3 €, Kind 1,50 € (ohne Führung 1,50/1 €); Gerbereimuseum Mi–So 13–17 Uhr, Eintritt frei.

[>] Die Burg von Tittmoning zeigt noch ihre einstige Bestimmung: Für den Schutz vor den Wittelsbachern hat sie der Salzburger Erzbischof im 12. Jahrhundert als Grenzfeste errichtet

Ponlachgraben

Unser Tipp: Neben der Burg lädt das kleine, schattige **Landschaftsschutzgebiet** Ponlachgraben mit seinen Kaskaden, Brücken und Steigen zu einem Spaziergang ein. Ursprünglich war es ein erzbischöflicher Bannwald, den die Untertanen nicht betreten, geschweige denn nutzen durften. Nur das Recht am Wasser des Ponlachbaches, das die Stadtbrunnen versorgte, hat der Erzbischof 1627 „auf ewige Zeiten" an die Bürger abgetreten. Der Ponlachgraben wurde ab 1873 als Landschaftsgarten gestaltet.

Wallfahrtskirche Maria Ponlach

Die Wallfahrtskirche Maria Ponlach 400 m südwestlich der Burg steht an der Stelle einer kleinen, steinernen Brunnenkapelle, die bereits für 1624 dokumentiert ist. In ihr war eine **Quelle** gefasst, der Heilkraft nachgesagt wurde, das Ziel der Wallfahrer. 1717 hat man die neue große Kirche geweiht, deren Bau wegen des Ansturms der Pilger notwendig geworden war. Praktischerweise stieß man bei ihrem Bau auf eine neue Quelle, die sich ebenfalls als heilkräftig erwies. Das Gotteshaus zitiert mit seinem kleeblattförmigen Grundriss den Salzburger Dom.

Praktische Tipps

Informationen

- **Tourist-Info Tittmoning,** Stadtplatz 1, 84529 Tittmoning, Tel. 0 86 83 / 70 07 10, www.tittmoning.eu, Mo–Mi 8.30–12 und 13–16 Uhr, Do 8.30–13 und 14–17.30 Uhr, Fr 8.30–12 Uhr.

046ch sk

Verkehr

- **Bahn:** Bahnhof Tittmoning-Wiesmühl (6 km im Süden), Haltestelle an der Fernstrecke München – Salzburg, Busverbindung nach Tittmoning mit Nr. 9518.
- **Bus:** Verbindung nach Traunstein mit Nr. 9518.
- **Parken:** Parkplatz Wasservorstadt (Wasservorstadt 20a) unmittelbar östlich der Altstadt, gebührenfrei.

Unterkunft

- **Inspiration**②, Mayerhofen 9, Tittmoning, Tel. 0 86 83 / 89 12 20, www.hotel-inspiration.de. Topmodernes Tagungshotel 6 km außerhalb (südlich) mit 30 Design-Zimmern (kein Restaurant).
- **Gasthof Gruber**②, Hauptstr. 27, Fridolfing, Tel. 0 86 84 / 236, http://gasthof-gruber.de. Landgasthof mit 32 gemütlich und mit viel Holz, aber durchaus modern eingerichteten Zimmern, 6 km außerhalb im Südosten Richtung Fridolfing; gutbürgerliche, inspirierte und leichte Regionalküche im **Restaurant**②, Mi geschlossen.
- **Campingplatz Leitgeringer See,** Furth 9, Tittmoning, Tel. 0 86 83 / 12 16, www.camping-seebauer.de. Schöner Platz am stadtnahen See mit schattigen und sonnigen Plätzen und modernen Sanitäreinrichtungen, April–Mitte Okt.

Essen und Trinken

- **Braugasthof**②, Stadtplatz 35, Tittmoning, Tel. 0 86 83 / 89 05 59, www.braugasthoftittmoning.de, Di–So 8.30–23 Uhr. Traditionsgasthof im Herzen der Stadt mit gutbürgerlicher Regionalküche und dem „must have" eines bayerischen Kleinstadtlokals: Schnecken und Garnelen. Am gemütlichsten sitzt man im Gewölbesaal.
- **Dorfwirtschaft Asten**②, Am Gangsteig 1, Tittmoning/Asten, Tel. 0 86 83 / 4 84, www.wirtshaus-asten.de, Mi–So 11–23 Uhr, 6 km nordwestlich Tittmoning. So soll es sein! Die Einrichtung ist gemütlich und nicht überladen und es gibt einen schönen, alten Biergarten. Die Wirtschaft gehört der Dorfgemeinschaft, die sie in Eigenregie mit saniert hat und nun betreibt.
- **Seewirt**①-②, Furth 1, Tittmoning, Tel. 0 86 83 / 89 02 77, www.gasthaus-seewirt.de, Fr ab 17, Sa, So ab 10 Uhr. Urbayerisch und gemütlich, leider nur am Wochenende geöffnet. Fast am Ufer des Leitgeringer Sees gibt's Brotsuppe, Schweinsbraten, Lüngerl mit Semmelknödel, Milzwurst abgebräunt und manchmal (aber gar nicht so selten) als Dreingabe Musik vom Wirt.
- **Unterwirt**②, Hadrianstr. 26, Fridolfing, Tel. 0 86 84 / 9 69 76 09, www.gasthaus-unterwirt.de, Mi–Sa 17.30–24 Uhr, So 11.30–14, 17.30–22 Uhr. Sehr aufmerksam geführtes Lokal mit abgewandelten österreichisch-bayerischen Gerichten wie Backhendlsalat mit Kernöl, Strohschwein auf Cognac-Pfeffer-Sauce und Parfait von der Holunderblüte.

Feste und Veranstaltungen

- **Historische Burgtage,** an einem **Septemberwochenende** wird die Burg zum Mittelalterlager mit Knappen, Marketenderinnen und Spielleuten.

Aktivitäten

- **Naturbad Leitgeringer See,** Tel. 0 86 83 / 3 43, 1. Mai–15. Sept. 8.30–18.30 Uhr, 2,50 €, Kind 1 €; romantisches Strandbad 3 km nordwestlich der Altstadt mit Infrastruktur wie Tret- und Ruderbootverleih, flachem Sandabschnitt, Rutsche usw.
- **Plättenfahrt,** Mai–Sept. finden auf der Salzach sonntags (Sommerferien auch werktags) die amüsanten Plättenfahrten von Tittmoning nach Burghausen statt. Es gibt Fahrten mit Jazz, Blasmusik oder mit einem Geschichtenerzähler; 17/20 €, Kind 10 €, Rückkehr mit dem Bus (5,50 €, Kind 2,80 €).

Spaß für Kinder

■ **Walderlebnispfad Meggenthal,** auf dem zweistündigen Igel-Rundweg 7 km westlich von Tittmoning wird auf 14 Stationen alles auch für Kinder Interessante zum Wald erklärt: Wie kann man das Alter eines Baumes schätzen, welche Lebensräume gibt es im Wald, wieviel Öl oder Gas kann ein Ster (Raummeter) Holz ersetzen?

Burghausen

Lang und schmal zieht sich das Befestigungswerk auf dem Höhenrücken parallel zur Salzach hin: Nicht die ausgedehnteste, nicht die höchste, dafür ist die **Burg** aber mit 1051 m die **längste der Welt,** ein Pfund, mit dem die Stadt Burghausen (17.600 Einw.) wuchern kann. Sie thront oberhalb der schmucken Altstadt, die auch kulturell einiges zu bieten hat – z.B. die **Internationale Jazzwoche.**

049ch sk

Geschichte

Die Herzogstadt Burghausen war der Grenzposten zu den erzbischöflichen Landen Salzburgs hin, weshalb die bayerischen Herrscher auf eine unbezwingbare Festung Wert legten. Die landschaftlich exponierte Lage hoch über der Salzach hatte bereits die Kelten dazu gebracht, eine Wallbefestigung zu errichten, und die Agilolfinger folgten ihnen mit einem wehrhaften Amtshof, der die Schifffahrt auf der Salzach zu schützen hatte. Als Adelssitz ist die Burg erstmals für das Jahr 1025 verbürgt. Nach den Welfen übernahmen das 1130 mit Stadtrechten ausgestattete Burghausen 1180 die Wittelsbacher. 1255, Bayern hatte sich geteilt, fiel die Stadt an die Landshuter Linie, die Burg wurde zur zweiten Residenz der Herzöge von Niederbayern und völlig umgestaltet. Im 14./15. Jh. erreichte die Burg die heutige Ausdehnung und war nicht nur Bollwerk gegen Salzburg, sondern auch gegen das Damoklesschwert der Türkengefahr. Als Bauherren taten sich besonders hervor:

⌃ Auch die Festung von Burghausen hoch über den Gassen: uneinnehmbar

Heinrich der Reiche, Ludwig der Reiche und *Georg der Reiche.* Die Burg hatte nun sechs Höfe, jedem war eine eigene Nutzung zugedacht und die Anlage eine eigene kleine Residenzstadt. Der Reichtum der Stadt basierte natürlich auf der Flussfurt und dem Salzhandel, den sie mit einem Zoll belegen durfte.

Sehenswertes in der Altstadt

Die Neustadt Burghausens zieht sich – recht gesichtslos – westlich und nördlich des Burgberges hin, zwei Brücken über die Salzach führen ins Nachbarland. Die Altstadt dagegen ist definitiv einen ausgedehnten Spaziergang wert.

St. Anna Kirche

Erste Station ist im Süden die 1656 geweihte St. Anna Kirche, Gotteshaus des **Kapuzinerklosters** am südlichen Ortseingang. Die einfache Saalkirche mit ihrem Tonnengewölbe wurde mehrfach umgestaltet und birgt eine moderne Innenausstattung und einige Stücke aus dem 18. Jh. Die Klostergebäude beherbergen heute eine Musikschule und die Jugendherberge.

050ch sk

Pulverturm

Ein Abstecher nach Norden führt zum 1488 errichteten Pulverturm auf dem Eggenberg beim **Wöhrsee.** Der Rundling hat einen Durchmesser von 18 m, wobei die Mauern eine Dicke von 5 m besitzen. Drinnen lagerten Geschütze und Pulver. Mit einem Brunnen war er autark und konnte auch einer längeren Belagerung widerstehen. Ein Wehrgang verbindet das Vorwerk mit der Burg.

Spitalskirche

Nördlich der St. Anna Kirche steht die gotische Spitalskirche, in Teilen noch aus dem 14. Jh. Das Netzgewölbe des dreijochigen Langhauses stammt aus dem beginnenden 16. Jh., das Kreuzrippengewölbe des Chors aus dem Jahr 1328.

Mautnerschloss

Die Uferstraße heißt an dieser Stelle Salzlände, folgerichtig befindet sich hier auch das Mautnerschloss, der **Amtssitz der Zollbehörde** aus dem 16. Jh. 1877 zog der Lateinschüler und spätere Volksschriftsteller *Ludwig Thoma* für zwei Jahre in das zu jener Zeit als Seminar genutzte Haus.

☒ Schöner Schein am Rathaus mit Blendfassade – die Dachtraufe befindet sich hinter dem Giebel in Höhe der Wasserausläufe

Fußgängerzone

Hier beginnt die Fußgängerzone **In den Grüben,** der Burghausener **„Walk of Fame“.** Ursprünglich war es die Handwerkergasse der Stadt, heute erinnern Bronzeplatten an die Berühmtheiten, die während der Jazzwochen aufgetreten sind. Eine kleine Auswahl: *B.B. King, Tito Puente, Albert Mangelsdorff, Stan Getz, Chick Korea, Count Basie, Klaus Doldinger.* Am Kirchplatz ist das Herz der Stadt erreicht.

Pfarrkirche St. Jakob

Die Pfarrkirche St. Jakob steht an der Stelle eines Vorgängerbaus von 1140, den 1353 ein Stadtbrand zerstört hat. Auch das nachfolgende Gotteshaus wurde 1504 zumindest teilweise ein Raub der Flammen und 1511 neu geweiht. 1851 brach das Langhaus zusammen, nach vier Jahren stand es wieder. Heute zeigt sich die dreischiffige Basilika mit neugotischer Ausstattung. Bekannt ist die Kirche für die Vielzahl an Grabplatten und **Epitaphen** würdiger und vermögender Bürger der Stadt, die teils noch aus dem 14. Jh. stammen. Ein Fußsteig führt von hier hoch zum dritten Hof der Burg (Stethaimer Weg).

Am Stadtplatz

Am Stadtplatz mit den typischen vorgeblendeten Mauern im Inn-Salzach-Stil zeigt sich mit der Hausnummer 40 eine der **ältesten Apotheken Bayerns** (1596) mit einer schmucken Renaissancefassade. Gegenüber schmückt das in die

051ch sk

Flucht der Nachbargebäude eingepasste **Rathaus** eine klassizistische Fassade. Ursprünglich waren es eigentlich drei Gebäude, deren gotische Herkunft sich noch in den Gewölben der Untergeschosse manifestiert. Der **Löwenbrunnen** vor dem Rathaus hat seinen Namen vom Wappen *Heinrichs des Löwen.* Einer der augenfälligsten Bauten am Platz ist die Nr. 108 mit den drei bekuppelten Renaissancetürmchen, das 1551 errichtete **Regierungsgebäude.** In ihm war drei Jahrhunderte lang die kurfürstlich-bayerische Regierung untergebracht.

Schutzengelkirche

Hinter der Bruckgasse und wieder perfekt in die Fassadenflucht eingepasst, folgen die Schutzengelkirche mit dem Zwiebeltürmchen und das Institut der Englischen Fräulein mit einer schönen Barockfassade. Die Kirche entstand 1731 und zeigt sich in ihrem Inneren in dezentem Rokoko.

Die Burg

Etwa 500 m weiter nach Norden findet sich der Zugang der Burg am Curaplatz (dort auch Parkplatz). Auf dem **Höhenrücken** war sie von drei Seiten sowieso schon hervorragend geschützt, hinzu kam im Osten die **Salzach** als natürliche Befestigung und im Westen ein künstliches, früher als Mühlbach genutztes Seitenbett des Flusses, das heute als **Wöhrsee** (mit Stadtbad) zum Totarm versandet ist bzw. zum See erweitert

Über den Dächern von Burghausen – von Hof zu Hof in der längsten Burg der Welt

wurde. Wegen ihres Rufes der Uneinnehmbarkeit sahen die Befestigungsanlagen nie einen Angriff und sind so unbesiegt.

Die ganze Anlage ist seit 1490 in sechs hintereinander liegende Höfe gegliedert. Der **sechste und äußerste Hof** im Norden war einmal erste Verteidigungsanlage und außerdem Wohn- und Wirkungsstätte von Beamten und Handwerkern. Hier wurden die Finanzen verwaltet, hatten Förster, Zimmerer, Schreiber und nicht zuletzt auch der Scharfrichter ihr Zuhause. Heute ist in der ehemaligen Rentmeisterei das 1983 eröffnete Museum **Haus der Fotografie** untergebracht. 600 Fotoapparate, zeitgenössische Kunstfotografie und historische Stadtaufnahmen sind in der ständigen Ausstellung zu sehen, hinzu kommen interessante Sonderschauen.

Im **fünften Hof** wurde im Kastenamt und durch den kontrollierenden Kastengegenschreiber der herzögliche bzw. kurfürstliche Besitz verwaltet. Im Spinnhäusl gingen die weiblichen Strafgefangenen einer produktiven Tätigkeit nach. Die 1489 geweihte **Hedwigskapelle** (Burgkapelle St. Maria) ist ein schönes und seltenes Beispiel der Spätgotik – leider (außer beim Burgfest) nur von außen zu besichtigen. Dabei ist das Innere mit seinem bewusst unregelmäßig konzipierten Grundriss und darauf abgestimmten Netzgewölbe überaus beeindruckend. Man sollte nicht versäumen, zur Brüstungsmauer auf der anderen Seite hinzutreten und den Blick über Verteidigungswerk und Wöhrsee zu genießen.

Der **vierte Hof** war der Lagerhaltung im „Kasten“ (dem Lagerhaus) vorbehalten und der hochnotpeinlichen Befragung von Verdächtigen in der Folterkammer des Schergenturms, politisch korrekt „Fragstatt“ geheißen. In ihr ist passend das **Foltermuseum** untergebracht mit einigen Instrumenten im Befragungsraum. Das Verlies darunter hatte eine Öffnung zum Folterraum, damit die dort Angeketteten schon einmal in sich gehen konnten, während andere ihr Leid in Henkersohren klagten. Im Hexenturm fanden noch bis 1751 Prozesse statt, die letzte Hexe richtete man 1831 mit dem Schwert.

052ch sk

Im **dritten Hof** (Abstiegsmöglichkeit zur Pfarrkirche) hatte der Büchsenmeister seine Stätte, in späteren Jahren lebte im Zeugwärtl-Turm der Kommandeur der Burggarnison. Im Zeughaus (Kurzer Kasten) waren die Waffenlager der Burg untergebracht, um 1533 immerhin 185 Geschütze. Zwischen Turm und Zeughaus kann man über die Halsgerichtsstätte (wo die Delinquenten ihren Kopf verloren) hinunter zum Wöhrsee gelangen.

Durch das Georgstor betritt man den **zweiten Hof,** wo sich der Marstall für die Pferde sowie Bäckerei und Brauerei für das leibliche Wohl befanden. Die Stuhlknappen, Alarmwache der hohen Herren, warteten hier auf etwaige Einsätze.

Der **erste bzw. innere Hof,** der Schlosshof, schützte die Prominenz der Burg. Im **Palas** befanden sich die herzöglichen Wohnräume, in der **Kemenate** die seiner Gattin. Weitere Räumlichkeiten waren **Schatzkammer, Kerker** (für die besseren, sprich adligen Häftlinge) und der **Dürnitz** – der einzige rauchfrei beheizbare Raum für die Herrschaft, in dem man speiste und lebte. Ansonsten mussten auch sie es sich mit qualmenden Kohlepfannen gemütlich machen.

Im Palas ist das **Staatliche Burgmuseum** untergebracht, ein Ableger der Staatlichen Sammlung mit Gemälden des bayerischen Spätmittelalters den 16. und 17. Jh., von der Altartafel bis zu pompösen Schlachtenpanoramen mit 10 m Breite aus der Geschichte Bayerns (Schlacht von Mühldorf, Schlacht von Ampfing). Das **Stadtmuseum** im Frauentrakt der Burg widmet sich der Stadtgeschichte und zeigt Exponate aus den Bereichen Malerei, Plastik und Kunsthandwerk.

■ **Burg,** Curaplatz, www.burg-burghausen.de, Infostelle Di–So 10–18 Uhr, Themenführungen (90 Min.) 4,50-6 €, im Sommerhalbjahr auch spezielle Kinderführungen, der Eintritt in die Burg ist frei.

Haus der Fotografie, 6. Hof, Tel. 0 86 77 / 47 34, April–Okt. Mi–So 10–18 Uhr, 2 €, Kind frei.

Foltermuseum, 4. Hof, Tel. 0 86 77 / 6 41 90, tgl. 10–16/17 Uhr, Winter nur Sa/So, 3 €, Kind 1 €.

Staatliches Burgmuseum, 1. Hof, Palas, Tel. 0 86 77 / 46 59, Di–So 10–18 Uhr, 2 €, Kind frei.

Stadtmuseum, 1. Hof, Kemenate, April–Sept. 9–18 Uhr, sonst 10–16 Uhr, 4,50 €, Kind frei.

■ **Museumspass Burghausen** (Stadt-, Fotomuseum, Staatl. Museum) 9 €.

Im Nachbarland

UNSER TIPP: Über die Alte Brücke gelangt man vom Stadtplatz in den **Nachbarort Ach** auf österreichischem Boden und mit einigen Mühen hoch zum **Aussichtsplatz von Duttendorf,** wo man erstens den Blick auf Burghausen und zweitens eine Erfrischung am Kiosk genießen kann.

Wallfahrtskirche Maria Ach

In Richtung Süden über die **Gärten am Fluss** – Überbleibsel der Landesgartenschau 2004 – erreicht man die Wallfahrtskirche Maria Ach. Erbaut wurde sie 1404, zunächst nur als Holzkapelle, an einer Stelle, an der die Salzach ein Gnadenbild der Mutter Gottes angeschwemmt haben soll. Der Pilgerzustrom führte zu Umbauten und Erweiterungen und 1771 zur Barockisierung, die u.a. *Johann Nepomuk della Croce* vornahm. Das Gnadenbild stammt aus dem

Salzburg des 15. Jh. und zeigt Maria mit dem Jesuskind und einer Weintraube.

Schloss Wanghausen

An der Neuen Brücke sieht man westlich das Schloss Wanghausen mit seinem typischen Treppengiebel aus dem 19. Jh. Es besitzt eine überschaubare Größe und steht in Privatbesitz, kann also nicht besucht werden. Erstmals wurde es 1240 erwähnt. Im Laufe seiner Geschichte wechselte es unendlich oft den Besitzer, teils residierte hier Adel, teils bewohnten es Bürgerliche.

Kloster Raitenhaslach

In der **ehemaligen Zisterzienserabtei** Raitenhaslach im Tal an einer Flussschleife der Salzach sieben Kilometer südwestlich von Burghausen lebten und arbeiteten über 650 Jahre lang Mönche. 1146 als erstes Zisterzienserkloster Altbayerns gegründet (und personell von Kloster Salem am Bodensee ausgestattet), wurde es 1803 säkularisiert. Anlässlich der Verweltlichung hatte man zahlreiche Gebäude abgebrochen. Man kann sich also vorstellen, wie es hier zur Blütezeit des Klosters zuging, bedeckt doch die Anlage auch heute noch mit ihren Bauwerken ein großes Areal.

Das wichtigste Gebäude ist die heutige **Pfarrkirche St. Georg** und ehemalige Abteikirche Mariä Himmelfahrt, allerdings nicht wegen ihres Äußeren mit der seltsamen, fast eklektizistisch anmutenden Fassade. Von der dreischiffigen Basilika aus den Anfängen sind die Fundamente und Teile der Außenmauern übernommen worden, im Barock und zum sechshundertjährigen Jubiläum des Zisterzienserordens wurde das Gotteshaus 1698 zur Pfeilerkirche umgestaltet. Für die Innenausstattung der Kirche und der Klostergebäude wurden die großen Künstler ihrer Zeit verpflichtet, aus Ottobeuren und Wessobrunn kamen die *Zicks, Johann Baptist Zimmermann* und *Johann Michael Rottmayr* angereist, schufen herrliche Gemälde und feinst ziselierten Stuck, schnitzten und formten, schlugen aus Stein und trugen Gold auf – bester Frührokoko. Die Deckenfresken, teils in Trompe-l'œil-Technik, von *Johann Zick* lassen das Leben des Ordensgründers *Bernhard von Clairvaux* Revue passieren. In den Pfeilernischen sind zehn Seitenaltäre untergebracht, klein und prachtvoll, doch nichts gegen den Hochaltar, der die gesamte Stirnwand im Halbrund ausfüllt, mit glatten und gedrehten Säulen in Rot, Grau und Weiß, Heiligenskulpturen und dem zentralen Altarblatt mit Mariä Himmelfahrt, gerahmt von Stuckvorhängen in Blau und Silber mit Putten – ein Feuerwerk des sakralen Kunsthandwerks bayerischer Meisterschule. Ebenfalls bemerkenswert sind die Grabplatten früherer Äbte aus dem 15. und 16. Jh.

Auch im angrenzenden **Kreuzgang** sind über 100 Grabplatten, darunter viele künstlerisch sehr wertvolle, erhalten. Der **Prälatenstock** ist nur bei einer Klosterführung zu besichtigen. Das Deckenfresko und der Marmorfußboden in seinem Steinernen Saal zeugen vom Reichtum der Klostergemeinschaft, der sich aus den Abgaben mehrerer tributpflichtiger Dörfer, einer ausgedehnten Landwirtschaft und der intensiven Fischzucht speiste (den Zisterziensern war an

Fleisch nur Geflügel und Fisch erlaubt). Im Papstzimmer soll 1782 *Pius VI.* übernachtet haben.

In den Klostergebäuden befinden sich heute auch das **Study & Science Center** der Technischen Universität München mit international-akademischem Anspruch und der **Klostergasthof** (s.u.: „Essen und Trinken") mit großem Biergarten, wunderschön bemalten Gewölben, bayerischer Kost, zünftiger Brotzeit und Zimmervermietung. Auch noch interessant: Wenige Schritte nordöstlich der Kirche stehen **Pumpenhaus und Wasserturm** (der fast einem Kirchturm ähnelt) aus dem 16. Jh. Sie sorgten bereits zu jener Zeit für fließendes Wasser in den Klostergebäuden.

■ **Kloster,** Raitenhaslach 9, Kirchen- und Klosterführungen (abhängig von den Seminarterminen des Tagungszentrums) sind über die TU München Tel. 0 89 / 28 92 66 00 zu buchen (kostenpflichtig).

053ch sk

Wallfahrtskirche Marienberg

Ein weiteres Glanzlicht in Burghausens Umgebung ist die gedrungene, mit zwei nicht allzu hohen Türmen versehene Wallfahrtskirche auf dem Marienberg (4 km südwestlich). Die 50 Stufen hinauf stehen für die Anzahl der Ave Maria des Rosenkranzes. Vom Friedhof aus genießt man einen schönen Blick über die Salzach bis nach Burghausen.

Im 12. Jh. – Raitenhaslach wurde zur Abtei und die dortige Kirche dem Kloster übereignet – erhob man die Marienbergkirche zur Pfarrkirche. Wie sich die Wallfahrt entwickelt hat, liegt im Dunkel, aber das Gebet vor dem **Gnadenbild des Hochaltars** galt den Gläubigen bereits im 16. Jh. als sehr vielversprechend. 1760 entschloss man sich, die heutige Kirche zu errichten, vier Jahre später war sie fertig. 1803 – Säkularisierung – sollte sie abgerissen werden, aber mit Eingaben und Bittschriften verzögerten die Bürger und Bauern den Abbruch, gingen sogar ins Gefängnis, bis schließlich 1811 der bayerische Kronprinz den Fortbestand des Gotteshauses garantierte.

Der Jubelbarock der Rundkirche wird durch zahlreiche Fenster ins rechte Licht gerückt: Verspielter Stuck, qualitätsvolle Fresken und vergoldetes Schnitzwerk lassen die Augen auch hier übergehen. Die Vielfältigkeit der Einzelthemen im **Kuppelgemälde** entlässt den Betrachter schließlich mit steifem Nacken. Mehrere Ebenen, Orte und Zeiten sind auf ihm zum bunten Potpourri verwoben – ein

[<] In den Gewölben des Klostergasthofs Raitenhaslach

Meisterwerk des Künstlers *Martin Heigl*, der beim Wessobrunner *Johann Baptist Zimmermann* sein Handwerk erlernte.

■ **Wallfahrtskirche Marienberg,** Tel. 0 86 77 / 21 33, www.pfarrei-raitenhaslach.de, Ostern–Ende Okt. 8–17 Uhr.

Praktische Tipps

Informationen

■ **Tourist-Info Burghausen,** Stadtplatz 112, 84489 Burghausen, Tel. 0 86 77 / 88 71 40, http://tourismus.burghausen.de, Mai–Sept. Mo–Fr 9–18 Uhr, Sa 10–14 Uhr, sonst Mo–Fr 9–17 Uhr.

Service

■ **WLAN-Hotspots** am Stadtplatz, in den Grüben und am Bürgerhaus in de Neustadt; „burghausen free" auswählen und kostenlos registrieren.

Verkehr

■ **Bahn:** Bahnhof 2 km nördlich der Altstadt, Verbindungen nach Altötting und weiter nach Mühldorf und Traunstein.

■ **Parken:** Curaplatz (am Burgzugang), Tittmoninger Straße (Finanzamt), jeweils kostenfrei.

Einkaufen

5 **Stephan Barbarino,** Stadtplatz 116, Burghausen, Tel. 0 86 77 / 45 06, www.barbarino-burghausen.de; Trachtenmanufaktur auf höchstem Niveau mit feinsten Materialien; wie es sich gehört edel und deshalb schlicht – die Familie der heutigen Besitzer ist schon 1820 aus Udine eingewandert.

Unterkunft

1 **Glöcklhofer**③, Ludwigsberg 4, Burghausen, Tel. 0 86 77 / 91 64 00, www.hotel-gloecklhofer.de. Modernes Stadthotel unweit des Burgzuganges mit 85 großen, elegant eingerichteten Zimmern und Suiten mit sehr gutem Komfort und einem schönen Spa-Bereich; Restaurant, Biergarten, Wintergarten, Bibliothek.

9 **Kaffeemühle**②, Wöhrgasse 235, Burghausen, Tel. 0 86 77 / 6 19 65, www.kaffeemuehle-burghausen.de. Kleine Pension mit Café am südlichen Ende der Altstadt, Zimmer mit allem Notwendigen; berühmtester Gast: *Paul Klee.*

10 **Jugendherberge**①, Kapuzinergasse 35, Burghausen, Tel. 0 86 77 / 8 81 79 10, www.jugendherberge.de. In der südlichen Altstadt in einem Gebäude des ehemaligen Kapuzinerklosters, 2018 vollständig renoviertes Haus mit 146 Betten in 36 Zimmern, alle mit eigenem Bad/WC (davon 9 Zweibettzimmer). Rezeption 7–12 und 12–20 Uhr besetzt, das Haus schließt um 22 Uhr.

Essen und Trinken

6 **Burgcafé**②, Burg 46, Burghausen, Tel. 0 86 77 / 87 73 40, www.burgcafe-burghausen.de, Di–So im Sommer tagsüber bis in den frühen Abend bei gutem Wetter. Café-Restaurant mit Freisitz im zweiten Hof der Burg (ehemalige Brauerei), leichte bayerische, gutbürgerliche Küche, Brotzeit und natürlich Kaffee und Kuchen.

UNSER TIPP: 2 **Altstadt-Café**①, Altstadt 95, Burghausen, Tel. 0 86 77 / 44 13, www.altstadtcafe-burghausen.de, Di–So 9–19 Uhr, Winter 9.30–18 Uhr. Versteckt am Ende eines langen Durchgangs, ist die lauschige Terrasse an der Salzach nochmals eine Steigerung im ohnehin schon ruhigen Burghausen. Apfelstrudel und Rupfhauben (eine Mehlspeise mit Milch und Kompott) kommen aus der eigenen Konditorei.

Burghausen

0 100 m

©Reise Know-How Chiemo8 3/19

4 Weinhaus Pachler②, Ach an der Salzach 14 (in Österreich), Tel. +43 / 77 27 / 22 06, www.weinhauspachler.at, Mi–So 10–15 und 17.30–23 Uhr. Exklusives Sitzen auf der Terrasse mit Salzach und Burg im Blickfeld, dazu österreichische Kochkunst – ein Fest für Auge und Gaumen.

■ **Pritzlwirt**②, Pritzl 102, Burghausen, Tel. 0 86 77 / 44 88, www.pritzlwirt.de, Mi–Fr ab 16 Uhr, Sa/So ab 11 Uhr bis spät. Der ehemalige Bauernhof aus dem 19. Jh. hoch über der Salzach 7 km südlich des Zentrums besticht mit ausgezeichneter Küche, Gerichten aus aller Herren Länder und einer wunderschönen Sonnenterrasse. Die Wirtin ist Österreicherin, der Wirt aus Holland, beide sind viel gereist; immer gut besucht, besser reservieren.

■ **Klostergasthof Raitenhaslach**②-③, Raitenhaslach 9, Tel. 0 86 77 / 97 30, www.klostergasthof.com, Neujahr–März geschl., Gaststätte April–Sept. 11–23 Uhr, Okt. bis Neujahr an Wochenenden, Biergarten Mai–Okt. Sa/So 11–20 Uhr.). Großgaststätte in den historischen Räumlichkeiten des Klosters (s.o.), was aber der Qualität des Essens keinen Abbruch tut. Gutbürgerliche bayerische Küche; in den Biergarten darf man nach altem Brauch sein Essen mitbringen – ebenso üblich: die Getränke holt man beim Wirt. 18 schöne und luxuriös eingerichtete **Zimmer**③.

Abends unterwegs

UNSER TIPP: **7 Knoxoleum,** In den Grüben 133, Burghausen, Tel. 0 86 77 / 91 61 91, www.knoxoleum. de, ab 18 Uhr; das Gebäude geht aufs 15. Jh. zurück, die Gewölbe aufs 16. und das Knoxoleum aufs 20. Jh. – wilde Fantasie, Möbel von wer weiß das schon, Live-Musik, Essen von der Ofenkartoffel bis zum Freudensteak, Cocktails von *Aperol* bis *Hugo*.

8 Club Moloko, In den Grüben 142, Burghausen, Tel. 01 71 / 3 89 60 09, www.clubmoloko-de.chayns.net, Fr, Sa 22–3 Uhr; DJs mit Alternativen zum gängigen Brei – Britpop, Indie, viel Tanzbares.

3 Athanor Akademie, Burg 27, Burghausen, Tel. 0 86 77 / 91 11 54, www.athanor.de; Bühne der Schauspielschule mit durchaus sehenswerten Eigenproduktionen der angehenden Schauspieler und Regisseure.

Feste und Veranstaltungen

■ **Burgfest:** Am **zweiten Juli-Wochenende** wird es mit Rittern, Burgfräulein und Narren mittelalterlich zünftig, dazu Umzüge, Schalmeienspieler, Wettkämpfe und natürlich viel Bier, www.herzogstadt.bayern.

■ **Internationale Jazzwoche,** im **März,** mit den Größen der Welt; www.b-jazz.com.

Aktivitäten

■ **Plättenfahrt,** s. Tittmoning, Busverbindung von Burghausen aus.

■ **Wöhrseebad,** Wöhrsee 2, Tel. 0 86 77 / 8 81 95 27, www.baeder-burghausen.de, Mai–Ende Sept. 8–20 Uhr, 2,50 €, Kind 1,50 €; ehemalige Militärschwimmschule der Burggarnison, ab 1901 für den Badespaß der Allgemeinheit zugänglich, Badeinseln, Spielplätze, Sprungturm, Café.

Spaß für Kinder

■ **Minigolf,** Wöhrgasse am Wöhrsee unterhalb der Burg, Tel. 0 86 77 / 6 68 64 30, www.minigolf-burghausen.de, Mai–Sept. 10–22 Uhr, April, Okt. 12–19 Uhr (bei Regen geschl.); 18-Loch-Minigolfplatz mit Café, 4 €, Kind 3 €.

■ **Abenteuerspielplatz im Stadtpark Burghausen,** ein Überbleibsel der Landesgartenschau mit Gebirgen aus Beton, einer Kletterschlucht und einem „Fluss" für die heißen Sommertage.

055ch sk

5

Chiemgauer Alpen

Die Flüsse Tiroler Ache, Prien, Weiße und Rote Traun haben sich idyllische und wildromantische Täler in die Berge des Chiemgaus gegraben und locken mit Rad- und Wanderwegen an ihren Ufern. In den höheren Lagen finden sich beliebte Wintersportzentren.

◁ Abrupt erhebt sich die erste Alpenkette aus der Ebene – Blick vom Hochfelln hinunter auf den Chiemsee

Chiemgauer Alpen

CHIEMGAUER ALPEN

Die Gipfel der ersten Alpenkette – bis zu 1600 m hoch – laden schon früh im Jahr zu Besteigungen mit tollen Ausblicken, aber auch zu weniger anspruchsvollen Wanderungen ein. Die alpenländischen Höfe und Dörfer bilden das perfekte Ambiente für die abendliche Erholung.

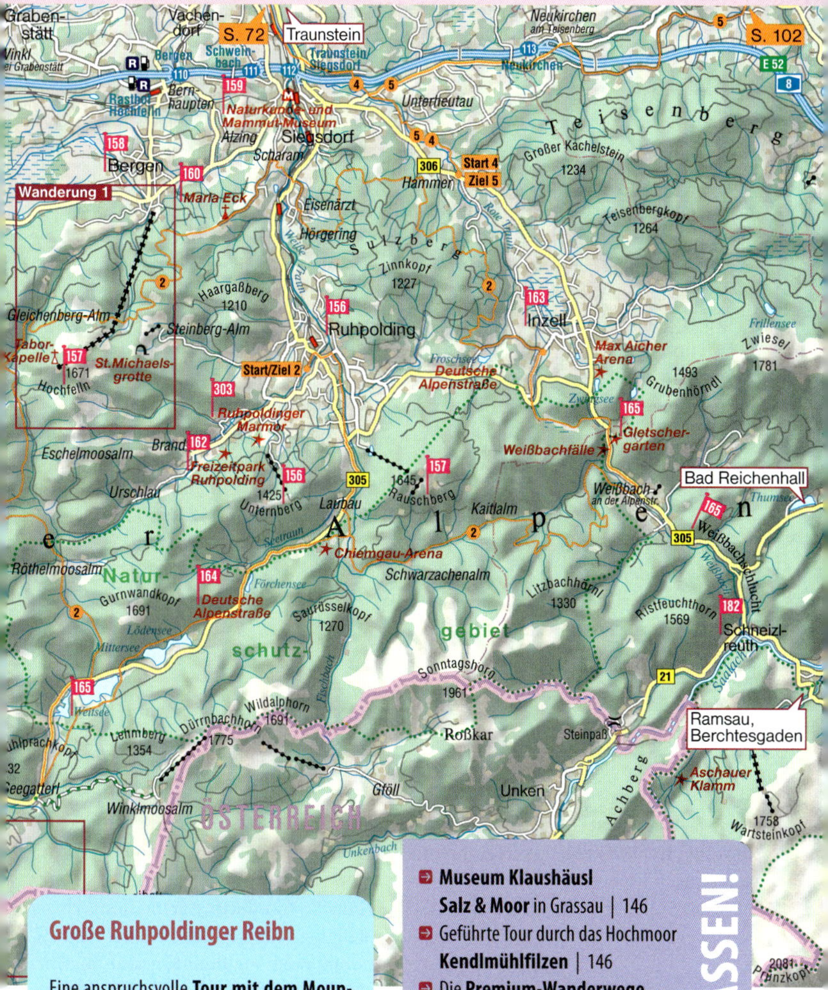

Große Ruhpoldinger Reibn

Eine anspruchsvolle **Tour mit dem Mountainbike** lässt sich rund um Ruhpolding machen: Auf guten Forstwegen geht es über 85 km durch die Bergwelt, wobei die Tour jederzeit abgebrochen und am nächsten Tag wieder aufgenommen werden kann. Bei einer reinen Fahrtzeit von 6–8 Std. überwindet man 2200 m Höhendifferenz. Eine detaillierte Beschreibung der Strecke findet sich im Kapitel „Touren“: **Radtour 2.**

NICHT VERPASSEN!

- **Museum Klaushäusl Salz & Moor** in Grassau | 146
- Geführte Tour durch das Hochmoor **Kendlmühlfilzen** | 146
- Die **Premium-Wanderwege** von Reit im Winkl | 152
- **Holzknechtmuseum** von Ruhpolding | 158
- Fahrt auf der **Deutschen Alpenstraße** | 164

Diese Tipps erkennt man an der gelben Hinterlegung.

Aschau

Hoch über Aschau (5500 Einw.) bewacht das blendend weiße Schloss Hohenaschau den Eingang zum **Priental.** Ihm gegenüber steht nicht weniger prominent die Kampenwand, der 1668 m hohe Hausberg der Aschauer mit einer bis 200 m unter den Gipfel führenden **Kabinenbahn** – Ausgangspunkt zahlreicher Wanderungen.

Schloss Hohenaschau

Das Schloss Hohenaschau hatte unter den Herren derer *zu Hirnsberg* im 12. Jh. klein begonnen, doch die über die Jahrhunderte herrschenden Adelsgeschlechter bauten immer weiter an, sorgten für immer prächtigere Ausstattung. Die Barockisierung unter den Freiherren *zu Preysing*, ab 1608 Besitzer, tat schließlich das Ihrige. Die Reichsmarine hatte zwischen 1942 und 1945 nur ein kurzes Gastspiel (sie nutzte die Anlage als Erholungsheim), 1988 zog das Regionalmuseum ein.

Im Benefiziaten- und Mesnerhaus an der Schlosskapelle dokumentiert das **Prientalmuseum** (Besichtigung anlässlich der Schlossführungen) die Geschichte der Eisenindustrie in der Region sowie Leben und Werk der letzten adeligen Schlossherren (die *Barone von Cramer-Klett*, 1854 in den Adelstand erhobene Industrielle, Mitbegründer von MAN und der heute weltgrößten Rückversicherung Munich Re).

■ **Schloss Hohenaschau,** Schlossbergstraße, Tel. 0 08 52 / 90 49 37; Aufstieg vom Parkplatz 15 Min., nicht barrierefrei, nur auf einstündiger Führung zu besichtigen, Mai–Sept. Di, Do, So 13.30 und 15 Uhr, Mi, Fr 10 und 11.30 Uhr, 5 €, Kind 3 €, Familie 10 €, Kinderführungen und Falknerei s.u.: „Spaß für Kinder".

Kampenwand

Die **Kampenwand-Seilbahn** überwindet 841 m Höhe auf einer Strecke von 2480 m in 14 Minuten. Die Bergstation liegt auf 1461 m. Zum **Ostgipfel** mit dem größten Gipfelkreuz der bayerischen Alpen auf 1668 m sind es 90 Minuten anstrengende Kletterei. Aber auch einfache **Wanderungen** mit nur geringer Steigung sind möglich (u.a. auf dem Panoramaweg zur **Steinlingalm** 30 Min., s.u. „Essen und Trinken"). Allen Wanderungen ist die fantastische Rundumsicht gemeinsam.

Die Highlights für Kinder

- **Schloss Hohenaschau** | 144
- **Falknerei Schloss Hohenaschau** | 145
- **Märchen-Erlebnispark** | 149
- **Spielwege** | 155
- **Freizeitpark Ruhpolding** | 162

> Momentaufnahme in den Chiemgauer Alpen

Mit dem **Mountainbike** darf man von Aschau über die Maisalm und weiter zur Steinlingalm fahren. Von dort aus geht es über den Panoramahöhenweg zur Sonnenalm bei der Bergstation. Wer schnell ins Tal zurück möchte, macht dies als Passagier mit einem der **Gleitschirmflieger** (s.u.: „Aktivitäten").

- **Kampenwand-Seilbahn,** An der Bergbahn 8, Aschau, Tel. 0 80 52 / 44 11, www.kampenwand.de, Juli bis Anfang Sept. tgl. 9–18 Uhr, Mai/Juni/ab Anfang Sept. bis Nov. bis 17 Uhr, Winter bis 16.30 Uhr, Berg-/Talfahrt 17,50–22 €, Kind 8,50–10,50 €, Transport von Bikes ab 13.30 Uhr bis Betriebsende möglich, 5 €/Rad.

Praktische Tipps

Informationen

- **Tourist-Info Aschau,** Kampenwandstr. 38, 83229 Aschau, Tel. 0 80 52 / 90 49 37, www.aschau.de, Mo–Fr 8–18 Uhr, Sa 9–12 Uhr, Winter Mo–Fr 8–12, 13.30–17 Uhr.

Verkehr

- **Bahn:** Verbindungen nach Prien am Chiemsee.
- **Radverleih:** Radverleih-Aschau, Innerkoy 5, Tel. 0 80 52 / 96 99, www.radverleih-aschau.de, Mountainbike 17 €/Tag, E-Bike 30 €/Tag.

Einkaufen

- **Berggut.com,** Kampenwandstr. 17a, Aschau, http://berggut.com; Speck, Käse und noch vieles mehr aus Südtirol.
- **Prientaler Bergbauernladen,** Hans-Clarin-Platz 3, Aschau, www.prientaler-bergbauernladen.de; fast das gleiche Sortiment, aber aus der Region und nur am Freitag 9–16 Uhr.
- **Bäckerei Bachhuber,** Zellerhornstr. 4, Aschau; mehrmals die Woche backen die *Bachhubers* ein Holzofenbrot, das seinesgleichen sucht.

Unterkunft

- **Brucker**②, Schlossbergstr. 12, Aschau, Tel. 0 80 52 / 49 87, www.gasthofbrucker.de. Direkt unter-

054ch sk

halb des Schlosses und an der Prien nächtigt man in einem richtigen bayerischen Traditionsgasthof in Familienbesitz (seit 1880) mit guter **Gaststätte**② (Fr–Di 10.30–22 Uhr); behagliche Gästezimmer und uriges Lokal mit Biergarten.

■ **Priller Hof**②, Höhenbergstr. 1, Aschau, Tel. 0 80 52 / 90 63 70, www.prillerhof.de. 18 hübsch eingerichtete und komfortable Zimmer in einem modernen Haus ohne Restaurant (nur Frühstück), Sauna- und Wellnessbereich.

Essen und Trinken

■ **Residenz Heinz Winkler**④, Kirchplatz 1, Aschau, Tel. 0 80 52 / 1 79 90, www.residenz-heinz-winkler.de, 12–14.30 und 18.30–22 Uhr. Das Restaurant der Residenz ist nicht ganz unschuldig, dass sich in Aschau an den Wochenenden die Bussigesellschaft trifft – die *Michelin*-Bewertung changiert zwischen zwei und drei Sternen. Das Mittagsmenü kostet etwas weniger, auch wenn man von günstig noch nicht sprechen mag. Reservierung ist angeraten; auch Luxus-**Zimmer**④.

■ **Speis & Seele**③-④, Schulstr. 9, Aschau, Tel. 08052 / 60 60 285, www.speisundseele.de, Mo, Do, Fr 18–22 Uhr, Sa, So 12–14, 18–22 Uhr. Unprätentiöse, familiäre Atmosphäre und exzellent zubereitete Gerichte – junge Kochkunst auf höchstem Stand zu überaus akzeptablen Preisen und überaus erfolgreich. Die Karte ist klein und fein, unbesehen kann man sich aber auch für das feste Menü (je nach Hunger mit 3–5 Gängen) entscheiden.

■ **Steinlingalm**①-②, Unterhalb des Kampenwandgipfels auf 1467 m, Tel. 0 80 52 / 29 62, www.steinlingalm.de, Mai bis Okt. Di–So 8–18 Uhr, Do nur abends, im Winter an den Wochenenden. Vom Tal wandert man in gut 2 Std. zur Alm, von der Bergstation der Kampenwand in 20 Min., 30 Min. Kletterei sind es von hier den Fels der Kampenwand hoch zum Gipfel. Hüttenküche mit Brotzeit vom Presssack über den Käseteller bis zum Speckknödel, mit fantastischer Aussicht.

Abends unterwegs

■ **Eiskeller,** Schlossbergstr. 5, Aschau, Tel. 0 80 52 / 90 93 28, www.facebook.com/EiskellerClub; die angesagte Disco in der Region, 400 Jahre alte Gewölbe im ehemaligen Bierkeller des Schlosses, 300 m² und bis zu 600 Tanzende. Ab und an auch kleine Kunst mit großen Künstlern wie *Eisi Gulp* oder *Sigi Zimmerschied;* Sa 22–5 Uhr.

Feste und Veranstaltungen

■ **Festivo – Musik im Chiemgau,** Hainbach 51, Aschau, www.festivo.de; zwei Wochen lang ab Ende Juli gibt es Kammermusik in der Festhalle und auf Schloss Hohenaschau.

Aktivitäten

■ **Chiemgauer Hochseilgarten,** Am Beerweiher 4, Aschau, Tel. 0 80 52 / 3 40 94 72, www.chiemgauer-hochseilgarten.de. Nicht im Wald, sondern in freier Landschaft gelegen, kann man sich vollständig auf die Schikanen konzentrieren. Unterschiedliche Schwierigkeitsgrade, im Niederseilgarten können sich Anfänger einstimmen; Betrieb ganzjährig ab vier Personen (Voranmeldung!), Schnupperprogramm 3–4 Std. 48 €/Person., Tagesprogramm 88 €/Person.

■ **Tandem-Fliegen Chiemgau,** Tel. 0 80 51 / 96 43 24, www.tandemfliegenchiemgau.de, als Passagier mit dem Gleitschirm von der Kampenwand ins Tal, ab 129 €/15 Min.

Spaß für Kinder

■ **Schloss Hohenaschau** (s.o.), wilde Ritter, freche Feen – Kinderführung im Schloss mit vielen Geschichten, Mitmachstationen, Verkleidung und Lanzenspiel; Mai, Juni, Okt. am 1. So im Monat um

13.30 Uhr, Juli bis Sept. jeden So 13.30 und jeden 3. Di im Monat um 13.30 Uhr, Dauer ca. 2 Std., Familienkarte 15 €, Kind 5 €.

■ **Falknerei Schloss Hohenaschau,** Tel. 0 80 52/ 95 16 91, www.falknerei-burghohenaschau.de; die Falknerei steht in der Tradition des Schlosses, auf dem *Johann Maximilian III. von Preysing* den Hochadel zur barocken Beizjagd auf Reiher lud. Die Flugvorführungen mit Falken, Milanen und Adlern sind ein Erlebnis für die ganze Familie. April –Okt. Mi–So 15 Uhr, Mitte Juli– Mitte Sept. Di–So 11 und 15 Uhr, bei Regen geschl., 8 €, Kind 4 €, Familie 20 €; keine Hunde erlaubt.

Sachrang

Gut zehn Kilometer fährt man durch das schöne Priental nach Sachrang (300 Einwohner) an der Tiroler Grenze – winters wie sommers eine alpenländische Bilderbuchidylle. Im ehemaligen Schulgebäude ist das **Müllner-Peter-Museum** für eine der beiden Ortsberühmtheiten eingerichtet – bürgerlich hieß er *Peter Hueber,* lebte 1766–1843 und wurde als extrem produktiver Komponist bekannt. Nebenbei betätigte er sich noch als Apotheker, Chirurg und Astronom. Neben dem Museum ist ein kleiner **Heilkräutergarten** angelegt. Der andere Prominente ist Filmemacher *Werner Herzog.*

■ **Müllner-Peter-Museum,** Dorfstr. 20, Sachrang, Tel. 0 80 57 / 90 97 37, www.muellner-peter-museum.de, derzeit nur auf Anfrage über die Touristeninformation Sachrang.

Ölbergkapelle

Die Ölbergkapelle **St. Rupert** steht an einem bewaldeten Berghang an der österreichischen Grenze, zehn Fußminuten von Sachrang. Jeden dritten Sonntag im Dezember wallfahren Trachtenabordnungen aus Italien, Österreich und Bayern hierher zum Gottesdienst. Die volkstümliche Barockkapelle geht auf das Jahr 1734 zurück, verfiel Ende des 18. Jh. und wurde auf Betreiben des *Müllner-Peters* 1826 restauriert. Der Hauptkapelle mit dem Ölbergbild über dem Hauptaltar ist im Südosten eine Doppelstockkapelle angebaut (die obere ist dem Kirchenpatron gewidmet und wird am Wallfahrtstag als Predigtkanzel genutzt). Im Nordwesten ist eine weitere Kapelle angefügt.

Praktische Tipps

Informationen

■ **Tourist-Info Sachrang,** Dorfstr. 20, 83229 Sachrang, Tel. 0 80 57 / 90 97 37, Mo–Fr 8–12 Uhr.

Prientalwanderweg

Die einfache, vierstündige Wanderung **vom Schloss Hohenaschau nach Sachrang** entlang der Prien auf dem historischen, für Fuhrwerke sehr gefährlichen Fahrweg folgt den Spuren des Universalgelehrten *Müllner Peter* und führt u.a. bei Schoßrinn auf einem kurzen Abstecher zu dem besonders nach Regentagen sehr sehenswerten **Wasserfall** des Schoßbaches (13,5 km, 530 m Anstieg, 230 m Abstieg, Rückfahrt mit Bus Nr. 9502).

Verkehr

- **Bus:** von Aschau nach Sachrang Nr. 9502.

Unterkunft, Essen und Trinken

- **Zur Post**②, Dorfstr. 7, Sachrang, Tel. 0 80 57 / 90 58 10, http://hotelzurpost-sachrang.de. 14 Zimmer und ein (alternativloses) **Restaurant**② mit italienischen Gerichten in der Ortsmitte.
- **Müllner Alm**①-②, Aschach 1B, Sachrang, Tel. 0 80 57 / 9 04 64 96, www.facebook.com/Muellner Alm, 11–23 Uhr, Di, Do geschl. Die Sonnenterrasse mit Blick auf das Kaisergebirge lädt zu einer mittäglichen Brotzeit nahe der Straße oder zu Kaffee und Kuchen ein.

Grassau

Am **Eingang des Achentals,** wo die am Pass Thurn entspringende Tiroler Ache sich auf ihren nur noch kurzen Weg zum Chiemsee macht, liegt das geschäftige Grassau (6700 Einw.). Der **Luftkurort** an den Ausläufern des Alpenhauptkammes mit beeindruckendem Panorama ist ein beliebtes Ziel von Sommerfrischlern und Wintersportlern. Als Hauptort des Achentals war Grassau auch Mittelpunkt des geistlichen Lebens und der Umbau seiner **Pfarrkirche Mariä Himmelfahrt** wurde deshalb bei der Gotisierung im 15. Jh. und anlässlich der Barockisierung Ende des 17. Jh. besonders großzügig geplant und ausgeführt. Die Baugeschichte des Gotteshauses reicht in die Romanik zurück, Schallöffnungen am Glockenturm sind noch aus dieser Zeit erhalten. Die Freskenzyklen im Inneren stammen aus dem 15. Jh. (u.a. im Presbyterium und über den Gewölben) und aus dem 18. Jh. (1706 und 1766). Die Stuckarbeiten führte die Werkstatt um den Graubündner *Giulio Zuccalli* 1706 aus.

Museum Klaushäusl Salz & Moor

Das Museum Klaushäusl Salz & Moor ist als einzige vollständig erhaltene **Solepumpenstation** aus dem Beginn des 19. Jh. ein **Industriedenkmal ersten Ranges.** Besucher erfahren alles über die technische Meisterleistung des Baus der hölzernen (und damit salzresistenten) **Soleleitung** mit den wasserkraftgetriebenen Pumpstationen von Bad Reichenhall durchs Gebirge zu den Salinen in Traunstein und Rosenheim, wo die Sole, die Salzlösung, in Becken eindampfte.

Eine didaktisch geschickt konzipierte Abteilung beschäftigt sich mit den **Moorgebieten** der Umgebung und deren Bedeutung für die Region.

- **Klaushäusl,** Grassau, an der B305 Richtung Rottau, Tel. 0 86 41 / 54 67, www.grassau.de/klaus haeusl; Mai–Okt. Di–So 11–17 Uhr, 4 €, Kind 2 €, Familie 7 €.

Naturschutzgebiet Kendlmühlfilzen

Das gleich nördlich des Ortes anschließende Naturschutzgebiet Kendlmühlfilzen ist das größte **Hochmoor** Südostbayerns, das nach der industriellen Gewinnung von Brenntorf und Frästorf für die Blumenerdeproduktion fast zerstört und ab den 1990er Jahren renaturiert wurde. Inzwischen hat es sich schon weitgehend erholt. Der Rottauer Bahn-

Pumpen für die Soleleitung

1817 leitete *Georg von Reichenbach* den Bau der 25 km langen Soleleitung von Berchtesgaden nach Bad Reichenhall. Sie gilt als **Meisterwerk der Ingenieurskunst,** da sie eine Steigung von 356 Metern zu überwinden hatte. *Von Reichenbach* entwickelte dafür eine spezielle Pumpe, die **Wassersäulenmaschine,** die in etwa wie eine Dampfmaschine funktioniert, als Kraftquelle aber nicht Dampf, sondern den Druck einer Wassersäule nutzt. So konnte man **Brennholz sparen** und für den Antrieb Wasser verwenden, das einfach aus den Bergen herabfloss.

Georg von Reichenbach (1771–1826) hatte in England studiert und brachte von dort die Idee der Dampfmaschine nach Bayern. Mit *Joseph von Fraunhofer* (1787–1826) zusammen entwickelte er in Benediktbeuern auch optische Geräte.

056ch sk

☒ Historische Pumpentechnik aus nächster Nähe im Museum Klaushäusl in Grassau

hof am nördlichen Ende zeugt noch vom Abbau, als die Loren Strafgefangene zum Torfstechen ins Moor brachten. Am Bahnhof wurde der Torf verarbeitet und verladen, heute ist in ihm das **Bayerische Moor- und Torfmuseum** untergebracht, das die Geschichte des Hochmoores erzählt.

■ **Moor- und Torfmuseum,** Hackenstraße, Rottau, Tel. 0 86 41 / 21 26, www.torfbahnhof-rottau.de; Führungen mit Feldbahnfahrt Mitte April bis Ende Sept. Sa/So und Mi 11, 14 und 16 Uhr, bis Anfang Nov. am Sa, 6 €, Kind 4 €, Familie 15 € (nur Museum 3/2 €).

Burg Marquartstein

Die an beherrschendem Platz um einen trapezförmigen Hof errichtete Burganlage im Nachbarort Marquartstein entstand um 1075 und ging 1259 an die *Wittelsbacher.* Seit dem 19. Jh. wechselte mehrfach der Besitzer. Sie ist heute in Privateigentum und kann nicht besucht werden.

Die **Schlosskapelle St. Bartholomäus und St. Vitus** mit ihrem weitestgehend klassizistisch geprägten Inneren entstand 1845 nach einem Brand neu, die Schnitzfiguren am Choraltar wie auch die Altarblätter am Hochaltar stammen allerdings noch aus der ersten Hälfte des 17. Jh. In der Kapelle hat am 10. Sept. 1894 der Komponist *Richard Strauss* die Sopranistin *Pauline de Anha* geehelicht.

■ **Schlosskapelle,** neben Burg Marquartstein, tgl. 8–18 Uhr durch Absperrgitter zu besichtigen, Messe im Sommer Mi 19 Uhr.

Praktische Tipps

Informationen

■ **Tourist-Info Grassau,** Kirchplatz 3, 83224 Grassau, Tel. 0 86 41 / 69 79 60, www.grassau.de, Mo–Fr 8–12 und 14–17 Uhr, Sa 9–12 Uhr.

■ **Tourist-Info Marquartstein,** Rathausplatz 1, 83250 Marquartstein, Tel. 0 86 41 / 69 95 58, www.marquartstein.de, Mo–Fr 8.30–12 Uhr, Mo, Mi, Do auch 14–16 Uhr, Juli, Aug. auch Sa 10–12 Uhr.

Verkehr

■ **Bus:** Verbindungen von Grassau/Marquartstein nach Prien und Reit im Winkl mit Nr. 9505.

■ **Radverleih:** Grassauer Radhaus, Bahnhofstr. 25, Grassau, Tel. 0 86 41 / 69 26 66, www.radhaus-grassau.de, Mountain-/Trekkingbike ab 13 €/Tag, *Fully* ab 17 €/Tag, E-MTB 30 €/Tag.

Einkaufen

Achentaler Bauernmarkt, Theodor-von-Hötzendorff-Str. 1–3, Grassau, Samstag 8.30–12 Uhr (Palmsamstag bis zum ersten Adventswochenende). Die Bäuerinnen aus dem Achental bieten im historischen Heftergewölbe ihre Erzeugnisse an. Entsprechend dem Jahreszyklus der Ernten finden auch immer wieder Aktionstage statt, so der Bärlauch- oder der Apfeltag. Auf alle Fälle ist es ein buntes Treiben und frischer kommt man nicht an Butter, Käse, Brot, Eier, Kuchen, Würste oder auch Enten und Gänse.

Unterkunft

■ **Golf-Resort Achental**④, Mietenkamer Str. 65, Grassau, Tel. 0 86 41 / 40 10, www.golf-resort-achental.com. Luxushotel in alpenländischem Simulakrum-Stil, Zimmer mit schickem Lärchenholz; mehrere Restaurants und Nebengebäude vom Seehaus bis zur Hubertushütte.

■ **Kleinrachl**②, Niederfeldstr. 55, Grassau, Tel. 0 86 41 / 17 06, www.kleinrachlhof.de. Drei Ferienwohnungen und vier Gästezimmer auf einem schnuckeligen Bauernhof mit Garten, Obstbäumen und Grillplatz.

■ **Großrachlhof**②-③, Großrachl 1, Grassau, Tel. 0 86 41 / 15 20, www.grossrachlhof.de. Der Erbhof im Zentrum von Grassau steht seit 1429 in Familienbesitz, der Neubau in Ortsrandlage bietet neun großzügige Ferienwohnungen. Auf der zugehörigen Alm (eine Wanderstunde) serviert die Sennerin den Gästen eine Brotzeit, einmal die Woche gibt's dort auch einen Musikabend.

■ **Adersberg**③, Adersberg 2, Rottau, Tel. 0 86 41 / 69 93 60, www.hotel-am-chiemsee.de. Berggasthof/Hotel mit 32 Zimmern und Suiten in Aussichtslage 6 km westlich Grassau in 800 m Höhe, mit überzeugendem À-la-carte-Restaurant②-③.

Essen und Trinken

■ **Messerschmied**②, Grassauerstr. 1, Rottau, Tel. 0 86 41 / 25 62, www.gasthof-messerschmied.de, Mi–So 9–24 Uhr. Gasthof mit gemütlichem Speiseraum und baumbestandener Terrasse in der Ortsmitte des Nachbardorfes, regionale und internationale Küche, viele vegetarische Gerichte.

Abends unterwegs

■ **Grassauer Bauernbühne,** Karten über die Tourist-Info, Tel. 0 86 41 / 69 79 60, www.grassauer-bauernbuehne.de, Spielort Heftersaal im Gasthof zur Post; seit 1965 tritt man auf die Bühne und gibt im Sommer viermal im Monat zum Vergnügen von Einheimischen und Touristen Stücke wie „Der Vampir von Zwicklbach" oder „Aufruhr im Spritzenhaus" zum Besten.

Feste und Veranstaltungen

■ **Michaeli- und Georgi-Markt,** am **letzten Samstag** im **September** und **April;** Markt für die Bauern. Hier gibt es auch viele große und kleine Tiere im Angebot.

Aktivitäten

■ **Reifinger Weiher,** Grassau, im Ortsteil Reifing, Anfahrt über die Bahnhofs- und die Pettendorferstraße. Zwar nur 2 ha groß, dafür mit Freizeitgelände, das man kostenfrei benutzen darf. Vom Grundwasserstrom der Tiroler Ache stetig gespeist, ist der kleine See sehr sauber (aber auch recht kühl), Kleinkinderbadebereich, Kiosk, behindertengerechte Einrichtungen mit Umziehmöglichkeit, Toilette, Baderampe, Rollstuhl vor Ort (jeweils mit Euroschlüssel).

Spaß für Kinder

■ **Märchen-Erlebnispark,** Jägerweg 14, Niedernfels (Marquartstein), Tel. 0 86 41 / 71 05, www.maerchenpark.de. Im Park werden natürlich Märchen wie Aschenputtel und Rumpelstilzchen nachgestellt. Streichelzoo, Ponyreiten und Rutschen runden neben vielem anderen das Angebot ab, Ostern bis Anfang Nov. 9–18 Uhr, 11 €, Kind 9,50 €.

Unterwössen

Der **Kurort** Unterwössen (3500 Einw.) hat sozusagen allerhöchste Weihen erhalten: Papst *Benedikt XVI.* verbrachte als Kardinal von München 20 Jahre lang seinen Urlaub auf dem prominent gelegenen Bichlhof bei den Barmherzigen Schwestern vom heiligen Vinzenz vom Paul. Dann wurde der Hof verkauft und nun kommt der ehemalige Bundespräsident *Horst Köhler* regelmäßig im Sommer her.

Informationen

■ **Tourist-Info Unterwössen,** Rathausplatz 1, 83246 Unterwössen, Tel. 0 86 41 / 82 05, www.unterwoessen.de, Mo–Do 8–12 und 14–17 Uhr, Fr 8–12 Uhr.

Unterkunft, Essen und Trinken

■ **Sonnenbichl**②, Sonnenbichlstr. 16, Unterwössen, Tel. 0 86 40 / 79 70 53. 17 Zimmer in familienfreundlichem Gasthof an einem Hang mit **Gaststätte**② (ungarisch inspirierte bayerische Küche) und Biergarten, deftige Hausmannskost.

Aktivitäten

- **Deutsche Alpensegelflugschule,** Streichenweg 40, Unterwössen, Tel. 0 86 41 / 69 87 87, www.dassu.de; ein kompletter Kurs ist vielleicht nicht gerade etwas für eine Spontanentscheidung, aber es gibt ja auch den Schnuppertag (4 Std., drei Starts mit einem Segler und ein Start mit einem Motorsegler, jeweils mit Fluglehrer, 115 €).

UNSER TIPP: **Wössner See,** am südöstlichen Ortsrand, Anfahrt über die B305 und den Seeweg, www.woessner-see.de. Zwischen Hügel gebetteter, von Almwiesen umgebener, bildhübscher und sehr sauberer See, 1932 durch Aufstauung entstanden. Wer heute zum Baden herkommt, merkt davon nichts mehr, das Gewässer passt perfekt in die Landschaft. 4,2 ha groß und nur 6,50 m tief, hat er im Sommer beizeiten eine angenehme Temperatur. Die Infrastruktur besteht aus dem Seestüberl und dem Freibad mit Wasserrutsche, Kiesstrand und Holzfloß, Eintritt frei.

Der geklobene Stein

Der Legende nach ging eine Magd durch das Tal, als plötzlich ein gigantischer Fels auf sie zurollte. Sie rief ein Stoßgebet zur Muttergottes und siehe, der Fels spaltete sich und blieb rechts und links von ihr wie eine Mauer stehen. Die zum Dank errichtete Kapelle und die **Wallfahrtskirche am Klobenstein** erreicht man folgerichtig auf dem schmalen Durchgang, den das „Wunder" im Stein hinterlassen hat. Und für Wissbegierige: *klieben* = spalten.

Schleching

In der Ortsmitte des 1135 erstmals in Schriften erwähnten Schleching (1800 Einw.), heute ein Luftkur- und Wintersportort, ist die augenfällige **Pfarrkirche St. Remigius** von 1737 ein Beispiel für besten und stimmigen bayerischen Barock. Das Altarbild – die Taufe des Frankenkönigs *Chlodwig* durch den hl. *Remigius* – hat einer der bekanntesten Rokoko-Protagonisten gemalt: *Johann Baptist Zimmermann* aus Wessobrunn, vermutlich sind auch die Fresken sein Werk.

Wanderung zur Wallfahrtskirche auf dem Klobenstein

Schon die Römer nutzten den Saumweg oberhalb des **Durchbruchtales der Tiroler Ache** südlich von Schleching, um nach Bedaium, dem heutigen Seebruck am Chiemsee, zu gelangen. Später brachten die Schmuggler hier ihre Waren am Zoll vorbei. Heute erreicht man auf dem Weg entlang der breiten **Entenlochklamm** die Wallfahrtskirche **Maria Klobenstein** auf dem gleichnamigen Berg an der Grenze. Start der zwei- bis dreistündigen Wanderung ist der Wanderparkplatz an der Geigelsteinbahn. Bis auf den Abstieg zur Tiroler Ache kurz vor dem Klobenstein, die auf einer Hängebrücke gequert wird, ist der Weg nur leicht ansteigend. Wer wenig Zeit hat, fährt über die Klobensteinstraße (Bundesstraße 307) von Schleching hoch.

Streichenkapelle

Das dritte Gotteshaus von Schleching ist die **Kirche St. Servatius** auf dem Streichen, eine ehemalige Burgkapelle (Anfahrt über den Ortsteil Achberg zum Parkplatz, von dort 10–15 Min. Fußweg). Bis 1954 wusste man nichts von den einzigartigen, um 1450 entstandenen **gotischen Fresken,** die sich unter Putz und Farbe der Jahrhunderte versteckten. Wie in der Kirche St. Jakobus in Urschalling am Chiemsee ist das gesamte Innere ausgemalt; beachtenswert auch der kleine, bemalte Kastenaltar mit dem geschnitzten Kirchenpatron links des Chorbogens (aus dem beginnenden 15. Jh.).

Praktische Tipps

Informationen

- **Tourist-Info Schleching,** Schulstraße 4, 83259 Schleching, Tel. 0 86 49 / 2 20, www.schleching.de, Mo–Fr 8.30–12.30 Uhr.

Verkehr

- **Bus:** Verbindung von Schleching nach Grassau mit Nr. 9509.

Unterkunft, Essen und Trinken

- **Steinweidenhof**②, Steinweidenstraße 8, Schleching-Ettenhausen, Tel. 0 86 49 / 5 13, www.steinweidenhof-schleching.de, Di–Sa 18–22 Uhr, So 12–14, 18–22 Uhr. Familiäres Haus mit Schmankerlküche auf hohem Niveau und dem Anspruch, die besten regionalen Anbieter zu finden und die Gerichte saisonal auszurichten (auch Zimmervermietung②).
- **Berggasthof Streichen**①-②, Streichen 1, Schleching, Tel. 0 86 49 / 2 65, Di–So 11–21 Uhr. Unterhalb der Kirche am Streichen auf 810 m Höhe hat man beste Ausblicke und genießt ehrliche Regionalküche, 10 Min. Fußweg vom Parkplatz.

Reit im Winkl

Reit im Winkl (2400 Einw.) nahe der österreichischen Grenze ist einer der legendären Orte für Sommerfrische und schneesicheren **Skiurlaub.** Im Tal drängen sich die Landhäuser im oberbayerischen Baustil mit weit vorkragenden Dächern über blumengefüllten Balkonen. In der Umgebung warten zahllose **Wandermöglichkeiten,** von einfachen, familiengeeigneten Ausflügen bis zu herausfordernden Klettertouren in den Felsen des **Kaisergebirges.**

Erstmals erwähnt wurde Reit im Winkl im Jahr 1160, sein Name leitet sich aus dem Wort *reuten* (roden) ab. Dass die **Spielkarte Schellunter** das Wahrzeichen der Stadt ist, soll auf die Neuordnung der Alpenländer durch *Napoleon* 1806 zurückgehen. Er habe den unscheinbaren Winkl schlicht vergessen und so spielten die Landesherren aus Bayern, Salzburg und Tirol um Reit im Winkl Schafkopfen. Der Bayernkönig *Max Joseph I.* gewann mit seinem letzten Stich – dem Schellunter.

Der erste echte Tourist in Reit im Winkl war König *Maximillian II.*, der 1858 auf seiner fünfwöchigen Fußwanderung durch die bayerische Alpenregion vorbeischaute. In seiner Entourage

Premium-Wanderwege

Besonders schöne und gepflegte Wanderwege werden vom *Deutschen Wanderinstitut* (www.wanderinstitut.de) mit dem Premium-Siegel offiziell zertifiziert. Ausgeklügelte Vergabekriterien garantieren erlebnisreiche und angenehme Touren. Reit im Winkl steht mit fünf prämierten Sommer- und zwei Winterwanderwegen an erster Stelle. Eine davon ist im Kapitel „Touren" beschrieben: **„Wanderung 3 – Gletscherblick".**

befanden sich auch der Mineraloge und Schriftsteller *Franz von Kobell* (Autor des „Brandner Kasper") und der Erzähler *Friedrich Bodenstedt* („Erinnerungsblätter an König Maximilian II. von Bayern"), die beide der Nachwelt ein Loblied auf die Reise und auch auf Reit im Winkl hinterließen. **Berühmte Töchter der Stadt** (bei den Söhnen mangelt es) sind *Rosi Mittermaier* (Olympiagold in Abfahrt und Slalom 1976), *Evi Sachenbacher-Stehle* (mehrfaches Biathlongold) und Mutter und Tochter *Maria* und *Margot Hellwig* (Gold in der Kehle).

Museen

Die Museen des Ortes widmen sich nicht so sehr der feinen Kunst, stattdessen wird den Besuchern das Brauchtum nahegebracht. Im **Heimatmuseum** schnuppert man in die Lebensumstände eines Taglöhners vor über 100 Jahren. In der Schule befindet sich das **Skimuseum** und informiert über die Entwicklung des weißen Sportes in drei Jahrhunderten. Das **Sakrale Museum** im Speicher der Kirche zeigt Krippen, Votivtafeln, Heiligenfiguren und sakrale Brauchtumsgegenstände wie Karfreitagsratschen. Mehr eine Verkaufsveranstaltung, denn in Reit im Winkl historisch verwurzelt, aber wegen seiner alten Gerätschaften dennoch besuchenswert, ist das **Penninger Schnapsmuseum.**

Und dann gibt's noch das **Mineralienmuseum** mit einer kleinen Sammlung an Kristallen und Fossilien.

- **Heimatmuseum,** Weitseestr. 11, Juni bis Sept. Fr 14–16 Uhr.
- **Skimuseum,** Schulweg 1, Sommer Di, Do 15–17, Winter Di, Mi.
- **Sakrales Museum,** Kirchplatz, Tel. 0 86 40 / 4 39 90 10, Mi 10–11 Uhr nur mit Führung, Voranmeldung notwendig.
- **Penninger Schnapsmuseum,** Dorfstr. 10, Tel. 0 86 40 / 79 77 66, www.penninger.de, Mo–Fr 10–18 Uhr, Sa 10–13 Uhr.
- **Mineralienmuseum,** Schwimmbadstraße 15, So–Fr 14–17 Uhr.

> Reit im Winkl am Rande des Kaisergebirges

057ch sk

Praktische Tipps

Informationen

■ **Tourist-Info Reit im Winkl,** Dorfstr. 38, 83242 Reit im Winkl, Tel. 0 86 40 / 8 00 20, www.reitimwinkl.de, Ende Juni–Anfang Okt. Mo–Fr 9–18 Uhr, Sa/So 9–12 Uhr, Anfang Okt.–Anfang Dez. Mo–Fr 9–12 und 14–17 Uhr, Anfang Dez.–Anfang April Mo–Fr 8–18 Uhr, Sa/So 8–15 Uhr.

Service

■ **Internet:** WLAN-Hotspot in der Touristeninformation.

Alpenländische Gemütlichkeit im Ortskern

058ch sk

Verkehr

■ **Bus:** Verbindung von Prien nach Reit im Winkl mit Nr. 9505, von Traunstein Nr. 9509, von Ruhpolding Nr. 9506.

■ **Radverleih:** *T&T Bike Sports,* Dorfstr. 20, Reit im Winkl, Tel. 0 86 40 / 12 43, E-MTB 33 €/Tag.

Unterkunft

Unser Tipp: **Edelweiß**②, Am Grünbühel 1, Reit im Winkl, Tel. 0 86 40 / 9 88 90, www.edelweiss-hotel.de. Kleines Hotel in ruhiger Lage am Ortsrand hin zum Hausbach, angenehme und komfortable Zimmer, sehr gutes Restaurant und mit Halbpension sehr faire Angebote, auch im Winter moderate Preise. Seit 1960 in Familienbesitz; zahlreiche Stammgäste; Parkplätze, Tiefgarage, Sauna und Caldarium.

■ **Postillon**②, Dorfstr. 32/34, Reit im Winkl, Tel. 0 86 40 / 9 82 40, www.hotel-zum-postillion.de. Modernes Haus mit 18 Zimmern und 4 Ferienwohnungen mit Drei-Sterne-Standard, zentral gelegen, Garten und Terrasse, im Winter erhöhte Preise.

■ **Sonnenalm**②-④, Klammweg 2, Reit im Winkl/Winklmoosalm, Tel. 0 86 40 / 7 97 20, www.sonnenalm.de, von Reit im Winkl Richtung Ruhpolding, Abzweig von der B305. Exklusive Almlage, 14 gemütlich-luxuriöse Zimmer und Suiten mit viel Holz, schöner Wellness-Bereich und gutes Restaurant (im Winter deutlich erhöhte Preise, dann allerdings inkl. Halbpension).

Essen und Trinken

■ **Gast Stüberl**①-②, Kirchplatz 4a, Reit im Winkl, Tel. 0 86 40 / 79 67 88, http://gast-stüberl.de, Do–Di 11–14 und 17–20.45 Uhr. Kleine Karte, günstige Preise, leckeres Essen, schneller und freundlicher Service, gemütliche Atmosphäre drinnen in den beiden Gasträumen im Parterre und der ersten Etage und ebenso angenehm im Gärtchen draußen.

■ **Dorf Stadl**②, Rathausplatz 4, Reit im Winkl, Tel. 0 86 40 / 15 10, www.facebook.com/Dorf.StadlRiW, Mi–So 10.30–21.30 Uhr. Wenn man aus den Bergen kommt und so richtig Hunger hat, hier ist man richtig. Urige Atmosphäre, humorvoller Service und echt große Portionen von abgebräuntem Leberkäs mit Spiegelei, Schnitzel, Hendl ...

■ **Unterwirt**②, Kirchplatz 2, Reit im Winkl, Tel. 0 86 40 / 80 10, www.unterwirt.de, tgl. 11.30–14.30 und 18–21 Uhr. Regionale und internationale Gerichte – vom Leberkäse bis zur Fasanenbrust in Speckmantel – im Hotelrestaurant in der Ortsmitte; Terrasse mit Kastanienbäumen.

Abends unterwegs

■ **Theaterverein,** Tiroler Straße 37 (Festsaal), Reit im Winkl, Tel. 0 86 40 / 8 00 27, www.theater-reitimwinkl.de; in der Saison kommt jeden Donnerstag eine Komödie auf die Bühne, gespielt von den Laien des 1919 gegründeten Theatervereins; jedes Jahr werden drei neue Stücke einstudiert.

Unser Tipp: **Hüttenabend auf der Hemmersuppenalm, Hindenburghütte,** Waldbahnstr. 6, Reit im Winkl, Tel. 0 86 40 / 84 25, www.hindenburghuette.de. Jeden Mittwoch ist im Alpengasthof Hindenburghütte auf 1250 m Höhe Hüttenabend mit einer zünftigen Musikkapelle, in der der Wirt selbst mit aufspielt; dazu gibt's Deftiges aus dem Holzofen – Anfahrt auf der Privatstraße mit Allradbussen (siehe auch **Wanderung 3** im Kapitel „Touren").

Wintersport

■ **Skigebiet:** Ob Ski Alpin, Schneeschuhwandern und Skitourengehen in den umgebenden Bergen oder Langlaufen im idyllischen Tal Richtung Ruhpolding – das Angebot ist breit gefächert. Mit der **Gondelbahn am Seegatterl** (Tageskarte 47 €, Jugendl. 35,50 €, Kind 24,50 €, nur Berg- und Talfahrt mit der Gondelbahn 16 €, Jugendl./Kind 13/8,50 €) ist das Gebiet zwischen Winklmoosalm und der Steinplatte mit 1860 m Höhe erschlossen. 13 Lifte garantieren kurze Wartezeiten; von 44 km präparierter Piste sind 32 km beschneit. Acht Skihütten sorgen fürs leibliche Wohl.

■ **Winterrodeln:** Eine anspruchsvolle Rodelbahn mit 4 km Länge führt vom Alpengasthof Hindenburghütte (s.o.: „Abends unterwegs") auf der Hemmersuppenalm hinunter in den Stadtteil Blindau. Hinauf geht es mit dem Allradbus (ca. 6 €), bei der Hütte kann man Rodel mieten (ab 4 €).

Aktivitäten

■ **Kletterwald,** Maserer Straße 3, Reit im Winkl, Tel. 0 86 41 / 6 99 74 47, Juni bis Aug. tgl., Mai bis Okt. Sa/So ab 10 Uhr; im Kletterwald (23 €, Kind 20 €) kann man seine Schwindelfreiheit in bis zu 25 m Höhe austesten, aber auch für die Kleinsten ist mit speziellen Parcours gesorgt.

■ **Klettersteig Hausbachfall:** Ein anspruchsvoller Klettersteig beginnt nahe dem Ortszentrum von Reit im Winkl; 400 m lang, 100 m Höhendifferenz (siehe Kapitel „Touren", **Wanderung 2**).

Spaß für Kinder

■ **Spielwege:** Die 1,8 oder 5 km langen Spiele-Rundwege sind auch für Kinderwagen gut geeignete Spazierwege mit 4 bzw. 21 spannenden Stationen wie Waldriesen, Zauberwald oder Steinlabyrinth. Start ist beim Festsaal (Tiroler Straße).

Ruhpolding

Heute lebt Ruhpolding (6500 Einwohner) hauptsächlich vom Tourismus und ist als einer der Austragungsorte der **Biathlon-Weltmeisterschaften** bekannt. Den im 12. Jh. erstmals erwähnten Ort im Miesenbachtal an der Weißen Traun besuchten die bayerischen Herzöge bereits im 16. Jh., um in den wildreichen Wäldern zu jagen. Ebenfalls zu dieser Zeit wurde an Unternberg und Rauschberg Eisenerz entdeckt. Am Fuß des Hochfelln entstand daraufhin mit der Maxhütte eine Eisenschmelze mit Schmiede, die dem ganzen Tal Arbeit und bescheidenen Wohlstand brachte, vom Köhler über den Holzknecht bis zu Fuhrmann und Schmied.

Das **Schloss** in der Ortsmitte ist mehr ein Herrenhaus und war die Jagdunterkunft der bayerischen Herzöge, die Schlosskapelle allerdings gehörte den Salzburger Bischöfen; beachtenswert: das Renaissance-Tabernakel. Ein kurzer Spaziergang zur **Dorfkirche** auf dem Hügel lohnt sich, hier wurde einer der schönsten und gepflegtesten Friedhöfe Bayerns in Terrassen angelegt. Am rechten Seitenaltar ist die in einem Gehäuse geschützte romanische Madonna aus dem 12. Jh. kostbarster Besitz der Kirchengemeinde.

Berge in der Umgebung

Unternberg

Der 1425 m hohe Unternberg erhebt sich gleich südlich von Ruhpolding. Mit einem **Doppel-Sessellift** von 1100 m Länge gelangt man in 20 Minuten hinauf, der Höhenunterschied beträgt 580 m (Talstation auf 870 m). Im Sommer sind es **Wanderer und Gleitschirmflieger** die hochfahren, im Winter die Skifahrer aus dem Ort, für die der Unternberg mit seinem **Schleppliftgebiet** der Hausberg ist.

[>] Blick auf Ruhpolding von der Bergstation der Rauschbergbahn

■ **Sessellift Unternberg,** bei geeigneter Witterung 9.30–16.30 Uhr, Berg-/Talfahrt 11 €, mit Kurkarte 10 €, Kind 7 €, Familie 25 €, Brander Straße, 83324 Ruhpolding, Tel. 0 86 63 / 59 45, www.unternberg.de.

Rauschberg

Damit es Nicht-Wanderern auf dem benachbarten, 1645 m hohen Rauschberg nie langweilig wird, gibt es einen großen **Kinderspielplatz** und mit **„Kunst am Berg"** eine ausgewachsene Kunstgalerie und Freiluftausstellungen. Die **Rauschbergbahn** bewältigt mit den beiden Großkabinen in sechs Minuten 950 m Höhenunterschied auf einer Strecke von 1650 m.

■ **Rauschbergbahn,** tgl. 9.15–17 Uhr, Winter bis 16 Uhr, Berg-/Talfahrt 20 €, Kind 8 €, Familie 27 €, Knogl 12, Ruhpolding, Tel. 0 86 63 / 13 81, www.rauschberg bahn.com.

Hochfelln

Der 1671 m hohe Hochfelln liegt westlich von Ruhpolding in Richtung Grass-

059ch sk

au. Er eignet sich gut für einfache **Wanderungen,** von oben blickt man über Chiemsee und Alpen. Die **Hochfelln-Seilbahn** erschließt den Gipfel und überwindet in zwei Sektionen 1060 Höhenmeter. Von der Mittelstation unterhalb der Seilbahn entlang läuft man in etwa eineinhalb Stunden auf gutem, teils schmalerem und gesichertem Pfad am baumfreien Nordhang hinauf (siehe **„Wanderung 1 – Auf den Hochfelln"** im Kapitel „Touren").

■ **Hochfelln-Seilbahn,** Maria-Eck-Str. 8, 83346 Bergen, Tel. 0 86 62 / 85 11, www.hochfelln-seilbahnen.de, tgl. 9–17 Uhr halbstündlich, Berg-/Talfahrt Mittelstation/Bergstation 16/ 23 €, Kind 8/11 €.

Museen in der Umgebung

Holzknecht-Museum

Das Holzknecht-Museum veranschaulicht das entbehrungsreiche Leben der **Waldarbeiter vergangener Tage,** die für die Traunsteiner Saline und die Maxhütte Holz schlugen, und zeigt auch die **moderne Holzproduktion.** Auf dem Freigelände wurden zahlreiche Unterkünfte wiedererrichtet, vom einfachsten Unterstand bis zur besseren Wohnhütte. Immer jedoch waren die Lebensumstände extrem einfach und geprägt vom langen Arbeitstag. Alle Gebäude standen einst in den Chiemgauer Wäldern in den Tälern oder am Berg. Gezeigt wird auch, wie das Holz zu Tal gebracht (mit dem Bergkuli, in der Loite oder auf dem Schlitten) und wie und für was es weiterverarbeitet wurde (Bauholz, Köhlerei aber auch zur Soleleitung).

[>] Holzknecht-Museum

■ **Holzknecht-Museum,** Laubau 12, Ruhpolding, Tel. 0 86 63 / 6 39, www.holzknechtmuseum.com, etwas südlich des Ortes; Mitte Jan. bis Mitte März Mi 10–17 Uhr, Oster- und Weihnachtsferien tgl. 13–17 Uhr, Mai bis Okt. Di–So 10–17 Uhr, Juli bis Mitte Sept. tgl. 10–17 Uhr, 4 €, Kind 2 €, Familie 9 €.

Maxhütte

UNSER TIPP: Im Museum Maxhütte in **Bergen,** nahe der Talstation der Hochfelln-Seilbahn (s.o.), erfährt man alles über eines der **größten Hüttenwerke Bayerns,** das über Jahrhunderte Mittelpunkt der Chiemgauer Industrie war, Mitte des 19. Jh. zu den wichtigsten Eisenerzeugern Bayerns zählte und erst 1932 seine Arbeit einstellte. Über 300 Jahre hatte man die Hochöfen in Betrieb gehabt. Auf der 750 m² großen Ausstellungsfläche sieht man die wichtigsten Gerätschaften und gewinnt Einblicke in das kräftezehrende Arbeitsleben der Eisenwerker.

■ **Maxhütte,** Maxhüttenstr. 10, Bergen, Tel. 0 86 62 / 83 21, www.bergen-chiemgau.de/maxhuette, 1. Mai bis 3. Okt. Di–So 10–16 Uhr, 3,50 €, Kind 2 €, Familie 7 €.

Hammerschmiede-Museum

Holz aus den Wäldern für die Kohleherstellung und das Wasser der Weißen Traun für dessen Transport und den Antrieb der Eisenhämmer waren die Garanten des Schmiedehandwerks. Mit dem Hammerschmiede-Museum ist

060ch sk

noch eine der damals zahlreichen **Hammermühlen** erhalten. Bis 1958 übte man das im 17. Jh. verliehene Recht des Glockenschmiedens aus, aber auch Sensen stellten die Gesellen auf den heute noch funktionsfähigen, holzgelagerten, höllenlärmenden Hämmern her.

■ **Hammerschmiede-Museum,** Haßlberg 6, Ruhpolding, Ortsteil Brand, Tel. 0 86 63 / 23 09, www.museum-glockenschmiede.de, Mitte Mai bis Ende Okt. Di–Fr 10–16 Uhr, 4,50 €, Kind 2 €, Familie 10 €.

Naturkunde- und Mammut-Museum

Viel weiter in die Vergangenheit entführt das Naturkunde- und Mammutmuseum in **Siegsdorf.** Didaktisch vorbildlich und kurzweilig ist die Ausstellung konzipiert und so sind 250 Mio. Jahre Entwicklungsgeschichte auch für Kinder und Jugendliche spannend erfahrbar – besonders natürlich mit dem riesigen **Mammutskelett** und dem furchteinflößenden Höhlenlöwen. Ins angeschlossene **Steinzeitdorf** kommen von Mitte Mai bis Ende Oktober an jedem Donnerstag die Steinzeittanten, backen Brot im Lehmofen und haben so allerlei Wissenswertes und Spaßiges im Programm.

■ **Südostbayerisches Naturkunde- und Mammut-Museum,** Auenstr. 1, Siegsdorf, Tel. 0 86 62 / 1 33 16, www.museum-siegsdorf.de, Ostern bis Allerheiligen Di–So 10–18 Uhr, Allerheiligen bis Weihnachten So, Weihnachtsferien tgl., Weihnachten bis Ostern Mi, Sa, So 10–17 Uhr, 7 €, Kind 4 €, Familienkarte 14 €.

Schnauferlstall

UNSER TIPP: 1980 hatte *Georg Hollweger* angefangen zu sammeln – alles, was zwei Räder hat und einen Motor. Über 60 **Motorräder** sind zu sehen, von 1924 bis 1960, teils restauriert, teils so, wie sie in der Scheune standen. Heute führt seine Frau durch das kleine, aber sehenswerte „Museum“ auf einem Bauernhof.

■ **Schnauferlstall,** Bacherwinkl 5, Ruhpolding, in Richtung Steinberg-Alm, Tel. 0 86 63 / 90 75, Besichtigung nach telefon. Anmeldung, Eintritt frei.

Kloster Maria Eck

Jedes Jahr kommen 50.000 Pilger nach Maria Eck in **Deutschlands höchstgelegenes Kloster,** um Fürbitte zu leisten vor dem wundertätigen Gnadenbild der Madonna (um 1630). Das Kloster bewirtschaften Franziskaner-Minoriten. Die einfache, familiengeeignete **Rundwanderung** von Siegsdorf aus hierher dauert 2–3 Std. und wird mit einer Rast im **Biergarten der Klosterschänke** (s.u.) auf 800 m belohnt. Am dritten Sonntag im Mai wallfahren bis zu 2500 Chiemgauer Trachtler hinauf.

■ **Kloster Maria Eck,** Maria Eck 2, Tel. 0 86 62 / 4 98 50, www.kloster-mariaeck.de, Messe tgl. 8.15 Uhr, Sa 17 Uhr, So 8.15 und 10.15 Uhr (bei gutem Wetter am Freialtar), Kirchenführungen nur nach Voranmeldung.

△ Kloster Maria Eck ist ein beliebtes Wanderziel

062ch sk

Praktische Tipps

Informationen

■ **Tourist-Info Ruhpolding,** Hauptstr. 60, 83324 Ruhpolding, Tel. 0 86 63 / 8 80 60, www.ruhpolding.de, Juli–Sept., Pfingsten, Weihnachten und während des Biathlon Weltcup Mo, Di, Do, Fr 8–18 Uhr, Mi 9–18 Uhr, Sa 9–16 Uhr, So 9–12 Uhr, sonst Mo–Fr 9–17 Uhr, Sa, So 9–12 Uhr.

Verkehr

■ **Bahn:** Verbindungen von Ruhpolding nach Traunstein.

■ **Bus:** von Ruhpolding nach Reit im Winkl oder Inzell mit Nr. 9506, ab Inzell Nr. 9526 nach Bad Reichenhall.

■ **Radverleih:** *Radl Sepp,* Bahnhofstr. 3, Ruhpolding, Tel. 0 86 63 / 56 07, www.radl-sepp.com, Tourenrad 16 €/Tag, Mountainbike 20 €/Tag, E-Mountainbike 35 €/Tag.

Einkaufen

■ **Holzleuchten A. Neuhofer,** Zell 11a, Ruhpolding, www.drechslerei-neuhofer.de; Holzdrechslerei mit vielen Leuchten im Angebot, ein Muss für die Einrichtung im Landhausstil.

Unterkunft

■ **Wittelsbach**③, Hauptstr. 48, Ruhpolding, Tel. 0 86 63 / 4 17 38 70, http://wittelsbach.eu. Kleines Hotel mit Vier-Sterne-Niveau, 32 Zimmer und Suiten unterschiedlicher Größe und Ausstattung. Seit 1888 empfängt man Reisende – anfangs als Gasthof, dann als Hotel.

■ **Weingarten**②, Weingarten 1, Ruhpolding, Tel. 0 86 63 / 92 19, www.weingarten-ruhpolding.de. Charmanter Berggasthof (Gästezimmer und Ferienwohnungen) in ruhiger Hanglange abseits des Getriebes mit Blick über das Ruhpoldinger Tal, angenehmes **Restaurant**② mit Sonnenterrasse und gutbürgerlich-bayerischer Küche.

■ **Ferienwohnungen Ramslerhof**②, Ramsler 2, Ruhpolding, Tel. 0 86 63 / 57 39, www.ramslerhof-ferienwohnungen.de. Am südlichen Ortsrand, Chiemgauer Bauernhof mit drei Ferienwohnungen und dem wahnsinnig süßen, alleinstehenden Almhäusl. Herzliche Gastgeber mit zahlreichen Tipps, Grillplatz, Streichelgehege und kleinem Spielplatz.

Essen und Trinken

■ **Bellevue**②-③, Von Hertling Str. 1a, Ruhpolding, Tel. 0 86 63 / 4 18 50, www.bellevue-ruhpolding.de, Fr–Mi 11–14 und 17–22 Uhr. Französischer Koch, bayerische Familie und eine Einrichtung, die modern und elegant die feinen Gerichte unterstreicht, die auf die Tische kommen – von *pot au feu* vom Fisch bis Lammhüfte in Kräuterkruste – und natürlich Schweinsbraten.

Butzn-Wirt②, Brand 18, Ruhpolding, Tel. 0 86 63 / 14 22, www.butznwirt.de, außer Mi und Sa 17–22 Uhr. Leberknödel, Selleriesuppe, Hirschcarpaccio oder einfach einen Schweinebraten? Auf der Alm gibt's koa Sünd' – außer man hört zu essen auf, und das fällt hier nicht leicht. Gesund ist es außerdem, man kauft ein und kocht nach ökologischen Kriterien, auch **Zimmervermietung**②.

■ **Windbeutelgräfin**①, Brander Straße 23, Ruhpolding, Tel. 0 86 63 / 16 85, www.windbeutelgraefin.de, Di–So 10–18 Uhr. Zugegeben, die Windbeutel verspeisenden Berühmtheiten der vergangenen Jahre sind nur älteren Semestern bekannt, aber die im historischen Mühlbauernhof servierten Teile selbst sind perfekt und köstlich und durchnummeriert – echte Unikate also.

■ **Klostergasthof Maria Eck**①-②, Maria-Eck-Str. 3, Siegsdorf, Tel. 0 86 62 / 93 96, www.maria-eck.de, Di–So 11–20 Uhr (Küchenschluss). Schöner Traditionsgasthof mit einem bei Einheimischen beliebten Biergarten, bayerische Standards, auch Zimmervermietung②.

UNSER TIPP: **Gasthaus Schellenberg**①, Schellenbergstraße, Bergen, Tel. 0 86 62 / 84 56, www.manjas-schellenberg.de, Sommer Do und Fr bei schönem Wetter ab 12, sonst ab 17 Uhr, Sa, So immer ab 11 Uhr. Der „schönste Biergarten Bayerns" liegt auf einem Hügel gegenüber dem Hochfelln. Der Blick auf die Alpenkette ist fantastisch, die Geschichte lang (über 100 Jahre), das Leben verläuft hier vegetarisch und in ruhigen Bahnen: Polentakrapferl auf Grillgemüse, Hokkaido-Gulasch mit Couscous und in der Saison einen köstlichen Datschi.

Abends unterwegs

■ **Bauerntheater Eisenärzt,** Dorfstraße, Eisenärzt (von Ruhpolding Richting Siegsdorf), Tel. 0 86 62 / 1 21 31, www.bauerntheater-eisenaerzt.de; in einem richtigen Theatersaal spielen die Eisenärzter seit 1931 jedes Jahr Stücke wie „Ein Engel namens Blasius" von Juli bis September bis zu zweimal die Woche vor 130 Besuchern – eine tolle Stimmung auf der Bühne und im Zuschauerraum ist sicher.

Feste und Veranstaltungen

■ **Ruhpoldinger Dorffest:** Der Trachtenverein *D'Miesenbacher* tragen jährlich **Ende August** das Dorffest mit allerlei Rahmenprogramm aus, www.miesenbacher-ruhpolding.de.

■ **Biathlon Weltcup:** Das Großereignis im **Januar** mit Größen des Sports und buntem Rahmenprogramm; www.biathlon-weltcup-ruhpolding.com.

Aktivitäten

■ **Biathlon Camp,** Fritz Fischer GmbH, Am Zirnberg, Ruhpolding, Tel. 0 86 63 / 41 80 70, www.biathloncamp.de. Biathlon-Erfahrung im Bundesleistungszentrum mit dem Disziplin-Trainer der Herren-Nationalmannschaft. Bei Schnupperkursen oder an ganzen Wochenenden (auch im Sommer) lernt man, die Hand nach starker Belastung ruhig zu halten und das Schwarze zu treffen. Auch Stadionführungen durch die neue **Chiemgau-Arena** mit Biathlonschießen sind im Angebot (Di, Do 11 Uhr, mit 2 Magazinen 15 €). Das Biathlon-Training für Einsteiger dauert 2 Std. 30 Min. und kostet 149 €.

Spaß für Kinder

■ **Freizeitpark Ruhpolding,** Vorderbrand 7, Ruhpolding, Tel. 0 86 63 / 80 06 22, www.freizeit

park.by, Ende März bis Anfang Nov. 9–18 Uhr. Auf 5 ha wird alles geboten, um Familien den ganzen Tag zu unterhalten (14,50 €, Kind 12,50 €). Achter- und Bockerlbahn, Abenteuer- und Märchenwelt lassen keine Langeweile aufkommen, weit über 50 Attraktionen sind im Angebot.

Inzell

Ist Ruhpolding für Biathlon bekannt, Inzell (4500 Einwohner) ist es für die **Eisschnelllauf-Weltmeisterschaften.** 1965 erhielt die Stadt als Ersatz für die Natureisbahn auf dem abseits liegenden Frillensee eine Freiluft-Kunsteisbahn mit einer Rundstrecke von 400 m beim Dorf. 2009–11 überbaute man die Anlage mit einer Halle, taufte sie **Max Aicher Arena** und konnte 2011 die Eisschnelllauf-Weltmeisterschaft der Einzelstrecken erstmals unter Dach und Fach abhalten. Im Sommer wird die Halle für Revuen, Rockfestivals und auch Public Viewing genutzt. Mit der Namenstaufe „Max Aicher" hat sich ein Freilassinger Bauunternehmer als Sponsor ein Stückchen Unsterblichkeit erkauft.

Inzells Gründung geschah um 1177, im 16. Jh. begann man mit Blei- und Zinkerzabbau, das im heutigen Stadtteil Schmelz verhüttet wurde. Nach Erschöpfung der Flöze stellte man den Bergbau im 18. Jh. ein. 1912 gründeten Inzeller den Verkehrs- und Verschönerungsverein und schufen die Basis für den heutigen Tourismus.

■ **Max Aicher Arena,** Reichenhallerstr. 79, Inzell, Tel. 0 86 65 / 98 81 11, www.max-aicher-arena.de, Führungen jeden Do 10 Uhr (5 €), Publikumslauf auf der 400 m-Bahn Mi 19.30–21.30 und So 14–16 Uhr, 5 €, Kind 3 €.

Informationen

■ **Tourist-Info Inzell,** Rathausplatz 5, 83334 Inzell, Tel. 0 86 65 / 9 88 50, www.inzell.de, Mo–Fr 9–13 und 14–18 Uhr, Sa, So 9–12 Uhr, Nebensaison Mo–Fr 9–13 und 14–17 Uhr, Sa 9–12 Uhr.

Verkehr

■ **Bus:** Nach Ruhpolding und Reit im Winkl mit Nr. 9506, nach Bad Reichenhall Nr. 9526.

■ **Radverleih:** *Die RAD Geber,* Adlgasser Str. 16, Inzell, Tel. 0 86 65 / 92 94 58, www.e-bikeverleih-scheufele.de, MTB 18 €, E-MTB 38 €/Tag.

Essen und Trinken/Unterkunft

■ **Binderhäusl**①-②, Bichlstr. 43, Inzell, Tel. 0 86 65 / 4 61, www.binderhaeusl-inzell.de, 18–21 Uhr, So und Mi geschl. Leicht soll das Essen sein, nicht im Magen liegen und gesund – aber doch nach einem harten Radltag sättigen: Asien macht's möglich. Im gemütlichen Gastraum gibt es aber auch ein Kalbsrahmgulasch, auch liebevoll und ländlich eingerichtete **Gästezimmer**②.

UNSER TIPP: **Adlgaß**②, Adlgaß 1, Inzell (5 km außer- und oberhalb von Inzell), Tel. 0 86 65 / 4 83, www.forsthaus-adlgass.de, Mo, Di geschl. Ein Berggasthof wie man ihn sich wünscht mit den Tischen auf der Wiese, einem Schweinsbraten zum Anbeten und Wildgerichten, wie sie besser nicht gehen; Fazit: Nie wieder weg!

Deutsche Alpenstraße

Die auch **Queralpenstraße** genannte Touristikroute verläuft am Alpenrand im äußersten Süden Deutschlands parallel zur österreichischen Grenze und verbindet die Täler **zwischen Bodensee und Berchtesgaden.** Die Idee für die Auszeichnung der Strecke als „Deutsche Alpenstraße" hatte der Sanitätsrat *Dr. Knorz* 1927. Sie fand schnell Anklang und in den 1930er Jahren baute man auf Teilabschnitten sogar neue Trassen, um den Gedanken zu verwirklichen. Seither wird Kraftfahrern **auf etwa 450 Straßenkilometern eine atemberaubende Landschaft** zugänglich gemacht – nicht, um Waren zu transportieren, sondern nur zur Freude der Sommerfrischler (und natürlich für die Entwicklung des Tourismus in der Region).

Im **Chiemgau und Berchtesgadener Land** verläuft die Deutsche Alpenstraße vom Inn nach Osten entlang folgender **Stationen:** Nußdorf, Samerberg, Frasdorf, Aschau, Bernau, Grassau, Unterwössen, Reit im Winkl, Ruhpolding, Inzell, Schneizlreuth, Ramsau, Berchtesgaden.

Infos über die einzelnen Streckenabschnitte mit Hinweisen und Links zur touristischen Infrastruktur finden sich unter www.deutsche-alpenstrasse.de.

Die Seenkette mit Löden-, Mitter- und Weitsee bei Ruhpolding

064ch sk

063ch sk

Highlights an der Deutschen Alpenstraße im Chiemgau

Löden-, Mitter- und Weitsee

UNSER TIPP: Im weiten und grünen Tal mitten in der Bergkulisse **zwischen Ruhpolding und Reit im Winkl** liegen idyllisch Löden-, Mitter- und Weitsee. Die Alpenstraße führt mit herrlichen Panorama-Ausblicken nah an den Seen vorbei, die trotz ihres glasklaren Wassers als die wärmsten Gebirgsseen Bayerns gelten. Die Gegend ist Naturschutzgebiet.

Gletschergarten

Das Naturdenkmal Gletschergarten bei **Inzell** (500 m südlich vom Gasthof Zwing Richtung Schneizlreuth), wenige Meter östlich der Alpenstraße, vermittelt bestens, zu welcher landschaftsprägenden Gewalt Eismassen fähig sind. Ein Arm des Saalach-Gletschers wälzte sich in der Würmeiszeit vor 10.000 Jahren durch das Tal über Inzell hinweg und hinterließ Schliffe, Riesentöpfe und erratische Blöcke: gigantische Gesteinsbrocken, die er mit sich trug.

Weißbachschlucht

Zwischen Inzell und Schneizlreuth führt die Alpenstraße entlang dem Weißbach. Beim gleichnamigen Ort verengt sich der Bach zu einer Klamm, die sich auf Klettersteigen erwandern lässt.

⌃ Auch der Froschsee bei Inzell liegt unmittelbar an der Deutschen Alpenstraße

082ch sk

6 Berchtes-gadener Land

Bewaldete Bergflanken, blankes Gestein, grünblauer Königssee mit Kirche zwischen Felszacken, der Watzmann und seine Legenden und eine Festung voll übler Geschichten – das Berchtesgadener Land darf sich zu Recht als Aushängeschild der Bayerischen Alpen verstehen.

< Das Gebiet um den Obersalzberg bei Berchtesgaden lässt sich mit dem Mountainbike erfahren

Berchtesgadener Land

0 2 km

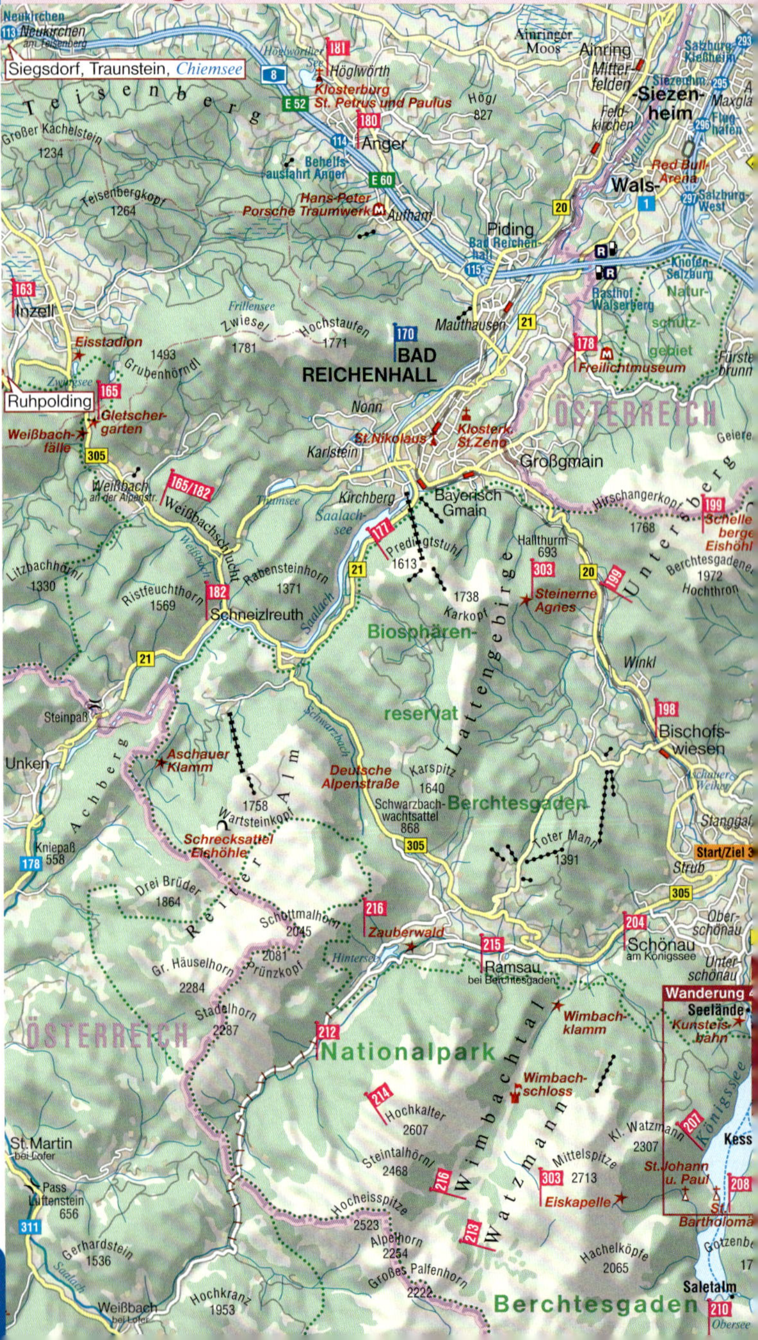

© Reise Know-How Chiem_K6a 3/19

BERCHTES-GADENER LAND

Die Erwähnung dieses Namens lässt die Augen der Nord- und der Südlichter aufblitzen. Nur wenige Regionen stehen so sehr für Alpenidylle und bayerische Lebensart, wie das gesegnete, fast vollständig von Österreich umschlossene Land, das mit einem **Nationalpark** und dem herrlich zwischen die schroffen Gebirge gegossenen Königssee aufwarten kann, überragt vom **Watzmann,** dem Schicksalsberg der Berchtesgadener.

NICHT VERPASSEN!

- **Alte Saline** in Bad Reichenhall | 173
- **Stiftskirche St. Zeno** in Bad Reichenhall | 176
- **Erlebnisbergwerk von Berchtesgaden** | 192
- NS-Dokumentationszentrum und Kehlsteinhaus auf dem **Obersalzberg** | 193
- **Bootsfahrt auf dem Königssee** nach St. Bartholomä | 208
- **Wanderungen in den Bergen** rund um den Königssee | 211

Diese Tipps erkennt man an der gelben Hinterlegung.

Kehlsteinrunde

Eine 30 km lange **Mountainbike-Tour** vom Bahnhof Berchtesgaden hinauf zum Kehlsteinhaus auf dem Obersalzberg (3–4 Std. Dauer, 1200 m Höhendifferenz) ist im Kapitel „Touren“ beschrieben: **„Radtour 3“.**

Buchtipps

- Das Buch **„111 Orte im Berchtesgadener Land“** von *Lisa Graf-Riemann* und *Ottmar Neuburger* (Emons-Verlag) listet bekannte Orte und persönliche Tipps und unterhält mit kurzweiligen Erklärungstexten.
- In **„Die Martinsklause“** beschreibt *Ludwig Ganghofer* in Romanform die Besiedelung Berchtesgadens durch die Mönche, der Watzmann spielt auch eine tragende Rolle. Wer bei etwas altertümlichem Deutsch keine Berührungsängste hat, für den ist es ein Lesefest. Unter anderem elektronisch als kostenlose *Kindle*-Version und im Projekt Gutenberg erhältlich.

Die Highlights für Kinder

- **Familienbad** | 180
- **Traumwerk** | 181
- **Haus der Berge** | 203
- **Sommerrodelbahn** | 203
- **Naturbad Aschauer Weiher** | 203
- **Spiel- und Aktiv-Park Seealm** | 207
- **Minigolf Ramsau** | 218

Bad Reichenhall

Als **bayerisches Staatsbad** im heute wieder waldreichen Tal der Saalach mitten im Gebirge und mit mehr als einem Dutzend heilkräftigen **Solequellen** ausgestattet, ist Bad Reichenhall (17.000 Einwohner) einer der **meistbesuchten Kurorte Bayerns** und gehört zu den 20 beliebtesten in Deutschland.

In der Frühzeit der Ortsgeschichte war das ganz anders. Da kann man sich Reichenhall („Reiches Salz“) mit dickem Rauch von den Feuern unter den Sudpfannen verpestet vorstellen, bis dann alle Bäume abgeholzt waren und man die Sole nach Traunstein und Rosenheim pumpen musste, wo es noch Wälder gab. An Gesundheit dachte man damals noch nicht – und was das Salz aus den Tiefen der Gebirgsstöcke als Medizin für Hautleiden und bei Problemen mit den Atmungsorganen zu leisten vermag.

Geschichte

Bereits in der Bronzezeit um 2000 v.Chr. war die Gegend besiedelt und eine wichtige Kultstätte. Die Kelten führten das Tal dann ab 150 v.Chr. zu einer ersten Blüte. Die Römer kamen (und gingen) und schließlich tauchten die Agilolfinger auf, die **Bajuwaren,** deren Herzog *Theodo II.* zu Beginn des 8. Jh. den Grundstein legte für den Reichtum des benachbarten Salzburg. Er schenkte dem ersten

> Das Alte Rathaus von Bad Reichenhall

Salzburger Bischof, dem aus Worms zur Missionierung angereisten *Rupert,* einen nicht unbeträchtlichen Teil der Reichenhaller **Salinen.** Doch immer noch blieb viel Geld auch in der Stadt, ein Grund, warum man sich prächtige **Sakralbauten** wie St. Zeno leisten konnte. Die Kirche hat es letztlich nicht gedankt. 1196 hat der Salzburger Herrscher, nur durch die Großzügigkeit der Bayern zu Reichtum, großer Macht und schließlich zum Titel Fürsterzbischof gekommen, Reichenhall überfallen und zerstört (die Reichenhaller hatten die Zahlung des erzbischöflichen Zehnten verweigert). Künftighin bezogen die Salzburger das weiße Gold aus dem südlichen Hallein („Kleines Salz“), die Bayern hatten Reichenhall und die Salinen von Berchtesgaden für sich.

Mehrere **Stadtbrände** durch die Sudpfannen hatten bereits im Mittelalter zum teilweisen Neuaufbau von Reichenhall geführt, die eigentliche Zäsur kam aber im Jahr 1834, als fast die gesamte Stadt ein Raub der Flammen wurde. Reichenhall, auch durch die beginnende Industrialisierung und den in die Bedeutungslosigkeit abgerutschten Salzhandel in schwieriger ökonomischer Lage, musste sich neu erfinden.

Das Curhaus Achselmannstein – das erste **Badehotel** der Stadt – öffnete 1846 als „Molke- und Solecuranstalt“ seine Pforten. Bald schon wurden **Villen** im Stil der Gründerzeit und weitere **Gästehäuser** hochgezogen und die ersten Besucher aus der besseren Gesellschaft reisten an. 1890 schließlich war man auf Augenhöhe mit Baden Baden, Bad Ischl oder Karlsbad, und 1899 ehrte der bayerische König Reichenhall mit dem Titel Staatsbad.

Im Dritten Reich – die internationale Bäderklientel blieb weg – wurde der Ort durch den Aufbau der **Gebirgsjägergar-**

www.fotolia.de © pure-life-pictures

nison unterstützt, die bis in die heutige Zeit für die Wirtschaft der Region nicht unwesentlich ist – obwohl größere Teile der Gebirgsjägerbrigade immer wieder als Stabilisierungskraft längerfristig im Ausland zum Einsatz kommen. Mit der **Rupertus-Therme** erhielt die Stadt 2005 eine moderne Thermalanlage, die keine Wünsche offen lässt.

Sehenswertes

Altes Rathaus

Eine Stadtbesichtigung könnte man am weiten, etwas steril wirkenden **Rathausplatz** beginnen. Das Alte Rathaus entstand 1849 nach dem großen Stadtbrand in historisierendem Stil, die **sechs Großfresken** wurden allerdings erst 1924 angebracht: ganz links Caritas, rechts außen Justitia, zwischen ihnen von links *Karl der Große* (der die Mönchszelle von St. Zeno gegründet haben soll), *St. Rupertus* (der erste Salzburger Bischof), *Friedrich Barbarossa* (der 1166 gegen Salzburg zog, das fortdauernd Unfrieden stiftete) und *Ludwig I.* (der Reichenhall gegen die Salzburger befestigte).

Stadtpfarrkirche St. Nikolaus

Südlich des Rathauses steht die ursprünglich romanische Stadtpfarrkirche St. Nikolaus aus dem Jahr 1181, als Filialkirche von St. Zeno (s.u.) erbaut. Mehrfach wurde die dreischiffige Basilika umgestaltet, im 16. Jh. in gotischem

Die Alte Saline

Stil, im 19. Jh. neoromanisch. Wer sich für den Maler der österreichischen Spätromantik *Moritz von Schwind* interessiert, ist hier richtig. Die Kirche bewahrt die einzigen von ihm erhaltenen Sakralfresken: Im Altarraum die Dreifaltigkeit und vier Heilige und 14 Kreuzwegstationen in den Seitenschiffen.

Alte Saline und Salzmuseum

Gleich östlich des Rathausplatzes entführt der Baukomplex der Alten Saline erneut in die glorreiche Vergangenheit. Errichtet wurde sie im Auftrag von König *Ludwig I.* 1841–1851 unter der Leitung der Architekten *Daniel Ohlmüller* und *Friedrich von Gärtner.* Herzstück ist das **Hauptbrunnenhaus** mit der neoromanischen **Salinenkapelle St. Rupert,** die *Moritz von Schwind* mithalf auszustatten. In der **Maschinenhalle** dreht sich noch heute das Originalpumpwerk aus dem 19. Jh. und fördert die Sole zu Tage – aus einem 14 m tiefen Schacht, den der zuvor in München mit seinen geschnitzten Moriskentänzern zu Ruhm gekommene *Erasmus Grasser* verantwortete. Das Salzmuseum bringt dem Besucher die Bedeutung des Salzes für die Menschen und seine Förderung über die Jahrtausende näher.

■ **Alte Saline/Salzmuseum,** Alte Saline 9, Tel. 0 86 51 / 7 00 21 46, www.alte-saline.de, Führungen unter Tage (ca. 45 Min. zzgl. Museumsbesuch) Mai–Okt. tgl. 10–16 Uhr, sonst nur Di–Sa 11–15 Uhr und jeden 1. So im Monat 11–15 Uhr, 9 €, Kind 5 €, Familienticket 20 €, Kombiticket mit Salzbergwerk Berchtesgaden 19,50 €, Kind 12,50 €, Familienkarte (ein Kind) 47,50 €.

Burg Gruttenstein

Noch weiter östlich befindet sich die Burg Gruttenstein. Erbaut wurde sie 1219 etwas nördlich der Stelle, an der die Verteidigungsanlage für die wertvollen Solequellen zuvor stand und die der Salzburger Fürsterzbischof bei seinem

Salzproduktion heute

Wenige Gehminuten von der im römisch-byzantinischen Stil des Historismus erbauten Alten Saline entfernt steht der moderne und zweckmäßige Gebäudekomplex der **Neuen Saline.** Auch heute noch ist die Salzproduktion ein wichtiger Wirtschaftszweig der Stadt. Jedes Jahr verlassen 300.000 Tonnen Salz die Fabrik. Doch nur etwa 20 % gelangt in den Handel für die Endkunden, das meiste kaufen die **Lebensmittelproduzenten** und würzen damit Wurst, Pizza und Dosengerichte. Aus 3,50 m^3 Sole erhält man eine Tonne Salz, das aus Gesundheitsgründen noch mit Fluor, Jod oder Folsäure versetzt wird. Deutschland ist ein Jodmangelland, sodass **jodiertes Speisesalz** eine erhebliche Rolle für die Versorgung der Bevölkerung mit dem Spurenelement spielt.

Bad Reichenhall

0 100 m ©Reise Know-How Chiem04 3/19

Übernachtung
1 Campingplatz Staufeneck
2 Hotel Almrausch
3 Axelmannstein
10 Bürgerbräu
11 Quellenhof Peter, Leitner Hof

Essen und Trinken
7 Salin
10 Bürgerbräu

Nachtleben
9 Magazin4

Einkaufen
5 Mack Natur
6 Café Reber
8 Salzshop

Überfall 1196 schleifen ließ (um seine Rechte an Reichenhall zu sichern). Mit Bayern einigte er sich damals darauf, dass an dieser Stelle nie wieder eine Burg stehen dürfe. Man hielt sich daran, errichtete aber eben eine neue nur wenige Schritte entfernt. Mehrfach abgebrannt und wieder aufgebaut, zog 1819 erstmals eine Garnison ein – das **1. Bayerische Jägerbataillon.** 2002 gelangte die Burg in Privathand. Seitdem wird saniert und nach und nach erstrahlen Teile der Burg in altem Glanz, so z.B. das **Jagdgewölbe.** Derzeit ist die Burg an Ostern und in der Adventszeit zugänglich, wenn Märkte stattfinden.

■ **Burg Gruttenstein,** www.burg-gruttenstein.de, über Besuchstermine informiere man sich auf der Website.

Regionalmuseum

Das Regionalmuseum für Vor- und Frühgeschichte im ehemaligen Getreidekasten von 1539 zeigt die Entwicklung des Tales, beginnend in der Bronzezeit. Es beleuchtet mit zahlreichen Dokumenten und Modellen die **Stadt- und Salinengeschichte.**

■ **Regionalmuseum,** Getreidegasse 4, Tel. 0 86 51 / 77 52 00, www.bad-reichenhall.com, Eröffnung nach Sanierung für 2019 geplant.

Salzmaierhaus

Das Salzmaierhaus in der Poststraße 19 stammt in Teilen noch aus dem 15. Jh. Bis 1840 war es der Sitz der **Salinenverwaltung,** heute residiert hier die Polizei. Auf dem Marmorblock davor führt der bronzene Salzamtsschreiber seit 1983 seine Bücher – als Finanzverwalter die vielleicht wichtigste Person einer Saline.

Königliche Kuranlagen

In der Fußgängerzone nach Norden gehend, erreicht man die Königlichen Kuranlagen von 1868. Den **Park** legte der Architekt *Carl von Effner* an, der u.a. auch die Gärten Herrenchiemsees, Linderhofs und des Münchener Hofgartens gestaltete. Er ließ dafür Setzlinge aus anderen Teilen Europas, aus Amerika und Asien kommen. Das 160 m lange und 13 m hohe **Gradierwerk** von 1910/12 ist eine Anlage für Menschen mit Atemwegproblemen, die in der Wandelhalle Alpensole inhalieren können. An 100.000 Reisigbündeln (Schwarzdorn) tropft das salzige Wasser herab und verdunstet, sodass die Luft mit Salzaerosol befeuchtet wird und Linderung verschafft. Ursprünglich hatten Gradier-

Stadtphilharmonie

Welche Kleinstadt kann sich heutzutage schon ein philharmonisches Orchester leisten? Bad Reichenhall! Bereits für 1858 ist ein Bademusikorchester dokumentiert. Nur durch die Weltkriege unterbrochen, spielte das Orchester fast durchgängig zum Vergnügen der Kurgäste, früher von der Stadt getragen, heute von einem Förderverein. Fast 40 Musiker geben regelmäßig Konzerte, die heute auch von den Einheimischen besucht werden dürfen, was ihnen bis 1914 verboten war (Infos s.u.: „Abends unterwegs“).

werke keine Heilfunktion, sondern sollten lediglich den Salzgehalt der Sole auf billige Art durch Nutzung von Wind und Sonneneinstrahlung erhöhen, bevor man sie in die Sudpfannen zur weiteren Konzentration leitete.

In der **Konzert-Rotunde** spielte früher das Badeorchester auf. Das **Kurmittelhaus der Moderne** entstand 1927, um alle Kuranwendungen in einem Gebäude anbieten zu können. Das Jugendstilensemble galt zu seiner Zeit als fortschrittlichste Kuranlage weltweit.

Stiftskirche St. Zeno

Nun heißt es, ein ganzes Stück zu Fuß nach Norden spazieren, um zum wichtigsten und **ältesten Gebäude der Stadt** zu gelangen – der Stiftskirche St. Zeno der Augustinerchorherren.

Eine erste Klosterzelle mit Kirche stand hier wohl schon in der zweiten Hälfte des 8. Jh. Gegründet haben soll sie der Salzburger Bischof *Arno* als Außenstelle des Salzburger Klosters St. Peter unter Duldung der Agilolfinger Herzöge. Die eigentliche Stiftung aber wird *Karl dem Großen,* dem Begründer der Karolinger Dynastie, zugeschrieben und auf das Jahr 803 datiert. Die erste Kirche wurde ab 1150 unter dem Fürsterzbischof *Konrad I.* durch eine romanische dreischiffige Monumentalbasilika mit über 90 m Länge und 30 m Breite ersetzt, deren Errichtung Kaiser *Friedrich Barbarossa* mitfinanzierte. Die Bauzeit betrug über 80 Jahre. Fast 300 Jahre stand die Kirche, dann brach ein Feuer sie nieder und ließ nur die Umfassungsmauern, den Chor und die Vorhalle übrig.

Der Nachfolgebau war die bis heute zu sehende **gotische Basilika,** deren spätere Barockisierung im 19. Jh. rückgeführt wurde. Von der romanischen Kirche noch erhalten ist u.a. das durch die Vorhalle geschützte **Westportal** aus am Untersberg gebrochenen roten und grauen, in wechselnden Lagen verbauten Marmor. Schlanke Säulen strukturieren die Portalseiten, im Tympanon wird die Jungfrau Maria von St. Zeno und St. Rupert flankiert, darüber ein kleines Steinmedaillon mit dem Lamm Gottes. Die Schnitzgruppe am **Hochaltar** stammt von 1520 und zeigt die Marienkrönung, die seitlich begleitenden Tafelbilder mit den Themen Heimgang und Himmelfahrt sind von 1516.

Das Patronat der Kirche hatte von Anfang an der Heilige *Zeno* inne, traditionellerweise derjenige, der vor Hochwasser und Überflutung schützt. Denn nichts wäre für die Soleförderung und Salzproduktion – und damit für den Säckel der Herrschaft – schlimmer gewesen, als ein Wassereinbruch in die Stollen.

Der **Klostertrakt** zeigt sich heute in barockem Gewand, der **Kreuzgang** allerdings verleugnet seine romanischen Wurzeln nicht. Von ihm sind nur noch drei Seiten erhalten, in der Mitte des westlichen Ganges zeigt ein Steinquader an einem Fensterpfeiler das berühmte **Relief der Gestalt Kaiser Friedrich Barbarossas** mit Krone, Zepter und Kreuz, das den Unterstützer des Stiftes ehren sollte.

■ **St. Zeno Kirche und Kloster,** Salzburger Straße 30, Tel. 0 86 51 / 71 42 90, 8–18/19 Uhr (Winter/Sommer), Kreuzgang nach der 9 Uhr-Messe am So (10–10.30 Uhr) und vor der 19 Uhr-Messe am Di

(18–18.55 Uhr) offen, ansonsten einmal im Monat Kreuzgangführungen Mai–Okt. Fr 15 Uhr, Voranmeldung Tel. 0 86 51 / 52 07, 6 €.

☑ Mit der Seilbahn von Bad Reichenhall auf den Predigtstuhl

Predigtstuhl

Unser Tipp: Entweder hinauf oder hinunter, einmal sollte man schon mit der weltältesten noch funktionierenden **Großkabinenseilbahn** fahren und das Nostalgiegefühl in den achteckigen ori-

ginalen „Salon-Pavillons" so richtig auskosten. Seit 1928 überwinden sie die 1150 Höhenmeter (2500 m Strecke, Fahrtzeit 9 Min.) ohne Unfall. Die ganze Anlage ist zum **technischen Denkmal** erklärt.

Der zum Lattengebirge gehörende Predigtstuhl ist mit seinen 1613 m der Hausberg der Reichenhaller, ein **Aussichts- und Wanderberg** mit tollem Blick über das Berchtesgadener Land. Das Restaurant an der Bergstation hat 2014 wiedereröffnet. Vielleicht wird das Ganze auch noch zum Weltkulturerbe erklärt.

■ **Predigtstuhlbahn,** Südtiroler Platz 1, Bad Reichenhall, Tel. 0 86 51 / 21 27, www.predigtstuhlbahn.de, März–Okt. 9–17 Uhr, sonst bis 16 Uhr, hin und zurück 29 €, Kind 18 €, Familie 69 €.

Freilichtmuseum bei Großgmain

Die Gemeinden **Bayerisch Gmain** und **Großgmain,** eine deutsch und eine österreichisch, waren nicht immer getrennt. Deshalb sollte man einen Grenzübertritt auch heute nicht so eng sehen. **Unser Tipp:** Wer das größte Museum des Salzburger Landes besuchen will, muss sogar rüber. Das Salzburger Freilichtmuseum etwa drei Kilometer nordöstlich von Bad Reichenhall zeigt **über 100 Gebäude,** die an ihrem Ursprungsort abgerissen und hier wieder aufgerichtet wurden. Bauernhöfe, Stadel, Kapellen, Brauerei, Kramladen und sogar ein richtiger **Dorfbahnhof** mit einer funktionierenden Eisenbahn lassen die Vergangenheit auferstehen. Dazu gibt's Programme, Gastronomie und natürlich einen Museumsladen.

■ **Freilichtmuseum,** Hasenweg, A-5084 Großgmain, Österreich, Tel. +43 / 6 62 / 85 00 11, www.freilichtmuseum.com, April–Juni und Sept.–Okt. Di–So 9–17/18 Uhr, Juli–Aug. tgl. 9–18 Uhr, 11 €, Kind 5,50 €, Familie 22 €.

Praktische Tipps

Informationen

■ **Tourist-Info Bad Reichenhall,** Wittelsbacher Str. 15, 83435 Bad Reichenhall, Tel. 0 86 51 / 71 51 10, www.bad-reichen hall.com, April–Okt. Mo–Fr 9–17 Uhr, Sa/So 9–14 Uhr, sonst Mo–Fr 9–16 Uhr, Sa 9–12 Uhr.

Service

■ **Internet:** WLAN-Hotspot ohne Anmeldung am Rathausplatz, Museumsparkplatz, *Cafè Amadeo, Café Simonetti*, Liebigstraße (mit *Dolce-Vita*) und Kurfürstenstraße bis Drei Linden.

Verkehr

■ **Bahn:** Verbindung von Freilassing und Berchtesgaden mit der Berchtesgadener Land Bahn (www.blb.info).

■ **Radverleih:** *Nemo Point,* Anton-Winkler-Str. 18, Bad Reichenhall, Tel. 0 86 51 / 9 51 43 36, www.nemo-point.de; E-Trekkingrad ab 20 €/Tag, E-Mountainbike ab 30 €/Tag.

Einkaufen

Unser Tipp: 8 **Salzshop,** Alte Saline 9, Bad Reichenhall, www.alte-saline.de. Salz zum Würzen (darunter eine Abart des „Fleur du Sel") und als Wellnessprodukt wie Badezusätze oder fürs Peeling.

6 **Café Reber,** Ludwigstr. 10, Bad Reichenhall, www.reber.com; nicht die „Original Salzburger Mozartkugeln", sondern nur die „Mozartkugeln", dafür aber nicht weniger lecker – und dazu noch eine Menge anderer, zutiefst sündiger Köstlichkeiten aus Nougat und Marzipan in Pralinen-, Tafel- und Pastetenform.

5 **Mack Natur,** Ludwigstr. 36, Bad Reichenhall, http://macknatur.de; seit der Reichenhaller Apotheker *Mack* 1856 die Heilkraft der Latschenkiefer wissenschaftlich untermauerte, produziert man das ätherische Öl und weitere Pflanzenauszüge aus der Hochgebirgsregion als Heil- und Pflegemittel.

Unterkunft

3 **Axelmannstein**③, Salzburger Str. 2–6, Bad Reichenhall, Tel. 0 86 51 / 77 70, www.wyndhamgrandbadreichenhall.com. Das Axelmannstein war als erstes „Curhotel" der Stadt einmal die Traditionsadresse im Ort und als Luxushotel der Steigenberger Gruppe für den vorzüglichen Service berühmt; heute gehört es zu einer US-amerikanischen Hotelkette.

2 **Hotel Almrausch**②, Frühlingstr. 5, Bad Reichenhall, Tel. 0 86 51 / 9 66 90, www.almrausch-bgl.de. Sehr persönlich geführtes 24-Zimmer-Haus der Drei-Sterne-Kategorie im topmoderniserten Gebäude und mit elegant gestylten Zimmern; kein Restaurant.

11 **Quellenhof Peter,** Nonn 18, Bad Reichenhall, etwas außerhalb im Nordwesten, Tel. 0 86 51 / 33 10, www.quellenhof-peter.de. Herzlich geführte Familienpension am Südhang mit Garten in ruhiger Lage und guten Tipps für Aktivitäten, Wanderungen und Radtouren in der Umgebung.

11 **Leitner Hof**②, Nonn 85, Bad Reichenhall, im Nordwesten auf der anderen Seite der Saalach, Tel. 0 86 51 / 80 02, www.leitnerhof.de. Frühstückspension in schöner Sonnenlage mit Liegewiese und kostenlosem Radverleih; ländlich eingerichtete, angenehme Zimmer und familiäre Betreuung.

1 **Campingplatz Staufeneck,** Strailachweg 1, Piding, nördlich von Bad Reichenhall, Tel. 0 86 51 / 21 34, http://camping-staufeneck.de. Schöne Lage am Ufer der Saalach mit altem Baumbestand, Kinderspielplatz und Kiosk für die notwendigsten Dinge, April bis Mitte Oktober.

Essen und Trinken

10 10 **Bürgerbräu**②, Waaggasse 1–3, Bad Reichenhall, Tel. 0 86 51 / 60 89, www.brauereigasthof-buergerbraeu.de, tgl. 11–22 Uhr. Gediegene gutbürgerlich-bayerische Küche in uralten Gewölben, Freisitz am Rathausplatz. Das Bier kommt aus dem eigenen Braukeller: Hefeweizen hell oder dunkel, Pils oder auch Suffikator (Vorsicht, 7,3 %!); angeschlossenes **Hotel**②.

7 **Salin**②-③, Alte Saline 2, Bad Reichenhall, Tel. 0 86 51 / 7 17 40 07, www.salin-reichenhall.de, Mo–Fr 9–24; Sa 10–1, So 10–22 Uhr. Wenig ist mehr: Junge Küche, die sich von Hausmannskost distanziert und die wesentlichen Geschmackssensationen hervorkitzeln will – was es regional gibt, wird regional gekauft, das andere auch von weiter her und in bester Qualität. Beispiele: Orechiette mit Pfifferlingen und Lauch, Lachsforelle auf Berglinsen mit frittiertem Fenchel, Mangomousse mit Himbeerschaum.

Abends unterwegs

■ **Baamhakke,** Neubichl 1, Piding, nördlicher Nachbarort von Bad Reichenhall, Tel. 0 86 56 / 3 45, www.baamhakke.de, Do–Sa 20–3 Uhr; DJs, Live-Musik oder auch nur Pub-Abhänge – buntes Programm für jeden Musikgeschmack und mit Ü30-Partys beim Alter auch nach oben offen.

■ **Bad Reichenhaller Philharmonie,** Salzburger Str. 7, Tel. 0 86 51 / 7 62 80 80, www.bad-reichenhaller-philharmonie.de; reguläre Konzerte im Theater im Kurgasthaus und Sonderkonzerte häufig als Open-Air-Veranstaltungen in der näheren Region (von Waldkraiburg bis Freilassing) – und natürlich die Kurmusik im Park (Konzert-Rotunde oder Pavillon), täglich außer Montag.

■ **Reichenhaller Theaterstadl,** Spielstätte Haus des Gastes, Großgmainer Str. 14, Bayerisch Gmain, www.reichenhaller-theaterstadl.com, Beginn 19.30 Uhr, Kartenverkauf ab 18.30 Uhr, Karten auch im Kurhaus, Wittelsbacherstr. 15; Amateurtheater mit junger Tradition (seit 1992) und selbstgeschriebenen kurzweiligen „ländlichen Komödien".

9 **Magazin4,** Alte Saline 12, Bad Reichenhall, Tel. 0 86 51 / 96 53 60, www.magazin4.de; abwechslungsreiches Programm von Weltmusik über Rock bis zum aufrührerischen Kabarett wie z.B. mit *Sigi Zimmerschied.*

Feste und Veranstaltungen

■ **Salzige Festwochen,** Anfang bis Mitte Juli dreht sich in Reichenhall alles um das weiße Gold mit kulinarischen Angeboten, Wellness und speziellen Führungen durch die geschichtsträchtigen Gebäude des Kurortes wie dem Gradierwerk und der Alten Saline.

■ **Festwoche Alpenklassik,** in der letzten Augustwoche gibt es Meisterkurse und Konzerte mit internationalen Stars im Alten Königlichen Kurhaus, www.vereinalpenklassik.de.

Aktivitäten

■ **Rupertus-Therme,** Friedrich-Ebert-Allee 21, Tel. 0 86 51 / 7 62 20, www.rupertustherme.de, 9–22 Uhr, Tageskarte 23,50 €, Kind 20,50 €, 4 Std.-Karte 19,50 €, Kind 16,50 €. Die Thermenanlage wurde 2005 eröffnet und bietet eine Vielzahl an Sport- und Wellnessmöglichkeiten. Die Sole wird in Becken mit einem Salzgehalt von 2 bis 12 % genossen, zur Entspannung und Regeneration und zur Entlastung des Bewegungsapparates. Saunalandschaften, Ruttschen, Fitnesscenter und gastronomische Einrichtungen lassen tagelang keine Langeweile aufkommen. Das Familienbad (s.u.) ist ein eigener Bereich.

■ **Naturbad Thumsee,** Thumsee 3, Bad Reichenhall, außerhalb im Südwesten, Tel. 0 86 51 / 6 56 36, Mitte Mai–Mitte Sept., Eintritt frei; Kiosk, Liegewiese, Nichtschwimmerbereich.

Spaß für Kinder

■ **Familienbad,** *Rupertus-Therme* (s.o.), 9–21 Uhr, Tageskarte 17,50 €, Kind 12,50 €, 3-Std.-Karte 13,50 €, Kind 8,50 €, Familienkarte 35 €/Tag, 27 €/3 Std.; Sport-, Familien- und Kinderbecken (34 °C), Schwimmkurse, Wellenrutsche (12 m) und Reifenrutsche (120 m), Bistro.

Anger

König *Ludwig I.* bezeichnete Anger als sein schönstes Dorf. Tatsächlich hat der Ort zehn Kilometer nördlich von Bad Reichenhall mit seinem weiten Dorfplatz, den Höfen aus dem 18. und 19. Jh. und der unter blauem Himmel besonders golden erstrahlenden, 1884 errichteten **Mariensäule** etwas. Dass der König aber gleich so überschwänglich reagierte, lag an einem genialen Schachzug der Gemeinde. Zum 25-jährigen Regierungsjahr von *Max I.* hatte sie 1824 auf dem Dorfplatz 25 Linden gepflanzt. *Ludwig I.* war bei seinem Besuch 17 Jahre später davon sehr, sehr angetan: „Von nun an ist hier das schönste Dorf in meinem Königreich". Leider stehen heute nur noch zwei der Linden.

Hans-Peter Porsche Traumwerk

Das *Hans-Peter Porsche Traumwerk* vom Enkel des Firmengründers *Porsche* ist eine Traumwelt für Knaben und deren Väter. Auf über 8500 m² Ausstellungsfläche wurde eine der umfangreichsten Sammlungen an **Spielzeug** aus den verschiedensten Epochen und aus aller Herren Länder untergebracht: Blechspielzeug, Auto- und Flugzeugmodelle, Stofftiere und eine **Modelleisenbahn** (Spur H0) – auf 400 m², mit drei Kilometern Gleisen und bis zu 180 Zügen gleichzeitig, die durch Österreich, Bayern und die Schweiz en miniature rattern. Dass das Gebäude die Form einer liegenden Acht hat, ist beabsichtigt, schließlich ist dies die klassische Form der Modelleisenbahn und einer Autorennstrecke.

Außerdem gibt es einen **Familienpark** (kostenloser Eintritt) mit Abenteuerspielplatz und Parkeisenbahn. Und wer Hunger hat, geht ins angeschlossene Restaurant (auch Kindergerichte).

■ **Traumwerk,** Hauptstraße, Anger, www.traumwerk.de, Di–So 9.30–17 Uhr, 14 €, Kind 9 €, Familie 35 €, Parkeisenbahnfahrt 2 €.

Höglwörth

Einen Besuch definitiv wert ist der **Höglwörther See,** einer der wärmsten Bayerns, mit einem Badeplatz (s.u.: „Aktivitäten") und dem pittoresk wie eine Wasserburg auf einer Halbinsel liegenden gleichnamigen **ehemaligen Kloster** der Augustinerchorherren. Dass es das kleinste und ärmste Kloster Salzburgs war, sieht man ihm nicht an. Entstanden ist es um 1125 und bestand bis 1817, als es als letztes Gebiet von Österreich zu Bayern kam und unmittelbar danach säkularisiert wurde.

Die Stifts- und heutige Pfarrkirche **St. Petrus und Paulus** weihte man als Ersatz für den romanisch-gotischen Vorgängerbau 1689. Von ihm – eine dreischiffige Basilika – ist nur noch der Chor erhalten, der Hauptraum wurde zum einschiffigen Saal. Die Rokokoausstattung kam ab Mitte des 18. Jh. in die Kirche. Beachtenswert sind der Hochaltar und die Deckenfresken des Salzburger Künstlers *Nikolaus Streicher.* Gegen Ende des 17. Jh. kamen die klassizistischen Altäre unter der Empore hinzu.

Das **Heilige Grab,** eine Institution des Barock, wurde ursprünglich zur Osterzeit temporär aufgerichtet, um die Passion nachzustellen. Höglwörth baut es nun alle drei Jahre auf (2019, 2022 ...). Es gilt mit 5 m Breite und 6 m Tiefe als eines der größten und schönsten Bayerns. Seit 1652 soll diese Tradition schon fortdauern, das mit Wasserkraft bewegte Sonnenrad stammt von 1836.

Praktische Tipps

Informationen

■ **Tourist-Info Anger,** Dorfplatz 4, 83454 Anger, Tel. 0 86 56 / 98 89 22, www.anger.de, Mo–Fr 8–12 und 14–17 Uhr (Mi nachm. geschl.), Winter Mo, Mi, Fr 8–12 Uhr.

Verkehr

■ **Bus:** von Bad Reichenhall nach Anger Nr. 829.

Essen und Trinken

■ **Klosterwirt Höglwörth**②, Höglwörther Straße 21, Anger, Tel. 0 86 56 / 255, www.klosterwirt-hoeglwoerth.de, Mi–Mo 9–22 Uhr (Winter auch Mi geschl.). Vor Hunderten von Jahren eine Weinschänke und dann Klosterbrauerei, heute ein Landgasthof, wie man ihn sich wünscht, und dann noch am Seeufer gelegen; toller Biergarten unter ehrwürdigen Bäumen.

■ **Waldfriede**①-②, Kohlhäuslstr. 20, Anger/Wolfertsau, Tel. 0 86 56 / 4 02, www.gasthaus-waldfriede.de, Mi–So ab 11 Uhr (Nov.–April nur So). 2 km westlich von Anger liegt der Gasthof wirklich in schönster Ruhe; Hausmannskost und Schmankerl, dazu eine Sonnenterrasse, Waldspielplatz für die Kleinen und toller Blick; wer Abwechslung sucht, macht beim Wiesengolf mit.

Aktivitäten

■ **Naturbad Höglwörther See,** Höglwörth/Anger, Tel. 0 86 56 / 5 98, Mitte Mai–Anfang Sept., Eintritt frei; Badeplatz mit Kiosk, Liegewiese, WC und Duschen.

[>] Die Arkaden am Schlossplatz von Berchtesgaden

Schneizlreuth

Allein schon wegen des Ortsnamens sollte man vorbeischauen – so bayerisch-authentisch ist er, dass er jedem einigermaßen empfindsamen Menschen wohlige Schauer über den Rücken jagt. Außerdem ist Schneizlreuth als Basis für **Wanderungen** auf eine der zahlreichen Almen in der Umgebung gut geeignet. Empfehlenswert ist die einfache, an der Samerbrücke beginnende Wanderung in der **Weißbachschlucht** (8 km, 2 Std., 250 Höhenmeter) mit ihren spektakulären Wasserfällen bis zum Gasthof Zwing. Schön ist auch die einfache bis mittelschwere Rundwanderung ab Schneizlreuth in die **Aschauer Klamm** (15 km, 5 Std., 650 Höhenmeter).

Informationen

■ **Tourist-Info Schneizlreuth,** Berchtesgadener Str. 12, 83458 Schneizlreuth, Tel. 0 86 65 / 78 49, www.schneizlreuth.de, Mo, Mi, Fr 9–11.30 Uhr.

Verkehr

■ **Bus:** von Bad Reichenhall nach Schneizlreuth mit Nr. 828.

Aktivitäten

■ **Outdoorcenter Baumgarten,** Baumgarten 1, Schneizlreuth, Tel. 0 86 51 / 22 33, www.echt-posch.de; Canyoning, Rafting, Floßbau, Quadtouren, Bogensport, Snowtubing oder Klettern – wer das Abenteuer sucht, ist hier richtig.

Berchtesgaden

Kurort mit langer Tradition, einst Schaltzentrale des Dritten Reiches und Hauptquartier *Hitlers,* dann Erholungsort US-amerikanischer Soldaten und heute vor allem Ausgangpunkt für Wanderungen im Nationalpark, Sommerfrische und Wintersportort – Berchtesgaden (7700 Einw.) hat sich dennoch seinen ganz **eigenen Charme** erhalten und wirkt nicht wie ein simulierter Bergort, wie so viele andere Städte in den Alpen, die hauptsächlich vom Tourismus leben.

Im Vierungstal zwischen Obersalzberg und den Ausläufern vom Untersberg, des Watzmannmassivs und des Lattengebirges erstreckt sich das historische Zentrum etwas erhöht am Talrand und oberhalb der Berchtesgadener Ache, die hier durch den Zusammenfluss von Königsseer Ache, dem Abfluss des Sees, und der Ramsauer Ache entsteht. **Salz und Wald** bildeten lange Zeit die Basis für den Wohlstand der Stadt, die mehrfach zwischen Bayern und Salzburg hin und her wechselte. Das Salz kam aus dem **Bergwerk** und die Wälder lieferten den Brennstoff für die Versiedung – bis man schließlich die ingeniöse Soleleitung nach Bad Reichenhall baute. Die Wälder an den Bergflanken waren aber auch eines der beliebtesten **Jagdziele der bayerischen Könige,** die hier alljährlich ihre Hofjagden abhielten und dann mit ihrem Gefolge den ganzen Ort besetzten.

Geschichte

Bereits Ende des 12. Jh. baute man auf dem Besitz des 1102 von den Sulzbacher Grafen gegründeten **Augustinerchorherrenstiftes** nördlich des Hohen Göll das weiße Gold ab, ein erstes **Sudhaus**

078ch sk

Rettung aus der Höhle

2014 geriet Berchtesgaden in die Weltpresse. In einer beispiellosen, **mehrtägigen Rettungsaktion** wurde im Mai ein in der Höhle bei einem Steinschlag verletzter Geologe unter Beteiligung der Bergwachten zahlreicher europäischer Länder aus der auf 19,2 km Länge in 1148 m Tiefe in den Untersberg führenden **Riesending-Schachthöhle** geborgen. Sie ist die längste und tiefste der bekannten Höhlen Deutschlands (und ihr Zugang im Bischofswiesener Forst aus Sicherheitsgründen versperrt).

entstand im nahen Schellenberg. 1517 schließlich begann man, sich in den Untersalzberg vorzuarbeiten; der Petersbergstollen war der erste Gang, den man im heutigen **Salzbergwerk** grub. Weitere Sudpfannen wurden in Frauenreuth errichtet und erst 1928 aufgegeben. Den Reichtum Berchtesgadens neideten immer wieder auch die unmittelbaren Nachbarn. Aus Kuchl zogen die Horden ein und zerstörten die Salzlager von Schellenberg, die Reichenhaller vermauerten gar die Stollen.

Doch die eigentlichen Gegner im Berchtesgadener „Game of Thrones" waren das **fürsterzbischöfliche Salzburg** und das **herzogliche Bayern.** Dabei hatte Salzburg die älteren Rechte. Um 700 schenkte nämlich der Agilolfinger Herzog *Theodo II. von Bayern* dem Salzburger Bischof *Rupert* Gebiete an der Berchtesgadener Ache. Die folgenden Jahrhunderte liegen weitgehend im Dunklen.

Mehr weiß man erst ab der **Klostergründung.** Die Ordensbrüder wurden vom Kloster Rottenbuch abgestellt, konnten sich aber mit der unwirtlichen Gebirgslandschaft nicht besonders anfreunden und kehrten erst mal wieder heim. Ein zweiter Versuch 1120 gelang besser, nach zwei Jahren konnte man die Kirche weihen, das Kloster war zur **Propstei** erhöht und besaß alle nur erdenklichen Rechte. Beste Kontakte zum Papst nach Rom befreite Berchtesgaden 1142 von der Zahlung des Zehnten und brachte dem Kloster das Privileg der freien Propstwahl. Und dann verlieh auch noch 1156 Kaiser *Friedrich Barbarossa* das **Recht auf Salzgewinnung** an die Propstei, das Salzregal. Steuerfreiheit, politische Unabhängigkeit und eine Geldmaschine – was konnte da noch schieflaufen? So Einiges!

1194 kam jedoch erst einmal die niedere Gerichtsbarkeit zu den Privilegien hinzu, hundert Jahre später die hohe. Von nun an durfte man die Menschen sogar einen Kopf kürzer machen, war reichsfrei und damit nur dem Kaiser verantwortlich. Diese erstaunliche Karriere war aber nicht zuletzt der Nähe des noch reicheren Salzburg geschuldet, das immer wieder begehrliche Blicke warf und das man mit einer Stärkung der Propstei in den Schranken halten wollte. 1389 blieb es dann aber nicht mehr nur beim neidvollen Gucken.

Die Propstei war wohl wegen schlechter wirtschaftlicher Führung hochverschuldet und Salzburg ergriff die Gelegenheit, es übernahm Berchtesgaden. Dennoch blieb das Stift und sein Besitz als Propstei erhalten. Allerdings gingen die nun wieder beträchtlichen Gewinne an den Fürsterzbischof. 1558 hatten die Pröpste dann auch noch das höchstmögliche Traumziel erreicht. Sie durften im Reichstag mit den Fürsten den Kaiser bestimmen. Die Wittelsbacher konnten aber erst 1594 die nunmehrige **Fürstpropstei** wieder an ihr Herzogtum binden und vom Salz profitieren. 1611, Salzburg konnte es nicht lassen, musste Bayern erneut eingreifen und die bischöflichen Truppen zurückdrängen. 1803 säkularisierte *Napoleon* dann das Ganze und schlug Berchtesgaden für noch einmal drei Jahre dem Nachbarn zu; 1810 kam es schließlich und endgültig an Bayern.

Und die Menschen, die Bauern und Handwerker? Ihnen ging es in Berchtesgaden nicht so gut. Die eigentlichen Nutznießer waren die Augustiner, die es so richtig krachen ließen. Jeder Chorherr hatte eine eigene Hofhaltung, recht üppige Geldmittel zur Verfügung und zahlreiche Bedienstete. Die **Bauern** mussten hingegen horrende Gebühren für das bearbeitete Land aufbringen und arbeiteten mehr oder weniger nur für den Schuldendienst. Sie mussten sich nach einem Nebenerwerb umschauen. Holz war kostenlos zu haben und so entstand eine **Handwerkszunft,** die Werkzeuge aus Holz, Spielzeug, Haushaltsgegenstände und die berühmten Schachteln herstellte. Ende des 17. Jh. war schließlich jeder vierte Bewohner der Propstei im **Holzhandwerk** beschäftigt.

Nachdem Berchtesgaden 1810 endgültig in Bayern angekommen war, erkoren es die **Wittelsbacher** zu einer ihrer bevorzugten **Sommerresidenzen.** Erst wohnte man in der ehemaligen Fürstpropstei, 1853 ließ *Maximilian II.* dann die königliche Villa errichten, in der unter anderem auch *Ludwig II.* bis 1863 seine Sommerferien verbrachte. Heute ist die Villa in Eigentumswohnungen umgewandelt.

Mitte des 19. Jh. hielt im Gefolge der Wittelsbacher Sommeraufenthalte auch der Tourismus in Berchtesgaden Einzug, seine Vorboten waren **Künstler.** 1824/25 malte *Caspar David Friedrich* das berühmte Gemälde „Watzmann" aus der Berchtesgadener Perspektive. Dann kamen die **Adeligen** und die **Industriellen** und ließen Villen bauen und Parks anlegen. 1871, der Krieg gegen den französischen „Erbfeind" war gerade glänzend gewonnen und Deutschland in Aufbruchsstimmung (nicht zuletzt beflügelt durch die Reparationszahlungen), gründete man in Berchtesgaden den **Verschönerungs-Verein** zur Förderung des Fremdenverkehrs. 1881 wurde erstmals die **Ostwand des Watzmann durchstiegen,** 1910 fuhr das erste Elektroboot über den Königssee. Verfügt wurde Elektrizität als Antriebsquelle übrigens direkt vom König, dem tuckernde oder jaulende Verbrennungsmotoren ansonsten das Jagdwild verscheucht hätten.

Der Tourismus brummte zum Glück der Bewohner – und zu deren Unglück. Ein Sommerfrischler der ganz besonderen Art kam 1923 ein erstes Mal her, freute sich über die Beschaulichkeit und die Panorama-Ausblicke des **Obersalzbergs** und ließ ihn bis 1945 nicht mehr los: **Adolf Hitler.** Die Grundstücke auf dem gesamten Obersalzberg wurden von der Partei aufgekauft oder enteignet, alle Parteioberen ließen sich Villen errichten, Bunkeranlagen entstanden und alles war von der SS abgeriegelt. Im April 1945 zerstörten Bomben die Anlage großteils. Was blieb, nutzte die **US-Armee** lange Jahre der Nachkriegszeit als Erholungsheime für ihre Soldaten. Heute erinnert das **Dokumentationszentrum** an die NS-Herrschaft.

Zum Politikum wurde die Errichtung eines nur mäßig ausgelasteten **Luxushotels** auf dem „ideologisch kontaminierten" Obersalzberg, das vom Staat laufend mit Millionen finanziert werden muss, da es ständig Verluste macht. Die Verträge, die der Hotelbetreiber mit der bayerischen Landesregierung ausgehandelt hatte, sind fantastisch – für ihn, nicht für den Steuerzahler.

Sehenswertes

Rundgang durchs Zentrum

Ein Stadtspaziergang kann z.B. beim 1973 errichteten **Kur- und Kongresshaus** beginnen. Gleich südlich schließt sich der unter Denkmalschutz stehende, 1685 angelegte **Alte Friedhof** an. Hier befindet sich die Grabstelle von *Anton Adner,* der 113-jährig noch in einen der Münchener Frauenkirchtürme stieg und 1822 mit 117 Jahren verstarb.

Die **Franziskanerkirche,** bis 1699 die Klosterkirche des Frauenstifts der Augustinerinnen, entstand um 1480. Die Augustinerinnen waren fast zeitgleich mit den Chorherren gekommen und lebten zu jener Zeit im östlich anschließenden Nonntal, zogen aber nach Plünderungen ihres Klosters 1394 in die Mitte der Siedlung. Ende des 17. Jh. übernahmen die Franziskaner die Anlage und sind heute, mit Verstärkung durch polnische Ordensbrüder, immer noch seelsorgerisch tätig. Die beiden parallelen Schiffe der spätgotischen Hallenkirche mit jeweils eigenem Chor überspannen beachtenswerte Sterngewölbe. Die Gnadenkapelle wurde erst 1688 an die Chöre angefügt, ihren Altar schmückt

14 Ⓜ Schloss Adelsheim
15 ★ Erlebnisbergwerk,
16 • Watzmanntherme,
Marktschellenberg
St. Andreas
Stiftskirche
Schloss-platz
1
2
17 Ⓜ Rehmuseum
Schloss
Marktplatz
3
Hirschenhaus
Neuhaus
4 5
Kur- und Kongresshaus
Tiefgarage Maximilianstr.
Alter Friedhof
Kalvarienberg
Christuskirche
Berchtesgadener Bauerntheater
Franziskanerkirche
Franziskanerplatz
6
7
8
9
Obersalzberg,
Roßfeld-panoramastraße
Talstation Obersalzbergbahn
Bahnhof
Tourist-Info Region
Königssee
Doktorberg
Königsweg
Weinfeldweg
Rathausplatz
Nonntal
Hasensprung
Bräuhausstr.
Bergwerkstr.
Berchtesgadener Ache
Metzgerstr.
Maximilianstr.
Ludwig-Ganghofer-Str.
Dr. Imhof Str.
Griesstätterstr.
Am Anger
Baumgartenallee
Schießstättstr.
Sunktergäßchen
Bahnhofstr.
Berchtesgadener Mühlbach
Angergasse
Soleleitungssteg
Sonnenpromenade
Salinenplatz
Bahnhofweg
An der Achen
Am Herzogberg
Hansererweg
Hedwigsteig
Ramsauer Str.
Schwabenwirtbrücke
Roßötzw.
Nachtleben
7 Soundcafé
12 Kuckucksnest
Einkaufen
2 Laden der Künstler
3 Lederhosen-Stangassinger
4 Lederhosen-Aigner
17 Museumsladen Schloss Adelsheim

eine Muttergottes im Ährenkleid. Sie ist eine um 1500 geschnitzte Kopie der (abhanden gekommenen) Madonna des Mailänder Doms – die Ähre gilt als Symbol Christi und im Zusammenhang mit Maria kommt sie eigentlich nur in Deutschland vor. Auch die Mailänder „Maria im Ährenkleid" stammte ursprünglich aus dem Norden und wurde nach Italien gestiftet.

Über die Sonnenpromenade und die Maximilianstraße gelangt man zum **Luitpoldpark,** der seinen Namen zu Ehren des in Berchtesgaden hochverehrten Prinzregenten *Luitpold von Bayern* erhielt und in dem ein 1893 aufgestelltes Denkmal an den Regierungsnachfolger des 1886 entmündigten *Ludwig II.* erinnert. Hier befindet sich auch die in florentinischem Stil erbaute Sommerresidenz der Wittelsbacher – die **königliche Villa.**

Augenfällig ist auch die nahe gelegene evangelische **Christuskirche** von 1899 in neugotischem Stil, ihre Inneneinrichtung ist allerdings mehrfach modernisiert worden.

Entlang des Soleleitungsstegs geht es zum 1760 entstandenen **Kalvarienberg** mit u.a. der offenen Kreuzigungskapelle

079ch sk

080ch sk

mit ihrer recht realistisch geratenen Hinrichtungsszene oberhalb des Marktplatzes. **Schloss Fürstenstein** (über den steilen Kälbersteig zu erreichen) ließ der Fürstpropst *Graf von Christalnigg* 1758 als Altersruhesitz bauen (in dem er aber nur sechs Jahre verbrachte, bevor er starb). 1930 kaufte der *Bayerische Lehrerverein* die Anlage und nutzte sie als Ferienheim für von „bösen Buben gestresste Pädagogen". 2017 wurde die ganze Anlage verkauft, soll nun saniert und in hochpreisige Wohnungen umgewandelt werden.

Typische Bürgerhäuser im alpenländischen Stil

Nun steigt man zum historischen **Marktplatz** mit seiner aus dem 16. Jh. stammenden Bebauung hinunter. Das **Hirschenhaus** (Marktplatz 3) wurde 1594 errichtet. Seine rückwärtige Fassade an der Metzgerstraße sollte man keinesfalls verpassen. Sie ist mit 1610 angebrachter Lüftlmalerei verziert, die ganz normales, bürgerliches Leben zeigt – allerdings recht schräg, denn die Protagonisten sind Affen.

Das **Neuhaus** (Marktplatz 1) war ab 1576 die Hoftaverne und diente den Fürstpröpsten als Gästehaus. Angeblich war den Pächtern recht selten ein langes Leben beschieden und ihre Frauen sollen sich nicht ungern auf die Suche nach einem neuen Gatten begeben haben. Den **Marktbrunnen** ließ der Fürstpropst 1558 aufstellen, die Mittelsäule mit dem

Kombikarten Berchtesgaden

Die kleine Kombikarte mit **Schloss Berchtesgaden, Schloss Adelsheim** und **Dokumentation Obersalzberg** kostet 10,50 €, die große zusätzlich mit Rehmuseum und Haus der Berge 13,50 €.

bayerischen Löwen kam 1628 hinzu. 1677 ersetzte man die Umrandung, 1860 wurde die Anlage erneuert. Tafeln erinnern an die jeweiligen Auftraggeber.

Schloss

Ein Katzensprung ist es zum **Schlossplatz** mit dem Kloster und der **Residenz der Fürstpröpste,** dem späteren Wittelsbacher Schloss. Die westliche Seite des Platzes schließen die fotogenen Arkaden ab, im Süden und Osten stehen das Schloss und die Stiftskirche St. Peter und Johannes der Täufer.

Das Schloss ist teilweise als Museum zugänglich. Ältester Gebäudeteil ist der **romanische Kreuzgang** von 1180 mit massiven Pfeilern und zierlichen Doppelsäulen im Wechsel. Angebaut wurde im Laufe der Zeit im jeweilig gängigen Stil. Die **gotische Halle** mit zwei Schiffen und sehenswerten Kreuzgewölben um 1400 (die den Brüdern als Dormitorium diente) zeigt heute u.a. zwei Altarflügel von *Tilman Riemenschneider.* Die Renaissance-Säle von 1500 sind zeitlich passend ausgestattet mit Gemälden, Tapisserien und Möbeln. 1725 kam der Südflügel im Barock hinzu. Insgesamt führt der Rundgang durch 30 Räume, u.a. auch durch die **Waffenkammern** und den **Speisesaal,** in dem Meißner Porzellan gedeckt ist. Vom oberen **Rosengarten** des Berchtesgadener Schlosses hat man eine fantastische Aussicht auf das Tal und den majestätischen Watzmann. Die Wittelsbacher nutzen die Anlage seit 1818 bis heute als Jagdschloss bzw. Sommerresidenz, Kronprinz *Rupprecht* wählte es sogar zwischen 1922 und 1933 als festen Wohnsitz. Auf ihn geht die heutige Kunstsammlung zurück. Das **Rehmuseum** ist wohl nur für passionierte Jäger interessant. Tausende Schädel reihen sich fein säuberlich in den Vitrinen aneinander.

■ **Schloss Berchtesgaden,** Schlossplatz 2, Tel. 0 86 52 / 94 79 80, www.schloss-berchtesgaden.de, nur Führungen (Dauer eine knappe Stunde), 16. Mai–15. Okt. So–Fr 10–13 und 14–17 Uhr (Einlassende 12/16 Uhr), 16. Okt.–15. Mai Führungen Mo–Fr 11 und 14 Uhr, 9,50 €, Kind 4 €. Rehmuseum, Mo–Fr 9–18 Uhr, Sa 9–16 Uhr (Winter Sa 9–12 Uhr), 4 €.

Unser Tipp: Die **Adventsführungen** (20 €/Pers.) um 19 Uhr im Schloss sind eine äußerst stimmungsvolle Angelegenheit. Hunderte Kerzen erhellen die Räumlichkeiten, im gotischen Saal ertönen gregorianische Gesänge und im Speisesaal spielt die Harfe zu einem Glas Sekt und einem Happen.

Stiftskirche

Die Stiftskirche, das ehemalige spätgotische Gotteshaus der Augustinerchorherren, ist durch Umbau des ursprünglich dreischiffigen romanischen Vorgängergebäudes zur Hallenkirche entstanden. Das noch aus der Romanik stammende Portal führt in den von den beiden Türmen flankierten Vorraum. Das Chorgestühl geht zumindest in Teilen auf das

Jahr 1350 zurück. Der Hochaltar lehnt sich an die Ausstattung des Salzburger Doms an, gehauen wurde er aus Marmor vom Untersberg. Zahlreiche Tumben und Epitaphe tragen die Namen von Pröbsten und Sprengelvorstehern aus fünf Jahrhunderten.

Kirche St. Andreas

Die Kirche St. Andreas, gleich nördlich, war bis zur Säkularisierung des Klosters Pfarrkirche, dann übernahm die Stiftskirche diese Aufgabe und St. Andreas sollte sogar abgerissen bzw. ein Vereinsheim daraus werden. Heute finden in der 1397 erbauten und mehrfach umgestalteten Kirche an den Werktagen Gottesdienste statt. Einzigartig ist das Ende des 17. Jh. anlässlich der Barockisierung und einer Erweiterung entstandene, vom Dachstuhl abgehängte **Tonnengewölbe.** Auch Hoch- und Seitenaltäre und die **Schnitzfiguren** der Innenausstattung verdienen einen Blick. Die Grabsteine an den Kirchenmauern stammen vom ältesten Friedhof Berchtesgadens, der gleich südlich lag, seit 1358 bestand und 1806 aufgelassen wurde. Einige Häuser weiter auf der rechten Seite steht das dazugehörige **Pfarramt,** das der Münchener Stararchitekt *Friedrich von Gärtner* 1841 unter Verwendung von rotem Marmor entwarf.

Schloss Adelsheim

Das Nonntal und die Salzburger Straße führen zum 1614 im Stil der Spätrenaissance erbauten Schloss Adelsheim, dem **Heimatmuseum.** Wichtigstes Thema ist die „Berchtesgadener War“: die **Holzarbeiten,** für die die Stadt nicht nur in der Region berühmt war und die zahlreiche Menschen in Lohn und Brot hielt. Von der Spanschachtel bis zum Holzspielzeug, von Holzinstrumenten über Drechselarbeiten bis zu **Schnitzereien** aus Knochen und Elfenbein – die Sammlung ist äußerst wertvoll und informativ. Auch das Schloss selbst mit Halle, Hof, Küche und Kapelle ist sehenswert. Im **Museumsladen** kann man Berchtesgadener Handwerkskunst erwerben.

■ **Heimatmuseum,** Schroffenberg Allee 6, Tel. 0 86 52 / 44 10, www.museum-schloss-adelsheim.de, Di–So 10–17 Uhr (Nov. und 6. Januar bis Gründonnerstag geschl.), 2,50 €, Kind frei.

Haus der Berge

Das Haus der Berge, ursprünglich im Franziskanerkloster untergebracht, hat 2013 sein neu errichtetes, sehr markantes Domizil bezogen. Als **Informations- und Bildungszentrum des Alpen-Nationalparks** bietet es ein breites Programm für Gruppen und Schulklassen an und unternimmt auch Geländeexkursionen. Es entführt in seiner Dauerausstellung in die Welt der Alpen, beginnend beim Wasser, dann in den Wald, auf die Almen und schließlich in die Felsregionen. Die Architektur des Zentrums ist symbolträchtig: Konzipiert als Vitrine aus Glas und Stahl, steht das Gebäude für die Schutzfunktion, die der Nationalpark gegenüber der Natur hat.

■ **Haus der Berge,** Hanielstr. 7, Tel. 0 86 52 / 9 79 06 00, www.haus-der-berge.bayern.de, täglich 9–17 Uhr, 4 €, Kind 2 €, Familie 10 €.

Bohrspülung – wie das Salz aus dem Berg befördert wird

Salzbergwerke arbeiten beim Nassabbau bis heute nach demselben Prinzip: Das Salz wird durch Wasserspülung aus dem unterirdischen Gestein gelöst und das salzhaltige Wasser – die Sole – an die Oberfläche gepumpt. Im Salzbergwerk Berchtesgaden geht man dabei folgendermaßen vor: Zunächst wird eine relativ schmale Bohrung (unter 70 cm Durchmesser) in 125 m Tiefe eingebracht. Durch Spülung wird dann ganz unten der Initialhohlraum freigelegt, eine 5000–10.000 m^3 große Kaverne. Drei Monate dauert dies. Im nächsten Schritt erweitert man das Bohrloch auf etwa 3 m Durchmesser. Nun wird das Spülgestänge eingebracht und die Soleherstellung kann beginnen. Das eingepumpte Wasser löst das Salz heraus. Hat es seine Sättigung erreicht, ist es schwerer als das nachfolgende Frischwasser, sinkt ab und wird nach oben gepumpt (der Ansaugstutzen arbeitet im Bereich der abgesunkenen Sole). Das oben liegende neue Wasser löst weiter die Salze. Das Bohrspülwerk arbeitet sich also von unten nach oben. Kontinuierlich wird die Sole abgepumpt, dabei sorgt man dafür, dass durch Frischwasserzufuhr der Wasserspiegel immer an die obere Decke der Kaverne reicht. 30 Jahre lang ist ein einzelnes Bohrspülwerk tätig, jeden Tag löst es eine Schicht von 1 cm Salz. Am Ende sind es 100 m und 1,3 Mio. m^3 gesättigter Sole. Bei einem Salzgehalt von 320 g/Liter entspricht dies in 30 Jahren 300.000 bis 400.000 Tonnen Salz. Derzeit sind in Berchtesgaden über 20 Spülwerke in Betrieb.

Erlebnisbergwerk

Im Tal und unterhalb des Schlosses Adelsheim an der Straße nach Marktschellenberg gelegen, ist das **Salzbergwerk** eine der wichtigsten und auch schönsten Attraktionen Berchtesgadens. Bereits 1816 hatte man ausgewählte Besucher durch das Bergwerk geführt, der Allgemeinheit zugänglich war es ab 1880. Das Bergwerk wurde mit **Bohrspülung** betrieben, das heißt, das Salz wurde mit Wasser herausgelöst und die entstandene Sole abgepumpt, sodass sie später in den Sudpfannen eingedickt und schließlich endgetrocknet werden konnte.

In zünftige Hauertracht gekleidet, mit Helm geschützt und mit Pullover gerüstet (die Temperatur im Stollen beträgt um 12 °C), fährt man durch den Ferdinandberg-Hauptstollen mit der **elektrischen Grubenbahn** ein ins seit 500 Jahren ununterbrochen in Betrieb stehende Bergwerk bis zur gewaltigen **Salzkathedrale,** einer Kaverne, die vor 150 Jahren noch vollständig mit Salz verfüllt war. Dann geht es zu Fuß weiter, auf **Holzrut-**

schen bergab und in einem Nachen (Kahn) über den 100 m langen und 40 m breiten **unterirdischen Spiegelsee.**

■ **Erlebnisbergwerk,** Bergwerkstr. 83, Tel. 0 86 52 / 6 00 20, www.salzbergwerk.de, Mai–Okt. 9–17 Uhr, sonst 11–15 Uhr, Führungen alle 10–25 Min. (Zeit unter Tage etwa 1 Std.), 17 €, Kind 9,50 €, Familienkarte 40 € (ein Kind), Kombiticket mit Alter Saline Bad Reichenhall 19,50/12,50, Familienkarte (ein Kind) 47,50 €.

Im Bergwerk

Im Bergwerk ist ein **eigener Bereich der Gesundheit** gewidmet. Bei 85 % Luftfeuchtigkeit atmet man ungestört von jeglichen Umwelteinflüssen wie Gerüchen oder Lärm die **salzhaltige Luft,** die Beschwerden bei Krankheiten der Atemwege lindern kann.

■ **Salzheilstollen,** Bergwerkstr. 85 a, Tel. 0 86 52/ 97 95 35, www.salzheilstollen.com, Schnuppereinfahrt vierzehntägig Fr 16 Uhr, ca. 1 Std. 16 €.

Obersalzberg

Mit dem Rad, zu Fuß, mit der **Seilbahn,** dem Auto oder dem Bus kommen die Menschen her, am Obersalzberg ist immer was los. Als eine der Hauptschaltzentralen des NS-Regimes und einst zum **Führerhauptquartier** ausgebaut, zieht es in Massen „normale" Touristen, Geschichtsinteressierte, aber auch rechtsnationale Spurensucher und Neufaschisten an. Zu sehen gibt es vom Berghof und den Palästen von *Hitlers* Entourage nicht mehr viel.

■ **Obersalzbergbahn,** Bergwerkstr. 10 1/3, Berchtesgaden; die Talstation befindet sich an der Berchtesgadener Ache nördlich des Bahnhofs, Tel. 0 16 08 / 35 39 90, www.obersalzbergbahn.de. Kleinkabinenbahn mit Mittelstation, 460 Höhenmeter, 1530 m Länge, Fahrzeit 10 Min., Bergstation auf 1020 m; tgl. 9–17/18 Uhr, hin und zurück 12 €, Kind 7 €.

■ **Sommerrodelbahn,** Auffahrt mit der Obersalzbergbahn, s.u.: „Spaß für Kinder".

Geschichte

Vor dem Dritten Reich war hier oben ein ganz normales Erholungsgebiet mit Bauernhäusern, Pensionen und Gasthöfen. Nach und nach übernahmen die Nazis dann ab 1933 das gesamte Areal, indem sie erst aufkauften, was ging, dann die Bewohner vergraulten und schließlich hemmungslos enteigneten. *Hitler* erweiterte den Berghof zur repräsentativen Residenz, *Bormann, Göring, Himmler* und *Goebbels* ließen sich eigene Bauten errichteten. Ein Netz aus Gängen und Bunkern – einem Kaninchenbau gleich – wurde in den Untergrund gebuddelt, die SS bewachte die Hochsicherheitszone und besaß ausgedehnte Kasernen. Im April 1945 bombardierten britische Flugzeuge den gesamten Berg, um dem Hauptquartier der gar nicht existenten „Alpenfestung" *Hitlers* den Rest zu geben. Sie ließen nicht viel übrig. Die Bunker blieben aber mehr oder weniger intakt und sind bis auf kleine Teilabschnitte für die Öffentlichkeit gesperrt. *Hitlers* Untergrundbastion besaß allein über 600 m Gänge und 19 Kavernen.

Dokumentationszentrum

Das Dokumentationszentrum am Obersalzberg gehört zum **Institut für Zeitgeschichte,** der offiziellen Stelle für die Erforschung des Nazi-Reiches, und stellt die Schreckensherrschaft in den richtigen Kontext. Die Ausstellung will nicht wissenschaftliches Fachpersonal ansprechen, sondern Laien die historischen Gegebenheiten erläutern und ihnen damit einen analytischen Zugang eröffnen – und lässt dabei keinesfalls aus, dass und warum *Hitler* bei der breiten Masse der Deutschen so viel Zuspruch und Unterstützung fand.

■ **Dokumentation Obersalzberg,** Salzbergstraße 41, Obersalzberg, Tel. 0 86 52 / 94 79 60, www.obersalzberg.de, April–Okt. tgl. 9–17 Uhr, Winter Di–So 10–15 Uhr, Bunkenanlagen wegen Umbau 2019 geschl., 3 €, Kind frei, Führung (Mai–Sept. Di, Fr 10.30, Mi/Do/Sa 13 Uhr, Okt. Mi, Sa 13 Uhr, sonst Sa 13 Uhr, ca. 90 Min.) 3,50 € zusätzlich.

Bunkeranlagen

Ein Teil der Bunkeranlagen ist auch vom **Hotel Türken** aus – ehemals die Zentrale des NS-Sicherheitsdienstes (SD) – zu besichtigen (zum Leidwesen der offiziellen Stellen, die einen Besuch nationalsozialistischer Einrichtungen ohne begleitende Kommentierung ungern sehen). Das *Hotel Türken* ist übrigens der einzige Bau, der nach Ende des Krieges an die ursprünglichen Eigentümer zurückfiel. Bis fast zur Jahrtausendwende war der gesamte Obersalzberg ein von US-amerikanischen Soldaten exklusiv genutztes Erholungsgebiet.

■ **Bunkeranlage beim Hotel zum Türken,** Hintereck 2, Obersalzberg, Tel. 0 86 52 / 24 28, www.hotel-zum-tuerken.de, Mitte April–Okt. tgl. außer Di 10–15 Uhr, 3,50 €, Dauer 15–20 Min., ca. 10 °C.

Kehlsteinhaus

1938 im April war das Geburtstagsgeschenk der nationalsozialistischen Partei Deutschlands an ihren Führer das Kehlsteinhaus in 1820 m Höhe.

[>] Das Kehlsteinhaus hoch über Berchtesgaden

083ch sk

Die **Anfahrt** zu dem spektakulär auf der Bergkuppel des Kehlsteins thronenden Gebäude erfolgt mit dem Bus vom Parkplatz am Dokumentationszentrum des Obersalzbergs. Von der Ankunftsterrasse gehen die Besucher heute durch einen 124 m langen **Tunnel** zu einer messingverkleideten **Aufzugkabine,** die im Original erhalten ist. In ihr werden sie 124 m in die Höhe gebracht. Die **Aussicht** ist natürlich fantastisch, die Geschichte des Hauses nicht weniger. In 17 Monaten pressten bis zu 3500 Arbeiter die 6,5 km lange Kehlsteinstraße mit ihrer abenteuerlichen Linienführung dem Berg ab. Nach heutigen Werten wären 113 Mio. Euro verbaut gewesen. Zehn Arbeiter fanden dabei den Tod. *Hitler* selbst war selten hier – zu gefährlich, des Blitzes und der Bomben wegen, wie er meinte. 1945 versuchten die Alliierten das Kehlsteinhaus zu bombardieren. Sie vermuteten im Berg ein Hauptquartier. Die damaligen Bomben waren allerdings zu ungenau und verfehlten ihr Ziel.

Eine 30 km lange **Mountainbike-Tour** vom Bahnhof Berchtesgaden hinauf zum Kehlsteinhaus (3–4 Std. Dauer, 1200 m Höhendifferenz) ist im Kapitel „Touren" beschrieben: „Radtour 3".

■ **Kehlsteinhaus,** www.kehlsteinhaus.de, Mai–Okt. 8.55–16.50 Uhr (erste und letzte Busfahrt), 16,60 €, Kind 9,60 €.

Roßfeldpanoramastraße

Als grandioser Abschluss der Deutschen Alpenstraße ab 1927 geplant, wurde die **Roßfeldhöhenringstraße** (heute Roßfeldpanoramastraße) östlich des Obersalzbergs 1937–40 teilweise verwirklicht und bis 1955 fertiggestellt. Es ist eine Ringstraße, die von der Verkehrseffizienz her vollkommen sinnfrei ist, da sie nirgends hinführt, nur zurück, lediglich der Ästhetik der Landschaft verpflichtet und einzig ein Denkmal automobiler Lebenslust. Auf 15,4 km steigt die Straße kühn an den Berghängen hoch, passiert 14 Brücken und überwindet 1100 Höhenmeter. Ihr Scheitelpunkt liegt bei 1570 m. Dass die Ausblicke hervorragend sind – selbstredend. Und die Ahornkaser-Alm ganz oben ist auch immer gut besucht.

Trotz summierter Neuschneehöhen von fast 600 cm im Winter wird die Strecke **ganzjährig befahrbar** gehalten (im Winter teils nur Einbahnstraßenbetrieb). Kurioserweise ist die Straße als Privatbesitz des Bundes definiert – eine **Bundesprivatstraße.** Die Kategorie wurde eigens geschaffen, da die Ringstraße keinen überörtlichen Anschluss besitzt, also von der Gemeinde hätte finanziert werden müssen (was sich Berchtesgaden nicht leisten konnte, weshalb sie nun dem Bund gehört). Ein Teil der Strecke verläuft auf österreichischem Staatsgebiet. Die Roßfeldpanoramastraße ist über eine Nord- und eine Südauffahrt zu erreichen, an denen sich jeweils eine Mautstelle befindet.

[>] Wandern an der Kneifelspitze

■ **Roßfeldpanoramastraße,** www.rossfeldpanoramastrasse.de; 24 Std. offen, Maut pro Pkw inkl. Passagiere 8 €, Motorrad (mit Fahrer und Sozius) 4,50 €, Radfahrer frei.

■ **Ahornkaser**①-②, Roßfeldpanoramastraße, Berchtesgaden, Tel. 0 86 52 / 29 97, tgl. 10–18 Uhr (nur bei schönem Wetter). Essen mit Aussicht in der höchstgelegenen mit dem Auto (und Bussen!) erreichbaren Gaststätte Deutschlands, ein Prädikat, das allerdings nichts über die Qualität des Essens aussagt.

Rund um die Kneifelspitze

Wallfahrtskirche Maria Gern

Etwa 40 Min. Fußweg (alternativ mit Bus Nr. 837 Richtung Hintergern) führen aus Berchtesgaden in Richtung Norden hinauf zum Eingang des **Hochtales am Gernbach** zwischen Kneifelspitze und Gschirnkopf. Hier steht seit 1710 die Wallfahrtskirche Maria Gern pittoresk vor der Hochgebirgskulisse. Ist die ländliche Kirche mit ihrem weißen Putz, dem Schindeldach und dem fast zierlich wirkenden Turm schon von außen ein Augenschmaus, gehen einem im Inneren die Augen über. Mitten im Gebirge hätte man eine so reich mit **Stuckornamenten** berankte Decke nicht erwartet. Der Salzburger Gipskünstler *Joseph Schmidt* war hier zugange (wie auch in St. Bartholomä am Königssee). Die geschnitzte **Gnadenbild-Madonna** am Altar stammt von 1666.

Unser Tipp: In 1½ Stunden (An-/Abstieg 450 Höhenmeter) erreicht man auf recht steilem Pfad von Maria Gern aus die 1189 m hohe **Kneifelspitze,** den Berchtesgadener Paradeberg für Nah- und Weitsicht. In der **Berggaststätte Pauls-**

hütte gibt es deftiges Essen, selbstgebackenen Kuchen und eine gemütliche Atmosphäre – am tollsten ist es aber trotzdem auf der Terrasse.

Paulshütte, Tel. 0 86 52 / 6 23 38, http://kneifelspitze-berchtesgaden.de, März–Okt. tgl. 9–18 Uhr, Winter nur Sa/So.

Wanderung durch die Almbachklamm

Wer länger wandern möchte, kann zwischen Mai und Oktober von Maria Gern auch über die Almbachklamm nach Berchtesgaden zurückkehren. Dazu geht man in etwa 20 Minuten von der Wallfahrtskirche Richtung **Hintergern** zur Theresienklause und dann in die Klamm hinein. Die wilde und gleichzeitig romantische, drei Kilometer lange Schlucht ist mit **29 Brücken, einem**

084ch bh

Tunnel, Stegen und 320 in den Fels gehauenen Stufen erschlossen. Einer der Höhepunkte ist der 119 m hohe **Sulzerwasserfall.** Danken darf man es einem Ingolstädter Pionierbataillon, das die Klamm in einem einzigen Monat gangbar machte – 1894. Bis 1963 hat man mit dem Almbach noch getriftet, d.h. Holz zu Tal gefördert. Dazu wurde die Schleuse des 1834 gebauten Staudammes Theresienklause am oberen Eingang geöffnet und so eine Flutwelle geschaffen, die die Stämme mitriss.

Etwa am Sulzerwasserfall bei Brücke 17 (ca. eine Wegstunde von der Theresienklause) führt ein Abzweig hoch zur **Wallfahrtskirche Mariä Heimsuchung** beim Weiler Ettenberg – noch einem Kleinod mitten in den Bergen (eine weitere Wegstunde). 1724 neu an der Stelle eines kleineren, von 1670 stammenden Vorgängerbaus errichtet, schmückt auch sie sich innen mit reichem Stuck. Das Deckenfresko zeigt, was die Berchtesgadener Fürstpröpste von Bescheidenheit hielten: *Julius Heinrich von Rehlingen-Radau* – der Kirchenstifter – darf bei Maria sein.

Von Ettenberg steigt man auf selbem Weg wieder ab (und dann talwärts zur Kugelmühle) oder wandert über den Hammerstielwandweg hinunter zur **Kugelmühle** am Almbachklammausgang und fast im Tal der Berchtesgadener Ache (eine Wegstunde). Seit drei Jahrhunderten werden hier Untersberger Marmorbrocken und Bröckchen zu Kugeln geformt. Der feststehende Sandstein vom Obersalzberg als Basis schmirgelt die Marmorbrocken, die eine mit Wasserkraft betriebene Buchenholzscheibe auf den Mahlstein drückt und ständig im Kreis bewegt. Je nach Größe des Ausgangsmaterials dauert der Vorgang zwei bis acht Tage. Wer sein eigenes Fundstück zur Kugel formen lassen will: Die Mühle hat auch angenehme Gästezimmer und einen wunderschönen Wirtsgarten, um die Wartezeit zu überbrücken (s.u. „Unterkunft").

Bischofswiesen

Was wäre das deutsche **Rennrodeln** ohne die Bischofswiesener? Nichts! Olympiasieger, Weltmeister und Trainer kommen aus oder leben in dem Luftkurort, der bekannteste unter ihnen: *Georg „Schorsch" Hackl* mit 33 Gold-, Silber- und Bronzemedaillen. Wintersport wird also großgeschrieben, weswegen auch ein Rennen des **Ski Cross World Cup** hier stattfindet.

085ch bh

▷ In der Almbachklamm

Aschauer Weiher

Wer es weniger professionell vorzieht und dem Alpinski abgeschworen hat, wird mit den über 20 km **Loipen** unterschiedlichen Schwierigkeitsgrades rund um den Aschauer Weiher durchaus leben können. Im Sommer zieht er auch als **größtes Naturbad Deutschlands** Besucher an. Seit 1880 gibt es den Schwimmteich als Attraktion für die Sommerfrischler, heute locken Kleinkinderbecken, Pirateninsel, Rutschen, Sprungfelsen, Beachvolleyball und Badestrand. Die Traumlage in den Bergen und im Wald ist einzigartig, die Infrastruktur sehr gut, ein Fest für die ganze Familie.

■ **Naturbad Aschauer Weiher,** Aschauerweiher Straße 85, Bischofswiesen, Tel. 0 86 52 / 33 66, Mitte Mai–Mitte Sept. 8.30–19.30 Uhr, 5,40 €, Kind 3 €.

Untersberg

Mit „Berg" ist das 70 km² bedeckende **Felsmassiv** nördlich von Berchtesgaden und auf der Grenze zu Österreich eigentlich unzureichend benannt. Als Ausläufer der Berchtesgadener Alpen misst der auf deutschem Boden liegende **Berchtesgadener Hochthron** als höchster Gipfel 1972 m, die Österreicher haben den Salzburger Hochthron mit „nur" 1852 m, dafür aber eine Seilbahn.

Der Untersberg besteht hauptsächlich aus Kalkstein, der der Verwitterung wenig entgegensetzt, sodass es zu einer starken **Verkarstung** gekommen ist. **Über 400 Höhlen** durchziehen das Massiv, unter ihnen die erst 1996 entdeckte **Riesending-Schachthöhle,** mit 1148 m die tiefste und mit 19.200 m die längste bekannte Höhle Deutschlands. Sie war 2014 Bühne für eine der spektakulärsten **Rettungsaktionen** der letzten Jahre, als ein Geologe fast vom äußersten Ende heraufgeholt werden musste.

Schellenberger Eishöhle

Die Schellenberger Eishöhle ist der Öffentlichkeit zugänglich, vor einem Besuch stehen allerdings dreieinhalb Stunden **Aufstieg** auf dem Programm (Parkplatz 2 km nördlich Marktschellenberg an der B305, mit Bus Nr. 836/840 von Bahnhof Berchtesgaden, Haltestelle Eishöhle). Nach drei Stunden passiert man die **Toni-Lenz-Hütte** auf 1450 m, ab da sind es noch 120 Höhenmeter und eine halbe Stunde bis zur Eishöhle.

Hat man deren Eingang erreicht, wird man froh sein, eine warme Jacke im Gepäck zu haben – die Temperaturen in der Höhle bewegen sich ganzjährig um den Nullpunkt. Durch weite Hallen und enge Gänge geht es auf hölzernen Stegen, beleuchtet werden die **imposanten Eisstrukturen** mit den Karbidlampen der Besucher. Immer neue Formationen gilt es zu entdecken, auch für jene, die schon hier waren. Das Eis ändert sich übrigens permanent.

■ **Schellenberger Eishöhle,** www.eishoehle.net, Pfingsten bis Ende Okt. 10–16 Uhr, stündlich Führungen (Dauer 45 Min.), 8 €, Kind 4 €, Familienkarte 18 €.

■ **Toni-Lenz-Hütte** (Eishöhlenhütte), www.toni-lenz-huette.de, Tel. 0043 / 6 60 / 6 58 14 30, Essen und Unterkunft (nur bei Reservierung).

Untersbergbahn St. Leonhard

Für den Rückweg von der Schellenberger Eishöhle kann man die Variante zum **Geiereck** (200 m Aufstieg, ca. 1½ Std.) wählen. Man nimmt dazu den etwas ausgesetzten, mit vier Tunnels versehenen und mit herrlichen Aussichten belohnenden **Thomas-Eder-Steig** und gelangt zur Untersbergbahn, mit der man nach St. Leonhard in Österreich abfährt.

- **Untersbergbahn,** Dr.-Ödl-Weg 2, Gartenau (St. Leonhard)/Österreich, Tel. 0043 / 62 46 / 72 47 70, www.untersbergbahn.at; Großkabinenbahn, 1320 Höhenmeter, 2850 m Länge, Fahrzeit ca. 8 Min., Bergstation 1776 m; 8.30–17 Uhr, Winter 9–16 Uhr, Berg-/Talfahrt 25 €, Kind 12 €.

Der Untersberg und seine Legenden

Karl der Große oder Friedrich Barbarossa – wer von beiden ruht nun schon eine Ewigkeit unter dem Fels und wartet auf seine Auferstehung? *Karl* soll alle hundert Jahre aufwachen und gucken, ob die Raben noch um den Untersberg schwirren. Das taten sie bislang, weswegen er immer wieder einschlief. Kümmern tun sich derweil um ihn die **Untersberger Mandln,** zwergwüchsige Berggeister.

Friedrich hingegen schläft durch (wenn auch im Sitzen am Tisch), während sich sein Bart um die Tischbeine windet. Zweimal ist er schon herumgewachsen, nach dem dritten Mal soll Schluss mit der Welt sein. Teilen muss sich der Untersberg den Kaiser übrigens mit dem Kyffhäuser im Harz – die Leute dort behaupten, dass er bei ihnen im Berg schläft.

Und dann sind am Untersberg auch noch die **Drachenlöcher.** Die einen oder anderen glauben, dass die Urviecher einen Schatz bewachen. Kann ja mal vorkommen.

Praktische Tipps

Informationen

- **Tourist-Info der Region** (Berchtesgaden, Bischofswiesen, Marktschellenberg, Ramsau, Schönau), Königsseer Str. 2, 83471 Berchtesgaden, Tel. 0 86 52 / 6 56 50 70, www.berchtesgaden.com, Mitte Juni–Mitte Okt. und Weihnachtsferien Mo–Fr 8.30–18 Uhr, Sa 9–17 Uhr, So 9–15 Uhr, sonst Mo–Fr 8.30–17 Uhr, Sa 9–12 Uhr, So 9–15 Uhr.
- **Tourist-Info Berchtesgaden,** Kur- und Kongresshaus, Maximilianstr. 9, 83471 Berchtesgaden, Tel. 0 86 52 / 6 56 50 60, www.berchtesgaden.de, Mai–Okt. Mo–Sa 9–18 Uhr, So 10–13 und 14–18 Uhr, Winter Mo–Fr 9–17 Uhr, Sa 9–12 Uhr.
- **Haus der Berge** (Nationalpark-Info, s.o.: „Sehenswertes“), Hanielstr. 7, 83471 Berchtesgaden, Tel. 0 86 52 / 9 79 06 00, www.haus-der-berge.bayern.de, tgl. 9–17 Uhr.

Service

- **Internet:** WLAN-Hotspots im Kur- und Kongresshaus, in der Fußgängerzone bis zum Schlossplatz, Dr. Imhof-Straße, Ganghoferstraße, Maximilianstraße und im *Schornbad Schönau.*

Verkehr

- **Bahn:** Verbindungen nach Bad Reichenhall und weiter nach Freilassing.
- **Parken:** Gebührenpflichtige, zeitliche begrenzte Parkmöglichkeiten in der Stadt (Parkautomaten), ansonsten Parkplatz Salzbergwerk (3,50 €/4 Std.) oder Tiefgarage Maximilianstraße (1,10 €/Std., 6,50 €/Tag).

Einkaufen

■ **Berchtesgadener Handwerkskunst** gibt es im 17 *Museumsladen Schloss Adelsheim* (s.o. „Sehenswertes") und im 2 *Laden der Künstler,* Schlossplatz 1½ (im Durchgang zum Schlossplatz), Tel. 0 86 52 / 97 97 90, www.berchtesgadener-handwerkskunst.de. Volkskunst als nette Mitbringsel in hoher Qualität: von der akribisch bemalten Spanschachtel über Spielzeug und Christbaumschmuck bis zum Holzblasinstrument.

■ Zwei Lederhosenmacher sind noch zugange und pflegen die Traditionen der typischen Tracht der Region inklusive der aufwendigen Federkielstickerei: 3 **Franz Stangassinger,** Marktplatz 10, Tel. 0 86 52 / 26 85, www.lederhosenmacher.com, und 4 **Engelbert Aigner,** Metzgerstr. 1, Tel. 0 86 52 / 85 39, www.lederhosen-aigner.de.

■ **Enzianbrennerei Grassl,** Salzburgerstr. 105, Berchtesgaden, einige Kilometer außerhalb Richtung Marktschellenberg, Tel. 0 86 52 / 9 53 60, www.grassl.com; in der ältesten Enzianbrennerei Deutschlands entsteht neben dem klassischen Gebirgsenzian aus der Wurzel der Blume auch Hochprozentiges aus Beeren und Kräutern wie Blutwurz, Bärwurz, Kümmel, Wacholder ...

■ Ein Mitbringsel der besonderen Art ist der Böller, den es bei **Richard Stangassingers** (Wildmoos 24, Oberau, Tel. 0 86 52 / 61 222, www.boellermacher.de) als Hand- und Standböller gibt – für den rechten Wumms auch mit Kal. 90 mm. Billig sind sie nicht, aber schön und Brauchtum eben. Wer damit schießen will, benötigt allerdings Genehmigung und Versicherung für den Pulverumgang.

Unterkunft

6 **Bavaria**②-③, Sunklergässchen 11, Berchtesgaden, Tel. 0 86 52 / 9 66 10, www.hotelbavaria.net. Kleines, ländlich hergerichtetes Stadthotel mit nur 22 Zimmern mit allem Komfort in fußläufiger Entfernung zum Bahnhof, kein Restaurant.

8 **Schwabenwirt**②, Königsseer Str. 1, Berchtesgaden, Tel. 0 86 52 / 20 22, www.schwabenwirt.cz. 30 Zimmer mit Bad und hinreichend komfortabler Einrichtung in verkehrsgünstiger Lage beim Bahnhof, **Restaurant**② mit gutbürgerlicher Küche und nettem Biergarten.

9 **Hostel Berchtesgaden**①, Bahnhofplatz 4, Berchtesgaden, Tel. 0 86 52 / 9 79 84 20, www.hostel-berchtesgaden.de. Direkt am Bahnhof, 29 Betten, einfache, saubere Zimmer mit 1–4 Betten, Etagenbad; Rezeption 7–11.30 und 14–23 Uhr, Abstellmöglichkeit für Räder, kostenloses WLAN.

10 **Jugendherberge**①, Struberberg 6, Berchtesgaden, Tel. 0 86 52 / 9 43 70, http://berchtesgaden.jugendherberge.de. Die Jugendherberge des DJH im Ortsteil Strub gehört zu den Tophäusern und ist hochmodern, 265 Betten in Vier- bis Achtbettzimmern, 36 Schlafräume sind für Familien und haben ein eigenes Bad.

15 **Camping Allweglehen,** Allweggasse 4, Berchtesgaden, Tel. 0 86 52 / 23 96, www.allweglehen.de. Terrassenplatz 4 km nordöstlich von Berchtesgaden mit fünf Sternen, nur teilweise Schattenplätze, Restaurant, ganzjährig.

16 **Zur Kugelmühle**②, Kugelmühlweg 18, Marktschellenberg, Tel. 0 86 50 / 4 61, www.gasthaus-kugelmuehle.de. Modern im Landhausstil und mit viel Komfort eingerichtete Zimmer mit Südbalkon und einem tollen Blick auf den Hohen Göll und das Kehlsteinhaus, in ruhiger Lage am Waldrand; gemütliche 16 **Gaststuben und Kastanienbiergarten,** Brotzeiten und bayerische Küche mit Wild und Fisch.

Essen und Trinken

5 **Neuhaus**②-③, Marktplatz 1, Berchtesgaden, Tel. 0 86 52 / 9 79 92 80, www.facebook.com/gasthausneuhaus, tgl. ab 10 Uhr. Geschichtsträchtiges Haus am Markt mit deftig-bayerischer Küche von der Brotzeit mit Weißwurst, Leberkäs oder Obazdn bis zum Menü mit Leberknödelsuppe, Schweinshaxn und einer Bayerisch-Crème zum Abschluss.

13 13 **Biohotel Kurz**④, Lockstein 1, Berchtesgaden, Tel. 0 86 52 / 98 00, www.biohotel-kurz.de, Brunch 9–12 Uhr, Abendessen 18.30–22 Uhr (letzte Bestellung 20 Uhr). Vegetarische Küche kann sich auf einen ungeahnten Höhenflug begeben – die Familie *Kurz* weiß, was sie tut, köstlicher geht fleischlos definitiv nicht, auch passionierte Fleischesser werden hier bekehrt. Jeden Tag gibt's ein anderes festes Menü mit fünf Gängen. **Gästezimmer**③ mit Ankleide, großzügigem Bad und kleinem Garten.

11 **Alpenküche**②, Hanielstr. 7, Berchtesgaden, Tel. 0 86 52 / 9 78 75 75, www.spiesberger-alpenkueche.de, tgl. 9–18 Uhr. Im Haus der Berge sitzt man auf der Sonnenterrasse mit Blick auf den Watzmann und genießt Köstlichkeiten wie geräuchertes Wild auf Salat, ein Fischsülzchen oder herzhafte Dinge wie Kaspress- oder Gamsknödel.

Unser Tipp: 1 **Kurz a Curry,** Schlossplatz 3, Berchtesgaden, Tel. 01 70 2 45 28 99, www.facebook.com/KurzACurry, Di–Sa 17–24 Uhr. Das Kurz a Curry ist in jeder Hinsicht scharf. Das junge Publikum weiß, wo es langgeht, und die Currys gibt's in allen Geschmacksrichtung einmal rund um den Erdball – mit Fleisch, vegetarisch oder vegan, auf Wunsch ganz mild oder so heiß, dass die Augen tränen und der Schlossplatz brennt. Und Halloweenpartys stehen auch auf der Karte.

■ **Mesnerwirt**①-②, Vorderettenberg 9, Marktschellenberg, Tel. 0 86 50 / 2 45, www.gasthaus-mesnerwirt.de, Di–So 9–18 Uhr. Der Landgasthof direkt bei der Wallfahrtskirche in Ettenberg oberhalb der Almbachklamm steht seit 1727 und ist bei den Berchtesgadenern eine Institution für den Sonntagsausflug. Bayerisch-österreichische Hausmannskost mit deftigem Einschlag wie Essigknödel und Standards wie Leberknödelsuppe oder Weißwürste, und natürlich gibt's an Schweinsbratn.

Der Aschauer Weiher bei Bischofswiesen, Naturbad in traumhafter Lage

086ch sk

Abends unterwegs

■ **Berchtesgadener Bauerntheater,** Franziskanerplatz 2, Tel. 0 86 52 / 28 58, www.berchtesgadener-bauerntheater.de; kurzweilige Stücke wie „Das narrische Alter" oder „Oh Schreck – die Tant" im Bühnengebäude, aber auch ganz einzigartig Juni bis August auf der Freilichtbühne im ehemaligen Steinbruch Kälberstein – Mundartkomödie unter freiem Himmel, ein besonderes Erlebnis.

7 **Soundcafé,** Maximilianstr. 15½, Tel. 0 86 52 / 48 11, www.facebook.com/soundcafe.berchtesgaden, tgl. 20–3 Uhr; Drinks, Cocktails, coole Musik und ganz sicher die Großereignisse des Fußballs – Berchtesgadens Clubszene ist recht übersichtlich.

12 **Kuckucksnest,** Von-Hindenburg-Allee 1, Tel. 0 86 52 / 61 473, www.kuckucksnest.net, tgl. ab 20 Uhr; die Musikkneipe und Cocktailbar deckt (fast) jeden Musikgeschmack ab.

Feste und Veranstaltungen

■ **A Gsang und a Musi,** das Alphornblasen auf der Aussichtskanzel der Kastensteinerwand-Alm hoch über Bischofswiesen (www.kastensteinerwand-alm.de) findet jeweils an einem Tag **Ende Juli, Mitte** und **Ende August** um 19 Uhr statt.

■ **Edelweiß-Bergpreis,** das Oldtimer Autorennen (www.rossfeldrennen.de) auf der Roßfeldpanoramastraße **Ende September** knüpft an die Tradition der Bergrennen an, die hier von 1958 bis 1973 stattfanden.

Aktivitäten

■ **Watzmanntherme,** Bergwerkstr. 54, Berchtesgaden, Tel. 0 86 52 / 9 46 40, www.watzmann-therme.de, tgl. 10–22 Uhr, 4 Std.-Karte 15,40 €, Kind bis 5 Jahre 4,60 €, darüber 8,90 €, Familienkarte 39 €, Saunazuschlag 6 €. Erlebnisbecken mit diversen Einbauten, Sportbecken für die ernsthaften Schwimmer und ein Eltern-Kind-Bereich, dazu 80 m-Rutsche, Sauna- und Solelandschaft, Kurse und Wellnessangebote.

■ **R-E-T Berchtesgaden,** Bergwerkstr. 46, Berchtesgaden, Tel. 0 86 52 / 97 57 10, www.raft-mit.de; Rafting-Touren (April–Okt.) von der familiengeeigneten Fun-Erlebnis-Tour (2½ Std., 35 €) über die mittelschwere Göll-Tour (3½ Std., 69 €) bis zur schweren Sportler-Tour (4 Std., 79 €) und zur anspruchsvollen Watzmann-Tour (5 Std., 89 €).

■ **Erste Bergschule Berchtesgadener Land,** Silbergstr. 25, Bischofswiesen, Tel. 0 86 52 / 53 71, www.berchtesgaden-bergschule.de; u.a. Wochenendkletterkurse für Anfänger (Mitte Juni–Mitte Okt. jedes Wochenende, 175 €) und geführte Watzmannüberschreitung.

Spaß für Kinder

■ **Haus der Berge** (s.o.), im Sommer Ferienangebote für Kinder und für Familien, die spannend und informativ in die Natur einführen. Man erfährt z.B. alles über Fledermäuse, sammelt Pilze oder entdeckt die Welt der Kräuter.

■ **Sommerrodelbahn,** Auffahrt mit der Obersalzbergbahn (s.o.: „Obersalzberg"); 600 m lange Rodelbahn beim *Alpengasthof Hochlenzer* (Scharitzkehlstr. 6, Obersalzberg, Tel. 0 86 52 / 21 05, www.hochlenzer.de, Anfahrt mit Pkw möglich), 1. April–Anfang November tgl. außer bei nasser Witterung, eigener Aufzug. Auf-/Abfahrt mit Obersalzbergbahn und dreimal Sommerrodeln 14 €, Kind 10 €.

■ **Naturbad Aschauer Weiher** (s.o.)

Schönau am Königssee

Traditionsbewusste Einheimische graust es vor der **Seestraße,** der Promenade, die vom Großparkplatz hinunter zum See führt, vorbei an Ständen mit Souvenirs in quietschgelb, froschgrün, schweinchenrosa, veilchenblau und liebesrot. Gemeinsam ist den Geschenkartikeln nur eines: Sie stammen nicht vom Königssee. Doch wer zum Schiff will, hat keine Wahl, er muss durch diese Gasse. Sie ist der einzige Zugang zum See, der eingebettet liegt zwischen den steilflankigen Bergen, die es nicht erlauben, dass ein Fußpfad am Ufer entlang nach Süden in Richtung Bartholomä gehen könnte. Nur über die Berge gelangt man dorthin oder eben mit dem Schiff. Aber wenn man dann mal an der **Anlegestelle** steht, ist das Ungemach schnell vergessen. Die **Elektroboote** gleiten leise übers Wasser, die Sonne strahlt und der Himmel ist unendlich hoch.

Jennerbahn

Die neugebaute **Kabinenbahn** auf den südöstlich von Schönau sich erhebenden Jenner (1874 m) fährt seit 2018 in einem Teilabschnitt bis zur Mittelstation. Dort beginnt die **Wanderung 5 – Auf den Schneibstein** (siehe Kapitel „Touren“). Wenn die Gondelbahn 2019 fertiggestellt ist, erschließt sie das oben liegende Skigebiet mit seinen Schlepp- und Sesselliften.

087ch sk

Bootsanlegestelle „Seelände“ – der einzige mit dem Fahrzeug erreichbare Zugang zum Königssee

■ **Jenner-Seilbahn:** Jennerbahnstr. 18, Schönau, Talstation nahe dem Großparkplatz, Tel. 0 86 52 / 9 58 10, www.jennerbahn.de; 9–17 Uhr, Winter bis 16 Uhr, Sommerpreise Berg-/Talfahrt bis zur Mittelstation 18 €, Kind 8/16 €, Familie jede Erw. 16 €, Kind 7/14 €, Skipass (Jennerbahn, Schlepp- und Sessellifte) 29 €/Tag, Kind 12/24 €.

Praktische Tipps

Informationen

■ **Tourist-Info Schönau,** Rathausplatz 1, 83471 Schönau am Königssee, Tel. 0 86 52 / 65 59 80, www.koenigssee.com, tgl. 9–17/18 Uhr, Winter tgl. 9–13 Uhr.

Service

■ **Internet:** WLAN-Hotspot im *Schornbad* von Schönau.

Verkehr

■ **Bus:** Verbindungen nach Berchtesgaden mit den Bussen Nr. 841, 842, 843 und 846.
■ **Parken:** Gebührenpflichtiger Großparkplatz Königssee am Eingang des gleichnamigen Ortsteils (5 €/Tag, mit Gästekarte 2,50 €/Tag). Will man in die Berge, kann man am Automaten für mehrere Tage lösen oder nimmt die Jahreskarte für 30 €.
■ **Radverleih:** Das **Movelo-System** ist ein regional und in Kooperation mit Gemeinden organisierter E-Bike-Radverleih mit Leihstationen und einem Netzwerk an Akkuwechselstationen. Verleih u.a. bei den Tourist-Infos von Ramsau und Schönau und an der *Hochschwarzeck-Bergbahn,* 20 €/Tag (mit Gästekarte 15 €).

Mountainbikes und E-Mountainbikes gibt es bei **Alpen-Bikes,** Schornstr. 2, Schönau, Tel. 0 157 / 73 22 25 00, www.alpen-bikes.com, Mountainbike 25–30 €/Tag, E-Mountainbike um 40 €/Tag.

Einkaufen

■ Zahlreiche **Souvenirläden** mit Exportschlagern aus China und Indien.

Unterkunft

■ **Königssee**②-③, Seestr. 29, Schönau, Tel. 0 86 52 / 65 80, www.hotel.koenigssee.com. In der ersten Reihe am See und deshalb fast immer umtost vom Touristentrubel – was aber auch Spaß machen kann, wenn man gemütlich auf der Terrasse sitzt und zuguckt; 42 komfortable Zimmer unterschiedlicher Kategorie (mit/ohne Seeblick, Balkon), angeschlossenes **Restaurant.**
■ **Schiffmeister**③, Seestr. 34, Schönau, Tel. 0 86 52 / 9 63 50, www.hotel-schiffmeister.de. Der zweite Platzhirsch an der Anlegestelle, 50-Betten-Hotel in Familienbesitz mit dem alpenländischen Charme vergangener Zeiten, kein Restaurant, Parkplatz.
■ **Bergheimat**②-③, Brandnerstr. 16, Schönau, Tel. 0 86 52 / 60 80, www.hotel-bergheimat.de. Auch wenn der Name nach *Neuer Deutscher Welle* klingt, es ist ein richtiges Hotel nahe der Jenner-Talstation mit 38 modern und mit viel Holz gestalteten Zimmern und einem guten Restaurant.

Rosemarie Magdalena Albach

Diese Frau kennt kein Mensch? Falsch! Allerdings wurde sie unter einem anderen Namen weltberühmt: **Romy Schneider.** Das Licht dieser Erde hat sie in Wien erblickt, aufgewachsen ist sie aber bei ihrer Großmutter in Schönau.

Unser Tipp: **Alpengasthof Vorderbrand**①, Vorderbrandstr. 91, Schönau, Tel. 0 86 52 / 20 59, www.gasthof-vorderbrand.de. Hoch über dem Tal etwa 4 km von Schönau steht der Gasthof mit Weitblick und einer herrlichen Sonnenterrasse. 10 sehr hübsch eingerichtete Zimmer mit schönen Bauernbetten, Waschbecken in den Zimmern und Bad auf dem Flur; außerdem eine Ferienwohnung im Haupthaus, das Feldkastl, ein separat stehendes Häusl für drei Personen und ein Matratzenlager mit 22 Schlafplätzen. **Gaststätte**①-② (Mi, Winter Mi, Do geschl.) mit bayerischer Hausmannskost und Brotzeiten.

- **Berngrubenlehen**①, Fritzenweg 16, Schönau/Vorderbrand, Tel. 0 86 52 / 6 30 48, www.berngrubenlehen.de. Bergbauernhof am Faselsberg in ruhiger Alleinlage mit nur 5 Zimmern mit Bad und Balkon und einer Stube mit Kachelofen für die Gäste; tolles Frühstück und aufmerksame Gastgeber.
- **Camping Mühlleiten,** Königsseer Straße 70, Schönau, Tel. 0 86 52 / 45 84, www.camping-muehlleiten.de. Ordentlicher Wiesenplatz mit guten Sanitäreinrichtungen 1,5 km vom See entfernt mit Kiosk, Restaurant und WiFi.

Essen und Trinken

- **Echostüberl**②, An der Seeklause 41, Schönau, Tel. 0 86 52 -94 86 30, www.echostueberl.de, tgl. 10–23 Uhr. Direkt am Ufer gelegen, sollte man natürlich einen Platz auf der Seeterrasse ergattern. Neben bayerischem „Fastfood" gibt es sehr leckere Fischgerichte (Hecht, Saibling) und auch Fischfondue; sehr faire Preise.
- **Waldhauserbräu**②, Waldhauserstr. 12, Unterstein/Schönau, Tel. 0 86 52 / 94 89 43, www.waldhauserbraeu.de, tgl. 16–24 Uhr, Sa, So ab 10 Uhr. Wenn man wegen der Lage nicht von den Tagestouristen profitieren kann, muss man eben sehr gut kochen. Gemütliche Landgaststätte mit Biergarten, bayerisch-österreichische Karte, angefangen beim Schmalztopf mit Radieserl und Roggenbrot über den Essigknödel mit frischen Kräutern bis zum Zweierlei vom Hirsch und Dreierlei vom Edelfisch.

Abends unterwegs

- **Kaserbar,** Seestr. 2, Schönau, Tel. 0 86 52 / 37 55, www.facebook.com/kaserbar, Do–Sa 20–3 Uhr; die alternativlose Disco der Region im Keller. Es gibt Cocktails, viel Bier und DJ-Musik – wer Hunger hat, geht die Treppe hoch zu *McDonalds.*

Feste und Veranstaltungen

- Im Januar finden die **Bob, Rennrodel & Skeleton Weltcups** auf der Kunsteisbahn am Königssee statt (www.eisarena-königssee.de). Die Bahn hat eine Gesamtlänge von 1587 m, die drei Aggregate erbringen eine Kälteleistung von 2,3 Mio. kcal/h, deren Output über Rohre mit einer Länge von 70 km verteilt wird.
- Die **Almer Wallfahrt** am letzten Samstag des August ist eine der ältesten Hochgebirgswallfahrten. Fast 3000 Menschen wandern von Maria Alm (Anfahrt mit dem Bus vom Parkplatz Königssee um 3 Uhr morgens) zur Bergmesse am Riemannhaus um 8 Uhr, und dann weiter durch das Steinerne Meer, über den Funtensee und das Kärlingerhaus und durch die Saugasse hinunter nach St. Bartholomä (wo um 18 Uhr die abschließende Messe stattfindet). Unter acht Stunden reine Gehzeit ist die Wallfahrt nicht zu machen.

Aktivitäten

- Das **Rennbob-Taxi** (Graf-Arco-Str. 20, Schönau, Tel. 0 86 52 / 97 60 69, www.rennbob-taxi.de, Sommer (65 €) wie Winter (90 €), an ausgewählten Wochenden, ist die Gelegenheit, einmal durch den Eiskanal zu sausen – wenn schon nicht am Steuerhorn, so doch wenigstens als Kopilot eines erfahrenen Viererboblenkers.

Spaß für Kinder

- **Spiel- und Aktiv-Park Seealm,** Jennerbahnstr. 12, Schönau, Tel. 0 86 52 / 97 74 42, www.seealm.de; Gastwirtschaft mit Minigolf, Tischtennis, Spielplatz, Riesentrampolin und Outdoor-Kartbahn.

Der Königssee

Wahrhaft königlich ist die Kulisse des Sees mit dem Watzmann und der Wallfahrtskirche St. Bartholomä mit ihren ausbauchenden Zwiebelkappen. Schon die bayerischen Herrscher haben die Gegend weidlich genutzt und in den wildreichen Wäldern an den Hängen und in den Felsen des Steinernen Meeres nach Herzenslust gejagt. Der Name allerdings hat mit Königen nichts zu tun. Einer der Pröpste von Berchtesgaden – *Cuno von*

131ch sk

Blick auf Schönau vom Boot aus

Horburg – gilt als Namensgeber. Ab dem 12. Jh. nannte man den See *Chunigesse* und dann *Kunigsee* – da war's dann zum *Königssee* nicht mehr weit. Sein smaragdenes Grün kommt vom Kalk der umgebenden Gebirge, mit 192 m ist er das **tiefste Gewässer Bayerns** und eines der frischesten: Nur in sehr heißen Sommern nähert sich die Temperatur der 20-Grad-Marke. Acht Kilometer zieht er sich schmal nach Süden, an der breitesten Stelle misst er 1250 m.

Bootsfahrt nach St. Bartholomä

Wer die anstrengende Tour über die Berge scheut, hat nur eine Möglichkeit, zur Wallfahrtskirche St. Bartholomä zu kommen – mit dem Schiff.

Die Schönauer profitierten bereits ab etwa der Mitte des 18. Jh. von den zunehmenden Besucherzahlen, die auf flachen Kähnen über den See gerudert sein wollten. Über 150 Schiffer haben sich dann im 19. Jh. zu einer Zunft zusammengefunden. 1872 beförderten sie mit Muskelkraft 10.000 Besucher über den See, 1908 schließlich 80.000 Touristen. 1909 war Schönau mit der Eisenbahn erreichbar (eine Strecke, die heute nicht mehr existiert) und der Prinzregent ließ im selben Jahr vier Boote bestellen, zwei Elektroboote, davon eines nur für Hofzwecke, und zwei mit petroleumbefeuerten Dampfmaschinen. Die Fahrzeit zur Südseite des Sees hatte sich damit halbiert. 1913 gab es 12 Elektroboote. Heute sind es **18 Schiffe,** die alle von der **Werft in Schönau** stammen, der südlichsten und höchstgelegenen Deutschlands.

Auf der 35 Minuten dauernden Fahrt unterhält das Bootspersonal die Gäste mit lustigen und ernsten Geschichten über den See und den schauerlich-schön aufragenden Watzmann, weist auf den **Aussichtspunkt Malerwinkel** hin und holt schließlich die Trompete hervor, um den berühmten Widerhall vor der **Echowand** an der Westseite zu demonstrieren. Einmal, mit Glück zweimal, ist das Echo zu hören. Früher, als man noch mit einem Böllerschuss für rechte Schallwellen sorgen durfte, erklang es bis zu siebenmal.

Der **Kessel** an der Ostseite ist eine Bedarfshaltestelle, die nur angefahren wird, wenn ein müder Wanderer das optische Signal am Steg betätigt. Bei der Annäherung an St. Bartholomä fährt das Boot langsamer, um jedem die Möglichkeit zu geben, das berühmte Fotomotiv der Kirche mit den Bergen im Hintergrund einzufangen. In Bartholomä steigt das Gros der Fahrgäste aus, hier wartet der Biergarten.

Der Rückweg nach Schönau durch die Berge anstelle der Bootsfahrt ist kein Spaziergang: Die alpine Tour mit fantastischen Ausblicken erfordert Kondition und Trittsicherheit, sie ist 10,8 km lang bei 825 m Höhendifferenz (siehe **„Wanderung 4"** im Kapitel „Touren").

■ **Königsseeschifffahrt:** Seestr. 55, Schönau, Tel. 0 86 52 / 9 63 60, www.seenschifffahrt.de; im Winter erste Fahrt ab der Anlegestelle Königssee Seelände 9.30 Uhr, letzte ab St. Bartholomä 16.30 Uhr, im Sommer erste Fahrt ab Seelände 8 Uhr, letzte ab St. Bartholomä 18.30 Uhr, hin und zurück 15 € (bis Salet 18,50 €), Kind halber Preis, Familie mit 4 Pers. 38,50 € (Salet 47 €).

▷ „Schwimmende" Kirche vor der Watzmann-Ostwand

088ch sk

St. Bartholomä

Bartholomä ist definitiv ein Ausnahmeort, schöner kann es nicht sein: der grüne See, ein klarer Himmel, weiße Wolkentupfer, der blaugraue Fels des Watzmann, eine **Kirche** und ein **Schloss.** Bereits die Pröpste Berchtesgadens wussten die herausragende Lage zu schätzen und errichteten 1134 eine erste Kapelle – die Dreifaltigkeitsbasilika Chunigesse. 1522 wurde die Kapelle dem hl. *Bartholomäus* geweiht, dem Schutzpatron der Sennen und Almbauern. Zeitgleich erlaubte der Papst St. Bartholomä den Ablasshandel, für Pilger auf Wallfahrt natürlich ein hochwillkommener Zusatznutzen.

Zu jener Zeit hatte das Kirchlein wohl schon sein romanisches Gewand abgelegt und zeigte sich in gotischem Stil. Dem Zeitgeschmack geschuldet, riss man die Kirche 1697 ab und ersetzte sie durch den heutigen **barocken Bau** mit Kleeblattgrundriss. Der westliche runde Anbau kam 1733 hinzu. Zweimal wäre die Kirche wegen Baufälligkeit beinahe abgerissen worden, 1867 und 1892. Beim ersten Mal verhinderte dies *Ludwig II.*, indem er die Renovierung aus seiner Privatschatulle finanzierte, beim zweiten Mal zahlte Prinzregent *Luitpold.*

Die heute mit der Kirche baulich verbundene Gaststätte, das **ehemalige Schloss,** geht auf ein Fischermeisterhaus

132ch sk

des 14. Jh. zurück, das man um 1475 durch ein Jagdschlösschen ersetzte. Seit 1733 verbindet der Rundbau das Gotteshaus mit dem Schloss, in dem sich auch die Sakristei befindet. Die 1912 eingerichtete **Gaststätte St. Bartholomä** ist bekannt für ihren schönen **Biergarten.** An manchen Tagen und besonders an Wochenenden muss sie allerdings mit einem orkanartigen Besucheransturm fertig werden. 400 Sitzgelegenheiten im Garten und 350 drinnen sind dann bis auf den letzten Platz besetzt und reichen dennoch nicht – kein Ort der meditativen Nahrungsaufnahme.

Unser Tipp: So schön es in Bartholomä ist, man mache sich rechtzeitig auf die **Rückfahrt.** Zum Abend hin wird es nämlich eng, dann stauen sich die Heimkehrer ganz beträchtlich und es heißt warten. Übernachten ist keine Alternative, Unterkünfte am Königssee gibt es nur in Schönau – oder in den Berghütten ganz oben.

■ **Gaststätte St. Bartholomä** ②, Tel. 0 86 52 / 96 49 37, www.bartholomae-wirt.de, tgl. während der Betriebszeiten der Seeschifffahrt, keine Unterkunft.

Wanderung um den Obersee

Nur wenige fahren mit dem Schiff bis zur Endhaltestelle **Salet** und wandern um den nur 60 ha großen Obersee zur **Fischunkelalm** (100 Höhenmeter, 3 km, 45 Min.). Die abgeschieden und romantisch direkt über dem Seitensee gelegene Alm verkauft eine Jause mit Brot, Speck, Käse und Buttermilch direkt von der Bergweide. Wer weitere 20 Minuten Wanderung investiert, wird mit dem Blick auf den 470 m hohen **Röthbachfall** belohnt, den höchsten Wasserfall Deutschlands, der sich aus dem Steinernen Meer speist. Am spektakulärsten ist er im Frühjahr, wenn die Schneeschmelze in den Bergen für viel Wasser sorgt.

Nach der Rückkehr bekommt man an der **Saletalm** eine Brotzeit oder auch ein ausgiebiges Essen. 1912 hatte der Prinzregent dem *Hofreiter Michael* und der *John Rosa* zu ihrer Hochzeit 16 m² Grund am Steg von Salet und die Konzession für einen Kiosk geschenkt. Daraus wurde im Laufe der Jahre eine richtige Gaststätte.

- **Saletalm,** Tel. 0 86 52 / 6 30 07, www.saletalm.de, Mitte April–Mitte Oktober, an den Fahrplan angelehnt tgl. offen, keine Unterkunft, es wird nur Barzahlung akzeptiert.
- **Fischunkelalm,** www.facebook.com/fischunkelalm, Juni–Sept. 8–18 Uhr, keine Unterkunft.

Wanderung um den Königssee

Die klassische Drei-Tages-Tour ohne bergsteigerische Herausforderungen führt in den Bergen um den gesamten See herum, mit zwei Übernachtungen, für schnelle Geher auch in zwei Tagen mit einer Übernachtung zu machen. Sie beginnt in **Schönau** und führt hoch zur Mittelstation der Jennerbahn, quer rüber zur **Königsbachalm** und über den Aussichtspunkt Feuerpalfen weiter zur **Gotzenalm.**

Unser Tipp: Bis zur **Wasseralm,** wo es sich weit ab von allem bequem und nur vom Röhren der Hirsche in den Schlaf begleitet übernachten lässt, sind es von der Gotzenalm 4 Std. Am nächsten Tag nimmt man den Weg über den **Grünsee** (4 Std.) oder man wandert über Blaue Lache, Lange Gasse und Totes Weib (6 Std.) durch das Steinerne Meer zum **Kärlingerhaus am Funtensee,** dem Kälteloch Deutschlands. Am nächsten Tag die steile Saugasse hinab (2½ Std.), endet die Tour bei **St. Bartholomä,** wo man das Schiff nach Schönau zurück nimmt. Wer noch Kraft hat, wandert von St. Bartholomä über die Berge nach Schönau (s. **„Wanderung 4“** im Kap. „Touren“).

☒ In der Hochsaison kommt es an der Seelände von Königssee-Ort, dem Hafen, schon mal zu einem kleinen Stau

- **Gotzenalm,** Tel. 0 86 52 / 69 09 00, www.gotzenalm.de, Juni–Mitte Oktober.
- **Wasseralm,** Tel. 0 86 52 / 6 09 11 61, www.wasseralm-berchtesgaden.de, Juni–Mitte Oktober, Matrazenlager, Essen.
- **Kärlingerhaus,** Tel. 0 86 52 / 6 09 10 10, www.kaerlingerhaus.de, Juni–Anfang Oktober.

Wanderungen in den Bergen

Das Gebiet um den Königssee ist **eine der schönsten Wanderregionen der Alpen.** Die Möglichkeiten sind vielfältig. Eine klassische Drei-Tages-Tour ist hier als Anregung beschrieben, ausführlichere Routenbeschreibungen zweier kürzerer Wanderungen mit Startpunkt Schönau finden sich im Kapitel „Touren“: **Wanderungen 4 und 5.**

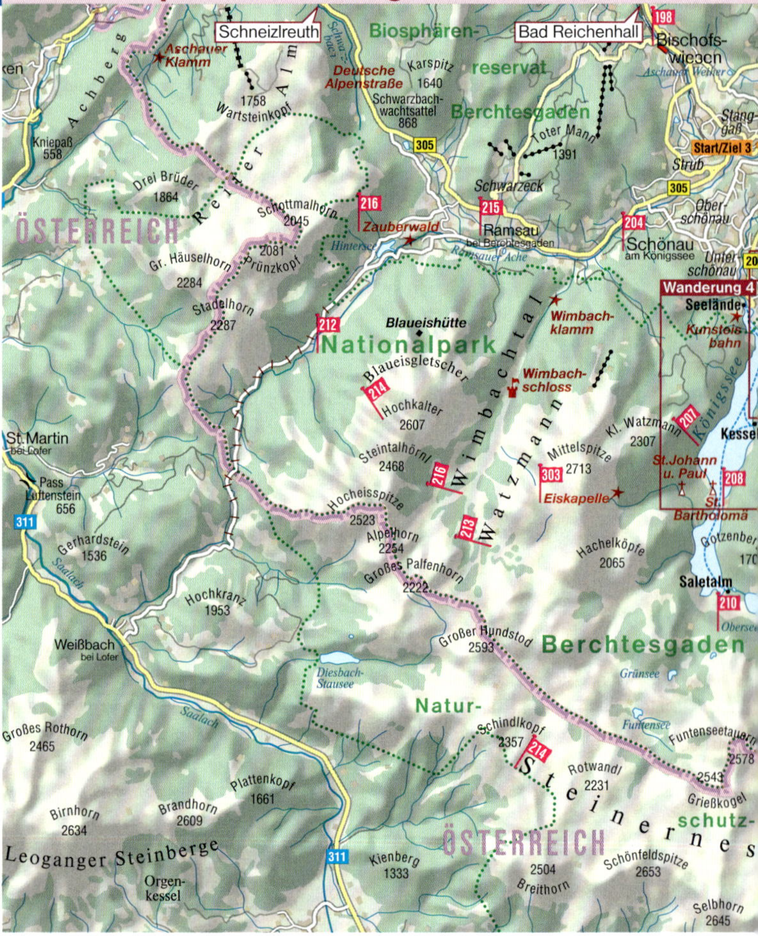

Nationalpark Berchtesgaden

1910 wurde der Same für das Schutzgebiet gelegt, das heute den gesamten Südzipfel des Landkreises Berchtesgadener Land umfasst. Um den naturzerstörerischen **Handel mit Alpenkräutern** einzudämmen, erklärte man ein 8600 ha großes Areal im Südosten des Königssees zum „Pflanzenschonbezirk Berchtesgadener Alpen“. 1921 erweiterte man das Gebiet auf 20.400 ha. Als 1953 das Projekt auftauchte, eine Seilbahn auf den

Watzmann zu bauen, forderte man erstmals für das Gebiet die höchste Schutzstufe – einen Nationalpark. 1972 beschloss der Landtag die Einrichtung, 1978 wurde er proklamiert. Der Nationalpark ist die Kernzone des 1991 von der UNESCO zertifizierten Biosphärenreservats Berchtesgaden.

Die Berge

Watzmann

Im Westen des Königssees ragt das Massiv des Watzmann mit seiner höchsten Erhebung **Mittelspitze** in den Himmel (2713 m, die höchste Stelle des Berchtesgadener Landes). Zahlreiche Legenden ranken sich um den Watzmann und seine Eroberung durch die Menschen. Die **Ostwand** (Bartholomäwand) ist mit 1800 m durchgehender Höhe die höchste der Alpen. Einem Slowenen gebührt die Ehre, die Mittelspitze als erster bezwungen zu haben (im August 1800). Die **Südspitze** ist nur einen Meter niedriger, das **Hocheck** misst 2651 m. Diese drei Gipfel bilden den **Großen Watzmann** und sind mit einem 4,5 km langen Grat verbunden. Der **Kleine Watzmann** („Watzmannfrau") misst 2307 m. Sieben „Watzmannkinder" soll es geben, als Gipfel sind aber nur fünf zu erkennen. Die Ersteigung und Durchsteigung des Watzmann ist kein Spaß und nur sehr erfahrene Bergsteiger sollten sie in Angriff nehmen. Weit über 100 Bergopfer wurden gezählt, es sind hier doppelt so viele Menschen umgekommen wie z.B. an der Eiger-Nordwand – und es vergeht kein Jahr ohne neue Todesfälle.

Hagengebirge

Im Osten beginnt das Hagengebirge auf deutschem Gebiet und zieht sich weit nach Österreich hinein. Direkt auf der Grenze liegt der **Schneibstein** mit 2276 m, ein auch im Winter beliebtes Ziel (dann für Schneeschuh- und Skitourengeher, da seine breite nordwestliche Flanke relativ lawinensicher ist). Er gilt als leichtester Zweitausender der Alpen (Wanderung auf den Gipfel siehe Kapitel „Touren, Wanderung 5"). Wer es noch bequemer liebt: Auf den benachbarten **Jenner** führt die Seilbahn hoch (s.o.: „Schönau am Königssee"). Von deren Bergstation sind es auf dem Höhenweg nur 45 Minuten bis zum **Schneibsteinhaus,** wo die Tour zum Gipfel beginnt, und weitere zehn Minuten zum ganzjährig bewirtschafteten **Carl-von-Stahl-Haus.**

Der Jenner ist im Winter ein beliebtes Skigebiet mit 30 ha Pistenfläche und 11 km Pisten, davon eine 7 km lange durchgängige Talabfahrt, eine Kabinenbahn und sieben Sessel- und Schlepplifte. Im Norden des Hagengebirges bildet der **Hohe Göll** (2522 m) ein eigenes Massiv.

■ **Schneibsteinhaus,** Tel. 0 86 52 / 25 96, www.schneibsteinhaus.de, Mai–Okt., Unterkunft nur mit Halbpension 40–50 €/Person, keine Alpenvereinshütte.

Blutiger See und steinernes Meer

Aus Königsblut ist er entstanden, der Königssee. Ein besonders bestialisch handelnder Machthaber herrschte hier einst, *Wazemann* genannt. Furcht und Schrecken soll er verbreitet haben und eines Tages ritt er einfach eine ganze Familie nieder. Die letzten Worte der Bäuerin waren ein Fluch. Ihn und sein ganzes Geschlecht möge Gott zu Stein verwandeln. Was dann auch gleich geschah. Sein Blut aber floss zu Tale und wurde zum See.

■ **Carl-von-Stahl-Haus,** Alpenverein Salzburg, Tel. 0 86 52 / 6 55 99 22, www.stahlhaus.at, Unterkunft und Essen.

Steinernes Meer

Im Südwesten des Nationalparks vermittelt das ebenfalls auf weit über 2000 Höhenmeter anwachsende Steinerne Meer zum Watzmann-Massiv hin. Es ist nicht nur auf deutscher Seite geschützt, die Nachbarn hüten ihren Anteil am Steinernen Meer als Naturschutzgebiet Kalkhochalpen.

Hochkalter und Blaueisgletscher

Westlich des Watzmann und von ihm durch das **Wimbachtal** (s.u.) getrennt, erhebt sich der noch zum Nationalpark gehörige **Hochkalterstock** mit dem höchsten Gipfel Hochkalter (2607 m). Immer wieder – und nicht nur zu prähistorischer Zeit, als die Steinwürfel bis in den Zauberwald rollten – kommt es im Massiv zu gewaltigen Bergstürzen, so auch 1908, 1954 und 1959. Grund dafür ist das relativ brüchige Gestein. Gipfelbesteigungen im Massiv gelten als schwierig.

Eine ausgedehnte Wanderung entführt zum **nördlichsten Gletscher der Alpen,** dem Blaueisgletscher zwischen den Gipfeln Blaueisspitze, Hochkalter und Kleinkalter direkt südlich von Ramsau. Man besuche ihn, solange es ihn noch gibt. 1820 bedeckte das Eis noch 25 ha, heute sind es 7,5 ha und der Gletscher ist bereits geteilt – der untere Abschnitt wird es wohl nicht mehr lange machen. Drei Stunden sind es von

090ch sk

Ramsau zur **Blaueishütte** auf 1680 m unterhalb des Gletschers. Man kehre auf demselben Weg zurück. Die Umrundung des Gletschers ist mit schwieriger Kletterei verbunden und sollte nur von versierten Bergsteigern unternommen werden.

■ **Blaueishütte,** Tel. 0 86 57 / 2 71, www.blaueishuette.de, Mitte Mai–Mitte Oktober, Essen und Hüttenlager.

Ramsau

Dort, wo der Klausbach in den Hintersee fließt und zur Ramsauer Ache wird, wo das Wimbachtal mit seinen ungastlichen Schuttströmen endet und die Landschaft fast lieblich wirkt, dort wo die Felsentürme des Watzmann aufragen und die Kirchen weiß blitzen, die Balkone der Bauernhäuser vor bunten Blumen fast nicht mehr zu sehen sind – dort weiß man, dass man in einem der **schönsten Täler des Berchtesgadener Landes** lebt. Und gesund ist es auch. Seit 1989 besitzt Ramsau einen **Bergkurgarten** mit eigenem **Gradierwerk,** in dessen Inhalationsraum die salzgeschwängerte Luft Heilung für die Atemwege bringt.

Die holzschindelgedeckte **Pfarrkirche St. Fabian und Sebastian** im Ort ist einen Besuch wert und mit der wuchtigen Reiteralpe als Hintergrund eines der beotive im Tal. 1512 wurde sie errichtet, 1518 geweiht, 1697 das Langhaus mit einem Anbau nach Westen erweitert und drei Jahre später mit dem Glockenturm versehen. Doch die Ramsauer mussten zur Sonntagsmesse weiter nach Berchtesgaden. Erst 1657 wurde *„wegen Gefahren des Weegs ... Sonn- und Feyerteglich die ihr vorgeschribne Pfarkhirchen zu Berchtesgaden zu besuchen [den] Ramsauerischen Unterthanen ein tauglich und qualifizierte Person zu einem Seelsorger“* bestellt. Die Schnitzfiguren am Hochal-

⌃ Aus der Nähe fast bedrohlich: die charakteristischen Zacken des Watzmann

tar und jene an der Brüstung der Orgelempore (Christus mit Aposteln) von 1430 sind von hoher künstlerischer Qualität.

Unser Tipp: Ramsau ist ideal als **Standort** für Unternehmungen im Nationalpark Berchtesgaden oder für **Wanderungen** im Tal zum Zauberwald, in die Wimbachklamm oder auch nur kurz hoch zum 100 m über der Ramsauer Ache liegenden Wallfahrtskirchlein für die Sennen und Sennerinnen – Mariä Himmelfahrt.

Wallfahrtskirche Mariä Himmelfahrt

Der Weg zur Wallfahrtskirche Mariä Himmelfahrt, auch **Maria Kunterweg** genannt (*Kunter* ist Kleinvieh wie Ziegen und Schafe, die auf diesem Pfad auf die Almen gelangten) beginnt beim Oberwirt und führt mit mählicher Steigung eine knappe Viertelstunde schräg am Hang entlang, vorbei an der **Kalvarienbergkapelle** und an 15 Rosenkranzstationen zu dem 1733 geweihten Kirchlein, das sich in schönstem ländlichen Rokoko präsentiert. Das Deckengemälde hat sich der Vertreibung der Irrgläubigen angenommen, die der Fürstpropst im Weihejahr der Kirche außer Landes gejagt hatte – der Künstler *Innozenz Anton Warathy* war mit seinem Fresko also hochaktuell. Der Aderlass von fast 10 % der Bevölkerung brachte Berchtesgaden übrigens nur Nachteile, andere aber profitierten. Insbesondere Nürnberg nahm von jeher vertriebene lutherische Handwerker gern auf und deren handwerkliche Fertigkeiten trugen dazu bei, dass die Stadt zum Zentrum der Spielwarenindustrie werden konnte.

Wimbachtal

Die **Wimbachklamm** liegt direkt am Eingang des Wimbachtals und ist nur 200 m lang, dafür ist dieser Abschnitt des Tals spektakulär eng und auf einem hölzernen, ehemaligen Holztriftsteig zu begehen. Wer weiter will, gelangt zum **Wimbachschloss.** Es wurde 1784 unter den Fürstpröpsten errichtet und später u.a. von König *Max II.* als Jagdschloss genutzt. Heute ist es eine Berggaststätte mit dem Anspruch, alle Ingredienzen lokal einzukaufen, vom Brot über Käse bis zum Fleisch – und das Wild kommt vom Berg um die Ecke. Am Ende nach gut acht Kilometern entlang des alpinen Schuttstromes, nach 700 Höhenmetern und drei Stunden wartet die **Wimbachgrieshütte** am Talschluss.

- **Wimbachklamm,** Parkplatz Wimbachbrücke, Eintritt 2,50 € (Chip bei *Wimbachs Wollstadl* 300 m vor dem Eingang zur Klamm), Mai–Okt. 7–19 Uhr.
- **Berggaststätte Wimbachschloss**②, Wimbachweg 49, Tel. 0 86 57 / 9 83 98 58, www.wimbachschloss.net, Mai bis Allerheiligen 9–18 Uhr.
- **Wimbachgrieshütte,** Tel. 0 86 57 / 3 44, www.wimbachgrieshuette.de, Mitte Mai bis Mitte Okt., Essen und Unterkunft im Hüttenlager.

Hintersee und Zauberwald

Der 16,4 ha große Hintersee liegt fotogen und türkis, umrahmt von felsigen Gipfeln, zwei Kilometer südwestlich von Ramsau. Als Gebirgssee sind seine Temperaturen natürlich recht frisch, sie kommen auch im Hochsommer über 15 °C nicht hinaus – im Winter ist er allerdings auch schnell zugefroren und beliebt bei Eisstockschießern und Schlittschuhläufern. Die malerische Lage hat von jeher Meister der bildenden Künste angezogen, darunter *Wilhelm Busch, Carl Rottmann* oder *Ferdinand Waldmüller.* Der Wanderweg „Ramsauer Malerweg" führt von Ramsau durch den **Zauberwald** (!), eine wildromantische, vor 4000 Jahren durch einen Bergsturz entstandene Märchenlandschaft, in der den Malern die Perspektiven und Sujets nur so zuflogen. Abends kehrten sie in den *Gasthof Auzinger* (s.u.) zurück, wo viele von ihnen logierten. Heute kann man mit der elektrisch betriebenen „Annerl" den See queren (1,50 €, Kind 1 €, Familie 3,50 €) oder eine Rundfahrt unternehmen (3,50 €, Kind 2 €, Familie 7,50 €), Mai bis Okt. tgl. 9–18 Uhr, nur bei gutem Wetter. Zu Fuß umrundet man den See in etwa 1½ Stunden.

Wanderung entlang der Soleleitung

Beim *Ramsauer Oberwirt* beginnt der sonnenreiche, auch im Winter geräumte Wanderweg (knapp 11 km, 2½–3 Std., ca. 500 Höhenmeter) entlang der historischen Soleleitung, die Berchtesgaden mit Reichenhall verband und die Berge mit Hilfe von eigens konstruierten Pumpstationen überwand. Am Kirchlein Mariä Himmelfahrt (Maria Kunterweg, s.o.) vorbei geht es zur Hindenburglinde, hinter der man auf den Soleleitungsweg stößt. Aussichtsreich wandert man dann vorbei an mehreren Gasthöfen und an einem Infostand mit interessanten Exponaten zur Soleleitung, schließlich um das Söldenköpfl herum und hinunter zur Ramsauer Ache beim Dorf Duft. Von dort kommt man mit Bus Nr. 846 zurück nach Ramsau.

Praktische Tipps

Informationen

■ **Tourist-Info,** Im Tal 2, 83486 Ramsau, Tel. 0 86 57 / 98 89 20, www.ramsau.de, Juli–Sept. Mo–Fr 9–18 Uhr, Sa/So 9–12 und 13–16 Uhr, Mai/Juni Mo–Fr 9–12 und 13–17 Uhr, Sa 9–12 Uhr, Okt.–Mai Mo–Fr 9–12 Uhr.

Verkehr

■ **Radverleih:** Das **Movelo-System** ist ein regional und in Kooperation mit Gemeinden organisierter E-Bike-Radverleih mit Leihstationen und einem Netzwerk an Akkuwechselstationen. Verleih u.a. bei den Tourist-Infos von Ramsau und Schönau und an der Hochschwarzeck-Bergbahn, 20 €/Tag (mit Gästekarte 15 €).

■ **Hochschwarzeck-Bergbahn:** Schwarzeckerstr. 80, Ramsau, Tel. 0 86 57 / 3 68, www.hochschwarzeck.info; Sesselbahn, 360 Höhenmeter, 1200 m Länge, Fahrzeit 12 Min., Bergstation 1390 m; Sommer tgl. (Herbst/Frühjahr Do–So) 9.30–16 Uhr, Winter gesonderte Fahrzeiten, Berg-/Talfahrt 11 €, Kind 5,50 €, Familienkarte 24,50 €.

Unterkunft, Essen und Trinken

■ **Hotel Rehlegg**③, Holzengasse 16, Ramsau, Tel. 0 86 57 / 9 88 40, www.rehlegg.de. Traditionshaus der Luxusklasse am Hang über Ramsau mit 87 aufmerksam im Alpinstil konzipierten und eingerichteten Zimmern. Besonderer Wert wird auf Nachhaltigkeit gelegt und als Familienbetrieb kann man auf ein großes Stammpublikum zurückgreifen; ausgesprochen großzügiger Wellness-Bereich; sehr gute Halbpensionsküche mit Spezialitätenbüffets.

■ **Gasthof Auzinger**②, Hirschbichlstr. 8, Ramsau, Tel. 0 86 57 / 2 30, www.auzinger.de. 1863 an Stelle einer Taverne aus dem 17. Jh. errichtet, war der Auzinger bald eine der bevorzugten Adressen für die Künstlerkolonie von Ramsau; nett in bäuerlichem Stil eingerichtete Gästezimmer, zünftige **Gaststube**② und Garten (Fr–Mi) mit ehrlicher bayerischer Küche.

■ **Wirtshaus im Zauberwald** ②, Im Zauberwald 5, Ramsau, Tel. 0 86 57 / 5 52, www.ramsau-zauberwald.de, Mai–Okt. Do–Di 9–20 Uhr, im Winter teilweise Wochenendbetrieb nach Wetterlage. Tief im Wald hinter den sieben Bergen gibt's bayerische Spezialitäten, Knoblauchsuppe (für die der Wirt berühmt ist) und Gebirgsforellen, aber auch Teufelstoast und Pommes.

Spaß für Kinder

■ **Minigolf Ramsau,** Wimbachweg 11, Tel. 0 86 57 / 5 24, www.haus-zeitz-ramsau.de, Mai–Sept. 10–18 Uhr, 3,50 €, Kind 3 €; gut unterhaltene Anlage auf einem 3000 m² großen Platz.

Hallein

Die Altstadt von Hallein an der Salzach in **Österreich** ist einen Besuch wert. Enge Gassen wechseln sich ab mit großzügigen Plätzen. Straßencafés und Biergärten locken bei schönem Wetter und gemütliche Lokale an regnerischen Tagen.

Sehenswertes

Der **Schöndorferplatz** ist das Zentrum Halleins. Hier steht das **Rathaus** aus dem 17. Jh. Das Fresko an seiner Fassade stammt von 1930 und zeigt den für die Stadt so wichtigen Handel mit Salz auf der Salzach. Über die Pfarrgasse gelangt man zur **Pfarrkirche St. Antonius und St. Hieronymus** am Gruberplatz. Dem Kircheneingang gegenüber ist das Grab von *Franz Xaver Gruber* zu finden, der uns schon einmal in Oberndorf begegnet ist.

Auch Hallein besitzt ein **Stille Nacht Museum,** das sich seit 1993 in der zweiten Etage seines früheren Wohnhauses mit dem Komponisten des Liedes beschäftigt. Zu sehen ist auch die Gitarre, auf der der Texter *Mohr* das Lied uraufgeführt hat.

■ **Stille Nacht Museum,** Gruberplatz 1, Hallein, Fr–So 15–18 Uhr, 3 €, Kind 1 €.

Keltenmuseum

Nordöstlich des Gruberplatzes stehen am Molnarplatz die ältesten Häuser der Stadt. Über den Floriani- und den Bayrhammerplatz gelangt man zum Pflegerplatz mit dem Keltenmuseum, **eines der größten seiner Art in Europa.** Kunst und Kultur dieses von den Römern versenkten Volkes mit seinen zahlreichen Stämmen werden detailliert erläutert. Highlights sind ein in Originalgröße rekonstruierter keltischer Streitwagen und die 2500 Jahre alte Schnabelkanne.

In den Fürstenzimmern wird die **Geschichte des Salzabbaus** aufgefächert – an Hand von historischen Gemälden. Der Dürrnberg war über Jahrtausende Kulturlandschaft und Siedlungsgebiet, davon zeugen die zahlreichen Funde, die ebenfalls im Museum zu sehen sind, und die ausgedehnten Gräberfelder in der Umgebung. Bereits 4000 v.Chr. haben die Menschen hier die Solequellen zur Salzgewinnung genutzt, um 600 v.Chr.

trieben die Kelten bereits Stollen mit einer Ausdehnung von 4,5 km bis zu 280 m in die Tiefe. Hallein ist neben Hallstatt der ergiebigste Grabungsort für Gegenstände aus dem Keltenreich.

■ **Keltenmuseum,** Pflegerplatz 5, Hallein, Tel. +43 / 62 45 / 8 07 83, www.keltenmuseum.at, tgl. 9–17 Uhr, 7,50 €, Kind 2,50 €.

Alte Saline

Über die Pfannhauser Brücke geht es auf die **Pernerinsel,** eine natürliche Insel, die die Salzach in zwei Arme teilt. Geschickterweise hatten die Halleiner auf ihr die Saline mit den Sudpfannen errichtet und das gefährliche Dauerfeuer unter ihnen von der Stadt ferngehalten. 1850 wurde die heutige Alte Saline gebaut. 1989 hat man den Salzabbau am Dürrnberg eingestellt und die Saline aufgegeben. Sie ist jetzt einer der Spielorte für die **Salzburger Festspiele.**

Salzwelten

Der Reichtum des mittelalterlichen Fürsterzbistums Salzburg ruhte auf zwei Säulen: dem Gold, das in den Tauern gefunden wurde, und dem Salz aus dem **Dürrnberg.** Das Schaubergwerk im Dürrnberg firmiert unter dem Namen „Salzwelten". Nach den Querelen ums weiße Gold mit Reichenhall, mit den Bechtesgadener Pröpsten und den Bayern nahmen die Fürsterzbischöfe Salzburgs den zum Erliegen gekommenen Salzabbau bei Hallein 1315 wieder auf. 1542 produzierte die Saline 22.000 Tonnen Salz, 1971 waren es dann 72.320 Tonnen, 1989 war Schluss. Insgesamt wurden in 800 Jahren 12 Mio. Tonnen Salz aus dem Berg geholt.

Bereits 1607 fuhren die ersten Gäste ins Bergwerk ein – damit darf sich Dürrnberg **ältestes Schaubergwerk der Welt** nennen. Mit der Grubenbahn fährt man ein, über Holzrutschen saust man tief hinunter und schließlich gibt es eine Floßfahrt auf dem unterirdischen Salzsee. Nach der Führung kann man das rekonstruierte Keltendorf „Salina" besuchen und staunen, wie die Kelten vor 2500 Jahren an das Salz gekommen sind.

■ **Salzwelten,** Ramsaustr. 3, Bad Dürrnberg/Hallein, Tel. 0043 / 61 32 / 2 00 85 11, www.salzwelten.at, Bergwerkstemperatur 7–10 °C, Führungen (Dauer 75 Min.) April–Okt. 9–17 Uhr, Nov.–März 10–15 Uhr, 21 €, Kind 10,50 € (ab 4 J.), Ticket auch gültig für das Kelten- und das Stille Nacht Museum.

Praktische Tipps

Informationen

■ **Tourist-Info Hallein/Bad Dürrnberg,** Mauttorpromenade 6, Hallein/Österreich, Tel. +43 / 62 45 / 8 53 94, www.hallein.com, Mo–Fr 8.30–17 Uhr.

Spaß für Kinder

■ **Sommerrodelbahn Keltenblitz,** Weißenwäschweg 19, Bad Dürrnberg/Österreich, Tel. 0043/ 62 45 / 8 51 05, www.duerrnberg.at, Mitte Mai–Mitte Okt. tgl. bei schönem Wetter 10/11–17/18 Uhr. Auffahrt mit dem Lift hoch zum Zinkenkopf auf 1336 m, mit 2,2 km die längste Sommerrodelbahn des Salzburger Landes; Bergfahrt und Sommerrodel 11,50 €, Kind 8/9,50 € (5-er Block 33,50 € und 22/28,50 €).

072ch sk

7 Salzburg

Zarte Musik und süße Kugeln, eine traumhafte Zauberflöte und luftige Nockerln, Zuckerbäcker-architektur, barockes Bauwerk und darüber eine riesige Festung – fertig ist das Gesamtkunstwerk „Salzburg – die Mozartstadt".

< Schloss Mirabell und sein barocker Garten

SALZBURG

Der einstige Besitz der Fürsterzbischöfe liegt charmant im Tal der Salzach, umgeben von Hügeln und Bergen. Hoch oben wacht die Festung Hohensalzburg über das Weltkulturerbe des historischen Zentrums. Enge Gassen, elegante Plätze und Renaissance-Fassaden, uralte Abteien und Kirchen im Dutzend, dazu Friedhöfe mit Celebrities zuhauf – Geschichte und Architektur vom Feinsten begleiten auf Schritt und Tritt. Gemäldegalerien mit dem Besten, was die europäische Kunst aufzubieten hat, und die berühmten Festspiele setzen dem Kulturcocktail das Sahnehäubchen auf. Salzburg ist das ganze Jahr über einen Besuch wert.

Geschichte

Die Lage am Fluss mit den Höhen ringsum, die die Beobachtung der Umgebung erlaubten, ließ schon beizeiten Siedlungen entstehen. Aus der **Steinzeit** sind Spuren erhalten, die **Kelten** ließen sich ebenfalls hier nieder. Um 15 v.Chr. kamen schließlich die **Römer** und gründeten *Iuvavum*, das bald zum Mittelpunkt der Region avancierte und römisches Stadtrecht erhielt. Gegen Ende des 5. Jh. hatten die Römer genug von den Germanen und gaben die Gebiete nördlich der Alpen auf.

Die **Bajuwaren** betraten die Bildfläche und einer ihrer Herrscher, der Agilolfinger *Theodebert*, Sohn *Theodos II.*, nahm Ende des 7. Jh. in Salzburg Sitz. In seine Zeit fiel die Ankunft von **Bischof Rupert,** der 696 aus Worms geschickt wurde, um die Wilden zu missionieren. Durch den ersten Kirchenbau wurde er zum Gründungsheiligen der Stadt. 715 konnte man das Stift Nonnberg, das heute weltälteste durchgängig betriebene Frauenkloster der Christenheit, eröffnen. 755 tauchte erstmals der Name *Salzpurc* auf, da war man dann schon Bischofssitz.

798 erhielt man die Würde eines **Erzbistums** und Salzburg stand nun der Kirchenprovinz Bayern vor. Abhängig von der weltlichen Macht, schwenkten die Salzburger im 11. Jh. um und schlugen sich auf die Seite des Papstes, der im Investiturstreit die Einsetzung geistlicher Würdenträger für sich beanspruchte. Kaiser *Friedrich Barbarossa* verhängte deshalb 1166 die **Reichsacht** über Salzburg, in der Folge zündeten Kaisertreue 1167 die Stadt an.

Der Streit mit dem Deutschen Reich und den Bayern beruhigte sich erst einmal wieder, unter **Erzbischof Eberhard II.** gelangte Salzburg auch als Bürgerstadt zur Blüte (nicht zuletzt wegen des Salzhandels) und konnte sein Herrschaftsgebiet konsolidieren. In dem Maße, wie die Erzbischöfe an Macht gewannen, nahm auch der Wunsch auf Unabhängigkeit zu. Zum endgültigen **Bruch mit Bayern** kam es dann 1322, als die Salzburger bei Mühldorf auf Seiten der

NICHT VERPASSEN!

- **Mozarts Geburtshaus** | 227
- **Domquartier** mit Dom, Museen und Residenz | 228–30
- **Erzabtei St. Peter** | 232
- **Festung Hohensalzburg** | 233
- **Schloss Hellbrunn** | 241
- Einmal **Salzburger Nockerln** essen | 244

Diese Tipps erkennt man an der gelben Hinterlegung.

Die Highlights für Kinder

- **Marionettentheater** | 247
- **Kasperltheater im Spielzeugmuseum** | 247
- **Waldbad Anif** | 247

Salzburg

0
100 m
Hauptbahnhof
Salzach
Elisabethkai
Schwarzstr.
Rainerstr.
Hubert-Sattler-Gasse
Haydnstr.
Wolf-Dietrich-Str.
Faberstr.
Stadtrund-
fahrten
Bernhard-Paumgartner-Weg
Schrannengasse
Schloss
Mirabell
Müllner Steg
Mirabellplatz
Paris-Lodron-Str.
Zwergelgarten
Kaipromenade
Friedhof
Hecken-
theater
Dreifaltigkeitsgasse
Sebastianskirche
Mirabell-
garten
Priesterhausgasse
Bergstr.
Marionetten-
theater
Landestheater
Mozart-
Wohnhaus
Linzer Gasse
Franz-Josef-Kai
Makartsteg
Platzl
Museums-
platz
Steingasse
Giselakai
Museum der
Moderne
Mönchsberg
Münzgasse
Griesgasse
Staatsbrücke
Sterngässchen
Rudolfskai
Blasiuskirche
Getreidegasse
Altes
Rathaus
Judeng.
Spielzeugmuseum
Mozarts
Geburtshaus
Universitäts-
platz
Mönchsberg
Universität
Alter Markt
Brodg.
Goldg.
Georg-
Trakl-Haus
Sigmund-Haffner-Gasse
Churfürststr.
Mozartplatz
Kollegienkirche
Hofstallgasse
Wiener-Philharmoniker-G.
St.-Michaels-Kirche
Großes
Festspiel-
haus
Salzburg Museum
Residenz
Residenzplatz
Parken
Mönchsberggaragen
Franziskanerkirche
Panorama
Museum
Hildmannplatz
Hildmannplatz
Franziskanerg.
Domplatz
Dommuseum
Dom
Eingang
Domquartier
Erzabtei
St. Peter
Kapitel-
platz
Buckreuthstr.
Almpassage
Bierjodelg.
Festungsbahn
Dr.-Ludwig-Prähauser-Weg
Festungsg
Festungsmuseum/
Marionettenmuseum/
Rainer Regimentsmuseum
Am Rainberg
Hohensalzburg
2
3
4
5
6
7
8
9
10
11
12
13
14
15
16
17
18
19
20

Übernachtung

1 Pension Elisabeth, Meininger Salzburg City Center
2 Hotel am Mirabellplatz
3 Schwarzes Rössl
5 Hotel Stein
10 Jugendherberge Stadtalm
13 Blaue Gans
14 Goldener Hirsch
21 Hinterbrühl
22 Jufa Salzburg City

Essen und Trinken

5 Seven Senses/Stein Terrasse
9 Afro Café
10 Jugendherberge Stadtalm
13 Blaue Gans
15 Hagenauerstuben
16 Café Mozart
18 Die Geheime Specerei
21 Hinterbrühl
23 Gersberg-Alm

Nachtleben

6 SodaClub
7 Take Five
8 Half Moon
12 Carpe Diem

Einkaufen

4 Schliesselberger Gürtelmacher
11 Fürst Mozartkugeln
17 Schokoladen-Manufaktur Braun
18 Die Geheime Specerei
19 Klosterladen St. Peter
20 Stiftsbäckerei St. Peter

Salzburgs Bischöfe

- **Rupert** (696–718), Bischof von Salzburg und Worms, Gründervater der Stadt
- **Arn** (740–821), erster Erzbischof
- **Konrad II. von Babenberg** (1115–68), als *Friedrich Barbarossa* die Stadt abfackeln ließ, floh er und kehrte nicht zurück
- **Eberhard II. von Regensburg** (1170–1246), die längste Regentschaft (46 Jahre), gilt als Vater des Landes Salzburg und sorgte für Frieden und Wohlstand
- **Ortolf von Weißeneck** (1300–1365), erster Fürsterzbischof
- **Georg von Kuenburg** (1530–1587), Gegenreformator, Initiator der Protestantenvertreibung
- **Wolf Dietrich von Raitenau** (1559–1617), leitete den Umbau Salzburgs zur Barockstadt ein, verlor den Salzkrieg gegen Bayern (1611) und blieb bis zu seinem Tod in der Feste Hohensalzburg inhaftiert
- **Markus Sittikus von Hohenems** (1574–1619), Bauherr von Schloss Hellbrunn
- **Paris Graf von Lodron** (1586–1653), Begründer der Universität, in seine Amtszeit fiel die Fertigstellung des Doms
- **Guidobald Graf von Thun und Hohenstein** (1616–1668) war maßgeblich für die barocke Gestaltung des Residenzviertels verantwortlich
- **Franz Anton Fürst Harrach** (1665–1727), ließ Schloss Mirabelle in seinem favorisierten Stil umgestalten – dem Rokoko
- **Hieronymus Graf Colloredo** (1732–1812), letzter Fürsterzbischof, sanierte die Finanzen des Staates und führte ein modernes Steuerwesen ein

Habsburger gegen die Wittelsbacher zur Schlacht antraten. Auch wenn die Österreicher verloren haben, sechs Jahre später erließ der Erzbischof eine eigene Landesordnung und hatte damit seinen Besitz de facto von Bayern losgelöst – Salzburg war ein **eigenständiges Staatsgebilde** im Heiligen Römischen Reich Deutscher Nation geworden.

Ab 1350 führten die kirchlichen Herrscher den Titel **Fürsterzbischof** – bis zur Säkularisation 1803. Kurzfristig geriet Salzburg an das Herzogtum Toskana, 1805 schlug man die Stadt mit Berchtesgaden der k.u.k. Monarchie zu. 1809 kamen diese Gebiete bis zum Ende der Befreiungskriege 1816 nochmal zu Bayern. Dann war auch der Besitz des ehemaligen Fürstentums geteilt, Salzburg endgültig **österreichisch,** die nördlichen Gebiete mit Berchtesgaden endgültig bayerisch geworden.

Sehenswertes im Zentrum

Über 20 Museen empfangen Besucher, 20 Kirchen sind zu besichtigen, sieben Festungen, Schlösser und Residenzen an der Salzach zu sehen, die Tage sind also wohl gefüllt. Das Gute ist: Die meisten Sehenswürdigkeiten liegen ganz kompakt im Stadtzentrum. Der Großteil der Besichtigungspunkte befindet sich am südlichen Ufer der Salzach, das in weiten Bereichen verkehrsberuhigt ist.

[>] Eingegossen in die Hügelwelt des Salzburger Landes: die Stadt des Fürsterzbischofs

Südlich der Salzach

Mozarts Geburtshaus

Ein guter **Ausgangspunkt** für einen Stadtspaziergang ist die **Staatsbrücke.** Von ihr nach Süden gehend und einige Schritte nach rechts, stolpert man an der Getreidegasse quasi direkt ins Geburtshaus von *Wolfgang Amadeus Mozart.* Am 27. Januar 1756 erblickte er in ihm das Licht der Welt und die Ausstellung auf drei Etagen über die Lebenssituation seiner Familie und sein Leben ist für Wolferl-Fans ein absolutes Muss. Besonders wertvoll sind die **Geige,** auf der er übte, und das **Klavichord,** mit dem er die Zauberflöte komponierte. Ebenfalls

Salzburg Card

Mit der Karte erhält man freien (einmaligen) Eintritt in alle **Museen,** darf den **öffentlichen Nahverkehr,** die Untersbergbahn (St. Leonhard, siehe „Berchtesgaden") und die Bahn hoch zur Festung Hohensalzburg kostenlos nutzen.

- 24 Std.: 25 € (Sommer 28 €)
- 48 Std.: 33 € (Sommer 37 €)
- 72 Std.: 38 € (Sommer 43 €)
- Kind jeweils 50 %
- www.salzburg.info

zu sehen: Bühnenbildmodelle, Reiseutensilien des Rastlosen und zahlreiche Originaldokumente.

■ **Mozarts Geburtshaus,** Getreidegasse 9, Tel. +43 / 6 62 / 84 43 13, www.mozarteum.at, tgl. 9–17.30 Uhr, Juli/Aug. 8.30–19 Uhr, 11 €, Kind 4 €, Familie 23 € (Kombikarte mit Wohnhaus 18 €/6/38 €).

Getreidegasse und Altes Rathaus

Die Getreidegasse ist die erste Adresse der Stadt für Shopping, feines Dinieren und um blond und gut gelaunt seinen Pelz auszuführen. Auf dem **Turm** des Alten Rathauses haben einst die Turmbläser die Zeit angegeben und die Wächter mit dem Nachtruf zur Vorsicht im Umgang mit dem Feuer aufgefordert. Das Gebäude geht auf das 14. Jh. zurück, die Rokokofassade erhielt es 1772. Die Glocken im Türmchen entstammen noch dem 14. Jahrhundert.

Domquartier

Die **Museen in Residenz und Dom** sind zum Domquartier zusammengefasst. Egal, ob man ein Museum oder alle Museen besucht, der Eintritt bleibt gleich und der Zugang erfolgt über einen der beiden gemeinsamen Eingänge: in der Residenzstr. 1 oder direkt rechts neben dem Domhaupteingang. Unabhängig ist nur das Grabungsmuseum, das zum Salzburg Museum gehört.

■ **Residenz/Dommuseum,** Residenzplatz 1, Tel. +43 / 6 62 / 80 42 26 90, www.salzburgburgen.at, www.domquartier.at, Mi–Mo 10–17 Uhr, Juli/Aug. auch Di, 12 €, Kind 5 €, Familie 22 €.

■ **Dom,** Domplatz 1a, Tel. +43 / 6 62 / 65 90 15 15, www.salzburger-dom.at, Mo–Sa 8–17/19 Uhr, So 13–17/19 Uhr (Winter/Sommer), Führungen 5 € (Dauer 1 Std.) Juli/Aug. mehrmals wöchentlich 14 Uhr (Treffpunkt Domvorhalle), Krypta Mo–Sa 10–17 Uhr, So 13–17 Uhr.

■ **Grabungsmuseum,** Residenzplatz/Dombogen, Tel. +43 / 6 62 / 84 52 95, www.salzburg museum.at, Juli/Aug. 9–17 Uhr, 3 €, Kind 1 €.

Georg-Trakl-Haus

Am Rathaus vorbei nach Osten gelangt man über die Judengasse zum Waagplatz. Die *Georg-Trakl-Forschungs- und Gedenkstätte* befindet sich im Geburtshaus des mit 27 Jahren 1914 durch Selbstmord zu Tode gekommenen **expressionistischen Dichters.** Als Militärapotheker hatte er in Galizien 48 Stunden lang allein und ohne Hilfsmittel 100 Schwerstverwundete zu versorgen – ein Erlebnis, das er nicht verwinden konnte.

■ **Georg-Trakl-Haus,** Waagplatz 1a, Tel. 0043 / 6 62 / 84 53 46, www.kulturvereinigung.com, Führung Mo–Fr 14 Uhr, 5 €, Kind 3 €.

Residenz

Hinter der St.-Michaels-Kirche gleich südlich warten die **fürsterzbischöflichen Repräsentationsbauten** rund um den Dom. Den westlichen Residenzplatz schließt das Geviert der Residenz ab. Erstmals 1232 erwähnt, erfuhr der Sitz der Erzbischöfe mehrere Umgestaltungen, zuletzt zu Beginn des 17. Jh., als der Süd-Trakt mit der „Großen Stiege" angefügt wurde und die Hofanlage entstand. Heute zählt der Komplex um drei Innenhöfe 180 Räume. Bei der Besichtigung

075ch sk

der **Prunkräume der ersten Etage** folgt man immer noch dem – von den Kirchenfürsten mit Bedacht geplanten – Weg, den auch Besucher des Erzbischofs einschlagen mussten. Von Saal zu Saal sollte der Prunk die Gäste mehr und mehr beeindrucken, bis sie schließlich im **Audienzsaal** auf den Herrscher in seiner ganzen Pracht und seinen machtvollen Reichtum trafen. Die fünf Deckengemälde des Audienzsaales stammen aus der Hand des *Johann Michael Rottmayr,* die Gobelins aus Brüssel (mit das Teuerste, was es damals so gab).

Die Akustik des **Rittersaals** galt und gilt als ausgezeichnet. Da *Mozarts* Vater Domkapellmeister war, konnte *Wolfgang* bereits als Sechsjähriger in ihm den Erzbischof mit seiner Begabung erfreuen. Auch heute noch finden ab und an im Rittersaal **Konzerte** statt.

Die 1923 gegründete **Residenzgalerie** in der zweiten Etage zeigt in elf Sälen Werke europäischer Malerei des 16. bis 19. Jahrhunderts.

Dommuseum

Das Dommuseum präsentiert in den – für sich schon sehr repräsentativen – barocken und aussichtsreichen Emporenräumen (die einst als Kapellen genutzt wurden) neben dem wertvollen Kirchenschatz ausgesuchte Stücke aus der gesamten Erzdiözese Salzburg. Der wertvollste Teil der Sammlung ist das zwischen 700 und 750 datierte, 158 cm hohe und 94 cm breite, aus Northumbria/England stammende **Rupertuskreuz.** Es besteht aus einem Holzkern, auf den vergoldetes Kupferblech aufgebracht ist, geschmückt mit filigranen Flechtverzierungen und bemalten Emaille-Blättchen.

In der **Kunst- und Wunderkammer** ist für die Menschen der barocken Zeit Außergewöhnliches aus Natur, Kunst und Wissenschaft ausgestellt.

Kirchenbauten aller Stilrichtungen zwischen Romanik und Klassizismus

Vom Dommuseum gelangt man auch in die **Lange Galerie** in der Residenz, in der 17 religiöse Großgemälde zu sehen sind. Die langgestreckte Galerie wurde 1661 eigens für die Gemäldesammlung des Erzbischofs errichtet, eine Wand für die Bilder, die andere zur Beleuchtung durch die nach Norden ausgerichtete Fensterflucht. An ihrem Ende ist abschließend das **Museum der Erzabtei St. Peter** zu besichtigen. Die Abtei, die älteste bestehende im deutschen Sprachraum, hat in ihrer 1300-jährigen Geschichte einiges an Kostbarkeiten angehäuft, darunter ist der Heinrichskelch aus dem 12. Jh. Ein Blick durch die Glastür auf die Empore der Franziskanerkirche zeigt, dass auch diese direkt mit der Residenz verbunden war.

Dom

Der gewaltige frühbarocke Dom mit Mittelkuppel und die Hauptfassade flankierenden Türmen wurde erstmals 767 als romanische Basilika errichtet und 774 den hll. *Petrus* und *Rupert* geweiht. 991 bis 1023 ließ Erzbischof *Hartwik* den Baukörper vergrößern, im 12. Jh. kamen zwei Türme hinzu. 1167 brannte die Kirche aus, der sofort in Angriff genommene Nachfolgebau hatte die für die Zeit gewaltigen Maße von 110 m Länge und war mit fünf Türmen versehen. 1598 brannte auch diese Kirche nieder.

1614 legte der italienische Architekt *Santino Solari* den Grundstein des heutigen Doms, die Weihe fand 1628 statt, die Fertigstellung erfolgte um 1660. *Solari* hatte nördlich der Alpen einen Kirchenbau geschaffen, der im ganzen süddeutschen und österreichischen Raum über die nächsten Jahrzehnte die Sakralarchitektur bestimmte.

Das dreibogige **Hauptportal** bewachen in der Mitte **Monumentalfiguren** der Apostel *Petrus* und *Paulus,* mit Schlüssel und Schwert in den Händen, und außen die hll. *Rupert* und *Virgil,* mit Salzfass und einem Kirchenmodell. Die Jahreszahlen an den Einlassgittern verweisen auf die Weihejahre. 1959 musste der Dom nach Behebung von Bombenschäden erneut geweiht werden. Am **Taufbecken** von 1311 wurde auch *Mozart* in die Kirchengemeinschaft aufgenommen. In der **Krypta** ruhen die sterblichen Überreste fast aller Salzburger Erzbischöfe. 2009 schuf man einen Verbindungsgang zur Krypta des spätromanischen Vorgängerbaus.

Das **Grabungsmuseum** entführt in die Unterwelt zu den Fundamenten des Doms und in die Epoche der Zeitenwende. Von einer **römischen Villa** sind noch Mosaikteile, Kanäle und die Warmluftanlage vorhanden. Auch Reste des ersten, ursprünglich romanischen Dombaus sind erhalten.

Salzburg Museum

Die **Neue Residenz** an der Ostseite des Residenzplatzes mit Zugang vom Mozartplatz beherbergt das Salzburg Museum, das **Museum für Kunst- und Kulturgeschichte,** das seinen Ursprung im Jahr 1834 hat. Die Ausstellung will Kunstwerke in einen geschichtlichen Zusammenhang stellen und gefällig präsentieren. Dazu wurden für die Eröffnung in den neuen Räumlichkeiten Mitte der Nullerjahre ganz neue Wege beschritten und ein neues Beleuchtungs-

077ch sk

konzept entwickelt. Das Museum war das erste weltweit, dass auf die LED als Scheinwerfer setzte. In der Dauerausstellung *Mythos Salzburg* muss sich der Besucher auseinandersetzen mit dem Spagat zwischen romantischen Urlaubsidyllen und einer Entwicklung hin zu einer modernen Gesellschaft. Doch keine Angst – ganz so intellektuell ist es dann doch nicht, die Sammlung romantischer Malerei ist ganz bezaubernd.

■ **Salzburg Museum,** Mozartplatz 1, Tel. 0043 / 6 62 / 6 20 80 87 00, www.salzburgmuseum.at, Di–So 9–17 Uhr, 8,50 €, Kind 3/4 €, Familie 17 €.

⌃ Jahrmarkt im Spätsommer am Residenzplatz vor dem Dom

Panorama Museum

Im Panorama Museum in der Neuen Residenz gilt es ein **Rundgemälde** zu bestaunen, das *Johann Michael Sattler* in der ersten Hälfte des 19. Jh. auf 125 m^2 Leinwand gebracht hat. Mit einem Umfang von 26 m und einer Höhe von knapp 5 m erlaubt es den Blick auf **Salzburg im Jahr 1829** von der Feste aus. Die Besucherplattform in der Mitte ist mit Ferngläsern ausgerüstet, sodass man sich auf die Entdeckung kleinster Details begeben kann. *Sattler* reiste mit dem Panorama zehn Jahre lang durch ganz Europa, bevor es einen festen Platz in seiner Heimat fand. Weitere Attraktion sind die **170 Kosmoramen,** detailreiche und sehr präzise Landschaftsgemälde aus aller Welt, die in Auswahl und losem Wechsel gezeigt werden.

■ **Panorama Museum,** Residenzplatz 9, Tel. +43 / 6 62 / 6 20 80 87 30, www.salzburgmuseum.at, tgl. 9–17 Uhr, 4 €, Kind 1,50/2 €, Familie 8 €.

Erzabtei St. Peter

Die Erzabtei St. Peter befindet sich südlich der Residenz am Fuß des Festungsberges bei der Festungsbahn. Gegründet von *Rupert,* der kurz nach seiner Ankunft 696 auch die **Kirche St. Peter** errichten ließ (auf den Fundamenten einer Vorgängerkirche aus dem 5. Jh.), ist die Abtei heute die **älteste noch bestehende Mönchsgemeinschaft** im deutschen Sprachraum. 1127 zerstörte ein Feuer die ganze Anlage und bis 1143 bauten die Benediktiner eine neue **hochromanische Basilika** mit drei Schiffen. Dieser Baukörper ist in den wesentlichen Zügen bis heute erhalten (nur die Apsiden ersetzte man durch einen rechteckigen Chorabschluss), wenn auch das Rokoko eine Anpassung der Innenausstattung an den damaligen Zeitgeschmack gebracht hat. Auf dem **Friedhof** sind die Grabsteine einiger bekannter Persönlichkeiten zu finden, darunter der des Dombaumeisters *Solari,* von Mozarts Schwes-

074ch sk

ter *Nannerl*, und von *Michael*, dem jüngeren Bruder von *Joseph Haydn*. Die **Katakomben** im Fels dienten schon in frühchristlicher Zeit als Begräbnisstätte.

■ **St. Peter,** St. Peter Bezirk 1, Tel. +43 / 6 62 / 8 44 57 60, www.erzabtei.at, Stiftskirche tgl. 8–20 Uhr, Katakomben tgl. Sommer 10–12.30, 13–18, Winter bis 17 Uhr.

Festung Hohensalzburg

Mit der **Festungsbahn,** Österreichs ältester Standseilbahn (1892), gelangt man in einer knappen Minute hoch zur Festung Hohensalzburg. Die Seilbahntechnik allerdings wurde in den 120 Jahren häufiger erneuert, ihr Alter sieht man ihr also nicht an. 1,7 Mio. Fahrgäste nutzen sie pro Jahr und ersparen sich knapp 100 Höhenmeter Fußmarsch.

Im Jahr 1077 begann man mit dem Bau des **Hoher Stock** genannten Kernbereiches von Hohensalzburg. Als **Festungsmuseum** lässt er, bestens hergerichtet, die Baugeschichte und das spätmittelalterliche Leben auferstehen: romanische und gotische Möbel, die Burgküche und natürlich die Waffen vom Zwihänder bis zur Hellebarde, Rüstungen und – ohne geht es nicht – gruselige Folterinstrumente. Die Anlage bedeckt mit ihren 50 Gebäuden 33.000 m² Grund und zählt zu den größten Festungsbauwerken Europas. Der Besuch umfasst das Museum, die Fürstenzimmer, führt durch die Burghöfe und in die Wehrtürme.

Das **Rainer-Regimentsmuseum** hält die Erinnerung an das während der Türkenkriege 1682 erstmals aufgestellte Salzburger Hausregiment „k.u.k. Infanterieregiment Nr. 59 Erzherzog Rainer" in zehn Sälen wach. Bis zur Auflösung 1918 war es im Ersten Weltkrieg u.a. im Hochgebirgskrieg an der Tiroler Front eingesetzt.

Im **Marionettenmuseum** sieht man nicht nur Spielfiguren. Die Bühnenbilder reichen von Mozarts Zauberflöte bis zur Familie Trapp. Auch erfährt man Einiges über die Herstellung der Marionetten und kann sich als Spieler versuchen.

Die **Almpassage,** ein Wasserlehrpfad entlang des Almbaches, betritt man über die Talstation der Festungsbahn. Schautafeln beschreiben die Beherrschung und Nutzung der Wasserkraft. Nicht nur über Mühlen wird berichtet, die Festungsbahn wurde ursprünglich mit Ballasttanks betrieben. Die Tanks des oberen Waggons wurden befüllt, schwer geworden glitt dieser nach unten und zog gleichzeitig seinen Gegenwaggon nach oben. Unten wurden die Tanks geleert.

■ **Hohensalzburg,** Mönchsberg 34, Tel. +43 / 6 62 / 6 20 80 84 00, www.salzburgmuseum.at, 9–19 Uhr, Okt.–Dez., Jan.–April 9.30–17 Uhr, Museen 9,20 €, Kind 5,20 €, Festungscard (Museen mit Berg- und Talfahrt Festungsbahn) 12 €, Kind 6,80 €, Berg- und Talfahrt allein 8,40 €, Kind 4,60 €.

■ **Rainer-Regimentsmuseum,** Hohensalzburg, Tel. +43 / 6 62 / 83 11 57, http://www.rainer-regimentsmuseum-salzburg.at, 9–19, Okt.–Dez., Jan.–April 9.30–17 Uhr.

■ **Marionettenmuseum,** Hohensalzburg, Tel. +43 / 6 62 / 84 95 55, 9–19, Okt.–Dez., Jan.–April 9.30–17 Uhr.

◁ Am schnellsten kommt man mit der Standseilbahn zur Feste

Erhardkirche

Auf dem Weg von der Festung Hohensalzburg hinunter entlang der Nonnberggasse ist der Besuch zweier Kirchen Pflicht. Die Straßennamen verweisen darauf, dass hier die Schwestern vom Kloster Nonnberg das Sagen hatten.

Ein kurzer Abstecher in die Nonntaler Hauptstraße führt zur 1685–89 in italienischem Barock errichteten Erhardkirche. Der hl. *Erhard* lebte zur Zeit *Ruperts* in Regensburg und gilt noch heute als Beschützer der Kranken und Armen, folgerichtig war das Gotteshaus Spitalskirche. Einem klassischen Tempel gleich, ist der Portikus konzipiert, flankiert von zwei Türmen, deren Unterbauten die Fassade erweitern und gliedern. Wuchtig thront die schwere Haube in der Mitte. Entgegen der Außenwirkung ist der als dreiblättriges Kleeblatt konzipierte Zentralraum mit dem Kuppelgewölbe überraschend klein. Dafür ist die Innenausstattung in bester Qualität. Besonders der **vollplastische figürliche Stuck** der Brenno-Brüder *Francesco* und *Carl-Antonio* aus Italien gilt als herausragend. *Johann Michael Rottmayer* war für das Altarbild verantwortlich: der hl. *Erhard* macht die blinde zwölfjährige Herzogstochter *Odilie* bei ihrer Taufe sehend.

■ **Erhardkirche,** Nonntaler Hauptstraße 12, Tel. 0043 / 6 62 / 84 36 52, tgl. 8–19 Uhr.

▷ Im Marionettenmuseum auf der Burg

Stift Nonnberg

Zurück in der Nonnberggasse steht linker Hand der Gebäudekomplex des **Benediktinerinnenstiftes** Nonnberg, das weltweit älteste durchgängig bestehende Frauenkloster, von Bischof *Rupert* 715 gegründet. Er setzte seine Nichte *Erentrude* als erste Vorsteherin ein. Das Kloster war reich und konnte sich repräsentative Bauten leisten. Die Äbtissinnen gelangten 1242 sogar in den Bischofsrang und durften künftighin Stab und (anstelle der Mitra) ein Krone tragen. Voraussetzung für die Aufnahme in das Stift war eine adelige Herkunft. Erst ab 1848 durften auch Bürgerliche die klösterliche Karriere einschlagen.

Zu besichtigen ist nur die **Kirche** des Stiftes. Im Jahr 1000 brannte das erste Gotteshaus ab und der deutsche Kaiser *Heinrich II.* stiftete eine neue Basilika, die im romanischen Stil gebaut und 1009 *Maria* geweiht wurde. 1423 wütete ein weiterer Brand und man wechselte für die Neuerrichtung unter Verwendung alter Bauteile zur Gotik. Wertvollster Schatz der Kirche sind allerdings die erhalten gebliebenen **Fresken,** die unter der Ostwand des Nonnenchores im sogenannten Paradies zu sehen sind, der ehemaligen Eingangshalle der romanischen Basilika. In zwölf Nischen wurden die Heiligenbilder, soweit möglich, freigelegt. Um sie wenigstens aus der Ferne zu bestaunen, muss man 50 Cent einwerfen, dann geht das Licht an und beleuchtet die Wandgemälde.

Der Besuch der **Johanneskapelle** mit ihrem herrlichen Flügelaltar aus der Werkstatt von *Veit Stoß,* datiert auf das Jahr 1498, muss an der Klosterpforte angefragt werden. Aber auch die Spätgotik im Hauptraum verdient Beachtung: Besonders der **Hauptaltar** (der allerdings in Teilen neugotisch verfremdet wurde) und das Fenster von 1480 dahinter gelten als künstlerisch wertvoll (auch hier sind für die Beleuchtung 50 Cent hilfreich).

■ **Stift Nonnberg,** Nonnberggasse 2, Tel. +43 / 6 62 / 84 16 07, www.nonnberg.at, tgl. 7–17/19 Uhr (Winter/Sommer).

Franziskanerkirche

Unser Tipp: Über die Treppen der Nonnbergstiege gelangt man zurück an die Residenz. Westlich von ihr steht eine weitere Kirche auf dem Programm. 1167, *Friedrich Barbarossa* hatte ein Jahr zuvor die Reichsacht über Salzburg verhängt, brannte der Vorgängerbau der Franziskanerkirche, die Marienkirche, nieder. Die Bewohner Salzburgs, vermögend und vom Erzbischof gestützt, leisteten sich eine neue Pfarrkirche und 300 Jahre später verdingten sie zu deren Erneuerung *Hans von Burghausen,* der mit seinen Kirchprojekten in Landshut und Neuötting bekannt geworden war und an der Salzach ein gotisches Prachtwerk schaffen sollte.

1583, *Luthers* Werke wurden inzwischen in ganz Europa gelesen, der Dreißigjährige Krieg war nicht mehr weit, holten die Fürsterzbischöfe die gegenreformatorische Elite nach Salzburg – Franziskaner, die die Pfarrkirche auch als ihre Klosterkirche nutzten. 1635 wurde das Gotteshaus dann reine Klosterkirche – bis 1800, als napoleonische Truppen die Ordensgebäude besetzten und als Gefängnis nutzten. Danach kehrten die Brüder zurück, wurden aber 1938 erneut vertrieben – diesmal von der Gestapo, die hier ein Hauptquartier aufschlug.

073ch sk

Erst 1973 war das Kloster wieder vollständig an die Franziskaner restituiert.

Eindrucksvoll sind der spätgotische Hallenchor mit seinen schlanken Säulen, die in ferner Höhe schließenden Sternrippengewölbe und der umlaufende Kapellenkranz, in dem sich etliche der Fürsterzbischöfe verewigt haben. Den frei stehenden Hochaltar schuf *Fischer von Erlach* 1710 unter Verwendung einer Madonna mit dem Kinde, die 1498 *Michael Pacher* schnitzte.

Die **Orchestermessen und Konzerte** der Franziskanerkirche, die eigene Klangkörper (Chor, Orchester) und zwei Orgeln besitzt, sind ein ganz besonderes Erlebnis.

■ **Franziskanerkirche,** Franziskanergasse 5, Tel. 0043 / 6 62 / 84 36 29, www.franziskaner-salzburg.at, tgl. 6.30–19.30 Uhr.

Kollegienkirche

Auch beim Bau der Kollegienkirche einige Schritte westlich hatte *Fischer von Erlach* seine Hände im Spiel (und mit ihr als Architekt den Durchbruch geschafft). In Bezug auf die Größe steht die Universitätskirche dem Dom in nichts nach. Die Gründung der von Benediktinern geleiteten Alma Mater veranlasste Fürsterzbischof *Paris Graf von Lodron* 1623. Die Messen für die Studenten mussten allerdings in der Aula gelesen werden, erst 1694 beauftragte Fürsterzbischof *Johann Ernst von Thun* den Baumeister *Fischer von Erlach* mit dem Bau der Kirche, die 1707 schließlich geweiht werden konnte.

Die extrem aufwendig gestaltete **hochbarocke Schaufassade** war die nächsten Jahre stilprägend für den Sakralbau des gesamten südlichen deutschsprachigen Raumes. Die Konzeption mit einem kreuzförmigen Langhaus mit Zentralkuppel und vier angefügten ovalen Seitenkapellen wirkt nach außen als in der Höhe abgestufter Baukörper, der ausreichend Fensterfläche zur Ausleuchtung ermöglicht. Den **Hochaltar** krönt die Figur der **Maria Immaculata** in blendendem jungfräulichen Stuckweiß, umgeben von einer Engelschar, mit goldenem Strahlenkranz versehen und himmlisch beleuchtet vom dahinter liegenden Fenster.

■ **Kollegienkirche,** Universitätsplatz, Tel. +43 / 6 62 / 84 13 27, im Sommer 8–20 Uhr, im Winter 8–17 Uhr.

Spielzeugmuseum

Am 1960 eröffneten **Großen Festspielhaus** in der Hofstallgasse vorbei, wo anlässlich der Festspiele (s.u.: „Feste und Veranstaltungen") der große Bahnhof mit dem roten Teppich stattfindet, gelangt man zum nächsten Museum. Von hier aus sind es übrigens zehn Minuten sportlicher Fußmarsch den **Mönchsberg** hoch zur vielleicht europaweit stadtnächsten Alm (mit Restaurant und Jugendherberge, siehe „Unterkunft").

Das **Spielzeugmuseum** zeigt seine Exponate nicht steril in Vitrinen (obwohl es auch wertvolle Stücke besitzt, die man nur bestaunen und nicht berühren darf). Anfassen, Mitmachen, Toben ist angesagt – eine der besten und wirklich

☒ Das Museum der Moderne hoch auf dem Felsen

kindgerechten Alternativen für Familienausflüge an regnerischen Tagen. Zum Verschnaufen gibt's dort auch ein Kinderkino.

■ **Spielzeugmuseum,** Bürgerspitalgasse 2, Tel. +43 / 6 62 / 6 20 80 83 00, www.salzburgmuseum.at, Di–So 9–17 Uhr, 4,50 €, Kind 2 €.

Blasiuskirche

Das nächste Gotteshaus des Rundganges ist die Blasiuskirche, die an der Stelle einer Kapelle 1327 als Kirche des Bürgerspitals – einer Fürsorgeeinrichtung – entstand. Die dreischiffige Hallenkirche zeigt schon von außen ihre gotische Herkunft. Die (heute vermauerte) über die halbe Hallenlänge reichende Empore war einst den Siechen und Gebrechlichen vorbehalten. Ausgewogen ist der quadratische Chor mit seinem Kreuzrippengewölbe und den schlanken Trägern. Links vom Hauptaltar ist ein vergoldeter Reliquienschrein aus dem Jahr 1460 zu sehen.

■ **Blasiuskirche,** Bürgerspitalplatz, tgl. 7.30–19.30 Uhr.

Museum der Moderne auf dem Mönchsberg

Mit dem **Aufzug** gelangt man im Mönchsberg hoch zur **Aussichtsterrasse** mit Restaurant und zum Museum der Moderne. 60 m über Salzburg erlaubt der moderne Bau (2004) mit seinen Glasflächen immer wieder spektakuläre Aussichten auf die Altstadt. Der Fundus des Museums besteht u.a. aus Werken von *Ernst Ludwig Kirchner, Paul Klee,*

068ch sk

Gustav Klimt, Alfred Kubin, Egon Schiele, Paul Cézanne, Paul Gauguin, Edvard Munch und *Henri de Toulouse-Lautrec* und Grafiken von *Francisco de Goya* und *Max Klinger.* Ein weiterer Sammelschwerpunkt ist zeitgenössische Kunst. Die Ausstellung wechselt regelmäßig alle vier Monate.

■ **Museum der Moderne,** Mönchsberg 32, Tel. +43 / 6 62 / 8 42 22 04 03, www.museumdermoderne.at, Di–So 10–18 Uhr, Mi bis 20 Uhr, 8 €, Kind 6 €, Familie 12 €.

Nördlich der Salzach

Mozart-Wohnhaus

Über den **Makartsteg** wechselt man zur anderen Flussseite, wo noch einmal Musik auf dem Programm steht. Der Steg ist zu einer der europäischen Liebesbrücklein geworden: Die Vorhängeschlösser, mit einem Liebesschwur abgesperrt, hängen zu Tausenden im Geländer.

Mozarts Wohnhaus zeigt sich ganz unprätentiös mit einer klaren Fassadenlinie am Makartplatz. Da der Familie das ursprüngliche Wohnhaus zu klein ge-

Salzburgs Wunderkind: Wolfgang Amadeus Mozart

Das Kind mit dem Taufnamen *Joannes Chrysostomus Wolfgangus Theophilus Mozart* wurde am 27. Januar 1756 in Salzburg geboren. Eltern waren der aus Augsburg stammende Salzburger Hofkomponist *Leopold Mozart* und *Anna Maria Pertl* aus St. Gilgen. *Wolfgang* war ihr siebtes Kind, fünf waren allerdings bereits gestorben. Seine Karriere als Wunderkind verlief steil: Mit drei Jahren spielte er Klavier, mit fünf komponierte er seine ersten Stücke und trat das erste Mal öffentlich auf. Mit sechs Jahren spielte er vor dem bayerischen Kurfürsten in München, mit sieben vor dem Kaiser in Wien. Im selben Jahr lauschte ihm *Johann Wolfgang von Goethe* in Frankfurt am Main. Es ging weiter nach Paris und bis nach London.

Zuhause in Salzburg gab es aber immer wieder Streit mit dem Fürsterzbischof, was *Wolfgang Amadé Mozart* – wie er sich als Erwachsener gern selbst nannte – schließlich dazu brachte, nach Wien umzusiedeln. Er reiste auch künftig in die Welt, wo er vor gekrönten Häuptern spielte und den Uraufführungen seiner Werke beiwohnte. 21 Opern, 50 Symphonien, 23 Klavierkonzerte, 5 Violinkonzerte und zahlreiche weitere Musikstücke stammen aus seiner Feder und er verdiente dabei nicht schlecht. Das Geld aber saß ihm so locker, dass er mit 35 Jahren mittellos starb. Unter dem Namen *Wolfgang Amadeus Mozart* ging er als populärster Komponist aller Zeiten in die Weltgeschichte ein.

067ch sk

worden war, zog man um – als Hofkomponist hatte Vater *Leopold* ausreichend Mittel, um sich die großzügige Acht-Zimmer-Wohnung in der ersten Etage leisten zu können. Acht Jahre lebte *Wolferl* hier, bevor er 1781 nach Wien umquartierte.

1944 zerstörten Fliegerbomben das Haus, man riss es ab und ersetzte es durch ein Bürohaus, das 1994 ebenso abgetragen wurde. Bis 1996 hat man dann das ursprüngliche Mozart-Haus als Museum rekonstruiert. In der Ausstellung sind u.a. sein **Hammerklavier** und seine **Wiener Geige** zu sehen. Das berühmte Familienbild befindet sich im **Tanzmeistersaal** (bevor die *Mozarts* hier einzogen, fanden im Haus Bälle statt und der jugendliche Adel erhielt Tanzunterricht).

■ **Mozart-Wohnhaus,** Makartplatz, Tel. 0043 / 6 62 / 88 94 00, www.mozarteum.at, tgl. 9–17.30 Uhr, Juli/Aug. 8.30–19 Uhr, 11 €, Kind 3,50 €, Familie 23 € (Kombikarte mit Geburtshaus 18 €/6/38 €).

Mozarts Geburtshaus in der Getreidegasse, sein Wohnhaus steht am Makartplatz

Schloss Mirabell

Elf heute noch namentlich bekannte Kinder (insgesamt sollen es 15 gewesen sein) hatte Bischof *Wolf Dietrich von Raitenau* mit seiner Lebensgefährtin *Salome Alt* gezeugt. Dass ihn das Zölibat und Volkes Mund nicht scherte, zeigte er auch 1606 mit dem Geschenk an seine Geliebte: Schloss Mirabell mit Park, direkt der Altstadt gegenüber gelegen.

1727 wurde das Schloss barock umgebaut, 1818 zerstörte ein Feuer einen Teil der Anlage, verschonte aber die kostbare marmorne **Prunkstiege** und den **Marmorsaal.** Im Schloss arbeitet heute die Stadtverwaltung. Den **Mirabellgarten** gestalteten die Gartenarchitekten mehrfach um.

Unser Tipp: Der **Zwergelgarten** (über eine Brücke erreichbar, im Winter geschlossen) mit seinen Wichten aus Untersberger Marmor gilt als der älteste Zwergengarten der Welt (1692), das **Heckentheater** als das älteste Naturtheater nördlich der Alpen (1715), in dem die Fürsterzbischöfe gern auch Balletteusen bei einer Arabesque oder Attitude zusahen. Der Pegasusbrunnen kam 1913 in den Park.

■ **Schloss Mirabell,** Marmortreppe tgl. 8–18 Uhr, Marmorsaal Mo/Mi/Do 8–16 Uhr, Di/Fr 13–16 Uhr (bei Veranstaltungen nicht zugänglich).

Sebastianskirche und Friedhof

Abschluss der Tour ist die Sebastianskirche mit **Grabstellen berühmter Salzburger** in dem streng geometrisch geplanten Renaissance-Friedhof. Die spätbarocke Saalkirche aus der Mitte des 18. Jh. ersetzte einen spätgotischen Vorgängerbau aus dem beginnenden 16. Jh. Beachtung verdient der Hochaltar mit einer Madonna von 1612. 1818 zog ein Brand die Kirche schwer in Mitleidenschaft, weswegen die Ausstattung weitestgehend dem frühen 19. Jh. entstammt.

Im Durchgang zum Friedhof befindet sich das Grabmal für den Arzt und Gelehrten *Theophrastus Bombastus von Hohenheim – „Paracelsus“.* Der Friedhof bildet ein Rechteck mit Seitenlängen von 80 und 90 m und nahm als Vorbild das Modell des Camposanto, den von Grabstellen in Arkadenform umschlossenen Friedhofsgrund. Im Gräberfeld befindet sich das Grab der Familie *Mozart, Wolfgang Amadeus* aber liegt nicht hier, er wurde in Wien beigesetzt. Im Zentrum des Friedhofs ist die prächtige **Gabrielskapelle** das Mausoleum des Fürsterzbischofs *Wolf Dietrich.* Die erste Bestattung, die auf dem Friedhof stattfand, galt übrigens dem italienischen Erbauer des Gottesackers *Elia Castello.*

069ch sk

070ch sk

Sehenswertes in der Umgebung

Schloss Hellbrunn

Sieben Kilometer südlich der Altstadt findet sich eine der Hauptattraktionen Salzburgs. Der Platz für Schloss und Park wurde mit Bedacht gewählt. Der Hellbrunner Berg ist sehr wasserreich und man plante von Anfang an für das **Lustschloss** eine der ganz neuen Errungenschaften der Renaissance: **Wasserspiele.** In Hellbrunn war alles auf Amusement ausgerichtet: Der 60 ha große Park mit seinen zahlreichen Einbauten, wie Grotten, Fontänen, Quellen und Speier, und Europas ältester nachrömischer **Freiluftbühne,** die die Gartenbaumeister in einem Steinbruch errichteten, ist eine „Wunderkammer der Gartenarchitektur“. Etwa 40 Minuten dauert die Führung durch den Park, wobei die Geheimnisse, die Späße und unter- und überirdischen Lustbarkeiten erläutert und vorgeführt werden. Ganz bezaubernd (und einzigartig) sind die kleinen, mechanisch betriebenen **Puppenarrangements** am Kanal. Staunen rufen auch immer wieder die **Hirschköpfe** hervor – mehr sei hier nicht verraten. Beim Gang durch die **Ausstellung im Schloss** erfährt man einiges über das komplizierte Räderwerk, das für den Betrieb der Wasserspiele nötig ist.

Dass *Markus Sittikus* sich für das Großprojekt Hellbrunn, das er 1612 (ein

⌃ Zuckersüß und elegant: die Gartenanlage von Hellbrunn

‹ Marmorsaal in Schloss Mirabell

Jahr, nachdem er Fürsterzbischof geworden war) in Auftrag gab, Hilfe aus Italien holte, lag nicht nur daran, dass die Renaissance dort ihren Ursprung genommen hatte. Er selbst stammte zur Hälfte vom Stiefelland ab. Bereits zwei Jahre später waren Schloss und Park fertig – bei der Unzahl an Figuren, Statuen, Wasserleitungen, Treppen und Höhlen eine ungeheure Leistung.

■ **Schloss Hellbrunn,** Fürstenweg 37, Tel. +43 / 6 62 / 8 20 37 20, www.hellbrunn.at, Führungen Juli/August 9–18 Uhr, Mai/Juni/Sept. bis 17.30 Uhr, April/Oktober bis 16.30 Uhr, Abendführungen mit Wasserspielen Juli/August 19, 20, 21 Uhr, 12,50 €, Kind 5,50 €, Familie 26,50 € (Kombikarte mit Zoo 22 €/10,10 €/50 €).

Zoo Salzburg

Am Rand des Schlossparks von Hellbrunn erstreckt sich über 15 ha das Tierparkgelände, auf dem über 140 Tierarten in naturangepassten, großzügig gestalteten Lebensräumen untergebracht sind. Aus allen fünf Kontinenten kommen die Tiere, vom Jaguar bis zum Nashorn, vom Weißhandgibbon bis zum Bolivianischen Totenkopfaffen.

Eine besondere Attraktion ist der **Nachtzoo** im August, wenn freitags und samstags die Tore bis 22.30 Uhr offen bleiben und die Tiere sich in den Dämmerungsstunden auf Nahrungssuche begeben.

■ **Zoo Salzburg,** Anifer Landesstr. 1, Anif, Tel. 0043 / 6 62 / 8 20 17 60, www.salzburg-zoo.at, 9–16.30/18.30, August Fr und Sa Nachtzoo bis 22 Uhr, 11,50 €, Kind 5 €, Eltern mit 2 Kinder 30,50 € (Kombikarte mit Schloss Hellbrunn 22 €/10,10 €/50 €).

Praktische Tipps

Informationen

■ **Salzburg Info Mozartplatz,** Mozartplatz 1, 5020 Salzburg, Tel. +43 / 6 62 / 88 98 73 30, www.salzburg.info, Nov.–März Mo–Sa 9–18 Uhr, April–Juni/Okt. tgl. 9–18 Uhr, August bis 19 Uhr, September bis 18.30 Uhr.

■ **Salzburg Info Bahnhof,** Südtiroler Platz 1, Tel. +43 / 6 62 / 88 98 73 40, Okt.–April tgl. 9–18 Uhr, Mai/Sept. 9–19 Uhr, Juni 8.30–19 Uhr, Juli–Aug. 8.30–19.30 Uhr.

Service

■ **Post:** Südtiroler Platz (am Hauptbahnhof), Mo–Fr 8.30–20 Uhr, Sa 8–14 Uhr, So 13–18 Uhr.

■ **Internet:** Zahlreiche WLAN-Hotspots auf dem Stadtgebiet (Anmeldung ohne Registrierung): U.a. Markatsteg, Kapitelplatz, Mozartplatz, Mirabellgarten, Wasserspiele Hellbrunn, Festung Hohensalzburg.

■ **Alpenverein:** Nonntaler Hauptstr. 86, Tel. 0043/ 6 62 / 82 26 92, www.alpenverein-salzburg.at.

■ **Stadtrundfahrten:** Panorama Tours, Mirabellplatz, Tel. 0043 / 6 62 / 87 40 29, www.panorama tours.com; zahlreiche Angebote, z.B. die Stadtrundfahrt *Auf den Spuren Mozarts* (28 €, Kind 17 €, 150 Min.) oder die kombinierte Bus-/Schifffahrt (33 €, Kind 28 €, 120 Min.).

Verkehr

■ **Parken:** Der Altstadt nächstgelegenes Parkhaus sind die Mönchsberggaragen, Hildmannplatz 1, 1350 Plätze, bis zur 3. Stunde 10 Min. 0,40 €, danach 2,40 €/Std., ab 4. Stunde 3 €/Std., Tag 22 €. Die Parkgarage beim Schloss Mirabell kostet je Stunde 2,70 €, ab der 4. Std. 3 € und 18 €/Tag.

■ **Bahn:** Hauptbahnhof am Südtiroler Platz im Norden der Innenstadt, Fernstreckenverbindung nach München.

■ **Stadtverkehr:** Einzelfahrt im *Obus*-System 1,90 € (Vorverkauf 5er-Block), 2,70 € (an Bord), 24 Std. 4 €/6 €; Karten in fast allen Trafik-Geschäften Salzburgs (Verkaufsstellen für Tabakwaren und Zeitungen).

■ **Funktaxi:** Tel. 0043 / 6 62 / 81 11, www.taxi.at.

■ **Radverleih:** *Avelo,* Mozartplatz, Tel. 0043 / 6 76 / 43 55 950, Ostern–Sept. tgl. 9.30–17, Juli/Aug. bis 19 Uhr (nur bei gutem Wetter), und Willibald-Hauthaler-Straße 10, Tel. 0043 / 55 950, Mo–Fr 9–12.30, 14–18 Uhr, Sa 9–12.30 Uhr, 8 €/2 Std., 20 €/Tag; Radsport Wagner, Zillnerstr. 14, Tel. 0043 / 6 62 / 42 00 98, www.radsport-wagner.at, Mountainbike/E-Bike 40–60 €/Tag.

Einkaufen

19 **Klosterladen St. Peter,** St. Peter Bezirk 1 (im Durchgang zum Stiftshof), www.stift-stpeter.at; neben Devotionalien gibt es Wein und Hochprozentiges, Kräuter, Crèmes, Marmeladen und Honig.

20 **Stiftsbäckerei St. Peter,** Kapitelplatz 8. Das Brot wird direkt aus der Backstube heraus verkauft – frischer geht's nimmer! Wenn man hingeht, kommt man am oberschlächtigen Wasserrad vorbei, das, vom Almbach bewegt, den Strom für den Betrieb erzeugt. Selbstverständlich backt man im Holzofen und das Schwarzbrot aus Natursauerteig ist auch ohne alles einfach nur köstlich. Die Zutaten? Roggenmehl, Wasser, Salz! Weiters gibt's noch Vintschgerl, Dinkelweckerl, Brioche und Milchbrotstriezel.

4 **Schliesselberger Gürtelmacher,** Lederergasse 5, www.lederhaus.at; dort, wo schon immer die Gerber und Lederer zu Hause waren, werden Gürtel aus selbst ausgewähltem Leder (mit zahlreichen Variationsmöglichkeiten in Dicke, Breite, Farbe, Textur und Qualität) und passenden Schließen zusammengebaut.

11 **Fürst Mozartkugeln,** vier Geschäfte (Alter Markt, Ritzerbogen, Getreidegasse, Mirabellplatz), www.original-mozartkugel.com; silbern eingewickelt und blau bedruckt müssen sie sein und das Attribut *original* tragen, dann sind es die von der Konditorei *Fürst,* die sie komponiert hat und seit 1890 herstellt.

17 **Schokoladen-Manufaktur Braun,** Judengasse 1, www.braunpunkt.at; Schoko aus aller Welt und die originären Salzburger Venusbrüstchen von *Stranz & Scio Specereyen* – marinierte Kastanien und Amarenakirsche in Schokoladenhaut.

Unterkunft

14 **Goldener Hirsch**④, Getreidegasse 37, Tel. +43 / 6 62 / 8 08 40, www.goldenerhirsch.com. Mitten in der Altstadt – fünf Sterne sind in Österreich fünf Sterne und entsprechend die Preise und das Publikum, besonders zur Festspielzeit; 70 Zimmer und Suiten im *Güldenen Hirschen* mit 600-jähriger Beherbergungsgeschichte.

2 **Hotel am Mirabellplatz**④, Paris-Lodron-Str. 1, Tel. 0043 / 6 62 / 8 81 68 80, http://austrotel.at. Wohnen, wo einst der Fürsterzbischof *Paris Graf von Lodron* residierte, 71 Zimmer, die der Geschichte des Hauses entsprechend luxuriös und mit modernen Stilelementen eingerichtet sind; wer also die Altstadtgassen scheut, ist hier genau richtig.

3 **Schwarzes Rössl**②-③, Priesterhausgasse 6, Tel. 0043 / 6 62 / 87 44 26, www.academiahotels.at. 15 praktisch eingerichtete Zimmer (teils mit Etagenbad), nur von Juni bis September, historisches Gebäude aus dem 16. Jh. hinter dem Mozart-Wohnhaus, zentral gelegen am Fuß des Kapuzinerberges.

21 21 **Hinterbrühl**②, Schanzlgasse 12, Tel. 0043/6 62 / 84 67 98, www.gasthaus-hinterbruehl.at. Familienhotel in Superlage in der Altstadt, Traditionshaus in 800-jährigem Gemäuer, im Zentrum die günstigste Möglichkeit des Unterkommens (Etagenbäder); gemütliches Restaurant mit – natürlich Salzburger Nockerln.

Salzburger Nockerln

„Man nehme (so man hat) 35 Gr. frische Butter und rühre sie schaumig. Dazu kommen sechs Eigelb, Vanillezucker nach Belieben, 70 Gr. gestoßenen Zuckers, zwei Kaffeelöffel Mehl und der steif geschlagene Schnee von obigen Eiern. In einer Omelettenpfanne lässt man dann ein Stück Butter und einige Eßlöffelvoll Milch warm werden, gibt etwas Vanillezucker und dann den Teig hinein und läßt das Ganze auf der geschlossenen Herdplatte unbedeckt rasch backen. Ehe der Teig fest wird, werden aus demselben schöne Nockerln ausgestochen und auf der etwas braun gewordenen unteren Seite, mit Zucker bestreut serviert."

Ein Rezept von 1919

www.fotolia.de © Cornelia Kalkhoff

⊡ Heute werden die Nockerln noch genauso gemacht – die Salzburger Spezialität sollte man probieren

22 **Jufa Salzburg City**①-③, Josef-Preis-Allee 18, Tel. +43 / 5 / 7 08 36 13, www.jufa.eu. Jugend- und Familienhotel im Nonntal fünf Gehminuten von der Altstadt, 132 mit allem Notwendigen eingerichtete Zimmer in einem modernen Gebäudekomplex; Hostel-Charakter (auch Mehrbettzimmer), vornehmlich jugendliches Publikum und junge Familien.

10 10 **Jugendherberge Stadtalm**①, Am Mönchsberg 19c, Tel. +43 / 6 62 / 84 17 29, www.stadtalm.at. Das urige Naturfreundehaus direkt über der Stadt mit Aussicht ist Alm und **Café-Restaurant**① (Brotzeiten, vegetarische Gerichte und „Almklassika"). 22 Betten in fünf Zimmern, Frühstück gibt's bei schönem Wetter auf der Terrasse.

1 **Meininger Salzburg City Center**①-②, Fürbergstr. 18, Salzburg, Tel. +43 / 7 20 / 88 34 14, www.meininger-hotels.com. Modernes und zentrales Hostel/Hotel mit 102 Einzel-, Doppel- und Mehrbettzimmern und Schlafsälen; Lounge, Bar, WLAN (kostenlos) und Gästeküche.

1 **Pension Elisabeth**②, Vogelweiderstr. 52, Tel. +43 / 6 62 / 87 16 64, www.pension-elisabeth.at. 24 Zimmer unterschiedlichen Ausstattungsgrades in Zentrumsnähe, 10 Gehminuten vom Bahnhof; einfache, dafür günstige Pension, von der man nicht zu viel erwarten sollte, aber auch nicht zu wenig erwarten muss.

23 **Gersberg-Alm**③-④, Gersberg 37, Salzburg, Tel. +43 / 6 62 / 641257, www.gersbergalm.at. 6 km nordöstlich des Zentrums am Waldrand in ruhiger Lage ist es ideal, wenn man abends der Festspielhektik Salzburgs entfliehen will; 44 sehr komfortable bis luxuriöse Zimmer/Suiten und ein großzügiger Pool.

■ **Schlosswirt zu Anif**④, Salzachtalbundesstraße 7, Salzburg/Anif, ca. 8 km südlich des Zentrums, Tel. +43 / 62 64 / 7 21 75, www.schlosswirt-anif.at. Familiäres Vier-Sterne-Hotel beim Wasserschlösschen Anif, ehemals ein fürsterzbischöfliches Gut, das bis auf das 16. Jahrhundert zurückblicken kann; 29 elegante, mit Stilmöbeln eingerichtete Zimmer, ein sehr angenehmer Garten und ein über die Region hinaus bekanntes Restaurant mit eigener Jagd und erklärtermaßen österreichischer Küche auf hohem Niveau von Tafelspitz bis Esterhazy-Rostbraten.

■ **Camping Nord-Sam,** Samstr. 22a, Salzburg, Tel.+43 / 6 62 / 66 04 94, www.camping-nordsam.com. 5 km nordöstlich der Altstadt (Bus Nr. 23 vom Bahnhof, Haltestelle Sam/S-Bahn), luxuriöser Platz mit viel Schatten und Heckenabgrenzungen, beheizter Pool und gut unterhaltene Sanitäranlagen.

Essen und Trinken

Unser Tipp: 13 13 **Blaue Gans**④, Getreidegasse 22, Tel. +43 / 6 62 / 8 42 49 10, www.blauegans.at Mo–Sa 12–1 Uhr. Im ältesten Gasthaus Salzburgs (von 1350) nächtigt man nicht nur erster Klasse (④), auch das Restaurant gehört zum Besten, was die Stadt aufbietet, um Prominente und Normalsterbliche einen gelungenen Abend erleben zu lassen. Der Gaststubeneinrichtung mangelt es angenehmerweise an allem Plüschigen, Quasihistorischen und Verstaubten, man versteht sich eben als Kunstmanufaktur des Essens, was auch in Stil und Qualität der Speisen Ausdruck findet.

5 5 **Seven Senses/Stein Terrasse**②, Giselakai 3, Tel. +43 / 662 / 87 72 77, www.7-senses.at, So–Do 7–24, Fr, Sa 7–2 Uhr. Auch Nicht-Hotelgäste sind auf der Dachterrasse des **Hotel Stein**④ am Flussufer gegenüber der Hohensalzburg gern gesehen – zum reichhaltigen Frühstücksbuffet oder einer leichten Mahlzeit, zu einem „Braunen" oder Glaserl Wein. Beste Sicht auf das Salzburgpanorama ist garantiert.

15 **Hagenauerstuben**①-③, Universitätsplatz 14, Tel. +43 / 6 62 / 84 08 45, www.hagenauerstuben.at, Mo–Sa 9–24 Uhr, So 12–20 Uhr. Drinnen in der ersten Etage in kühl-unaufdringlichem Ambiente oder draußen am Grünmarkt mit Blick auf die Kollegienkirche sitzt man immer angenehm. Unter der Woche gibt's ein Mittagsmenü für sensationelle 7,90 €, ansonsten gediegene Gerichte zu recht vernünftigen Preisen.

18 18 **Die Geheime Specerei**②-③, Sigmund-Haffner-Gasse 16, Tel. +43 / 6 69 / 17 50 18 06, www.felleis-knittelfelder.at, Mo–Sa 10.30–24 Uhr (Festspiele tgl.). Sülze vom Lamm, Bärlauchrisotto oder ein Schopfsteak vom selbst groß gezogenen Alpenweideschwein – die Küche ist ausgezeichnet, der Weinkeller sehr gut sortiert und ein **Delikatessengeschäft** angeschlossen.

16 **Café Mozart**②, Getreidegasse 22, Tel. +43 / 6 62 / 87 42 27 40, www.cafemozartsalzburg.at, 8/9–21 Uhr. Wenn die Einheimischen Salzburger Nockerln essen wollen, gehen sie in das 1922 gegründete Kaffeehaus, in dem einst *Stefan Zweig* an Schachturnieren teilnahm. Neben der luftig-sättigenden Süßspeise gibt es auch handfeste Gerichte auf der Karte.

8 **Afro Café**①-②, Bürgerspitalplatz 5, Tel. +43 / 6 62 / 84 48 88, www.afrocafe.at, Mo–Sa 9–24 Uhr. Mittags ein Menü mit Vorspeise und Hauptgericht für unter 10 € (auch vegetarisch), ansonsten fairtrade-zertifizierter Kaffee, zahlreiche Spezialitäten vom schwarzen Kontinent und eine liebevoll abgestimmte Einrichtung mit zahlreichen

☐ Kleine Pause in den Wirtschaftsgebäuden von Schloss Hellbrunn

071ch sk

per Recycling hergestellten Dingen aus Townships, in denen so Arbeitsplätze geschaffen werden.

■ **Pfefferschiff**③-④, Söllheim 3, Hallwang, Tel. +43 / 6 62 / 66 12 42, www.pfefferschiff.at, Di–Fr ab 18 Uhr, Sa auch 12–14 Uhr (während der Festspiele kein Ruhetag und auch mittags geöffnet). Am Stadtrand von Salzburg, 6 km nördlich der Altstadt, speist man in einem seit Jahren hochprämierten Familienrestaurant in der eleganten Atmosphäre eines als barockes Schlösschen vor 300 Jahren errichteten Kaufmannshauses. Kleine und feine, französisch inspirierte Karte, mittags muss man mit um 75 €, abends um 150 € für das Menü rechnen.

Abends unterwegs

12 **Carpe Diem,** Getreidegasse 50, Tel. +43 / 6 62 / 84 88 00, www.carpediemfinestfingerfood.com, tgl. 8.30–24 Uhr; gesetzteres Publikum, Essen und Drinks an der Bar, in der Lounge, im Restaurant, im Café und auf der Terrasse.

8 **Half Moon,** Gstättengasse 4–6, www.halfmoon.at, Fr/Sa 22–5 Uhr; Events, Partys und Clubbing zu DJ-Musik mit House, R'n'B, Hiphop oder Disco Sound.

6 **SodaClub,** Gstättengasse 17, www.facebook.com/sodaclubsalzburgofficial, Fr/Sa ab 21 Uhr; elektronische Musik von den Größen, dazu Salzburgs feierwütige Szene.

7 **Take Five,** Gstättengasse 7, www.take-five.club, Do–Sa 22–5, Lounge ab 20 Uhr; erst mal heißt es anstehen, und bei Erfolg kann dann gefeiert werden – es sind nicht die ärmsten, die hier ihr Geld in Alkoholika anlegen.

Salzburg feiert den Namenstag des hl. Rupert

076ch sk

Feste und Veranstaltungen

■ Mitte Juli bis Ende August begibt sich Salzburg während der **Festspiele** in den Ausnahmezustand. Zahlreiche Aufführungen (Konzerte, Opern, Theater) an den verschiedensten Spielorten, auch parallel zueinander (von drei bis zu zehn am Tag), locken ein internationales Publikum an, das dem in Bayreuth in nichts nachsteht – und bei dem man sich auch nicht immer sicher sein kann, ob tatsächlich die Musik begeistert oder nur das Event im Vordergrund steht. Im Fokus aller künstlerischen Bemühungen und des Publikumsinteresses ist allerdings immer *Hugo von Hoffmannsthals* „Jedermann", dessen Neuinszenierung und Rollenneubesetzung von Jedermann und der Buhlschaft in Abständen mehrerer Jahre heiß erwartet und nach den Aufführungen noch heißer diskutiert wird. Den Jedermann haben schon *Attila Hörbiger, Curd Jürgens* und *Klaus Maria Brandauer,* die Buhlschaft *Ellen Schwiers, Christiane Hörbiger, Senta Berger* und *Maria Bäumer* gespielt.

■ **Konzerte in der Residenz** im Fischkalter mit auf historischen Instrumenten gespielter klassischer Musik, tgl. um 15 Uhr, Dauer etwa 45 Min., 18 €, Kind 11 €, Familie 45€.

■ Jeden Sonntag wird zum Hochamt um 9 Uhr in der **Franziskanerkirche** ein Musikstück aufgeführt (mit Orchester und/oder Chor und Orgel); ab und an finden auch abends Konzerte statt – www.franziskanerkirche-salzburg.at.

■ Die Stiftung **Mozarteum** veranstaltet ganzjährig an mehreren Orten Konzerte: Großer Saal (Schwarzstr. 26/28), Großes Festspielhaus, ehemaliges Kleines Festspielhaus, das heutige „Haus für Mozart", und Felsenreitschule; Konzerte im Tanzmeistersaal des Mozart-Wohnhauses finden eher selten statt. Außerdem im Rahmen der zehntägigen **Mozartwoche** Ende Januar / Anfang Februar. Kartenbüro Theatergasse 2, Tel. 0043 / 6 62 / 87 31 54, www.mozarteum.at.

■ **Salzburg Ticket Center,** Mozartplatz 5, Tel. 0043 / 6 62 / 84 03 10, www.salzburgticket.com, Mo–Fr 9–18 Uhr, Sa 9–12.30 Uhr; das „Kartenzentrum" verkauft Tickets für die diversen Konzerte aus Klassik und Pop, Festspiele, Fußballereignisse, Stadtrundfahrten etc.

Aktivitäten

■ **Rafting,** Salzburg Adventures, Tel. 0043 / 6 80 / 3 26 67 67, www.salzburgadventures.com; Rafting auf der Salzach, der Saalach und der Lammer, unterschiedliche Angebote von 45 bis 62 €

■ **Kletterpark Waldbad Anif,** Waldbadstraße, Salzburg/Anif, im Süden nahe der Salzach, Tel. 0043 / 6 64 / 4 30 93 80, www.kletterpark-salzburg.at, April/Mai Sa/So 11–17 Uhr, Juni Sa/So 11–18 Uhr, Sept. Fr–So 11–17 Uhr, Juli/Aug. tgl. 10–18 Uhr 25 €, Kind 15 €; sieben Parcours unterschiedlichen Schwierigkeitsgrades mit 120 Stationen in 2–13 m Höhe, dazu ein Minikletterpark für die ganz Kleinen ab drei Jahren.

Spaß für Kinder

■ **Marionettentheater,** Schwarzstr. 24, Tel. 0043 / 6 62 / 87 24 06, www.marionetten.at; bis auf eine Gastspielzeit (meist im November) ganzjährig und fast täglich 19.30 Uhr (besonders Juli/Aug. auch nachmittags), Vorstellungen: *Die Zauberflöte, Don Giovanni, Die Fledermaus, Alice im Wunderland* oder *Ein Sommernachtstraum.*

■ **Kasperltheater im Spielzeugmuseum** jeden Mittwoch, s.o.

■ **Waldbad Anif,** Waldbadstraße, Anif, www.waldbadanif.at, 7 €, Kind 5 €; 8 km südlich von Salzburg bietet der romantisch gelegene, 3 ha große, im Sommer 19–23 °C warme See jegliche Infrastruktur für Spaß, Sport und Spiel und mit Restaurant für das leibliche Wohl.

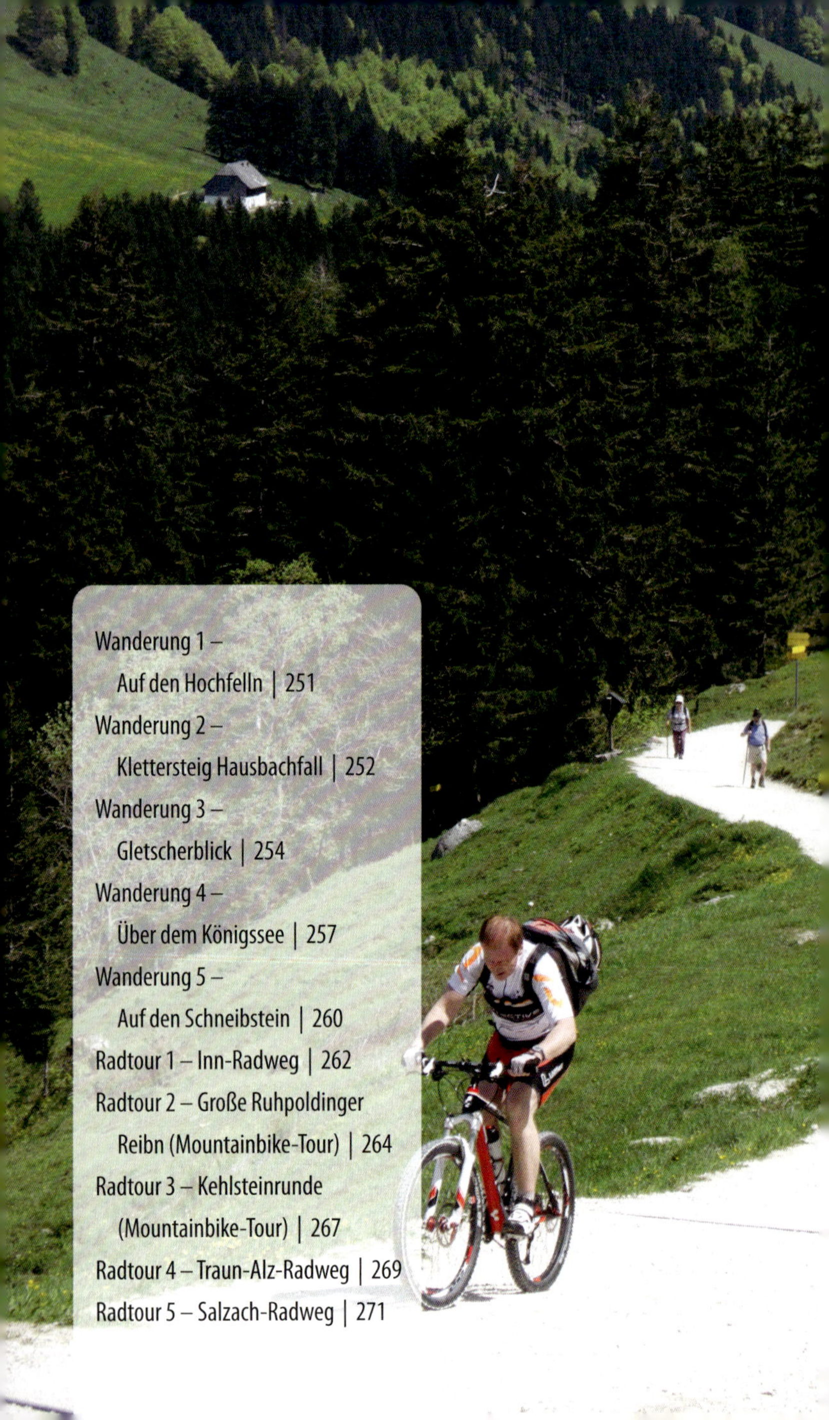

8 Touren

◁ Auf den Hochfelln bei Ruhpolding führt eine leichtere Wanderroute, die sich auch mit dem Mountainbike machen lässt (Wanderung 1, Radtour 2)

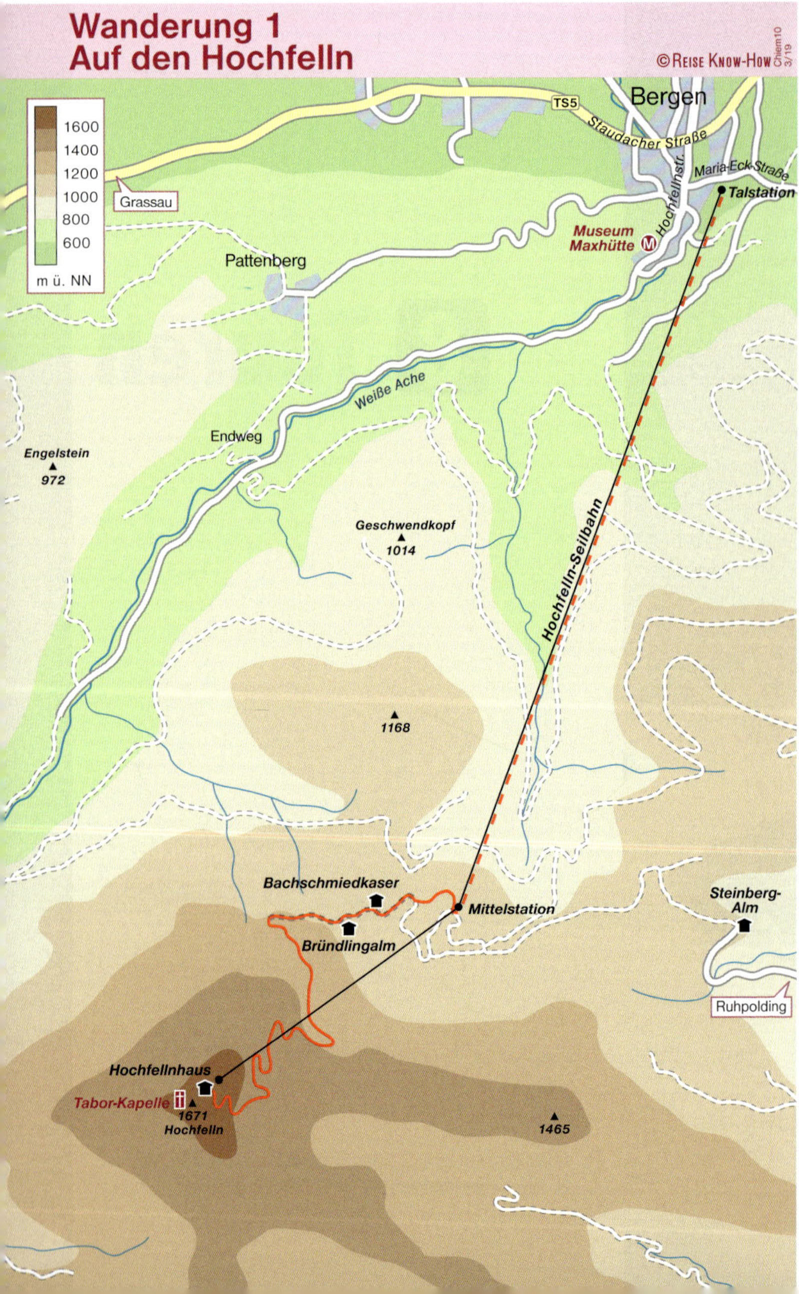

Wanderung 1
Auf den Hochfelln
©Reise Know-How
Chiem10 3/19
1600
1400
1200
1000
800
600
m ü. NN
Bergen
TS5
Staudacher Straße
Maria-Eck-Straße
Hochfellnstr.
Talstation
Grassau
Museum Maxhütte
Pattenberg
Weiße Ache
Endweg
Engelstein
972
Geschwendkopf
1014
Hochfelln-Seilbahn
1168
Bachschmiedkaser
Mittelstation
Steinberg-Alm
Bründlingalm
Ruhpolding
Hochfellnhaus
Tabor-Kapelle
1671
Hochfelln
1465

Wanderung 1

Auf den Hochfelln

■ Für diese Wanderung steht auf www.reise-know-how.de der **GPS-Track** zum kostenlosen Download zur Verfügung. Sie finden die Daten auf den Produktseiten dieses Reiseführers.

Routencharakter

Leichte Familientour in den Chiemgauer Alpen bei Ruhpolding auf gutem, teils schmalerem und gesichertem Pfad unterhalb der Hochfelln-Seilbahn am baumfreien Nordhang hinauf.

■ **Ausgangs-/Endpunkt:** Talstation Hochfelln-Seilbahn, Maria-Eck-Str. 8, 83346 Bergen, Tel. 0 86 62 / 85 11, www.hochfelln-seilbahnen.de, tgl. 9–17 Uhr halbstündlich, Berg-/Talfahrt Mittelstation/Bergstation 15/22 €, Kind 7/10 €, GPS N 47.797683, E 12.59151

■ **Einfache Tour,** 3 km lang, 1:30 Std. Dauer, 570 m Höhendifferenz

■ **Autoanfahrt:** A8 Ausfahrt Bergen, durch Bergen hindurch nach Süden auf die Hochfellnstraße, dann links in die Maria-Eck-Straße (4 km)

■ **Öffentliche Verkehrsmittel:** ab Bahnhof Ruhpolding mit Bus 9512 nach Eisenärzt, dort Abzweig nach Hörgering, dann 20 Min. zu Fuß

■ **Mitnehmen:** Wanderschuhe, Sonnenschutz

■ **Rast:** Almgaststätten, z.B. *Bachschmiedkaser* (Almkäse, Almbrot und Buttermilch, Tel. 0 86 42 / 14 83) und *Hochfellnhaus* am Gipfel, www.utzmeier-uebersee-hochfelln.de

Unser Tipp: *Bründlingalm,* Tel. 0 86 62 / 82 31, www.bruendlingalm.de, ganzjährig, kein Ruhetag, im Winter nur bei Seilbahnbetrieb und in den Schulferien. Ist man am ersten Montagabend des Monats hier, gibt's einen *Hoagascht* – es wird musiziert und gesungen.

Die Route

Die Tour beginnt an der **Talstation** der Hochfelln-Seilbahn, mit der wir in 8 Min. auf einer Länge von 3,5 km und über nur drei Stützen zur **Mittelstation** hochfahren. Auf einer Treppe direkt hinter der Mittelstation gelangen wir zu dem breiten Fußweg und wandern mit nur geringer Steigung auf die Häuser der Bründlingalm zu. Nach knapp 15 Min. passieren wir den **Bachschmiedkaser** (1167 m) und gleich darauf die **Bründlingalm.**

Teils auf mit Bohlen befestigtem, treppenartigem Pfad mit Seilsicherung geht es in der Trasse der Seilbahn in weiten Serpentinen zügig bergan. Nach einer guten Stunde erreichen wir die Scharte und das kleine Felsentor, wechseln auf die Südseite des Hochfelln, wo uns die Serpentinen nun weniger anstrengend bergan zum **Hochfellnhaus** direkt am 1886 geweihten **Gipfelkreuz** führen, das wir nach etwa 1:30 Std. ab der Mittelstation erreichen. Der Ausblick auf das Alpenvorland ist herrlich, die mit Segeln weißbepunktete Wasserfläche des Chiemsees glitzert in der Sonne. Auf der anderen Seite erblickt man das ganze Panorama der Alpenwelt.

Nur wenige Meter sind es zur **Tabor-Kapelle** (benannt nach dem Berg Tabor, auf dem die Verklärung Jesu stattfand), die, 1899 erbaut, 1970 niederbrannte und neu errichtet wurde. Im August findet hier alljährlich das *Patrozinium* statt – ein Festgottesdienst mit Blasmusik und gut 2000 Teilnehmern. Auf einem kurzen **Rundweg** (knapp 30 Min.) wird auf 20 Tafeln die Geologie erklärt – und warum es hier oben Korallen und Muscheln gibt. Wir nehmen die Seilbahn bergab oder kehren auf dem Aufstiegsweg zurück zur **Talstation.**

Wanderung 2

Klettersteig Hausbachfall

Routencharakter

Anspruchsvoller, zertifizierter Klettersteig nahe dem Ortszentrum von Reit im Winkl (vom *TÜV* abgenommen, Schwierigkeit A–C, für kleine Personen bis D) ohne Pausemöglichkeit zwischendurch. Keinesfalls darf der Steig ohne Ausrüstung gemacht werden. Auch sollte man die Begehung bei Nässe vermeiden, da nicht überall Tritthilfen angebracht sind und man nur die Drahtsicherung und den dann feuchten Fels als Halt hat.

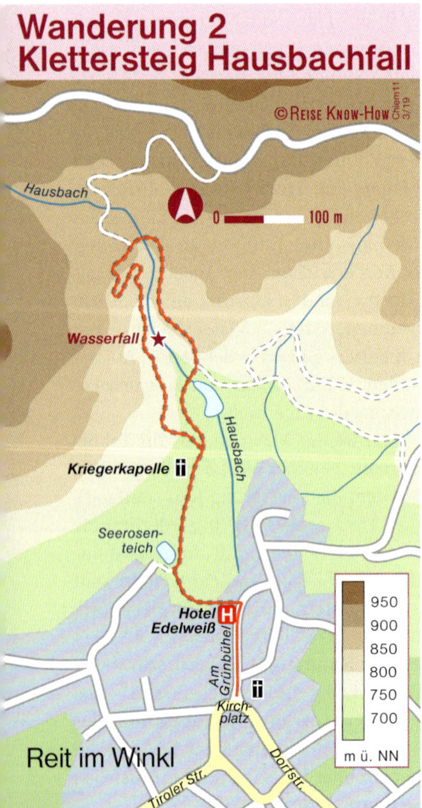

- **Ausgangs-/Endpunkt:** Reit im Winkl, Kirchplatz, 5 Minuten vom Ortszentrum, N 47.678009, E 12.469996
- **Schwere, kurze Tour,** 400 m lang, 1 Std. Dauer, 100 m Höhendifferenz
- **Autoanfahrt:** A8 Ausfahrt Bernau, auf der B305 über Marquartstein nach Reit im Winkl (25 km)
- **Öffentliche Verkehrsmittel:** ab Bahnhof Prien am Chiemsee mit Bus 9505 nach Reit im Winkl, Rathaus
- **Mitnehmen:** Klettersteigset und Helm obligatorisch, Bergstiefel oder Kletterschuhe, Gurtzeug
- **Rast:** zahlreiche Gaststätten in Reit im Winkl

Unser Tipp: *Gast Stüberl* (s. Reit im Winkl im Kap. „Chiemgauer Alpen“)

Die Route

Die Tour beginnt am **Kirchplatz** in Reit im Winkl. Nach knapp 10 Min. den Grünbühel hoch, hinter dem Hotel *Edelweiß* nach links und am Seerosenteich vorbei bergan gehend, kommen wir, die Kriegerkapelle passierend, zur **Holzbrücke,** hinter der linker Hand der Klettersteig beginnt. Bevor wir die 3 m lange Leiter am Start des Klettersteiges erklimmen, heißt es, Gurtzeug anlegen, Set befestigen, Helm auf und die Karabiner prüfen.

Mehrere Schikanen sind eingebaut, darunter eine **Seilbrücke,** auf der es auf einem Seil tanzen heißt, während man sich an zwei Seilen festhaltend ausbalancieren kann. Querungen von Felsplatten,

091ch sk

Stufen und Rinnen machen die Sache spannend. Wenn auch die ganz schwierigen Passagen an einer Hand abzuzählen sind und man oben nach „nur" 100 Höhenmetern abschließend den Hausbachfall auf einem **Baumstamm** überquert hat, weiß man danach, was man getan hat.

In 10 Min. geht es auf dem Steig auf der westlichen Seite des Falles wieder hinunter zur Kriegerkapelle und dann zum **Kirchplatz** zurück.

Jeder Tritt und Handgriff muss sitzen

Wanderung 3

Gletscherblick

■ Für diese Wanderung steht auf www.reise-know-how.de der **GPS-Track** zum kostenlosen Download zur Verfügung. Sie finden die Daten auf den Produktseiten dieses Reiseführers.

Routencharakter

Zertifizierter alpiner Premium-Wanderweg in der Umgebung von Reit im Winkl durch Bergmischwald mit Latschenkiefern und über Almflächen, dort tolle Ausblicke. Auch für Familien mit größeren Kindern gut machbar. Die Wanderung lässt sich mit einer Abkürzung auf 7,1 km und 3 Std. reduzieren und heißt dann *Almgenuss.*

■ **Ausgangs-/Endpunkt:** Reit im Winkl, Tourist-Info, GPS N 47.675654, E 12.475135

■ **Mittelschwere Tour,** 12,7 km lang, 4:30 Std. Dauer, 520 m Höhendifferenz

■ **Autoanfahrt:** A8 Ausfahrt Bernau, auf der B305 über Marquartstein nach Reit im Winkl/Touristeninformation (25 km), von dort mit dem Shuttlebus hoch zur Hindenburghütte (nach Uhrzeit für letzte Rückfahrt fragen!)

■ **Öffentliche Verkehrsmittel:** ab Bahnhof Prien am Chiemsee mit Bus 9505 nach Reit im Winkl, Tourist-Info, weiter mit dem Shuttlebus

■ **Mitnehmen:** Wanderstiefel, Sonnenschutz, Proviant und Getränke

■ **Rast:** im Sommer Almwirtschaften auf der Strecke, z.B. *Straubinger Haus* (Eggenalm, Tel. +43 / 53 75 / 64 29, www.straubingerhaus.de, Anfang Mai bis Anfang November)

☒ Auf leichten Wegen von Hütte zu Hütte

092ch sk

Unser Tipp: *Hindenburghütte* (s. Reit im Winkl / „Abends unterwegs" im Kap. „Chiemgauer Alpen")

Die Route

Die Tour beginnt nach 10 Min. Fahrt mit dem kostenpflichtigen Shuttlebus an der **Hindenburghütte** oberhalb von Reit im Winkl in 1260 m Höhe. Es geht auf betoniertem Fahrweg leicht bergauf Richtung Hemmersuppenalm und in 15 Min. zum **Sulznerkaser,** dem eigentlichen Startpunkt der Wanderwege „Gletscherblick" und „Almgenuss".

Wir halten uns links auf der Teerstraße und passieren nach 5 Min. die 1906 errichtete **Anna-Kapelle** auf der idyllischen **Hemmersuppenalm.** Jedes Jahr am 26. Juli ist sie Schauplatz des farbenprächtigen *Almbauern-Gottesdienst.*

Hier endet der Teerbelag und wir umrunden die Alm. Nach 10 Min. führt an einer Gabelung nach rechts der **Wanderweg „Almgenuss"** in ca. 1 Std. direkt zur **Eggenalm** (und teilt sich mit der Gletscherblickwanderung den Rückweg). Wir gehen nach links und gelangen nach einem Zauntritt auf einem schmalen, verwurzelten Waldpfad zwischen die Laub- und Nadelbäume. Erst wird Höhe gehalten, dann geht es im Wechsel von flacheren und steileren Abschnitten hoch und nach Österreich.

45 Min. hinter der Hemmersuppenalm wird der Wald erst lichter, dann von Sträuchern abgelöst und wir gelangen schließlich zwischen Latschenkiefern. Nach weiteren 15 Min. treten diese zurück und die Almwiesen der nicht bewirtschafteten **Durchkaser-Alm** sind erreicht (15 Min. südlich Richtung Parkplatz Steinplatte gibt's bei der *Brennhütte* Essen; Mi Ruhetag, www.facebook.com/brennhuettewaidring).

Nach Umrundung der Alm auf festem Weg wird es zunehmend alpiner. Wir wandern auf dem steinigen Pfad der latschenbestandenen Hochfläche Richtung Westen und sehen uns dem Großvenediger und dem Großglockner gegenüber. Ab den Durchkaser-Almen genießen wir für fast 1:30 Std. den Blick auf die Bergwelt der Hohen Tauern im Süden und des Steinernen Meeres bei Berchtesgaden im Osten.

Das Straubinger Haus (s.o.) in 1550 m Höhe auf der **Eggenalm** ist Ausgangspunkt für eine kleine zusätzliche Wanderung auf das 1765 m hohe Fellhorn (gut 1 Std. hin und zurück). Von der Eggenalm blickt man schön auf den Wilden Kaiser.

Hinter der Berghütte geht es an der Kapelle vorbei, nach 15 Min. halten wir uns an einer Gabelung links und wandern auf einer sumpfigen Wiese nach unten in den Wald hinein, in dem es zügig weiter bergab geht. Etwa 1 Std. hinter der Eggenalm stehen wir wieder am **Sulznerkaser** und gehen auf dem Fahrweg zurück zur **Hindenburghütte.**

Hemmer ist keine Suppe

Hemmer ist die lokale Bezeichnung für die stark alkaloidhaltige und deswegen hochgiftige **Weiße Nieswurz** (auch Schneerose, lat. *Helleborus niger*), die auf dem moorigen Grund der Alm – dem „suppigen Boden" – besonders gut gedeiht. Die Pflanze wird als gefährdet eingestuft und ist daher besonders geschützt. Auf der **Hemmersuppenalm** serviert man trotz ihres Namens keine Suppe aus der giftigen Hemmer.

Touren

Wanderung 4

■ Für diese Wanderung steht auf www.reise-know-how.de der **GPS-Track** zum kostenlosen Download zur Verfügung. Sie finden die Daten auf den Produktseiten dieses Reiseführers.

Über dem Königssee

Routencharakter

Alpine Tour durch die Berge auf der Westseite des Königssees mit fantastischen Ausblicken. Der Weg, teils ausgesetzt und mit Sicherungen ausgestattet, erfordert Kondition und Trittsicherheit. Die Strecke sollte im Uhrzeigersinn gegangen werden.

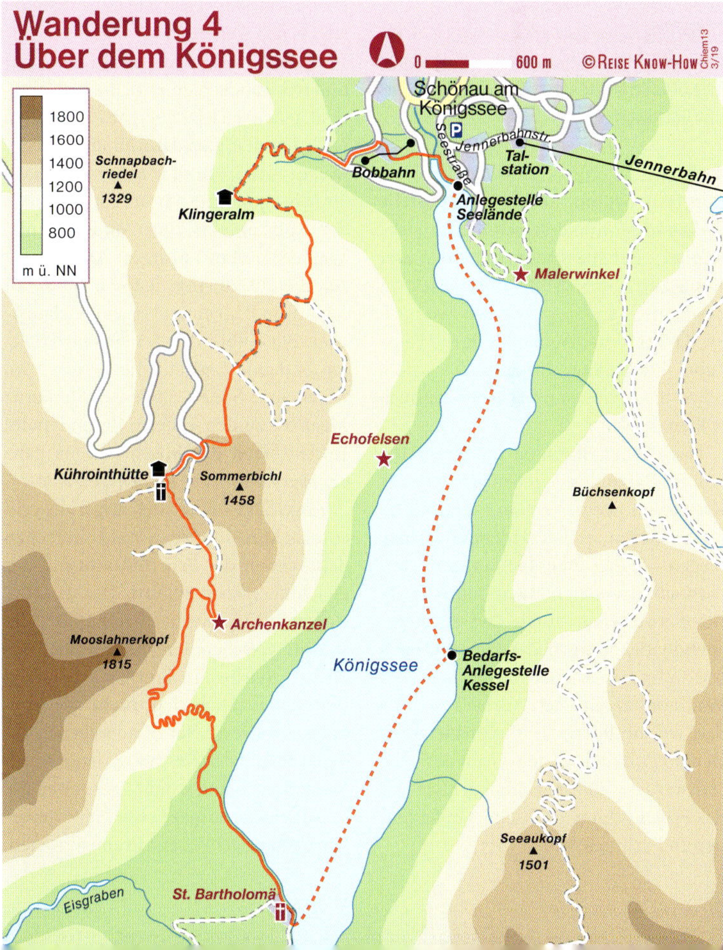

- **Ausgangs-/Endpunkt:** Schiffsanlegestelle Königssee Seelände, GPS N 47.588278, E 12.988883
- **Schwere Tour,** 10,8 km lang, 5–6 Std. Dauer, 825 m Höhendifferenz
- **Autoanfahrt:** von Berchtesgaden auf der B20 nach Schönau am Königssee (6 km)
- **Öffentliche Verkehrsmittel:** vom Bahnhof Berchtesgaden mit Bus 841 nach Schönau/Parkplatz, 5 Min. Fußweg
- **Mitnehmen:** feste Wanderschuhe, Sonnenschutz, Proviant und Getränke
- **Rast:** zahlreiche Gaststätten in Schönau am Königssee, Biergarten *Sankt Bartholomä*

Unser Tipp: *Kührointhütte,* Kührointalm, Tel. 0171 / 3 53 33 69, http://kuehroint.com, Anfang Mai bis Ende Okt.; Berghütte auf 1420 m, die Hütte bietet auch Unterkunft

Die Route

Die Tour beginnt an der **Anlegestelle Seelände** der Königsseeschifffahrt (siehe Kapitel „Berchtesgadener Land / Der Königssee"). In 35 Min. bringen Elektroboote die Wanderer über den See nach **St. Bartholomä.** Wer am Ende der Fahrt zum Watzmann hinaufblickt, sieht schon die Archenkanzel, zu der wir hoch wollen.

Nach einer Stärkung im Biergarten von St. Bartholomä gehen wir von der **Kirche** am Seeufer entlang für 10 Min. nach Norden an den Badenden vorbei, biegen auf den Pfad 443 ein und wandern auf erst weiten, dann immer engeren Serpentinen durch den schattenspendenden Bergwald recht steil nach oben. Immer wieder öffnet sich der Wald und erlaubt den Ausblick auf den See, wo die Boote zu immer kleineren weißen Punkten auf dem Grün des Wassers werden. Von gegenüber grüßen uns das Hagengebirge und seine Gipfel Jenner und Schneibstein.

Knapp 2 Std. nach dem Start wird es zunehmend schattenlos und es geht in sehr engen Serpentinen an einer Scharte entlang. Nach 10 Min. kündigt sich der schwierigere Abschnitt mit einer hölzernen Leiter und einer Seilversicherung an. Nun folgen eiserne Tritthilfen, Trittstangen und Drahtseile, an denen man sich festhalten kann. Um Felsnasen herum, teils unter Zuhilfenahme der Hände, geht es weiter stramm hoch. Bei „Gegenverkehr" muss immer einer warten – ein Grund, weswegen alle im Uhrzeigersinn gehen sollten.

15 Min. weiter wird es etwas flacher und wir wandern, in etwa die Höhe haltend, teils auch leicht bergab im Schatten nach Norden und dann in einer Kerbe wieder aufwärts und vom See weg. Nach 30 Min. gelangen wir an den Weg von der Kührointalm zum Aussichtpunkt. Von hier sind es 5 Min. zur **Archenkanzel,** die uns zu einer Pause einlädt: mit schattigen Bänken und einem unglaublichen Blick über den See bis nach Salet am Südende und auf die Bergwelt im Osten und Süden, über das Steinerne Meer bis zu den Tauern. Besonders im Herbst bietet der Mischwald ein ganz außergewöhnliches Farbenspektakel.

Abgekühlt und etwas ausgeruht geht es in 20 Min. durch den Wald hinüber zu den Wiesen der **Kührointalm** mit der gleichnamigen Berghütte. Das dahinter stehende Kührointhaus von 1938 zeigt sich im typischen Bergarchitekturstil des Dritten Reiches. In ihm hat es sich die Bundespolizei hübsch gemacht. Die Bergopfer-Kapelle St. Bernhard nebenan gedenkt aller in den Berchtesgadener Alpen Verstorbenen und wurde 1999 geweiht.

Auf einem ausgezeichnet unterhaltenen Fußweg geht es erst in einem weiten, schattenlosen Bogen die Höhe haltend, dann in den Wald hinein und immer steiler nach unten. Knappe 2 Std. sollte man bis zum Ausgangspunkt rechnen, der abschüssige und harte Kiesweg belastet besonders die Kniegelenke. Wenn man hinter der **Klingeralm** die Startanlage der Bobbahn rechter Hand sieht, hat man es fast geschafft. Bald tauchen die ersten Häuser auf und über eine Wiese erreichen wir die Brücke über die Königsseer Ache, den Seeabfluss, und kommen zur **Anlegestelle Seelände** zurück.

St. Bartholomä wird zur Spielzeugkirche: Blick von der Archenkanzel

093ch sk

Wanderung 5

■ Für diese Wanderung steht auf www.reise-know-how.de der **GPS-Track** zum kostenlosen Download zur Verfügung. Sie finden die Daten auf den Produktseiten dieses Reiseführers.

Auf den Schneibstein

Routencharakter

Alpine Sommer- oder Wintertour in der Umgebung von Berchtesgaden hoch zum Schneibstein, dem am leichtesten zu ersteigenden Zweitausender der Berchtesgadener Alpen, mit Ausblicken auf die Felstürme; Kondition erforderlich.

■ **Ausgangs-/Endpunkt:** Parkplatz Hinterbrand/ Obersalzberg, GPS N 47.594633, E 13.020536, alternativ: Mittelstation Jennerbahn (siehe Kapitel „Berchtesgadener Land / Der Königssee")

■ **Mittelschwere Tour,** 15 km lang, 6–7 Std. Dauer, 1200 m Höhendifferenz

■ **Autoanfahrt:** von Berchtesgaden zum Dokumentationszentrum Obersalzberg, dann 7 km zum Parkplatz Hinterbrand

■ **Öffentliche Verkehrsmittel:** vom Bahnhof Berchtesgaden mit Bus 838 nach Obersalzberg/ Christophorusschule, 30 Min. Fußweg (teils fährt der Bus auch bis zum Parkplatz Hinterbrand)

■ **Mitnehmen:** feste Wanderschuhe, Sonnenschutz, Proviant und Getränke, gegebenenfalls Schneeschuhe

■ **Rast:** Mittelstation *Jennerbahn* und *Carl-von-Stahl-Haus* (Übernachtungsmöglichkeit, www.alpineausbildung.at/stahlhaus)

Die Route

Die Tour beginnt am **Parkplatz Hinterbrand** auf dem Obersalzberg, von dem aus man, den Schildern folgend, nach 15 Min. die **Mittelstation der Jennerbahn** passiert. Vorbei am oben liegenden **Hugo-Beck-Haus** gelangen wir unterhalb des offenen Hangs Richtung Südwesten und lassen die Wasserfallalm links, die folgende Strubalm (45 Min. ab Start) rechts liegen.

Der Weg wendet sich nun im offenen Hang in weitem Bogen nach Südosten und führt sehr moderat bergan. Kurz bergab gehend, erreichen wir 1:20 Std. nach dem Start den Abzweig **Königsbachalm** (die 350 m Wegstrecke unterhalb liegt) und halten uns geradeaus und bergan. An der nächsten Gabelung halten wir uns links Richtung *Carl-von-Stahl-Haus* und Osten. Hier im Wald verborgen, steht in 1250 m Höhe eine der Branntweinhütten, in denen teilweise der berühmte *Gebirgsenzian* entsteht. Alle drei bis fünf Jahre kommt ein Brenner hoch, gräbt nach Wurzeln und wirft den Destillationsapparat an.

Wir ignorieren in der Folge die Linksabzweigung nach Norden und wandern unterhalb der **Bärenwand** durch den lichten Wald weiter nach Osten. Nach Serpentinen durch den nun dichteren Wald geht es etwas steiler bergan hoch zu den Weiden der **Königstalalm** im Hochtal. Wir folgen nun aber nicht dem Weg zu den Almgebäuden nach Süden, sondern marschieren in einem weiten Bogen über die Wiesen erst nach Nordosten hoch zu einem Hangrücken, dann im lichten Wald nach Osten. Schließlich gelangen wir vorbei am **Schneibsteinhaus** zum **Carl-von-Stahl-Haus** auf 1730 m Höhe, 2:30 Std. nach dem Start der Tour.

Bislang waren die Anstiege keine große Sache, jetzt aber türmt sich der breite, latschenbewachsene Hang des **Schneibstein** (2276 m) vor uns auf, gerade im Winter eine Herausforderung, wenn man nicht den Serpentinenweg vor Auge hat, sondern die Direttissima. Vom Carl-von-Stahl-Haus sollte man für die gut 500 Höhenmeter etwa 1:30 Std. rechnen. Oben auf dem Gipfel belohnt die fantastische Sicht. Der Schneibstein liegt direkt auf der Grenze zu Österreich und bietet Ausblicke auf den Hohen Göll im Norden, das Hagen-Gebirge im Osten, das Steinerne Meer im Süden und die Watzmann-Gruppe im Westen.

Zum *Carl-von Stahl-Haus* geht es auf demselben Weg zurück. Unterhalb von ihm biegen wir allerdings Richtung Westen und Jenner-Gipfel ab (auf die Schilder achten, zu sehen ist er nicht, da er sich hinter einem Hang verbirgt). Im Winter weisen rote Markierungsstangen und meist auch die Spuren der Skitourengeher den Weg. Auf dem Sattel angekommen, sieht man den **Jenner** (1874 m). Wir gehen aber nicht zur **Bergstation** hinüber, sondern wandern über die **Mitterkaser-Alm** und die Hänge Richtung Norden und Nordwesten bis zur **Mittelstation der Jennerbahn,** wo wir auf den Aufstiegsweg stoßen, dem wir zurück zum **Parkplatz Hinterbrand** folgen.

Im Winter sollte man die Bedürfnisse der Alpinskifahrer beherzigen. Die Route verläuft beim Abstieg entlang ihrer Abfahrten. Als Schneeschuhgeher hält man sich immer am äußersten Rand der Pisten und achtet bei Querungen auf die Skifahrer.

Radtour 1

■ Für diese Radtour steht auf www.reise-know-how.de der **GPS-Track** zum kostenlosen Download zur Verfügung. Sie finden die Daten auf den Produktseiten dieses Reiseführers.

Inn-Radweg

Routencharakter

Am Ufer des Inns entlang, unangestrengt und familiengeeignet von Neubeuern nach Wasserburg.

■ **Ausgangspunkt:** Neubeuern (Marktplatz), GPS N 47.774640, E 12.138321
■ **Endpunkt:** Wasserburg (Marienplatz), N 48.060743, E 12.232801
■ **Leichte Tour,** 50 km lang, 3–4 Std. Dauer, unmerkliche Höhendifferenz
■ **Autoanfahrt:** A8 Ausfahrt Rohrdorf, St 2359 nach Neubeuern (5 km)
■ **Öffentliche Verkehrsmittel:** von Rosenheim mit Bus Nr. 9490 nach Neubeuern oder mit der Bahn zum Bahnhof Raubling. Rückfahrt: schnelle Verbindung (40 Min.) von Wasserburg nach Raubling mit Umsteigen in Rosenheim; der Bahnhof von Wasserburg liegt 5 km außerhalb im Westen (Reitmehring)
■ **Mitnehmen:** Fahrradhelm, Sonnenschutz, Proviant und Getränke
■ **Rast:** Gaststätten in den Dörfern entlang der Strecke

Unser Tipp: *Landgasthof Stechl* (siehe Rott am Inn im Kapitel „Am Inn")
■ **Werkstatt/Radverleih:** Radlalm, Waldmeisterstr. 2a, Großkarolinenfeld, Tel. 0 80 31 / 3 52 91 28, www.fahrrad-rosenheim.de

Die Route

Vom **Marktplatz in Neubeuern** beim Gasthof Glaserwirt geht es durch das Stadttor nach Westen den Berg hinunter zum Inn. Nach 800 m passiert man schon den ersten Biergarten (Auers Schlosswirtschaft). Nach weiteren 800 m wechselt man vor der Brücke die Straßenseite und fährt, dem Schild „Rosenheim" folgend, unter ihr hindurch. Es geht nun auf dem Damm mit seinem Kiesweg den Inn entlang.

Nach 3 km fährt man durch eine Unterführung und 4 km weiter vor einem Stauwehr über zwei Spitzkehren auf die Straße, über 1 km am Klärwerk Bockau vorbei und wieder zurück zu den Innauen. Nach einem weiteren Kilometer wechselt man an der Brücke die Flussseite und folgt dem Kanal. Das Innmuseum von Rosenheim kündigt sich mit einer Plätte an. Eine Tafel verrät die Maße und Tragkraft dieser Handels- und Lastkähne: 25 m lang, 6 m breit und 150 t Last. Bis zu 14 Schiffsleute waren notwendig, um das Boot zu manövrieren. 12,5 km hinter Neubeuern ist an der Innbrücke die Altstadt von **Rosenheim** erreicht.

Auf dem breiten Kai geht es weiter nach Norden, nach 400 m nach links über einen Kanal und dann gleich wieder rechts an diesem entlang Richtung „Wasserburg". Etwa 11,5 km hinter Rosenheim lohnt sich ein Stopp beim idyllisch gelegenen **Rotter Ausee** (150 m vom Inn entfernt) mit Badeplatz und

094ch sk

Kiosk, ein Tipp der Einheimischen an heißen Sommertagen.

1,5 km dahinter verlässt man auf Asphalt am Stauwehr Feldkirchen das Innufer, fährt über eine Brücke und folgt kurz dem Kanal. An Unterwöhrn vorbei gelangt man 3 km hinter dem Stauwehr in den Rotter Ortsteil Lengdorf. Hinter den Bahngleisen nimmt man den Fußweg hoch zur Kirche von **Rott am Inn,** 30 km hinter Neubeuern, 17 km hinter Rosenheim. Der Besuch der Kirche ist „Pflicht", Rasten im Biergarten vom Stechl „Kür".

Über die Bahnhofstraße geht es anschließend hinunter zum Bahnhof, über die Gleise und hinüber zur B15, der wir auf dem Radweg 1 km Richtung Griesstätt folgen. Hinter dem Weiler Zainach zweigt rechts ein Feldweg ab (200 m vor der Kreuzung mit der St2079). Wir wechseln nach 1 km auf die andere Innseite, stoßen auf die St2359, der wir kurz folgen und auf der wir nach 200 m durch eine Unterführung **Griesstätt** erreichen. Nächster Weiler ist Kettenham, 2 km hinter der Brücke, wo wir Richtung „Kreuth" nach links abbiegen. Im Zickzack und auf und ab geht es nun über die Felder der Inntaler Hügelwelt. Elend, Streifel, Thalham, Kerschdorf und Spielberg heißen die nächsten Weiler. 10 km hinter Griesstätt ist schließlich die St2359 und **Wasserburg** erreicht. Durch das Gewerbegebiet hindurch sind es 2,5 km in die Altstadt zum Marienplatz.

⌃ Fast ohne Steigung bis nach Wasserburg

Radtour 2

■ Für diese Radtour steht auf www.reise-know-how.de der **GPS-Track** zum kostenlosen Download zur Verfügung. Sie finden die Daten auf den Produktseiten dieses Reiseführers.

Große Ruhpoldinger Reibn (Mountainbike-Tour)

Routencharakter

Reibn bedeutet „Rundtour". Eine sehr anstrengende Fahrt auf guten Forstwegen durch die Bergwelt rund um Ruhpolding, die nur mit dem Mountainbike zu bewältigen ist. Die Tour setzt sich aus sieben Abschnitten zusammen, sie kann jederzeit unterbrochen und am nächsten Tag wieder aufgenommen werden. Die kürzesten Rückkehrmöglichkeiten nach Ruhpolding sind jeweils angegeben.

■ **Ausgangs-/Endpunkt:** Tourist-Info Ruhpolding, GPS N 47.762346, E 12.645408

■ **Schwere und lange Tour,** 85 km lang, 6–8 Std. Dauer, 2200 m Höhendifferenz

■ **Autoanfahrt:** A8 Ausfahrt Traunstein/Siegsdorf, St2098 zum Bahnhof Ruhpolding (9 km)

■ **Öffentliche Verkehrsmittel:** Bahnhof Ruhpolding

■ **Mitnehmen:** Fahrradhelm, Sonnenschutz, ausreichend Getränke

■ **Rast:** Gaststätten und im Sommer bewirtschaftete Almen entlang der Strecke, z.B. *Langerbaueralm* (Tel. 0 86 63 / 95 37, www.langerbauer-alm.de), *Dandlalm* (Tel. 0 86 63 / 57 23 und 01 76 / 32 33 09 98, www.dandl-hof.de), *Schwarzachenalm* (Tel. 0 86 63 / 80 05 58, http://plenkhof.de/alm, Mitte Mai bis Kirchweih)

096ch sk

Unser Tipp: *Klostergasthof Maria Eck* (siehe Ruhpolding / „Essen und Trinken" im Kapitel „Chiemgauer Alpen")

■ **Werkstatt/Radverleih:** *Radl Sepp,* Bahnhofstr. 3, Ruhpolding, Tel. 0 86 63 / 56 07, www.radl-sepp.com, Tourenrad 15 €/Tag, Mountainbike 16 €/Tag, E-Mountainbike 35 €/Tag

Gurnwand Reibn

Von der **Tourist-Info Ruhpolding** geht es über Hauptstraße und Zellerstraße zur Weißen Traun und dann an ihr entlang nach Süden vorbei am Holzknechtmuseum zur **Fischbachbrücke,** an der die Gurnwand Reibn beginnt. Hier nehmen wir den Radweg Richtung Reit im Winkl auf, passieren den **Förchensee** und gelangen in das idyllische Natur-

^ > Die Wege sind beschildert und gut befahrbar

schutzgebiet des Ruhpoldinger Tales mit glasklaren Badeseen und sattgrünen Liegewiesen. Nach **Löden- und Mittersee** heißt es auf die Südseite des Tales wechseln und nach einem relativ steilen Anstieg den **Weitsee** oberhalb umfahren. Dann geht es zügig bergab nach **Seegatterl** mit der Talstation der Seilbahn zur Winklmoos-Alm, wo die Olympiasiegerin *Rosi Mittermeier* aufwuchs. Hier wird die B305 gequert und wir fahren parallel zu und an ihr wieder nach Norden zum Abzweig ins **Wappachtal** in Höhe der Mitte des Weitsees.

Es folgt ein mäßiger, aber langer Anstieg zum hübschen Hochmoor-Tal der **Röthelmoosalm** mit zwei im Sommer bewirtschafteten Almhütten (Langenbaueralm und Dandlalm, s.o.). Jedes Jahr an Mariä Himmelfahrt wird hier anlässlich einer Messe der verunglückten Senner und Holzknechte gedacht und der Pfarrer weiht Kräuterbüschl (Marienwisch), die das Jahr über Glück bringen sollen. Von hier sind es über Urschlau und Brand knapp 10 km zurück nach Ruhpolding.

Eschelmoos Reibn

Wir biegen nun auf die Eschelmoos Reibn und in den Forstweg Richtung Westen ein, radeln bergan in den Wald und gelangen zur Eschelmoosdiensthütte auf der **Eschelmoosalm.** An einem alten Wegweiser Richtung Weißachental und Bergen schieben wir das Rad etwa 200 m steil bergab und biegen nach rechts auf den guten Forstweg bergab ein; alternativ fährt man 400 m zurück und biegt rechts ab auf den Forstweg, der erst ein wenig bergauf, dann aber bergab führt.

095ch sk

Hochfelln Reibn

In steilen Serpentinen radeln wir nun auf der Hochfelln Reibn im Tal nach unten, gelangen an die Talstation der Materialseilbahn auf den **Hochfelln** und biegen 150 m dahinter über eine Brücke rechts ab, fahren dann wieder zügig hinauf und über die **Gleichenberg-Alm** auf 1056 m Höhe. Unter den Drahtseilen der **Hochfelln-Bahn** hindurch geht es nach einem knappen Kilometer am zweiten Abzweig nach links Richtung Talstation und Bergen. Von hier sind es bergauf bis fast zur Bründlingalm und dann bergab über die Steinberg-Alm etwa 11 km nach Ruhpolding hinein.

Kloster Reibn, Trauntal Reibn und Zinnkopf Reibn

Nach 250 m biegen wir rechts Richtung Maria Eck und auf die Kloster Reibn ab und gelangen – die letzte Wegstrecke auf Asphalt – zum **Kloster Maria Eck.** 4 km radelt man von hier nach Ruhpolding.

Wir fahren weiter auf der Trauntal Reibn den Parkplatz entlang. Nach 1,5 km geht es beim Gasthaus Lindenhof nach rechts in den Scharamer Weg, über die Weiße Traun nach **Hörgering** hinein und der Hörgeringer Straße folgend bis zum Spielplatz am Ortsende.

Dort von den beiden rechts abzweigenden Straßen die linke nehmend, radeln wir bergan – nun auf der Zinnkopf Reibn. An zwei Gabelungen halten wir uns jeweils links und folgen an den nächsten Gabelungen den Schildern Richtung Hammer bzw. „Sulzeberger Höhenweg“. Nach etwa 5 km ab dem Spielplatz fahren wir nicht zum im Tal sichtbaren **Hammer** ab, sondern folgen wieder den Schildern „Sulzeberger Höhenweg“. Der Forstweg windet sich unterhalb des Zinnkopfes durch den Wald und wir gelangen schließlich zur **Einmündung in den Mozart-Radweg,** auf den wir nach links einbiegen (nach rechts sind es 4 km bis Ruhpolding).

Rauschberg Reibn

Jetzt ist die Rauschberg Reibn erreicht, was die Höhenmeter angeht, noch einmal eine echte Herausforderung. Doch erst geht es bergab nach Oberhausen, wir biegen auf die Teerstraße nach links ein und passieren den **Froschsee.** An der Vorfahrtstraße biegen wir rechts ab und radeln die Schmelzer Straße nach Süden bis zum Gasthof Schmelz, dort geradeaus auf den Parkplatz, unter der Bundesstraße 305 hindurch und auf der Forststraße 2,5 km weiter bis zum Gasthof Zwing und von dort auf der B305 Richtung Bad Reichenhall. Auf ihr geht es 2,5 km bis nach **Weißbach,** wo wir den Schildern „Almen“ – den Weißbach querend – nach rechts folgen und den Reiterweg zügig und kontinuierlich bergan fahren. Vor der Reiteralm geht es rechts ab zur urigen **Kaitlalm,** dem höchsten Punkt der Rauschberg Reibn, von einem für seine Raubeinigkeit landesweit bekannten Wirt ganzjährig bewirtschaftet.

Von nun an geht's bergab – über die idyllische **Schwarzachenalm** (s.o.), wo am 24. Oktober 1835 der letzte einheimische bayerische Bär geschossen wurde, und an der Schwarzachen und schließlich am Fischbach entlang nach **Ruhpolding** zurück.

Radtour 3

■ Für diese RAdtour steht auf www.reise-know-how.de der **GPS-Track** zum kostenlosen Download zur Verfügung. Sie finden die Daten auf den Produktseiten dieses Reiseführers.

Kehlsteinrunde (Mountainbike-Tour)

Routencharakter

Auf guten Forstwegen und Asphaltstraßen mit dem Mountainbike hoch zum historischen Kehlsteinhaus auf dem Obersalzberg bei Berchtesgaden. Wegen der Höhenmeter anstrengende Tour, aber ohne technische Schwierigkeiten und mit schönen Aussichten. Ein kurzer Abschnitt verläuft auf der (für Kraftfahrzeuge mautpflichtigen) Roßfeldpanoramastraße.

■ **Ausgangs-/Endpunkt:** Bahnhof Berchtesgaden, GPS N 47.626659, E 12.999891

■ **Schwere Tour,** 30 km lang, 3–4 Std. Dauer, 1200 m Höhendifferenz

■ **Autoanfahrt:** A8 Ausfahrt Bad Reichenhall Nord, auf der B20 nach Berchtesgaden (30 km). Die schnellere Anfahrt über die österreichische A1 ist vignettenpflichtig

■ **Öffentliche Verkehrsmittel:** Bahnhof Berchtesgaden

■ **Mitnehmen:** Fahrradhelm, Sonnenschutz, Proviant und ausreichend Getränke

■ **Rast:** Gaststätten in Berchtesgaden und Gastronomie des Kehlsteinhauses;

Unser Tipp: *Roßfeld-Skihütte,* von der Ofener Alm 3,5 km auf der Mautstraße bergauf, Tel. 0 86 52 / 94 87 20, www.rossfeld-skihuette.de, Di–Sa 10–21 Uhr, So 10–19 Uhr, Juli bis September kein Ruhetag, Almgasthof in herrlicher Lage mit Unterkünften

■ **E-Bike-Verleih:** Tourist-Information Berchtesgaden

Die Route

Vom **Bahnhof Berchtesgaden** fahren wir erst die Bahnhof- dann die Bergwerkstraße nach Norden, biegen nach 1,5 km nach rechts zur **Watzmanntherme** ab, fahren auf der anderen Seite der Berchtesgadener Ache 500 m zurück und radeln dann zwischen der Eissporthalle und der Gaststätte links den Kiesweg hoch, der im Winter als Rodelbahn genutzt wird. Es geht sofort recht steil nach oben.

Nach 4 km in Serpentinen, teils geradeaus parallel zu Fahrstraßen und immer den Schildern „Obersalzberg / Dokumentationszentrum“ folgend, erreichen wir eine Kehre, an der wir geradeaus fahrend auf den Carl-von-Linde-Weg stoßen. Gleich darauf erreichen wir die Salzbergstraße (B319), auf der wir schließlich nach rechts einbiegen und das **Dokumentationszentrum Obersalzberg** passieren.

1 km hinter der Kehre fahren wir am Kreisverkehr geradeaus auf die Scharitzkehlstraße (weiterhin B319) Richtung **Roßfeldpanoramastraße.** Nach einem weiteren Kilometer biegen wir rechts in die Purtschellerstraße ein und dürfen nach 100 m die **Mautstation Süd** ohne zu zahlen durchfahren. Nun geht es auf dem Asphalt der Panoramastraße mäßig, aber kontinuierlich bergan. Nach 2,5 km achten wir bei der **Ofener Alm** rechter Hand auf einen Parkplatz und das kleine Hinweisschild „Mountainbike / Kehlsteinrunde“. Hier heißt es

nach rechts abbiegen und nun auf einem Kiesweg durch den Wald zügig bergan radeln.

4,5 km sind es hoch, die letzten 3 km auf Serpentinen und einem kräftesparenden Asphaltsträßlein, der Dalsenwinkelstraße, die als Versorgungsweg der Baustelle des Kehlsteinhauses diente. Schließlich stehen wir unterhalb des **Kehlsteinhauses** auf dem Buswendeplatz und am Kassenhäuschen.

Für den Rückweg folgen wir der Auffahrtstrecke bis zur **Mautstation Süd,** halten uns nun aber rechts und fahren auf der Roßfeldpanoramastraße 1 km schnell bergab bis zu einer Kehre an einer unscheinbaren Brücke, vor der wir links auf einen Kiesweg einbiegen. Nach knapp 2 km fahren wir am exklusiven **Golfplatz Obersalzberg** mit seiner grandiosen Gebirgskulisse vorbei.

2,5 km sind es von hier auf Asphalt hinunter zur **Berchtesgadener Ache.** Vor der Brücke geht es links in die Bergwerkstraße. Nach 500 m sind wir am **Salzbergwerk** mit der Einfahrt in den Heilstollen und nach nochmal 500 m ist die Watzmanntherme erreicht. Nach weiteren 1,5 km sind wir zurück am **Bahnhof.**

Der Ausblick lohnt die Mühen

097ch sk

Radtour 4

■ Für diese Radtour steht auf www.reise-know-how.de der **GPS-Track** zum kostenlosen Download zur Verfügung. Sie finden die Daten auf den Produktseiten dieses Reiseführers.

Traun-Alz-Radweg

Routencharakter

Eine steigungsarme Tour, die den Flüssen folgt: Von Hammer an der Roten Traun nahe Inzell geht es an dieser entlang zur Traun, weiter an der Alz bis zum Inn und an ihm entlang bis nach Niedergottsau bei Marktl. Die Streckenführung verläuft nur teilweise auf Rad- und Uferwegen, ansonsten meist auf ruhigen Nebenstraßen ohne viel Verkehr. Will man die Städte intensiver besichtigen, sollte man sich zwei oder drei Tage Zeit nehmen.

■ **Ausgangspunkt:** Hammer, nördlich von Inzell, GPS N 47.800877, E 12.706089
■ **Endpunkt:** Niedergottsau bei Marktl, N 48.240 848, E 12.879302
■ **Leichte Tour,** 100 km lang, 6–7 Std. Dauer, 50 m Höhendifferenz (Anstieg)
■ **Autoanfahrt:** A8 Ausfahrt Traunstein/Siegsdorf, B306 (6 km)
■ **Öffentliche Verkehrsmittel:** von Traunstein mit Bus Nr. 9526. Rückfahrt: Nur mit mehrfachem Umsteigen, Dauer 3–4 Std. Alternativ nach Mühldorf (Inn) radeln und über Rosenheim und Traunstein nach Ruhpolding – oder die Route nach Freilassing fortsetzen
■ **Mitnehmen:** Helm, Sonnenschutz, Proviant
■ **Rast:** Gaststätten in den Dörfern entlang der Strecke

UNSER TIPP: *Mayrhofer*①-②, Dorfstr. 6, Niedergottsau/Haiming, Tel. 0 8678 / 2 27, www.gasthaus-mayrhofer.de, Mi Ruhetag; Dorfwirt mit Garten, Kegelbahn und Zimmervermietung②
■ **Werkstatt/Radverleih:** *Die RAD Geber,* Adlgasser Str. 16, Inzell, Tel. 0 86 65 / 92 94 58, www.e-bikeverleih-scheufele.de, MTB 18 €, E-MTB 38 €/Tag.

Die Route

Bei der Radunterführung von **Hammer** nehmen wir den Brunnweg entlang der **Roten Traun** nach Norden. Ein Schild verkündet die Distanz nach Traunstein: 12 km. Die Rote Traun mäandriert hier recht unverhalten, sodass der asphaltierte Radweg nur ab und an entlang ihres Ufers verläuft. Nach 400 m wird der Belag zu Kies. In der Folge wechseln sich die Untergründe immer wieder ab, sind aber immer fest und auch mit einem Tourenrad sehr gut zu befahren. Nach weiteren 2 km wechseln wir die Uferseite. Im Biergarten des **Gasthauses Heutau**①-② (Tel. 0 86 62 / 66 47 50, Mi Ruhetag) in **Unterheutau** kann man erstmals pausieren.

500 m hinter dem Wirtshaus wird die Rote Traun erneut gequert, nach 400 m eine Straße, nach 2 km die Autobahn. 2,5 km hinter dem Wirtshaus geht es links ab, über die Rote Traun und gleich darauf über die **Weiße Traun,** die aus Richtung Ruhpolding heranfließt. Beide Bäche vereinigen sich hier zur **Traun.**

An ihrem orografisch (in Fließrichtung) linken Ufer geht es weiter und auf der Uferstraße durch **Traunstein** hindurch. 15 km hinter Hammer biegen wir am **Empfinger Gütl**①-② mit Biergarten und Kiosk (Do 15–21 Uhr, Fr–So 12–21 Uhr, s. Traunstein im Kap. „An Traun und Alz“) links ab. Der 200 m lange Hohlweg hier hoch zur Fahrstraße ist die erste nennenswerte Steigung der Tour (oben nach rechts). Nach 500 m können wir auf einen separaten Kiesweg parallel zur Straße abbiegen. Nach einem guten Kilometer geht es über eine Brücke über die B304 und dahinter nach links auf einen Feldweg, nach 300 m fährt man auf Asphalt weiter. Dem historischen Wirtshaus von **Aiging** aus dem Jahr 1471 gut 2 km hinter der Brücke mangelt es schon seit Längerem an einem Pächter.

Es folgt ein leichter Anstieg. Hoch über den Auen der Traun folgen wir nun in weiten Schleifen dem Fluss. In **Herbsdorf** biegen wir nach links auf eine Autostraße ab. Durch Biebing und Matzing hindurch erreichen wir 10 km hinter Traunstein bei **Schloss Pertenstein** wieder die Traun. Kurz dahinter führt der Weg erneut zum anderen Ufer. Nach 4 km geht es nach links vom Mühlenweg weg und an der B304 50 m weiter nach rechts und parallel zu ihr (Radweg) auf 4 km nach **Stein an der Traun** (das letzte Stück am Steiner Mühlbach entlang).

800 m sind es nun auf der Hauptstraße, bevor man in die Steiner Straße nach rechts abbiegt. Links oben ist das **Kloster Baumburg** mit seiner stolzen Talfassade zu sehen. In **Altenmarkt** (1 km weiter) radelt man hinter den Gleisen am Bahnhof vorbei nach rechts, folgt den Schildern mit dem Radlogo und quert die **Alz** an der Traunmündung. Nach 2 km teils entlang des Alzkanals quert man diesen und fährt zwischen Kanal und Alz durch **Trostberg** hindurch.

Nach weiteren 2 km verlassen wir den Ort auf einem Kiesweg und folgen 3 km dem Alzufer. Dann geht es links weg und an der Mussenmühle (mit Naturkostladen, www.mussenmuehle.de) vorbei zur B299, dort für 200 m nach rechts, dann erst zwischen den Bahngleisen und schließlich auf einem Radweg parallel zur Straße. Die B299 begleitet uns an Tacherting und Wiesmühl vorbei auf gut 11 km bis **Garching an der Alz.** Hier biegen wir rechts in die Walder Straße ab und gleich wieder links in die Tassilostraße (Hinweisschild „Burgkirchen"), die zur Frank-Caro-Straße wird und aus Garching rausführt.

Über die Alz geht es nach **Hirten** und 7 km hinter Garching (1 km hinter Hirten) im Ortsteil Thal links Richtung

098ch sk

Gufflham. 3 km weiter kommen wir nach Höresham, wo wir nach links abbiegen und dem Radweg „Burgkirchen" folgen. Oberhalb des Alzkanals und entlang der Burgkirchner Geschichtsroute geht es auf einem Feldweg weiter. Nach weiteren 3 km ist die Pfarrkirche von **Burgkirchen** erreicht.

Über die Alz gefahren, verlassen wir den „Traun-/Alz-Radweg" und nehmen 1 km hinter der Kirche den Radweg „Burghausen-/Altötting-Runde". Nun fahren wir 7 km über die Dörfer, bis wir an die St2107 gelangen, der wir 3 km nach **Altötting** hinein folgen. Am Kapellplatz geht es in die Neuöttinger Straße nach Norden und so in die nur 1 km entfernte sehenswerte Schwester des Wallfahrtsortes. Wir fahren den Berg hinunter zum Kreisverkehr, nach links durch das Stadttor und bewundern den großzügigen Stadtplatz von **Neuötting.** Auf der anderen Seite durch das untere Stadttor geradelt (Schild „Inn-Radweg"), kommen wir auf der Bahnhofstraße an den **Inn,** nehmen die Brücke und halten uns am anderen Ufer nach Osten.

Es geht nun am Innufer entlang, nach 7 km am schönen Badesee von **Perach** vorbei (Restaurant, Badeflöße), und erst direkt am Ufer, dann auf einem Damm nach **Marktl** hinein (nochmal 7 km, das letzte Stück auf Asphalt). Dort fahren wir zur Innbrücke, bleiben auf dieser Seite und radeln 5 km weiter nach Osten bis zur Brücke bei **Stammham** (die letzten 2 km auf sehr schmalem Pfad und wegen Baumwurfs auf eigene Gefahr; alternativ ab dem Kraftwerk die Gemeindestraße nahmen), wo wir auf die andere Seite wechseln und in **Niedergottsau** unseren Tag beenden.

Radtour 5

■ Für diese Radtour steht auf www.reise-know-how.de der **GPS-Track** zum kostenlosen Download zur Verfügung. Sie finden die Daten auf den Produktseiten dieses Reiseführers.

Salzach-Radweg

Routencharakter

Diese Tour kann als Rückweg von Tour 4 unternommen werden. Start und Ziel sind getauscht, die Strecke ist aber eine völlig andere und etwas länger. Von Niedergottsau bei Marktl fährt man zunächst schön ruhig, unangestrengt und ohne merkliche Steigung mal auf deutscher, mal auf österreichischer Seite am Ufer der Salzach entlang nach Freilassing. Ab da wird es recht anstrengend, mit langen Anstiegen durch die hügelige Voralpenlandschaft hinüber Richtung Siegsdorf bis nach Hammer an der Roten Traun. Wer die Städte erkunden und auch mal baden will, sollte sich zwei bis drei Tage Zeit lassen.

■ **Ausgangspunkt:** Niedergottsau bei Marktl, GPS N 48.240848, E 12.879302
■ **Endpunkt:** Hammer, nördlich von Inzell, GPS N 47.800877, E 12.706089
■ **Leichte bis mittelschwere Tour,** 110 km lang, 7–8 Std. Dauer, 500 m Anstieg, 200 m Abfahrten
■ **Autoanfahrt:** A94 Ausfahrt Burghausen, Gemeindestraße (6 km)

☒ Touren 4 und 5 führen meist geruhsam an Flüssen entlang

- **Öffentliche Verkehrsmittel:** von Burghausen mit Bus Nr. 7542 (das Schönes-Wochenende-Ticket der Bahn gilt nicht). Rückfahrt: Bahnfahrt von Traunstein nach Burghausen mit zweimaligem Umsteigen 2.30 Std., von Traunstein nach Braunau/Österreich mit einmaligem Umsteigen in Salzburg ebenfalls 2.30 Std.
- **Mitnehmen:** Fahrradhelm, Sonnenschutz, Proviant und Getränke
- **Rast:** Gaststätten in den Städten entlang der Strecke

Unser Tipp: *Klostergasthof Raitenhaslach*, s. Burghausen / „Essen und Trinken" im Kapitel „Salzach und Rupertiwinkel"

Die Route

In **Niedergottsau** folgen wir von der Dorfstraße den Schildern „Inn" über die Felder und gelangen nach 4 km an der Mündung der Salzach in den Inn auf den Damm und den Radweg „Salzhandelsweg". Es geht durch das Vogelparadies in den Flussauen, sogar Kormorane sind zu sehen – die **Vogelfreistätte Salzachmündung.** 10 km hinter Niedergottsau weist ein Schild auf die schlechte Befahrbarkeit des Uferweges hin und rät, abseits der Salzach über die Gemeindestraße nach Burghausen zu radeln. Wohl auch ein Grund für die Umleitung ist das Werk der **Wacker-Chemie** mit seinen bedrohlichen Schildern, bei Lautsprecherdurchsagen die Zone quer zur Windrichtung zu verlassen – Kontrastprogramm zum Vogelschutzgebiet. 2014 war der Weg bis Burghausen sogar wegen Hangrutsch gesperrt. Man sollte sich in so einem Falle nicht auf die Einheimischen verlassen, die die Sperrung nicht kümmert. Wir fahren auf eigene Gefahr weiter am Ufer entlang, fester Kies- und Betonuntergrund wechseln sich ab. Nach 1,5 km geht der Weg über einen Nebenkanal, führt am Chemiewerk vorbei und folgt nun bis Burghausen dem Salzachufer. Hinter dem Chemiewerk befindet sich einer der schönsten Abschnitte der Salzach mit hohen Sandsteinwänden, der Weg ist hier teils etwas sandig oder mit holprigem Pflaster versehen.

14 km nach dem Start ist man unterhalb der Burganlage von **Burghausen,** die letzten Meter auf extrem holprigem Pflaster. Das Rad muss man nun eine Treppe hoch und oben am Ufer entlang (200 m Einbahnstraße) schieben, dann fährt man wieder runter auf den Uferweg. 2,5 km hinter Burghausen geht es hoch zum **Gasthaus Tiefenau** (200 m, Salzachstr. 26, Tel. 0 86 77 / 46 55, Mo ab 17, Do/Fr ab 15, Sa/So ab 11 Uhr).

2,5 km weiter ist der Abzweig zum **Kloster Raitenhaslach** (5 Gehminuten, s. Burghausen im Kapitel „Salzach und Rupertiwinkel"). Fast wie Urwald wirkt jetzt der Bewuchs. Nach knapp 4 km endet der breite Weg, nun wird der Pfad auf einem Kilometer ganz schmal, sandig, verwurzelt und schlingt sich in engen Kurven und im Auf und Ab um die Bäume. Wer kein Mountainbike hat, wird hier in Passagen schieben müssen. Über eine Treppe gelangt man wieder auf den guten Uferweg.

5 km weiter wechseln wir über die Brücke von **Tittmoning** auf die **österreichische Salzachseite** und fahren auf ausgezeichnetem Uferweg („Tauernradweg") fast schnurgerade nach Südosten Richtung Salzburg, das 40 km entfernt liegt. Immer wieder weisen Schilder auf Einkehrmöglichkeiten etwas abseits der Salzach hin. 7,5 km hinter Tittmoning liegt das zum **Stahlpark** umdeklarierte Kraftwerk Riedersbach (www.stahlpark.com): Metallplastiken am Wegesrand.

Knapp 4 km weiter geht es auf einem Abzweig in 3 km zu einem der wärmsten Badeseen Österreichs – der **Höllerer See** liegt in einer bewaldeten Senke, die sich schon in der Vorsaison schnell aufheizt.

Nach 21 km auf österreichischer Seite erreichen wir die Schifferkapelle von **Oberndorf,** passieren den Gastgarten des Radlertreffs **Salzachblick** (Tel. +43 / 6 64 / 1 71 75 62, Saison tgl. 10–23 Uhr) und wechseln am Europasteg auf die andere Flusseite hinüber nach **Laufen.** Da der Fluss hier eine Biegung macht, sollte man sich nicht verwirren lassen: in Laufen geht es am Ufer entlang erst kurz nach Norden. Unter der Stahlbrücke hindurch folgen wir weiter dem Uferweg.

5 km hinter dem Europasteg fahren wir auf einen Fahrdamm, nach 500 m steht rechter Hand **Schloss Triebenbach.** 2 km weiter lässt man eine Brücke über den Mühlgraben rechts liegen und biegt an der zweiten links runter zur Salzach (1 km). Über die Brücke über den Salzachzufluss Sur erreicht man das Ufer, dem man nun wieder folgt. 13 km nach Laufen trennen wir uns endgültig von der Salzach und radeln 2,5 km rüber nach **Freilassing.** Hier sollte man sich nochmal stärken (vielleicht im Biergarten des **Café Schmuggler,** s. Freilassing im Kap. „Salzach und Rupertiwinkel"), denn Freilassing liegt 400 m hoch – um ins Nachbartal bei Siegsdorf zu gelangen, muss man auf 700 m hochstrampeln. Wir halten uns in Freilassing auf der Münchener Straße nach Westen, durchqueren das Industriegebiet und verlassen die Stadt auf dem Radweg parallel zur Autostraße.

Nach 4 km geht es hinter einer Brücke nach links (Schild „Via Julia"-Radweg). Grüne Weiden, zufriedene Kühe, schmucke Bauernhäuser und in der Ferne die Gipfel der ersten Alpenkette begleiten uns nun. Nach 5 km beginnt ein recht heftiger, gut 1 km langer Anstieg hoch nach Weildorf. Auf der Terrasse des Gasthofs **Stockklausner** (Hauptstr. 11, Tel. 0 86 66 / 74 74, Mo Ruhetag) kann man verschnaufen. 2 km weiter kreuzen wir die St2103 geradeaus fahrend Richtung „Unterholzen/Öd". Nach 1,7 km geht es links erst westlich, dann südlich nach Wimmern. Nun heißt es Schwung holen für den folgenden 100 m langen Anstieg. Oben fahren wir erst links und dann rechts haltend ins 4 km entfernte **Teisendorf.**

In Teisendorf biegen wir in die Hauptstraße rechts ein und fahren gleich nach links in die Freidlinger Straße. Am Ortsende geht es nun 1 km durch den Wald stramm hoch nach Freidling, wo wir rechts nach Achtal abbiegen. Nach 1,5 km radeln wir wieder links Richtung „Allerberg", zu dem uns wieder eine 1 km lange, recht steile Auffahrt führt. Nicht genug – 100 m hinter Allerberg lockt der 600 m lange Anstieg nach Haslach. Nun fahren wir unter der Autobahn durch und ein weiteres Mal einen Berg hoch, diesmal auf 400 m Länge. Das Gröbste haben wir damit hinter uns. Nach Atzelbach ist die Steigung schon fast vernachlässigbar.

Wieder unter der Autobahn durch ist 8 km hinter Teisendorf **Neukirchen** erreicht. In Neukirchen nehmen wir die Teisendorfer Straße nach links, unterfahren ein letztes Mal die Autobahn und folgen nun (ab der Unterführung) auf 6 km der Hauptstraße auf dem parallel verlaufenden Radweg, bis wir bei Heutau auf die Rote Traun treffen, der wir nach Süden bis **Hammer** folgen.

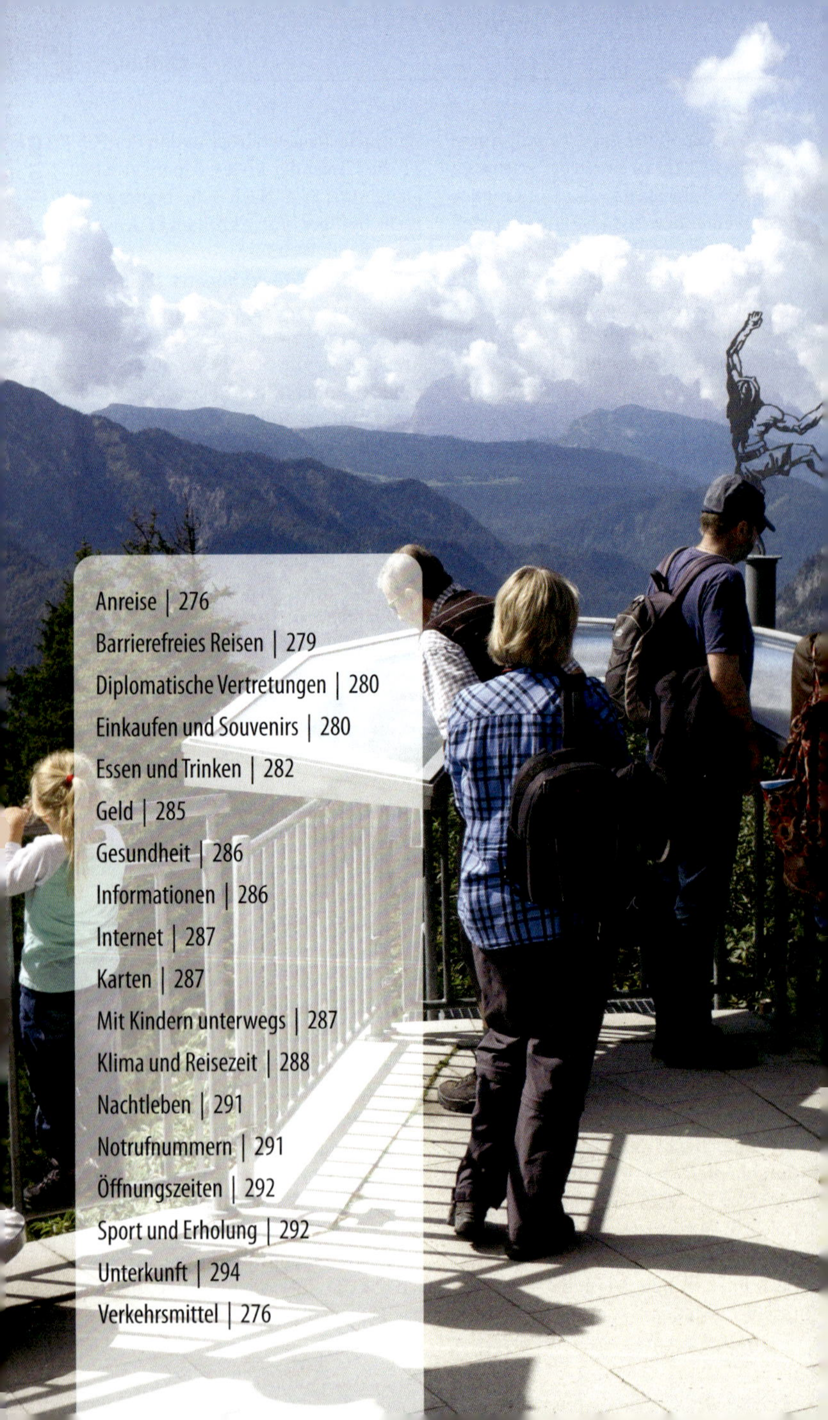

065ch sk

9 Praktische Reisetipps A–Z

< Aussichtskanzel auf dem Rauschberg bei Ruhpolding

Anreise und Verkehrsmittel

München ist mit seinem internationalen Flughafen und dem Großbahnhof zentrale Umsteigestelle für Fahrten in das südöstliche Oberbayern. Mit den sehr gut aufeinander abgestimmten Zug- und Busverbindungen erreicht man auch die kleinsten Dörfer in einem vernünftigen Zeitrahmen.

Bus

Münchens zentraler **Omnibusbahnhof (ZOB)** liegt etwas westlich vom Hauptbahnhof. Zahlreiche Busgesellschaften verbinden zu günstigeren Preisen als die Bahn die bayerische Hauptstadt mit deutschen und europäischen Städten. Von München geht es dann mit den Bussen des **Regionalverkehrs Oberbayern (RVO)** weiter zu den kleineren Ortschaften, der *RVO* bedient als Tochterunternehmen der Deutschen Bahn den Chiemgau und das Berchtesgadener Land. Auch Salzburg und dessen Flughafen sind angebunden. Wer wandern oder skifahren will, sollte auf die Kombiangebote der Bergbahnen mit dem *RVO* achten. Mit dem Tagesticket darf man für 10,50 € (Kind 6,40 €, Familie 24 €) das gesamte Streckennetz des *RVO* mit nur wenigen Ausnahmen (hoch zum Kehlstein bei Berchtesgaden, die Strecke 847 bei Ramsau zwischen Hintersee und Hirschbichl oder 9507 Seegatterl – Winklmoos) benutzen.

- **ZOB,** www.muenchen-zob.de.
- **RVO,** Tel. 0 89 / 55 16 40, www.rvo-bus.de.

Bahn

Der Kopfbahnhof Münchens ist die Drehscheibe für die Weiterfahrt nach Süden. Von Berlin und Hamburg aus sind es gut sechs Stunden Zugfahrt, von Frankfurt/M., Leipzig, Dresden, Zürich oder Wien etwa vier Stunden.

Das **Schienennetz in Bayern** ist recht dicht geknüpft. Sind Strecken stillgelegt, verkehren als Schienenersatz Busse. Die Hauptstrecke der Bahn führt von München nach Salzburg. Sie wird von der *Deutschen Bahn* (www.bahn.de) und der privaten Bahngesellschaft *Meridian* (www.der-meridian.de) recht häufig bedient. *Meridian* fährt von München auf einer östlichen und einer westlichen Lokalstrecke nach Rosenheim und von dort über Bad Endorf, Prien am Chiemsee, Bernau, Übersee, Bergen, Traunstein, Teisendorf und Freilassing nach Salzburg.

Nicht ganz so gut sieht es mit den nordöstlichen Verbindungen aus. Nur die Strecke von Mühldorf nach Freilassing wird im Zwei-Stunden-Takt befahren, alle anderen (z.B. Traunstein – Altötting, Traunstein – Burghausen oder Freilassing – Burghausen) sind Umsteigeverbindungen. Auf einer Radtour hat man also entsprechend Zeit für die Rückkehr mit der Bahn einzukalkulieren. Wer in die Berge will, kann bis Aschau und Ruhpolding mit der Bahn fahren, wer weiter möchte, muss dann den Bus nehmen. In Berchtesgaden hält ebenfalls der Zug, zum Königssee geht es mit dem Bus weiter.

■ **Hauptbahnhof München,** Mobilitätsservice Tel. 0 18 06 / 51 25 12, www.bahnhof.de.

Spezialtickets Bahn

Das **Bayernticket** (Single 25 €, je weitere Person 6 € bis maximal fünf Personen) ermöglicht einen Tag lang (Mo–Fr ab 9 Uhr bis 3 Uhr morgens des nächsten Tages, Sa/So ab 0 Uhr) die Nutzung aller Nahverkehrszüge und der Busse, die den Verkehrsverbünden angeschlossenen sind (z.B. *RVO*) in ganz Bayern.

Eine Abwandlung ist das **Schöne-Wochenende-Ticket** der Bahn, mit dem eine Gruppe von maximal fünf Personen (oder Eltern, Großeltern und Kinder ohne Personenzahlbeschränkung) ein Wochenende lang Nahverkehrszüge und Regionalbahnen nutzen kann (44 €, jede weitere Person 6 €).

Museumsbahnen

Die 2 km lange **Chiemseebahn** (www.chiemsee-schifffahrt.de) von Prien nach Stock befährt im Sommer eine eigens für den Tourismus geschaffene Strecke (siehe Prien).

Mit Schienenbussen (VT103) und ab und an auch mit Dampflokomotiven verbindet die **Chiemgauer Lokalbahn** (www.leo-online.org) die 18 km lange Strecke von Bad Endorf nach Obing am See mit Fahrgerät aus den 1950er Jahren.

Flug

Der **Flughafen München,** das zweitwichtigste Luftverkehrskreuz Deutschlands 37 km nördlich des Zentrums, bietet beste Verbindungen sowohl national als auch international. Praktisch alle Luftlinien fliegen Bayern an – Liniengesellschaften und Charterflieger. Der **Flughafen Salzburg** liegt etwa zehn Autokilometer westlich der Altstadt und hat je 20–30 Starts und Landungen am Tag, angeflogen werden die größeren deutschen Flughäfen, Wien und Zürich.

■ **Flughafen München Erding / Franz Josef Strauß,** Nordallee 25, Erding, Tel. 0 89 / 9 75 00, www.munich-airport.de. Anfahrt von München: Taxi (um 60 €, Dauer 30–60 Min. je nach Tageszeit), Flughafenbus (*Autobus Oberbayern,* Tel. 0 89 / 32 30 40, www.airportbus-muenchen.de, 6.20–21.40 Uhr im Zwanzigminutentakt, Dauer 40–60 Min., einfach 10,50 €, hin und zurück 17 €), S-Bahn (www.mvv-muenchen.de, ca. 4–1.30 Uhr, 40 Min., *Airport-City-Day-Ticket* 13 €, gültig im MVV-Gesamtnetz bis 6 Uhr am Folgetag).

■ **Flughafen Salzburg,** Innsbrucker Bundesstr. 95, Salzburg, Tel. 0043 / 6 62 / 8 58 00, www.salzburg-airport.com. Anfahrt von Salzburg: Taxi (um 30 €, Dauer 10–20 Min. je nach Tageszeit), Bus (zum Bahnhof Linie 2, ins Zentrum Linie 10, etwa 4–24 Uhr im Zehnminutentakt, Dauer 15–40 Min., Einzelfahrt 2,70 €).

Auto und Motorrad

Auch, wenn man aufgrund des dichten Netzes öffentlicher Verkehrsmittel nicht unbedingt ein eigenes Fahrzeug benötigt, um die Region zu erkunden, ist man mit ihm natürlich ungebundener. Die Autobahn, die Bundes- und Regionalstraßen sind in einem hervorragenden Zustand. Wer von Norden kommt (A9/E45), passiert **München** auf dem Autobahnring A99, folgt den Schildern „Salzburg“ und nimmt die A8/E60. **Staus** bleiben einem vor allem in den Sommermonaten an den Wochenenden auf der dann chronisch überlasteten A8 kaum erspart.

Auf **österreichischen Autobahnen** herrscht **Vignettenpflicht,** auch für die nur wenigen Kilometer nach Salzburg. Die Vignette gilt entweder zehn Tage (9 €), zwei Monate (26,20 €) oder ein Jahr (87,30 €). Sie ist an der Innenseite der Windschutzscheibe (in der Mitte oder auf der vom Fahrersitz aus linken Seite) mittels des aufgebrachten Klebefilms unablösbar anzubringen. Die Benutzung deutscher Autobahnen ist für Pkw und Motorräder gebührenfrei.

Generell sind die **Treibstoffpreise** in Österreich etwas niedriger (um 10 %) als in Deutschland.

Entfernungen von München

- **Berlin:** 600 km
- **Frankfurt/M.:** 400 km
- **Hamburg:** 750 km
- **Köln:** 550 km
- **Leipzig:** 450 km
- **Rostock:** 800 km
- **Stuttgart:** 220 km
- **Wien:** 440 km
- **Zürich:** 320 km

Entfernungen von Salzburg

- **München:** 140 km
- **Wien:** 300 km
- **Zürich:** 450 km

München ist als Umweltzone deklariert. Nur Fahrzeuge mit der grünen Feinstaubplakette dürfen in den Bereich innerhalb des mittleren Ringes einfahren. Die Plakette kann man z.B. online unter Angabe seiner Kreditkartendetails bei der *TÜV Süd AG* bestellen. Bei Missachtung sind die Geldstrafen drastisch.

- **TÜV Süd AG,** Westendstraße 199, München, Tel. 0 89 / 5 79 10, www.tuev-sued.de.

Verkehrsregeln in Deutschland und Österreich

Die **Höchstgeschwindigkeit** beträgt in Deutschland für Pkw, Lkw bis 3,5 t zulässiges Gesamtgewicht und Motorräder innerorts 50 km/h, außerorts 100 km/h; auf Autobahnen gilt kein Tempolimit; die zulässige Höchstgeschwindigkeit kann aber zeitlich und lokal begrenzt geregelt werden.

In Österreich beträgt die Höchstgeschwindigkeit für Pkw, Lkw bis 3,5 t zulässiges Gesamtgewicht und Motorräder innerorts 50 km/h, außerorts 100 km/h und auf der Autobahn 130 km/h. Zwischen 22 und 5 Uhr darf auf Autobahnen nur 110 km/h gefahren werden (die Autobahnen Salzburg – Wien / A1, Wien – Villach / A2, Innkreisautobahn/A8 und Pyhrn-Autobahn / A9 ausgenommen). Ist eine Geschwindigkeitsbeschränkung mit dem Hinweis „IG-L“ (Immissionsschutzgesetz Luft) versehen, kostet die Übertretung einiges mehr als normal.

Für beide Länder gilt: Führer von Fahrzeugen dürfen maximal **0,49 ‰ Alkohol** im Blut haben. Das Mitführen zweier **Warnwesten** für Fahrer und Beifahrer ist Pflicht. Das **Telefonieren** mit Mobiltelefon ist dem Fahrer nur mittels Freisprecheinrichtung erlaubt.

Parken ist in Deutschland nur auf den hierfür gekennzeichneten Flächen erlaubt. In manchen Orten gelten Parklizenzzonen, in denen Nicht-Ortsansässige ein Parkticket lösen müssen. Verkehrsschilder weisen auf diese Zonen hin. Generell ist das Halten auf rot markierten Flächen nur zum Be- und Entladen gestattet.

In Österreich können ganze Stadtviertel zu Parkzonen mit einheitlicher Regelung erklärt werden (sog. Kurzparkzonen), Hinweisschilder finden sich in der Regel lediglich bei der Einfahrt in das Viertel. Wer hier parkt, muss entweder eine Parkscheibe auslegen oder ein Ticket kaufen, das an Automaten oder in Trafiken (Tabakläden) erhältlich ist. Ein Halte- und Parkverbot ist auch durch gelbe Zickzacklinien gekennzeichnet; hier darf man nicht halten.

Leuchten an einem **Schulbus** in Österreich die Warnblinkanlage und die weiß-roten Warnleuchten, darf dieser Bus nicht überholt werden, weil Kinder beim Ein- und Aussteigen sind.

Pannenhilfsdienst

Der Pannenhilfsdienst des **ADAC** ist vom Festnetz aus über Tel. 0 18 02 / 22 22 22, mit dem Mobiltelefon über Tel. 22 22 22 erreichbar.

Mietwagen

Niederlassungen aller bekannten Mietwagenunternehmen finden sich in München und Salzburg und in einigen der größeren Städte wie Rosenheim oder Traunstein. Für die Anmietung benötigt man einen gültigen **Führerschein** und eine **Kreditkarte** zur Kautionssicherung. Das Mindestalter des Fahrers ist je nach Unternehmen unterschiedlich geregelt und kann zwischen 21 und 25 Jahren schwanken. Bei Anmietung eines Wagens sollte man das Fahrzeug genau begutachten und besonders auf das Reifenprofil und die Bremsen achten. Ein Vergleichsportal, das die Angebote der diversen Anbieter listet und die unterschiedlichen Leistungen hervorhebt, ist **www.billiger-mietwagen.de.** Hiermit findet man das günstigste und auf die eigenen Bedürfnisse zugeschnittene Angebot am einfachsten.

Barrierefreies Reisen

Viele **Unterkünfte** in der Region verfügen über behindertengerechte Zimmer; die von den Tourismusämtern herausgegebenen Unterkunftsbroschüren weisen mit Symbolen auf solche Angebote hin. Man kann die Broschüren bei den Infostellen anfordern und sie teils auf deren Website herunterladen.

In den **öffentlichen Verkehrsmitteln** wie Bus und Bahn ist fast überall barrierefreies Reisen möglich. Eine Liste rollstuhlgerechter **Seilbahnen** findet sich auf www.seilbahnen.de (Menüpunkt „Seilbahnen", das Ausstattungsmerkmal „barrierefrei" markieren). Viele **Bäder** und einige **Badeseen** haben entsprechende Zugänge ins Wasser eingerichtet. Schwierigkeiten dürften Gehbehinderten oder Rollstuhlfahrern die zum Teil **steilen, kopfsteingepflasterten Gassen** in den Altstädten bereiten. Von einem Besuch der Hohensalzburg in Salzburg wird sogar abgeraten.

- Allgemeine Informationen zum Reisen mit Handicap erhält man beispielsweise beim **Club Behinderter und ihrer Freunde CBF Darmstadt e.V.**, Pallaswiesenstr. 123a, 64293 Darmstadt, Tel. 0 61 51 / 8 12 20, www.cbf-da.de.
- Einträge rollstuhlgeeigneter Unterkünfte listet z.B. **www.rollstuhl-urlaub.de.**
- Zahlreiche Tipps für barrierefreies Reisen bietet auch die Site **www.handicapnet.com.**

Diplomatische Vertretungen

- **Generalkonsulat Österreich,** Ismaninger Str. 136, München, Tel. 0 89 / 99 81 50, www.muenchen-gk@bmeia.gv.at.
- **Schweizerisches Generalkonsulat,** Prinzregentenstr. 20, München, Tel. 0 89 / 2 86 62 00, mun.vertretung@eda.admin.ch.
- **Honorarkonsulat Deutschland,** Dreifaltigkeitsgasse 11, Salzburg, Tel. 0043 / 6 62 / 8 80 20 11 21, salzburg@hk-diplo.de.
- **Schweizerisches Konsulat,** Morzgerstrasse 44, Salzburg, Tel. 0043 / 6 99 / 19 04 40 90, salzburg@honrep.ch.

Einkaufen und Souvenirs

Ein Maßkrug aus dem Biergarten, König-Ludwig-Memorabilien vom Chiemsee, Devotionalien aus Altötting, Trachtenmode aus Rosenheim, Käse von der Alm, Salzburger Pralinen und Räucherfisch aus dem Waginger See – die Möglichkeiten für Souvenirs sind zahllos – und mal mehr, mal weniger haltbar. Am beständigsten sind aber immer noch die schönen Erinnerungen.

Spezialitäten

Käse lässt sich gut transportieren und das Berchtesgadener Land mit seinen Almen ist für guten **Käse aus Heumilch** bekannt – obwohl der Rohmilchkäse am

101ch sk

[>] Jedem Ort seine Spezialität – Marktl hat dafür sein ganz spezielles Marketing besten schmeckt, wenn ihn der Senn auf einem Holzbrettl serviert. **Räucherfisch,** z.B. Forellen aus den Bergbächen oder Renken vom Chiemsee, ist ebenfalls für einen längeren Transport geeignet. **Süßigkeiten** gibt es in Rott am Inn bei *Dengel,* in Bad Reichenhall bei der *Traditions-Confiserie Reber* und natürlich in Salzburg: **Mozartkugeln** und **Venusbrüstchen.**

Genussmittel

Enzian ist nicht nur Gewächs, sondern, aus seinen Wurzeln zu Hochprozentigem gebrannt, auch Medizin für Leib und Seele. Nach einem Schweinsbraten mit Knödeln oder Eisbein mit Sauerkraut wirkt er Wunder. *Grassl* in Berchtesgaden ist einer der Hersteller, die die Tradition auch des Hüttenbrennens vor Ort an den Fundstellen der Bitterwurzel im Gebirge noch aufrechterhalten und dies, dem jahrhundertealten Gewohnheitsrecht folgend, sogar im Nationalpark Berchtesgaden dürfen.

Bier in größeren Mengen wird man nur in den seltensten Fällen nach Hause spedieren, doch ein paar Flaschen aus einer Dorf- oder Hofbrauerei mit nach Hause nehmen, ist immer mit drin.

Kleidung

Man gebe sich keiner Illusion hin, die ganz billigen **Dirndl und Lederhosen** stammen auch im Chiemgau meist aus Fernost. In den Läden, die etwas auf sich halten und in denen auch die traditionsbewussten Einheimischen einkaufen, herrscht Handarbeit wie beispielsweise **Federkielstickerei** vor, das Gegenteil von billig also. Dafür erhält man wirklich schöne und wertvolle Stücke, die – zeitlos und haltbar – nicht nach einer Saison in der Ecke landen.

Dass der Chiemgau aber auch mehr als Tracht zu bieten hat, zeigen Firmen wie *Pike Brothers* bei Neubeuern, die mit viel Erfolg Mode nach US-amerikanischen Arbeitskleidungsvorbildern aus den 1920ern und 1930ern herstellen und vermarkten, oder *Meindl* aus Kirchanschöring, deren Bergstiefel weltweit einen ausgezeichneten Ruf genießen.

Schmuck

Das **Kropfband** schmückte einst und schmückt heute noch die Bäuerin von Welt. Eng um den Hals wird es geschlungen, als Stoffband mit einer Brosche oder auch nur aus breiten Metallgliedern gelötet. Früher war die Funktion des Bandes tatsächlich wörtlich zu nehmen – in einem Jodmangelland lebend, hatten auch die jüngeren Damen Bayerns mit einem Kropf zu kämpfen. Aber die Salinen haben erfolgreich gegengesteuert und ihr Salz mit Jod versetzt. Heute ist das Band ein sinnleerer, aber gerade deshalb sehr gern getragener Schmuck.

Verschönerten die Frauen ihren Hals, die Männer machten es mit ihrem Bauch. Mit dem **Schariwari** (franz. *Charivari* – Durcheinander) hing vor der würdevollen, mit Schweinsbraten und Knödeln liebevoll gepäppelten Wölbung an einer Kette allerlei Nützliches: Mardergebisse, Dachspfoten oder Eckzähne von Hirschen – die Grandln. Heute tragen das Schariwari auch Damen zum Dirndl, allerdings veredelt in Silber gegossen – oder ganz ohne martialisches Zahnbeiwerk mit Herzen oder Münzen, verziert mit echten oder falschen Steinchen.

Der **Nicker** war ursprünglich zum abschließenden Abstechen bei der Hirschjagd geeignet, heute ist er mehr Schmuck denn Waffe – die Klinge zu zart, der Hirschhorngriff viel zu teuer, um ihn mit Blut zu benetzen.

Den **Gamsbart** am Hut sieht man nicht mehr allzu häufig, er kostet mehrere Hundert Euro, da man für ein einziges Exemplar die Rückenhaare von bis zu zehn der selten gewordenen Gämsen benötigt. Entsprechend stolz tragen die Besitzer ihren Hutbart, auch wenn sie die Tiere nicht wie früher selbst gewildert haben.

Essen und Trinken

Die Tafel ist im Chiemgau und im Berchtesgadener Land von jeher üppig gedeckt. Natur und Klima meinen es gut und so gab es (und gibt es noch heute) von allem reichlich – **Wild** aus den Wäldern und Bergen, **Fisch** aus den Seen und Flüssen, **Mehlspeisen, Kräuter** zu Verfeinerung und **Gemüse** aus dem Hofgarten. Schließlich ist die Arbeit auf Feldern und Almen, auf den Bergen und unter Tage stets beschwerlich gewesen.

Bayerische Tradition: Nach der Sonntagsmesse ging man üblicherweise in die Wirtschaft und bestellte ein Vorgericht – nichts Großes, vielleicht ein Saures Lüngerl mit Semmelknödel. Schließlich musste man nüchtern in der Kirche erscheinen, um die Sakramente zu erhalten. Dazu genehmigte man sich ein Bier,

103ch sk

bevor man dann zum Braten nach Hause eilte.

Typische Speisen

Suppen

Rinderbrühe aus Gemüse, Fleisch- oder Markknochen und Querrippe oder auch nur aus Gemüse und blanken Knochen bildet die Grundlage für die klassischen Suppen der Region. Hinein kommen in Streifen geschnittene Pfannkuchen oder Griesnockerl, Leberspatzen oder -knödel. Es gibt **Einlaufsuppe** mit Eiern, **Brotsuppe** aus Roggenbrotscheiben und angeschwitzten Zwiebeln und im Herbst die **Schwammerlsuppe** (Pilzsuppe) mit Rahm.

Vorgerichte

Milz und Lunge als besondere Spezialität treffen nicht unbedingt jedermanns Geschmack. Wer aber richtig ins Land eintauchen will, kommt nicht drum herum. Die Metzger mussten die Tiere in früheren Zeiten komplett verwerten, und so sind auch die Innereien auf den Tisch gekommen. Zur **Abgebräunten Milzwurst** gibt es üblicherweise **Kartoffelsalat.** Das **Saure Lüngerl,** gekochte und eingelegte, in feine Streifen geschnittene Kalbslunge in saurer Sauce, wird mit **Semmelknödel** serviert. Magenschwächere sind auch mit einer Scheibe angebratenem **Leberkäse** zufrieden. Klassischstes Vorgericht ist aber die **Weißwurst,** die um 12 Uhr mittags von den Tischen verschwunden sein sollte. Dazu sind **Weißbier, Süßer Senf** und **Brezen** die rechten Kameraden.

Fleischgerichte

Schweinsbraten mit Kruste und Dunkelbiersauce, dazu Kartoffelsalat, ist das klassische Sonntagsgericht im Sommer, manche können dies aber jeden Tag essen (bis der Arzt Einhalt gebietet!). Im Winter begleitet das Fleisch ein Semmelknödel; der **Krautsalat,** gut gestampft und mit Kümmel versetzt, ist der Vitaminlieferant. **Böfflamott,** das bayerische *boeuf à la mode,* ist Rindfleisch, das freitags gekauft und mariniert wird und so bis Sonntag hält. Gern kommt am Wochenende auch **Rehrücken,** ein **Hirschschlegel oder -gulasch** auf den Tisch,

102ch bh

◁ ▷ Rast in der Berghütte, für den Hund ein Würstl?

oder auch **Ente.** Eine **Gans** mit Kartoffelknödel und Blaukraut hingegen ist Kirchweih vorbehalten, dem dritten Sonntag im Oktober. Im Herbst werden **Schwammerl** – Pilze – mit Rahm und Petersilie gekocht und mit einem Semmelknödel gegessen.

Mehlspeisen

Mehlspeisen sind das ganze Jahr über beliebt und recht kostengünstig. Die hellen **Dampfnudeln** entstehen im mit einem Tuch abgedeckten Topf auf dem Herd, die krustigen **Rohrnudeln** (Buchteln), manchmal mit Pflaumenmus gefüllt, in einer Reine in der Röhre. Über beide wird Vanillesauce gegossen. **Fingernudeln** sind Teigröllchen, die in Öl schwimmend ihre gelbbraune Farbe erhalten und mit Sauerkraut und Blut- und Leberwürsten auf den Tisch gelangen.

Fisch

Karpfen blau, Forelle mit Sahne, Saibling mit Sauerrahm, Renke geräuchert, Zander, Hecht oder der Chiemseelachs (eine Seeforelle) – in den Seen und Flüssen des südöstlichen Oberbayern leben 33 Fischarten und die meisten schmecken. Die Bestände sind allerdings teilweise stark zurückgegangen, der Edelkrebs ist sogar ganz verschwunden, obwohl oder vielleicht gerade weil er zum Ende des 19. Jh. den Hauptfang der Berufsfischer des Chiemgau bildete.

Preiskategorien Essen und Trinken

Die Kategorien in diesem Buch gelten für ein **Menü mit zwei Gängen** ohne Getränke.

① bis 15 €
② 15–25 €
③ 25–50 €
④ über 50 €

Brotzeit

Ob auf der Berghütte, beim Dorfwirt oder im Biergarten, im Chiemgau wird die Brotzeit ganz groß geschrieben. Früher hat man gefrühstückt, zur Mittagszeit gab's ein Brot (!) und abends war dann wieder eine richtige Mahlzeit dran. Heutzutage ist die Brotzeit zu einem veritablen Essen mutiert. Eine **Käseplatte** mit Buttermilch und frischem Schwarzbrot am Berg, **Obazda** (auch Obatzter, „Angebatzter, Vermischter", eine pikante Käsezubereitung) mit Radieserl (Radieschen) oder eine **Sülze** im Biergarten, einen **Presssack** bzw. **Wurstsalat** beim Wirt – satt wird man immer.

Vegetarisches Essen

Die Bayern lieben ihr Fleisch und ihren Fisch, naturgemäß sind die vegetarischen oder gar veganen Lokale also **dünn gesät.** Doch meist wird man etwas auf der Karte finden, sei es ein bunter Salatteller, Knödel mit Schwammerl-Sauce und im Nachtischbereich Dampf- und Rohrnudel (die einmal als vollständiges Freitagsgericht galten) oder einen Kaiserschmarrn. In den Ortsbeschreibungen finden Sie Hinweise auf vegetarische Angebote.

› Biergarten am Chiemsee

104ch sk

Gastronomie

Fast überall in Bayern findet man einen **Landgasthof,** in dem man zu relativ günstigen Preisen essen kann. Die Portionen sind immer ausreichend und die Qualität dem Alltag angepasst. Hier und da hat sich aber auch ein **Gourmetkoch** auf dem Land niedergelassen und serviert Gerichte auf höchstem Niveau (und zu entsprechenden Preisen). In den **Biergärten** gibt es (fast) immer einen Bereich, in dem man Mitgebrachtes verzehren darf, nur das Bier – und das ist ein ehernes Gesetz – kauft man beim Wirt. In den Städten ist das Angebot ausgesprochen vielfältig – vom Fastfood bis zum Spitzenlokal.

Geld

Kartenzahlung

Mit der **Maestro-(EC-)Karte** kann man in den meisten Orten bargeldlos einkaufen, nur kleine Dorf- und auch Hofläden sind nicht immer an das System angeschlossen. **Kreditkarten** werden in vielen Supermärkten und auch in den meisten Restaurants und Hotels akzeptiert. Wer mit der Kreditkarte Geld bar abheben möchte, sollte sich bei seiner Bank über die dabei entstehenden, teilweise sehr hohen Kosten informieren.

Die Sperrnummern für den Fall des Geldkartenverlusts sind unter „Notrufnummern“ aufgeführt.

Geldautomaten

Geldautomaten finden sich in fast allen Orten. Welche Kosten bei der Abhebung bei einer fremden Bank entstehen, müssen Geldautomaten in der EU seit 2011 anzeigen. Bei der Abhebung in Österreich dürfen nur die auch in Deutschland erhobenen Gebühren berechnet werden.

Gesundheit

Die **medizinische Versorgung** durch niedergelassene Ärzte und Kliniken ist bestens. Innerhalb der EU werden Notfälle nach Vorlage der **Europäischen Krankenversicherungskarte** kostenlos behandelt. Eventuell höhere anfallende Kosten, die sich aus unterschiedlichen Abrechnungstarifen in Deutschland und Österreich ergeben, müssen Reisende selbst bezahlen.

Besondere Gesundheitsgefahren, die über die üblichen Urlaubsbeschwerden wie Sonnenbrand, Magenverstimmung wegen kalter Getränke etc. hinausgehen, bestehen nicht. Allerdings ist unbedingt auf ausreichenden Schutz vor **Zeckenbissen** zu achten, denn das Alpenvorland gilt als **FSME-Risikogebiet.** Neben der empfehlenswerten **Impfung** gegen die Frühsommer-Meningoenzephalitis sollte man bei allen Freizeitaktivitäten ein Auge auf eventuelle Bissstellen haben und sofort einen Arzt aufsuchen, wenn es begründeten Verdacht gibt. Eine ungewöhnliche Rötung um einen „Stich" sollte man untersuchen lassen. Der Arzt kann dann eine prophylaktische Antibiotika-Behandlung gegen die neben FSME ebenfalls von Zecken übertragene **Borreliose** einleiten. Die Borrelien gehen erst einige Stunden nach dem Stich von der Zecke auf den Menschen über; entdeckt man das Tier rechtzeitig und entfernt es vorsichtig, ist das Risiko einer Erkrankung gering.

Die **Wasserqualität** der Seen ist überall so gut, dass man unbedenklich baden kann.

Informationen

Die sehr gut mit Gratis-Broschüren, nützlicher Literatur und Karten ausgestatteten **Touristen-Informationsbüros** gibt es in allen größeren Orten (Adressen siehe „Praktische Tipps" in den jeweiligen Ortskapiteln). Allerdings haben viele kleinere Büros außerhalb der Hochsaison (Juli/August) stark eingeschränkte Öffnungszeiten und sind etwa nur vormittags besetzt. Im Winterhalbjahr zwischen November und April sind die Öffnungszeiten noch limitierter.

Alles für Reisende Wissenswerte findet sich auch auf den **Websites der jeweiligen Gemeinde,** meist unter den Rubriken „Tourismus" und „Kultur".

- In Österreich versendet die **Deutsche Zentrale für Tourismus e.V.,** Mariahilfer Str. 54, 1070 Wien, Tel. 01 / 5 13 27 92, www.deutschland-tourismus.de, Informationsmaterial.
- Schweizer erhalten Informationsmaterial über die **Deutsche Zentrale für Tourismus e.V.,** Freischützgasse 3, 8004 Zürich, Tel. 0 44 / 2 13 22 00, www.deutschland-tourismus.de.

Radio und Fernsehen

Der **Bayerische Rundfunk** sendet terrestrisch analog und digital (DAB+) fünf Hörfunkprogramme, Bayern 1 als buntes Potpourri städtischen und ländlichen Lebens, den Kultursender *Bayern 2, Bayern 3* als jugendfrischer Sender und *B5* aktuell als Nachrichtensender. *Bayern-Klassik* war als *Bayern 4* der erste reine Klassiksender Deutschlands, er ist über UKW terrestrisch und als DAB+ empfangbar. Neben diesen staatlichen gibt es noch eine ganze Reihe privater Sender.

Die zwei terrestrisch-digitalen **Fernsehsender** sind *Bayern 3* und *BR-alpha*, Ersterer mit viel regionaler Berichterstattung, Letzterer dient der Hintergrundinformation und Fortbildung.

Internet

Viele Unterkünfte bieten einen Internetzugang an, entweder als **WLAN-Hotspot** in der gesamten Herberge oder mit einem Rechner im Rezeptionsbereich. Viele Tourist-Infos stellen ebenfalls einen Computer zur freien Benutzung zur Verfügung, auf dem man ausgezeichnet und schnell seine Mails abrufen kann. Größere Städte haben auch an öffentlichen Plätzen Hotspots mit kostenlosem Zugang eingerichtet. Informationen hierzu finden sich jeweils in den Ortsbeschreibungen bei den „Praktischen Tipps“ unter „Service“.

Karten

Der Verlag Publicpress hat eine **Motorradkarte** *Oberbayern, Tirol, Südtirol* (1:250.000) mit zwölf Tourenvorschlägen unterschiedlicher Länge und eine **Radwanderkarte** *Chiemgau, Oberbayern, Berchtesgadener Land* (1:100.000) mit 14 Fernradwegen (darunter der Benediktweg entlang der Lebensstationen des früheren Papstes *Joseph Ratzinger*) im Angebot. Auch der *Allgemeine Deutsche Fahrradclub (ADFC)* bietet eine Radtourenkarte *Oberbayern* an (1:150.000, Auflage 2013). Die ausgezeichneten **Wanderkarten** im Verlag Kompass sind im Maßstab 1:50.000 erhältlich; auf www.kompass.at kann man einen Kartenschnitt im pdf-Format herunterladen.

Mit Kindern unterwegs

Der Chiemgau und das Berchtesgadener Land sind **ideale Familien-Reiseziele** mit zahllosen Sportmöglichkeiten, familienfreundlichen Unterkünften, kindgerechten Unterhaltungsprogrammen in den Sommermonaten und reizvollen Ausflugszielen allerorten (vom Märchenpark bis zum Dino-Museum). Die **Freizeitangebote** wenden sich an Kinder aller Altersstufen, sodass von den Kleinsten im Planschbecken oder auf dem Wasserspielplatz über die Schulkinder auf der Riesen-Rutsche, im Klettergarten oder auf der Sommerrodelbahn und im Kajak, bis hin zu den Teens beim Beach-Volleyball oder Skaten für alle gesorgt ist. In der Rubrik „Spaß für Kinder“ sind in den Ortsbeschreibungen spezielle Kinderangebote gelistet.

Beim Wandern, Radfahren und Toben im Freien sollte man darauf achten, dass die Kinder sich nicht unbemerkt einen **Zeckenbiss** zuziehen. Auch wenn man gegen die durch Zecken übertragene FSME geimpft ist, besteht die Gefahr, sich mit Borreliose zu infizieren (s.o.: „Gesundheit“).

Klima und Reisezeit

Indem er die südlichen Luftmassen von Oberbayern abhält, sorgt der Gebirgsriegel der Alpen für ein recht **ausgeglichenes kontinentales Klima.** Die Tiefs aus dem Westen mit ihrer relativ moderaten Wärme regnen an der Nordseite der Berge ab und sorgen für eher kühlere, jedoch nicht richtig kalte Temperaturen. Der **Ostwind** hingegen bringt extremere Temperaturen mit nur geringer Wolkenbildung, im Sommer kann es dann recht heiß werden und im Winter bitterkalt. Im Herbst wird es in den Bergen wunderschön, die Temperaturen auf den Gipfeln erreichen dann über 20 °C, während es in den Tälern und im Flachland neblig-trüb und fröstelig-kalt ist.

Der **Föhnwind** ist eine Luftströmung, die entsteht, wenn feuchte Luftmassen an der Südseite der Alpen abregnen, sich erwärmen, aufsteigen und Luft über die Berge nach Norden drücken. An der Nordseite sorgen sie als warme Fallwinde für Kopfschmerz, aber auch für eine herrliche Weitsicht, da warme Luft eine geringere Dichte hat als kalte, ihre optische Brechzahl abnimmt und Objekte dadurch größer wirken lässt.

Die beste Reisezeit

Im südöstlichen Oberbayern ist **das ganze Jahr Saison.** Im Sommer wird gebadet und gewandert, im Winter Ski gelaufen, mit Schneeschuhen werden die Wälder entdeckt und die Gipfel gestürmt. Bei den Unterkünften sind die Preise im Herbst und Frühjahr daher niedriger (s.u.: „Unterkunft“).

Das ganze Jahr über gibt es ein riesiges **Veranstaltungsangebot:** Ausstellungen, Festivals, Konzertreihen und Jahrmärkte. Ob man zum Rockfestival anreist oder klassische Freiluftkonzerte bevorzugt, ob man die Weihnachtsmärkte aufsucht oder beim Almabtrieb in den

Wetterberichte

- **www.wetter.de,** schnelle, übersichtliche Suche nach Orten
- **www.br-online.de/wetter,** Regionalwetterbericht des Bayerischen Rundfunks
- **www.lawinenwarndienst-bayern.de,** Lawinenlagebericht (auch unter Tel. 089 / 92 14 15 10)
- **www.lawinenwarndienst-bayern.de/mobile,** Lawinenwarndienst-App

Festzelten verschwindet, für jeden Geschmack wird immer und überall etwas angeboten. Ein Großereignis allerdings sprengt jeglichen Rahmen. Wer Ausnahmezustände liebt, wird von dem fünftägigen Festival *Chiemsee Summer* im August begeistert sein. Burghausen ist für seine Jazzwochen berühmt und Salzburg – die internationalste Stadt der Region – hat auch so einiges zu bieten.

Frühling

Ab dem März räkelt sich die Natur ein erstes Mal, auf den Wiesen tauchen Schneeglöckchen und Krokusse auf und in hellem Grün sprießen an den Bäumen die ersten Blätter in den Himmel. Die Sonne wärmt die Gesichter und Herzen der wenigen Wanderer, die Terrassen der Cafés füllen sich nach und nach. Doch noch ist alles recht verhalten und ruhig und die Seepromenaden sind spärlich bevölkert. Nur in den Bergen schaufeln die Lifte die Skifahrer zum Saisonende noch ein letztes Mal in Massen hoch.

Sommer

Die Bergsteiger stürmen ab Mai die tieferen Gipfel, mit dem Juli nehmen sie die Hochlagen in Angriff. Der Tourismus ist im Juli und August in vollem Gange, die Ufer der Badeseen sind nun voll besetzt und auf dem Chiemsee erscheinen die Segel als weiße Punkte dicht an dicht. Besonders am Wochenende kommt es auf der Autobahn zu heftigen Staus und die Parkflächen der Strandbäder sind dicht. Ganz München scheint auf dem Land unterwegs zu sein und Highlights wie Schloss Herrenchiemsee, der Königssee oder die Salzburger Altstadt sind dicht bevölkert.

Herbst

Im September und Oktober ist es hoch oben auf den Gipfeln am schönsten – fast leer und wegen der häufigen Inversionswetterlage manchmal sogar wärmer als unten in den Tälern. Dafür ist dort die Wassertemperatur der Seen immer noch erträglich und das Laub glänzt in Braun, Rot und Gold in der Sonne. Die Bauern machen die letzten Handgriffe auf den Feldern. Der Herbst ist die rechte Zeit für die Städte und deren Museen, für Konzerte und Ausstellungen.

Winter

Im November zieht häufig Nebel auf, manchmal liegt er tagelang über dem Chiemsee, manchmal reißt er aber auch auf und der Föhn macht die Berge klar und den Himmel blau. Anfang Dezember öffnen die Weihnachtsmärkte und bringen die Menschen mit stimmungsvoller Musik und Glühwein in Kauflaune. Mit dem neuen Jahr ist dann endgültig die Zeit des Wintersports gekommen. Spielt das Wetter nicht mit, sorgen Schneekanonen für Ausgleich. Bis Ostern geht mancherorts die weiße Saison, dann ist Schluss und die Natur fängt an zu grünen.

Der Bayer und seine Sprache

„Gut Ding will Weile haben" und so hat es sehr lange gedauert, bis **„der Bayer"** auf der Bühne der Geschichte erscheinen konnte. Als Kind zahlreicher Eltern unterschiedlichster Herkunft – von den Kelten über die Römer bis zu den Alemannen, Markomannen, Thüringern, und Langobarden – hat er nur das Beste von seinen Vorfahren übernommen und ist voll Stolz auf seine Eigenständigkeit, seine Freiheit (den „Freistaat"), auf seine Könige und Ministerpräsidenten, auf seine Berge und Seen. Und auf seine Sprache.

Doch heute verschwindet das **Bairische,** eine Mundart des oberdeutschen Sprachraums, immer mehr, die UNESCO hat es gar als gefährdet eingestuft. Die Feinheiten und regionalen Eigenheiten sind nur noch sehr Sprachkundigen geläufig. Natürlich hat der Chiemgau einen eigenen Dialekt, wie auch das Berchtesgadener Land und der Rupertiwinkel. Als Besucher wird man aber die Unterschiede kaum ausmachen können.

Am offensichtlichsten kann sich noch ein Berchtesgadener vom Chiemgauer abgrenzen. Die gemeinsame Geschichte und Grenze mit Österreich hat seine Sprache doch sehr eingefärbt, obwohl ein Österreicher den Berchtesgadener Dialekt nie als österreichisch klassifizieren würde. Und dann haben sich an der Grenze auch noch ganz spezielle Worte herausgebildet, die man sonst in Bayern nicht verwenden würde: *Iagsn* für Achsel etwa, *Zweschbmnuhl* für Zwetschgennudel oder *Pippm* für Pfeife.

Ein bisschen Bairisch für den Biergarten

Zur Verständigung im Biergarten sollte man sich mit einigen dort häufiger verwendeten bairischen Wörtern auseinandersetzen. Aber bitte nur zur Verständnishilfe, **der Selbstgebrauch sei nicht empfohlen,** denn schon kleinste Details wie ein falscher Artikel oder eine unpassende Betonung können zu Unstimmigkeiten führen.

a	ein, eine, einer
aa	auch
awi	hinunter
Bazi	Schelm
benzn	ningeln, nörgeln
bläd	blöd
Blunzn	üppige Dame
Bodschn	weibl. Trampel
(A so a Bodschn!)	(So ein Trampel!)
dableckn	hinters Licht führen
dorat	taub
eam	ihn
(Eam schaug oh!)	(Der verhält sich aber eigenartig!)
fei (Des is fei so!)	schon (Das ist so und nicht anders!)
flackn (Der flackt umananda!)	liegen (Er gibt sich sehr leger!)
Fuchtl	zänkische Frau
Gfries	Gesicht, Miene
Gloiffe	unhöflicher Bursche
Goschn	Mund

Gschaftlhuaba	Wichtigtuer
gwampad	wohlbeleibt
haa?	wie bitte?
i	ich
Kiah (Solchene Kiah!)	Kühe, Mädchengruppe
kloa	klein
Krampfhenna	Blödsinn Redende
Lackl	ungehobelter Heranwachsender
Loamsiada	Mann mit Ambitionsdefizit
Luada	Luder
Maai	Maul
Mistviech	Schlitzohr
naa	nein
need	nicht
Pratzn (Weg mit de Pratzn!)	Hände (Bitte nicht anfassen!)
Schnadern	Schandmaul
Sudbruder	Hans im Glück
vahunzt	missgestaltet
Wadschn	Maulschelle
wuid (So a wuida Hund!)	wild (So ein verrückter Hund!)
zuzeln	saugen

Buchtipp

Wer sich mit dem Bairischen intensiver beschäftigen will, dem sei das Buch **„Bairisch – das echte Hochdeutsch"** aus der Kauderwelsch-Reihe des Reise Know-How Verlages empfohlen (Band 106). Dazu gibt es den passenden AusspracheTrainer auf Audio-CD.

Nachtleben

Abgesehen von den größeren Städten stehen Chiemgau und Berchtesgadener Land als ländliche Gegenden nicht unbedingt für ausschweifendes Nachtleben. Da die Entfernungen aber überschaubar sind, wird man immer in vernünftiger Zeit eine Lounge-Bar, eine Musikkneipe oder eine Disco aufsuchen können. Ausgeh-Empfehlungen finden sich in den Ortsbeschreibungen unter „Praktische Tipps".

Notrufnummern

Die allgemein gültige Notrufnummer vom Festnetz und aus dem Mobilnetz ist die europaweite Notrufnummer **112.** Sie gilt für Polizei, Feuerwehr und Rettungsdienst. Weiterhin gültig ist die 110 für die Polizei.

Wer seine **Kredit**- oder **Maestro-(EC-) karte sperren** will, wählt Tel. 116 116. Schweizer und Österreicher müssen ihre Kreditkarten gezielt beim Anbieter sperren lassen.

Der **Pannenhilfsdienst** des ADAC ist vom Festnetz aus über Tel. 0 18 02 / 22 22 22, mit dem Mobiltelefon über Tel. 22 22 22 erreichbar.

Die deutsche **Bergrettung** hat vom Festnetz, wie auch vom Mobiltelefon aus, die Nummer Tel. 112, die österreichische Bergrettung erreicht man einheitlich unter Tel. 140 (auch hier ist die 112 für Notfälle gültig).

Öffnungszeiten

Geschäfte haben Montag bis Freitag, teils auch am Samstag von 7.30/8 Uhr bis 19.30/20 Uhr geöffnet. Viele Läden gehen am Samstag ab 14/16 Uhr ins Wochenende, sonntags sind sie (bis auf Bäckereien und Geschäfte in Bahnhöfen) geschlossen. **Postämter** haben unterschiedliche Öffnungszeiten, die Hauptzeiten sind Mo–Fr 8–12 und 14–18 Uhr, Sa 9–12 Uhr. **Gaststätten und Restaurants** sind unter der Woche meist von 11–15 Uhr und ab 18/19 Uhr geöffnet, auf dem Land häufig auch durchgängig. Man beachte, dass auf dem Land die Küche schon mal um 20.30 Uhr schließen kann und die Gäste bereits ab 18 Uhr ihre Mahlzeit einnehmen.

Sport und Erholung

Das Sportangebot im Alpenvorland und im Gebirge ist umfangreich. In den Hügeln und entlang der Flüsse sind besonders die Radfahrer angesprochen, während die Chiemgauer und Berchtesgadener Alpen Wanderer und Bergsteiger anlocken, aber natürlich auch Mountainbiker.

Badeseen finden sich praktisch überall und laden im Hochsommer zum Schwimmen ein. Der **Waginger See** gilt als wärmster Badesee Oberbayerns. Sogar für verschiedene Wassersportarten finden sich in der Region Gelegenheiten: Wer **segeln** möchte, kommt auf dem Chiemsee auf seine Kosten, auch **Motorboot fahren** und **surfen** ist dort möglich. Von Bad Reichenhall und Salzburg aus kann man **Rafting-Ausflüge** unternehmen.

Wellnessangebote werden nicht nur in den Hotels groß geschrieben – mit den **Thermen** in Berchtesgaden und Bad Reichenhall besitzt man absolute Highlights.

Wandern

Von leichten Rundwanderungen oder Lehrpfaden in Naturschutzgebieten über Kunstrouten bis hin zu anspruchsvollen Bergtouren reicht das Spektrum. **Wandertipps** sind auf den Websites der jeweiligen Gemeinden zu finden, **Routenvorschläge** findet man z.B. auch auf www.chiemgau-wandern.de, www.bergfex.de oder www.steinmandl.de. In diesem Buch gibt es bei den Ortsbeschreibungen Hinweise auf schöne Wanderstrecken. Fünf besonders empfehlenswerte Routen werden im Kapitel „Touren" ausführlich vorgestellt.

Radfahren

Der Chiemgau mit seinen Flussläufen eignet sich hervorragend zum **Radwandern.** Für jeden Geschmack und Anspruch lassen sich Routen finden, flache Etappen, hügelige Strecken, Familientouren und Herausforderungen, die an die Grenze der Kondition führen. Steilere Bergstrecken für **Mountainbiker** und auch holprige Bergwege finden sich zuhauf im Berchtesgadener Land. Fünf

109ch sk

ausgewählte, unterschiedliche Routen werden im Kapitel „Touren" vorgestellt.

Wer sein Rad nicht mitbringen möchte oder kann, findet vor Ort **Verleihstellen.** Die Tourist-Infos führen darüber Nachweis und geben Broschüren mit den schönsten Strecken der Region heraus. Im Allgemeinen sind die vorgeschlagenen Routen radfahrfreundlich ausgebaut, in den schönsten Gegenden wurden sogar eigene Radwege parallel zu den Überlandstraßen eingerichtet. Auch haben sich **Gasthäuser** auf die Radler-Klientel eingestellt und bieten kostengünstige, auf die Bedürfnisse der Radfahrer zugeschnittene Unterkünfte an, u.a. mit Mehrbettzimmern.

Für die **Fahrradmitnahme in der Bahn** gibt es die *Fahrradtageskarte Bayern,* mit der das Vehikel für 5 € einen Tag lang (bis zum nächsten Morgen 3 Uhr) auf den Bahnstrecken transportiert werden kann (http://bahnland-bay ern.de). Nicht alle **Busse** des Regionalverkehrs können immer Räder mitführen. Man sollte sich vorher informieren.

Golf

Das Angebot an Golfplätzen für die geruhsameren Sportler ist ausreichend. Im Chiemgau und rund um Salzburg finden sich 18 Golfplätze. Mit der **Chiemsee Golfcard** für 180 € kann man auf vier aus einer Liste von neun Golfplätzen mit ermäßigter *Greenfee* spielen. Informationen hierzu gibt es unter www.chiemgau-tourismus.de/golf-chiemgau. Als landschaftlich besonders reizvoll und auch spielerisch anspruchsvoll gilt der Platz bei Berchtesgaden am Obersalzberg mit Watzmann-Panorama:

- **Golfclub Berchtesgaden,** 9-Loch-Anlage, Slope 124/122, Course Rating 67,0/69,2, Par 70, Länge 5266/4752 m, www.gcbgd.de.

^ Golfplatz mit Alpenkulisse bei Berchtesgaden

Wintersport

Die Chiemgauer und Berchtesgadener Alpen sind klassisches Wintersportland. Vor allem Reit im Winkl steht für **Alpinabfahrten,** Ruhpolding für **Biathlon** und **Skilanglauf** und Inzell für **Eisschnelllauf.** Am Königssee wartet das Gebiet um den Jenner mit einem kleinen **Skizirkus** auf. Für **Schneeschuh- und Skitourengeher** ist das gesamte Alpenvorland ein Paradies und auch wer nur mit den Stiefeln in die Berge will: Gipfel der ersten Bergreihe wie der Hochfelln oder die Hochries sind ganzjährig begehbar.

Unterkunft

Im Chiemgau und im Berchtesgadener Land findet jeder eine passende Unterkunft. In Herbst und Frühjahr sind die **Preise** niedriger als im Sommer oder während der Weihnachtsferien und zur Wintersport-Saison. Dann wird mit **Sonderangeboten** gelockt, bei längeren Aufenthalten gewähren besonders die kleineren Herbergen einen Rabatt auf den Zimmerpreis. Die großen Hotels der Komfort- und Luxusklasse bieten weniger Rabatte, dafür aber Kombinationsan-

048ch sk

gebote (zusätzliche Mahlzeiten, günstige Behandlungen im Wellnessbereich etc.).

Zur **Info und Buchung** haben alle Gemeinden im Internet Unterkunftsseiten mit weiterführenden Links eingerichtet. Die **Tourist-Infos** versenden Broschüren, in denen alle Unterkünfte der Region verzeichnet sind. Eine Übersicht und Buchungsmöglichkeiten findet man auf www.chiemgau-tourismus.de und www.berchtesgaden.de.

Hotels und Gasthöfe

Das Angebot an Hotels reicht vom einfachen Zweisterne-Hotel bis zur luxuriösen Fünfsterneplus-Herberge. Ein Hotel garni bietet als Mahlzeit lediglich Frühstück an. Nicht wenige der Häuser sind dem Ruf der Zeit gefolgt und firmieren als **Wellness-Hotels.**

Die Gasthöfe, meist in kleinen Ortschaften oder auch mitten auf dem Land, haben nur ein eingeschränktes Angebot, dafür sind die Preise günstig und die Atmosphäre ist gemütlich. Häufig ist eine **Gaststätte angeschlossen,** nicht selten auch noch eine Metzgerei.

Privatzimmer

Privatzimmer sind eine der günstigsten Möglichkeiten, bieten aber nicht immer den vollen Komfort (z.B. Etagenbad). Vermieter sehen es nicht gern, wenn man sich nur für eine Nacht einmieten will.

Ferienwohnungen

Apartments und Wohnungen werden meist **wochenweise** vermietet. Üblicher An-/Abreisetag ist Samstag. Sie sind komplett eingerichtet und besitzen eine ausgestattete Küche – für **Selbstversorger** ideal.

Berghütten

Müffelnde Kleidung und schnarchende Bettnachbarn: Hat man nicht eines der heute in vielen Berghütten verfügbaren **Doppel- oder Vierbettzimmer** ergattert, muss man (bei schönem Bergwetter besonders am Wochenende) im **Schlafsaal** überleben – die bayerischen Alpen sind eben beliebt! Für die Übernachtung zahlen Alpenvereinsmitglieder im Matratzenlager höchstens 13 € (Kind 6,50 €), im Zweierzimmer 29 € (Kind 13 €). Nichtmitglieder zahlen mindestens 10 € mehr.

◁ Der Waginger See bietet Gastronomie und Camping, schöne Badeplätze und Wassersportmöglichkeiten

Preiskategorien Unterkunft

Die Kategorien in diesem Buch gelten für **zwei Personen im Doppelzimmer mit Frühstück.**

① bis 60 €
② 60–100 €
③ 100–150 €
④ über 150 €

Ferien auf dem Bauernhof

Urlaub auf einem Hof ist eine besonders **familien- und kinderfreundliche Ferienvariante.** Die meisten Bauernhöfe liegen zwar etwas abseits, dafür aber landschaftlich recht reizvoll und bieten jede Menge Unterhaltung, Mitmachaktionen, Streicheltiere, einige sogar Kinderbetreuung. Oft sind auch die Gastgeberkinder auf dem Hof, sodass sich schnell Freundschaften anbahnen. Die **Gästezimmer** haben in der Regel ein eigenes Bad, immer wird **Frühstück** angeboten, nicht selten besteht die Möglichkeit der Halbpension. Die Website **www.landreise.de** listet eine große Auswahl. Ansonsten halten Websites und Prospekte der jeweiligen Gemeinden Infos bereit.

Hostels und Jugendherbergen

Hostels bieten meist Einzel-, Zwei- und Mehrbettzimmer an, teilweise mit jeweils eigenem Bad. Die Preise sind dem **jugendlichen Publikum** angepasst und man findet schnell Kontakt und hilfreiche Infos von den anderen Gästen.

Nach und nach wurden die **Jugendherbergen** modernisiert und haben ne-

☑ Reit im Winkl lebt vom Sommer- und Wintertourismus

110ch sk

ben Schlafsälen häufig auch Zwei- und Vierbettzimmer. Es werden auch Familien mit Kindern in speziellen Familienzimmern und bei Platz Einzelreisende über 27 Jahre aufgenommen. Eine Jahresmitgliedschaft bei den Verbänden kostet 7–21 € in Deutschland (www.jugendherberge.de), 15–25 € in Österreich (www.oejhv.at).

Campingplätze

Viele der Zelt- und Caravanplätze in der Region sind an einem Seeufer zu finden. Sie sind nach internationalem System klassifiziert und verfügen über die üblichen Standards. Einige empfehlenswerte Plätze sind in den Ortsbeschreibungen aufgeführt.

Überblick Buchungsportale

Als Ergänzung zu den sorgfältig zusammengetragenen Unterkunftsempfehlungen in diesem Buch können **Buchungsportale** wie *Booking.com, Agoda.com* oder *AirBnB* dazu genutzt werden, aktuelle Preise und die Bewertungen anderer Reisender einzusehen sowie Unterkünfte direkt zu buchen.

Die Plattformen arbeiten mit Unterkünften aller Art zusammen und machen diese für Reisende leicht auffindbar. Sie übernehmen bürokratische Aufgaben wie die Abwicklung der Bezahlung oder stellen den Kontakt zwischen Unterkunft und Unterkunftssuchenden her.

Hilfreich bei der Entscheidungsfindung sind die **Bewertungen** anderer Kunden in diesen Portalen. Gäste bewerten eine Unterkunft nach oder während ihres Aufenthalts und sorgen im besten Fall für aussagekräftige Benotungen (1–10, 10 ist das Optimum). Je mehr Nutzer eine Bewertung abgegeben haben, desto verlässlicher ist das Ergebnis. Vorsicht ist geboten, wenn nur sehr wenige Nutzer ihre Meinung abgegeben haben. Aber auch sonst lohnt es sich, kritisch zu lesen: Achtet man auf die zu den Rezensionen verfassten Texte, so erhält man oft Aufschluss über die Echtheit der Bewertung. Auch lassen sich Veränderungen im Qualitätsstandard erkennen, wenn eine insgesamt positiv bewertete Unterkunft in jüngster Zeit zahlreiche schlechte Bewertungen erhalten hat.

Über die Plattform **AirBnB** können private und gewerbliche Vermieter ihr „Zuhause" oder einen Teil davon anbieten. Auch hier vermittelt das Portal zwischen Anbieter und Kunde. Es werden zusätzlich Touren und Aktivitäten mit Einheimischen vermittelt, bisher allerdings nur in touristischen Ballungsgebieten.

Tripadvisor ermöglicht es, auch Bewertungen ohne eine Buchung abzugeben. Dies hat Vor- und Nachteile. Bei den Gastronomietipps ist es ein Vorteil, da auch Gäste, die nicht über ein Buchungsportal einen Tisch reserviert haben, eine Bewertung abgeben können und somit deutlich mehr Bewertungen zustande kommen.

Ob man sich für die Buchung über ein **Online-Buchungsportal** entscheidet, hängt weitestgehend von der Präferenz der Nutzer ab. Zu einer generellen Sondierung der Marktsituation und zur Einschätzung von Unterkünften sind die Portale meist recht empfehlenswert. Die Nutzung ist für Endkunden zunächst kostenlos, für die Betreiber der Unterkünfte fällt jedoch eine Provision an – die im Zweifel irgendwann eingepreist wird. Die Haltung der Betreiber ist unterschiedlich: Während manche über das Portal sogar günstigere Preise anbieten, freuen sich andere ausdrücklich, wenn man persönlich und direkt bucht.

10 Land und Leute

Burghausen an der Salzach mit seiner Festung, im Mittelalter Bollwerk gegen Salzburg

Geografie

Die Region

Dieses Buch beschreibt den äußersten **Südosten Oberbayerns,** eine Region, die vom Inn im Westen und Norden und von der Salzach und damit der österreichischen Staatsgrenze im Osten begrenzt wird. Den südlichen Abschluss bildet ebenfalls die Grenze zu Österreich. (Wegen der engen geschichtlichen Verwebung wurde auf eine Beschreibung Salzburgs nicht verzichtet.)

Der **Chiemgau** bildet die zentrale Kulturlandschaft innerhalb dieser Region. Es handelt sich beim Chiemgau nicht um ein fest umrissenes Gebiet, das sich Verwaltungszonen oder einer klaren geografischen Begrenzung zuschreiben lässt. Man bezeichnet damit die Gegend um den Chiemsee, wobei das **Rosenheimer** und das **Wasserburger Land** nicht hinzugerechnet werden. Weil sie mit dem Chiemgau eine kulturelle und historische Einheit bilden, werden diese beiden Regionen, ebenso wie der sich an der Salzach entlangziehende **Rupertiwinkel,** in diesem Buch ebenfalls beschrieben. Im Südosten schließt sich das **Berchtesgadener Land** an, dessen historische Kernregion wie ein Zipfel nach Österreich hineinragt.

Geologie

Schroffe Berge und eine hügelige Moränenlandschaft mit Findlingen und Seen prägen das Berchtesgadener Land und den vorgelagerten Chiemgau. Kaum glaubhaft mag es erscheinen, dass hier vor einigen Millionen Jahren die Brandung eines tropischen Meeres gegen Korallenriffe schäumte. Die Funde aber von Korallenresten, versteinerten Schwämmen und Algen lassen diesen Schluss zu.

200 Mio. Jahre ist es her, dass die **Entstehung der Alpen** begann. Ganz Bayern (und noch viel mehr) war von einem **Meer** bedeckt – Tethys nennen es die Geologen nach der Schwester des griechischen Titanen Oceanos, des Ursprungs allen Wassers. Die Tethys erstreckte sich in einer Bucht im Osten des Superkontinentes Pangaea, der aus den Kontinenten Laurasia und Gondwana bestand. Durch die **Kontinentalverschiebungen** wurde das Wasser der Tethys verdrängt, die Kontinentalplatten trafen aufeinander, schoben sich übereinander und schufen die **Gebirge:** vom Atlas und den Pyrenäen im Westen über die Alpen und den Balkan bis zum Himalaya im Osten. Wind und Wetter hatten dann Millionen Jahre Zeit, die Landschaft zu überformen, Berge zu Kieseln zu verkleinern – und Kiesel zu verbacken und wieder zu Bergen zu formen.

Vor 2,2 Mio. Jahren begann dann die erste **Eiszeit.** Ihr sollten noch fünf weitere folgen. Jede dauerte mehrere zehntausend Jahre, zwischen ihnen lagen lange Perioden mit wärmeren Temperaturen, die Zwischeneiszeiten. Während einer Eiszeit waren weite Teile der Nordhalbkugel vergletschert, die enormen, dort gebundenen Wassermengen hatten die Meeresspiegel um 130 m abgesenkt, nur die höchsten Gipfel der Alpen ragten aus den Eismassen heraus.

Auch wenn man es sich nicht so richtig vorstellen kann: **Eis fließt,** wenn auch nur sehr zäh. Immerhin vier bis

099ch sk

fünf Meter kann ein **Gletscher** sich durchschnittlich am Tag bewegen, wenn durch sein Gewicht der Druck entsprechend hoch ist. Die letzte der Kälteperioden, die Würmeiszeit, war die mächtigste und endete erst 20.000 Jahre vor unserer Zeitrechnung. Ihr Inn-Chiemsee-Gletscher trug wesentlich zur Gestaltung der Untergründe des Chiemgau und des Berchtesgadener Landes bei. Die weit ins Flachland reichenden Eiszungen hobelten die Böden ab und ließen tiefe Löcher entstehen, in denen sich beim Abschmelzen das Wasser zu Seen sammeln konnte. Selbst der Königssee ist so entstanden: Bis 200 m unter das normale Talniveau hat es der Gletscher geschafft.

Blick vom Hochfelln bei Ruhpolding auf die Chiemgauer Alpen

Flüsse und Seen

Die Flusstäler stammen ebenso aus einer altvorderen Zeit, auch wenn ihr Wasser heute normalerweise nicht mehr – alles mitreißend – aus den Bergen schießt, sondern ruhig die Täler entlangströmt (obwohl sich in den letzten Jahren die Überschwemmungen des Alpenvorlandes häufen). **Inn** und **Ache, Traun, Alz** und **Salzach** fließen, das Gebirge entwässernd, nach Nordosten, münden ineinander und schließlich in die Donau (wobei sie mehr Wasser mit sich führen,

Die schönsten Geotope

Das Bayerische Landesamt für Umwelt zeichnet die schönsten Geotope Bayerns aus, um sie der Öffentlichkeit besser zugänglich zu machen. Es handelt sich um geologisch herausragende und **sehenswerte Landschaftsformen** wie Felsformationen, Findlinge, Quellen oder Höhlen. Die Auswahl erfolgt aufgrund ihrer Schönheit, Seltenheit, Eigenart oder ihres hohen wissenschaftlichen Wertes. Sechs der gelisteten schönsten Geotope liegen im Gebiet des Chiemgau und des Berchtesgadener Landes.

Gletscherschliff bei Fischbach

Der Inn-Gletscher hat den Flintsbach-Gletscherschliff nahe Neubeuern geschaffen. Dass er heute in seiner ursprünglichen Form bestaunt werden kann, liegt daran, dass er unter Schotter geschützt erst beim Autobahnbau entdeckt wurde. Im Schmelzwasser am Boden des Gletschers mitgeführter Sand und feiner Kies haben den Fels glatt geschliffen, Felsbrocken tiefe Schrunden gerissen. Auch Gletschermühlen sind zu sehen, entstanden durch kleine Strudel im Schmelzwasser, deren mitgeführtes Material Spiralen in den Stein gefressen hat.

■ **Anfahrt:** 7 km von Neubeuern auf der St2359 nach Süden und über den Inn nach Fischbach, Gletschergartenweg.

Mühlsteinbruch Hinterhör

Der Mühlsteinbruch von Hinterhör mag nur indirekt ein Ergebnis der Alpengenese sein. Hier haben die Menschen des 16. Jh. begonnen, den Sandstein abzubauen, der wegen der tektonischen Bewegungen in der Urzeit hierher verschoben worden war. Fest und grob, mit Quarz- und Feldspatkörnern versehen, eignete er sich hervorragend für die Nutzung in den Mühlen.

Der Eingang zur Eiskapelle

Bis 1860 brach man ihn hier aus dem Gebirge – mittels Holzkeilen, die, immer wieder befeuchtet, aufquollen und so den Stein absprengten.
■ **Anfahrt:** In Neubeuern Richtung Pinswang und weiter Richtung Hinterhör abbiegen, in der Hinterhörer Straße parken oder vom Markplatz in Neubeuern in 15 Min. zu Fuß (1,5 km).

Ruhpoldinger Marmor

Ruhpoldinger Marmor wurde ab dem Mittelalter bis um 1970 im Steinbruch am Hasslberg abgebaut. Eigentlich kein reinrassiger Marmor, wurde das vor 150 Mio. Jahren entstandene Gestein mit seinen roten und grauen Nuancen gern als Dekormaterial verwendet und findet sich in der Region in Kirchen und als Grabsteine.
■ **Anfahrt:** Von Ruhpolding zur Brandner Straße bei Bärngschwendt, bei der Urschlauer Achen parken (550 m südlich der Einmündung der Mühlfeldstraße in die TS35/Guglberger Au) und drei Minuten zu Fuß durch den Wald nach Nordosten.

Steinerne Agnes

Um zur Steinernen Agnes zu gelangen, muss man Zeit mitbringen. Die sehenswerte, 15 m hohe und turmartige Felsformation mit ihrem pilzförmigen Abschluss steht inmitten des Lattengebirges, zweieinhalb Marschstunden und 500 Höhenmeter vom Wanderparkplatz entfernt. Es geht durch den Wald hoch zum Rotofen-Sattel und dann, in etwa die Höhe haltend, weiter zur Rotofen-Alm bei der Steinernen Agnes, die oberhalb der Diensthütte wartet. Für den Rückweg kann man nach Bichllehen absteigen.
■ **Anfahrt:** Wanderparkplatz 4 km südöstlich von Bayrisch Gmain (150 südlich von Hallthurm) an der B20.

Zauberwald Ramsau

Der Zauberwald von Ramsau ist einfacher zu erreichen und sowohl für kürzere als auch längere Spaziergänge hervorragend geeignet (siehe Ramsau im Kapitel „Berchtesgadener Land").

Watzmann-Ostwand mit Eiskapelle

Anstrengender ist der Besuch der Eiskapelle am Fuß der Watzmann-Ostwand. Obwohl die Wanderung keine Bergsteigerfinessen erfordert, sollte man Trittsicherheit mitbringen. Mit dem Boot geht es über den Königssee nach St. Bartholomä. Der Weg hoch (230 Höhenmeter) dauert etwa eine Stunde. Dann steht man am Eingang der Eiskapelle. 20 m Höhe misst der Schlund des Watzmann-Gletschers, betreten sollte man ihn nicht. Wegen absprengender Eisstücke besteht immer Lebensgefahr (auch ein Helm könnte nichts ausrichten). Das Begehen des Eisfeldes ist ebenfalls gefährlich.

als der Fluss, in dem sie enden). Sie haben Durchbrüche geschaffen, tiefe Täler ausgespült, noch im Gebirge für Klammen gesorgt und im flacheren Land fruchtbare Auenlandschaften entstehen lassen.

Auch die Seen der Region sind ein Ergebnis der letzten Eiszeit und ihrer Gletscherbewegungen, wobei der **Königssee** der tiefste See Deutschlands, der **Chiemsee** der größte Bayerns und zweitgrößte Deutschlands (nach der Müritz, wenn man den Bodensee nicht mitzählt, den ja auch Schweiz und Österreich für sich mitreklamieren) und der **Waginger See** der wärmste See Bayerns ist.

Berge

Die Berge der Alpen ragen aus der hügelig-sanften Landschaft des Chiemgau und des Rupertiwinkels relativ unvermittelt in die Höhe, angekündigt von einer Kette von um die 1600 m hohen Gipfeln, darunter die Hochries am Samerberg, die Kampenwand bei Aschau, der Hochfelln bei Grassau und der Teisenberg bei Traunstein. Dahinter warten die blauen Berge, die baumlosen, steinernen Türme. Während die **Chiemgauer Alpen** noch relativ niedrig bleiben und nicht über 2000 m anwachsen (erst der Wilde Kaiser weiter südlich auf österreichischem Grund erreicht diese Höhe), sind die **Berchtesgadener Alpen** mit dem Watzmann-Massiv und seinem 2718 m hohen Gipfel schon richtiges Hochgebirge.

Flora und Fauna

Pflanzenwelt

Der Bergwald der Nordalpen mit Buchen und Nadelhölzern wie **Fichten, Tannen und Föhren** endet bei etwa 1400 m Höhe. Darüber wachsen bis auf 1900 m **Krummhölzer und Lärchen.** Bis 2500 m können die **Latschenkiefern** und niedrige Sträucher überleben, dann beginnt die Welt der Felsen mit **Flechten und Moosen.**

Die **Enzianarten** sind generell und rigoros geschützt. Nur einige Schnapsbrennhütten in den Bergen (wie am Funtensee) werden in mehrjährigen Abständen betrieben – jahrhundertealtes Gewohnheitsrecht. In den Bergen wachsen u.a. noch Alpenanemone, Alpendost, Bärlapp, Eibe, Schneeheide, Seidelbast, Silberdistel und Wacholder.

Eine ganz besondere Pflanzenvielfalt besitzen die **Seeufer und Moorgebiete.** Am augenfälligsten mögen die Blüten der Seerosen sein, doch die Unterwasserflora ist für die Reinigung der Gewässer lebenswichtig – und als Lebensraum für die Wassertiere: So kommen im Chiemgau 14 von 24 in Mitteleuropa wachsenden Laichkrautarten vor und bilden dichte **Unterwasserwälder,** in denen die nächsten Generationen an Fischen, Amphibien und Insekten heranwachsen können.

[>] Am frühen Morgen benetzt noch Tau die Frühlingsgewächse der Hochalmen

Tierwelt

Im Hochgebirge leben **Gamswild, Murmeltiere** und der **Steinbock,** dem man im Nationalpark Berchtesgaden begegnen kann. **Reh-, Rot- und Damwild** verschwindet blitzschnell zwischen den Bäumen und das **Wildschwein** sucht nicht nur nach Eicheln im Wald, es geht auf die Felder und pflügt zum Leidwesen der Bauern die Äcker um. Zahlreich ist das **Kleinwild:** Dachse, Marder, Mäuse, Füchse, Iltisse, Luchse, Schneehasen, Wildkaninchen und Wildkatzen, wenn die meisten auch tagsüber schlafen. An den Bächen leben **Otter** und **Biber.**

In den Bergwäldern verteidigen **Auerhähne** recht selbstbewusst ihr Revier auch gegenüber Wanderern. In der Heide und den Mooren in den Tälern balzt das **Birkhuhn.** Das **Schneehuhn** sucht im Winter unter meterhohen Wechten Geborgenheit. **Falken** lauern auf Telefonmasten, **Steinadler** ziehen im Himmelblau weite Kreise, **Alpendohlen** tanzen im Aufwind an den Gipfeln und warten auf Fütterung durch pausierende Wanderer. In den Tälern zwitschern, kreischen, klappern und rufen Krähen, Kuckucke, Elstern, Fasane, Schnepfen, Wachteln, Störche, Eulen und der Eichelhäher. Und in den Vogelschutzgebieten wie an der Mündung der Ache in den Chiemsee oder der Salzach in den Inn sind auch exotischere Flugtiere zu sehen: **Kormorane, Reiher** oder der knallbunte **Eisvogel.**

Im Wasser der Seen schwimmen Hecht, Zander, Saibling, Forelle, Barsch und die **Renke,** der Brotfisch der professionellen Fischer, der über die Hälfte des Fanges ausmacht. Geräuchert ist die Renke – eine Lachsart – die Delikatesse der Region, ganz profan an einem Kiosk

130ch bh

Naturlehrpfade

Auf einer Strecke von 2 km erklärt der **Alpen-Erlebnispfad Ruhpolding** (Traunstein, ab der Bergstation Rauschbergbahn) die Tier- und Pflanzenwelt der Alpen. Der **Moorlehrpfad Kendlmühlfilzen** (Grassau, Museum Salz und Moor) widmet sich der Pflanzen- und Tierwelt des Hochmoores. Die Pflanzenwelt des Berchtesgadener Landes erläutert der **Naturlehrpfad Zauberwald** (Ramsau) mit zahlreichen Tafeln auf 1,5 km.

der Chiemseer Fraueninsel auf einer Semmel angeboten, oder in einem eleganten Restaurant auf dem Vorspeisenteller adrett angerichtet.

Gefährdete Arten

Etwa 2800 Pflanzenarten werden in Bayern gezählt, davon gelten 50 als endemisch. Die meisten dieser ausschließlich hier vorkommenden Arten wachsen im Alpenraum. Wie die Hälfte der Flora insgesamt sind auch sie gefährdet. Endemisch und **extrem bedroht** sind u.a. **Bayerisches Löffelkraut** (cochlearia bavarica), **Schlauch-Enzian** (gentiana utriculosa) und **Niedriges Veilchen** (viola pumila). Mit jeder Pflanzenart, die verschwindet, sind auch Tiere gefährdet, da bis zu zehn Tierarten von jeder Pflanzenart abhängen. Mit dem **Ansteigen der Baumgrenze** durch die Erderwärmung und dem langfristigen Verschwinden der Latschenkiefern wird z.B. das **Schneehuhn** keine Rückzugsmöglichkeit mehr finden.

Umwelt- und Naturschutz

Bereits in den 1970er Jahren hat man in Bayern mit einem Konzept zur Gewässerentwicklung begonnen, mit dem Ziel, die Natur wieder in die Lage zu versetzten, ohne menschliche Eingriffe **sauberes Trinkwasser** zu produzieren, mit Flutungsarealen **Hochwasser entgegenzuwirken** und den Erholungswert zu erhalten. So ist München die einzige Großstadt Deutschlands, aus deren Hähnen normalerweise reines, nicht aufbereitetes Trinkwasser fließt. Nur bei heftigen Regenfällen und Überschwemmungen werden chemische Mittel zugesetzt.

Auch wird unterstützt, **Weidefläche zu renaturieren** und als Streuwiesen zu nutzen, die einem vielfältigen Pflanzen- und Tierleben Entfaltungsmöglichkeit bzw. Unterschlupf bieten. Nur einmal im Jahr, im Herbst, wird dann gemäht. Dennoch spielt Nachhaltigkeit noch immer nicht die Hauptrolle beim Großteil der Bauern – man sieht es an den ausgedehnten Maisfeldern im Chiemgau und den nördlich angrenzenden Gegenden. Neben den Nachteilen der **Monokulturen** führen außerdem die Einbringung von **Dünger** und das exzessive Jauchen zur Verschlechterung der Wasserqualität in den Gewässern und mithin zum langsamen Verschwinden seltener und empfindlicher Pflanzenarten in den Seen.

Geschichte

3200–2200 v.Chr.

Nomadisierende **Jäger und Sammler** durchstreiften die Gegend.

2200–1800 v.Chr.

Die **älteste Siedlung des Chiemgau** bei Breitbrunn datiert vom Ende der Jungsteinzeit. Nur zögerlich tasteten sich die Menschen an die unwirtlichen Berge heran, doch das **Erz** an ihren Flanken lockte die sesshaft gewordenen Siedler immer näher.

1800–1200 v.Chr.

Händler zogen mit bei Kitzbühel abgebautem und bei Kufstein aufgeschlossenem Rohkupfer und mit **Bronze** (bestehend aus 90 % Kupfer, 10 % Zinn) durch das Inntal nach Norden. Bronze war zur Werkzeug- und Waffenherstellung hochbegehrt.

Wer sind die Bayern?

Die Bayern sind keine Urgermanen. Sie sind Nachkommen der bis zum 5. Jh. v.Chr. in Mitteleuropa ansässigen keltischen Bevölkerung, der **Boier,** und weiterer, im Zuge der Völkerwanderung eingewanderter Stämme wie **Alemannen** und **Langobarden, Markomannen** und **Thüringer.** Auch die römischen Eroberer aus dem 1. Jh. haben ihre genetischen Spuren hinterlassen. Erst im 6. Jh. taucht der Begriff **Bajuwaren** (lat. *Baiuvarii*) auf, war die Genese des bajuwarischen Stammes sozusagen abgeschlossen.

1200–750 v.Chr.

Die Menschen der **Urnengräberzeit** verbrannten ihre Toten und bestatteten sie in Urnen. Im Jahr 2011 hat man bei Aschau zwei ausgezeichnet erhaltene Gräber mit zahlreichen Beigaben aus Bronze gefunden – vom Rasiermesser bis zu Nähnadeln.

750–500 v.Chr.

Die **Eisenzeit** war angebrochen, das Metall – im Vergleich zur Bronze praktisch unzerbrechlich – revolutionierte erneut das Leben. Die Kultur der Urnengräberzeit entwickelt sich zur **Hallstattkultur.** Bei Steinrab wurden 1906 elf Hügelgräber aus dieser Zeit gefunden und u.a. bei Neubeuern Metallgegenstände.

500–15 v.Chr.

Mit Beginn der **La-Tène-Zeit** wanderten die **Kelten** ein. Sie konnten auf Töpferscheiben Tongefäße herstellen und machten sie mit Beimengungen von Graphit für die Verwendung auf dem offenen Feuer tauglich. Nun tauchten auch **Münzen** auf, der Handel musste keine Naturalien mehr austauschen. Das keltische **Königreich der Noriker** war entstanden.

15 v.Chr.–400 n.Chr.

Kaiser Augustus schickte um die Zeitenwende seine Kohorten aus Rom nach Norden über die Alpen, um sich neue Gebiete untertan zu machen. Die Gebiete südlich des Inns wurden zur **römischen Provinz Raetia,** bald folgten die Landschaften nördlich des Flusses als Provinz Noricum.

Die Römer bauten das Wegenetz und die Flüsse zu einem hervorragenden **Fernhandelsnetz** mit Straßenposten und Brücken aus. Durch den Chiemgau verlief die Straße von Süden über den Brennerpass und Innsbruck nach **Pons Aeni** („Inn-Brücke"), dem heutigen Rosenheim. Hier kreuzte die Ost-West-Verbindung, die **Iuvavum** (Salzburg) mit **Augusta Vindelicum** (Augsburg) verband. Von Pons Aeni gab es zwei nördliche Verbindungen: nach Regensburg und Burghausen. Als Verkehrsknoten war die Innbrücke auch Standort einer blühenden Wirtschaft, z.B. entstand hier das Tafelgeschirr für die Provinzen nördlich der Alpen. Auch der **Salzhandel** muss bereits zu dieser Zeit ein hochprofitables Geschäft gewesen sein. Das Römermuseum von Seeon-Seebruck bringt Licht in diese Zeit.

400–500

Im Jahr 395 hatte sich Rom in einen westlichen und einen östlichen (Byzanz) Teil gespalten und mit Wechsel vom 4. zum 5. Jh. begann der **Niedergang der römischen Besitzungen.** Die **Völkerwanderung** hatte eingesetzt, germanische Stämme drangen nach Süden vor, die römischen Militär- und Zivilverbände lösten sich auf, blieben im Land und vermischten sich mit der Restbevölkerung oder zogen sich mehr oder weniger geordnet zurück. Unter anderem war *Attila der Hunnenkönig* auf Kriegszug und erreichte **Reichenhall,** wo er die Salzquellen verschüttete. Der germanische Heerführer *Odoaker* setzte schließlich 476 Kaiser *Romulus Augustulus* ab, machte sich zum Herrscher über Westrom und zeigte an den Gebieten nördlich der Alpen kein Interesse mehr.

500–800

Alemannen, Markomannen und Thüringer, die, aus **Böhmen** kommend, ihren eigenen Volksnamen *Baiuvarii* mitbrachten, mischten sich ab dem 6. Jh. mit Langobarden und dem, was von den Römern im Lande geblieben – die **Baiern** waren entstanden. Ihre Herrscher wurden die zum **Merowinger Reich** gehörenden Agilolfinger Herzöge. Der Agilolfinger *Garibald I.* war (um 550) der erste bekannte Herrscher der Baiern. Mit der „Lex Baiuvariorum" entstand um 740 der **erste Gesetzescodex** des Landes und die Agilolfinger führten als Vorreiter des germanischen Sprachraumes das erste Schulgesetz und eine Rechteeinräumung für die Frauen ein. Außerdem schoben sie die **Missionierung** an: *Rupert* kam auf ihr Betreiben ins Land und wurde Mitte des 8. Jh. der **erste Bischof in Salzburg.** Um ihn zu unterstützen, schenkten sie ihm nicht nur Land, sondern auch 20 Salzpfannen und die Brunnen von Reichenhall. Er kurbelte die **Salzproduktion** richtig an. Zahlreiche **Klostergründungen** und die Kultivierung der Landschaft fielen ebenso in diese Zeit.

788, die Karolinger hatten die Merowinger verdrängt, setzte **Karl der Große** den Agilolfinger *Tassilo III.* ab. Deren Dynastie war damit am Ende.

800–900

803 besuchte *Karl der Große* Salzburg und empfing in Freilassing die Abgesandten des Jerusalemer Patriarchen. Im Jahr 817 trat **Ludwig der Deutsche** als König Baierns an – als **Unterkönig im Fränkischen Reich.** 863 bändigte man unter den Karolingern Saalach und Salzach mit Schutzbauten, die Hallgrafen sorgten als Obrigkeitsvertreter mit weitgehenden Vollmachten für die Sicherheit der Salzwerke und der Handelswege.

Was aber *Karl der Große* geschaffen hatte, brachten seine Erben schnell durch. Bereits 843 hatte man das Reich geteilt, die Grundlage für die späteren Nationen Deutschland und Frankreich war damit geschaffen.

895 endete die Herrschaft der Karolinger schließlich, ihnen folgten die **Luitpoldinger,** die die Königswürde und den Herzogtitel abgeben mussten. Sie waren (zumindest für zwölf Jahre) nur noch **Markgrafen.** Dieser Machtverlust ging einher mit einem Machtgewinn der Salzburger Bischöfe. Sie bestimmten nun über die **Salinen** auch in Reichenhall. Teile und herrsche – der Erzbischof behielt nicht alles für sich, so gingen Anteile an den Salzbrunnen und Sudpfannen an das Berchtesgadener Stift.

900–1200

Den Luitpoldingern folgten 947 die **Sachsen.** Deren Kaiser *Otto I.* ernannte seinen Bruder *Heinrich II.* zum bairischen Herzog. Sein Urenkel wurde als *Heinrich II.* 1002 deutscher König und 1014 Kaiser der Deutschen. Nach seinem Tod 1027 folgten ihm die **Veronesischen Salier** als bairische Herzöge nach. Sie unterstützten die Verbreitung des **Augustinerchorherren-Ordens,** der für mehrere Klostergründungen im Chiemgau verantwortlich war.

1070 kamen die **Welfen** in Baiern an die Macht, Kaiser *Heinrich IV.* (der sich sieben Jahre später bei Canossa dem Papst unterwarf) ernannte **Heinrich den Löwen** zum Herzog. „Der Löwe" ließ 1157 die Brücke der Freisinger Bischöfe bei München zerstören und errichtete eine eigene ein Stück flussaufwärts. Dort erhob er nun selbst den Zoll auf das Salz aus den Bergen. Das brachte Unruhe und wenn man sich auch mit den Bischöfen einigte, *Heinrich der Löwe* war nun vielen nicht mehr genehm. Kaiser *Friedrich Barbarossa* setzte ihn ab, verbannte ihn und holte 1180 einen bairischen Pfalzgrafen in die Herzogswürde – den **Wittelsbacher** *Otto I.* Sein Geschlecht sollte die Macht über 700 Jahre nicht mehr abgeben. Nun wurden die **Städte an den Salzflüssen** reicher und reicher. Laufen, Tittmoning, Burghausen, Trostberg, Wasserburg und Rosenheim profitierten vom Schiffsverkehr auf Salzach und Inn und den Zöllen, die sie erheben durften.

1200–1500

Trotz allem herrschte nicht immer eitel Freunde. Bereits 1166 hatte *Friedrich Barbarossa* die **Reichsacht über Salzburg** verhängt, da der Erzbischof *Konrad II. von Babenberg* ohne die (bis dahin geforderte) Genehmigung durch den Kaiser – nur durch den Papst legitimiert – die Herrschaft in Salzburg übernahm. Zwei Jahre später hatten dann Kaisertreue **Salzburg niedergebrannt.** 1193 zerstörten Reichenhaller Bürger die konkurrierenden Salinen in **Berchtesgaden.** 1196 griffen die Salzburger **Reichenhall** an und marodierten 1203 erneut durch die Stadt.

Da das Haus Wittelsbach das Recht der Primogenitur kannte (der Erstgeborene bekommt alles), wurde Baiern 1255 in die Herzogtümer **Oberbaiern** mit München und **Niederbaiern** mit dem Chiemgau aufgeteilt (die erste Landesteilung). Der Salzburger Erzbischof *Eberhard II.* schuf gegen die geschwächten Herzöge und nicht zuletzt durch Diplomatie in der ersten Hälfte des 13. Jh. einen festgefügten **Salzburger Herr-**

schaftsbereich innerhalb Baierns, der 300 Jahre Bestand haben sollte. Dabei handelte Salzburg häufig auch gegen die Herzöge, wie 1322, als die Wittelsbacher gegen die von Salzburg unterstützten Habsburger die Schlacht von Mühldorf gewannen. 1350 wurde **Salzburg Fürsterzbistum.**

Im 15. Jh. **technisierte man die Salzproduktion.** *Erasmus Grasser* ließ in Reichenhall einen Marmorschacht mauern, der einzubringendes Süßwasser von der abzuführenden Sole strikt trennte und so die Effektivität der Spülungen immens erhöhte. Herzog *Wilhelm IV.* festigte die Stellung der katholischen Kirche im Staat, sorgte 1516 für die Ein-

Das Wasserburger Rathaus entstand im 15. Jh. – an der Salzstraße gelegen, profitierte die Stadt vom regen Schiffsverkehr auf dem Inn

106ch sk

führung des **Bierreinheitsgebots,** erließ 1518 ein neues Landrecht und 1520 eine einheitliche Gerichtsordnung.

1600–1800

War bislang nur die Salzproduktion monopolisiert, verstaatlichte Ende des 16. Jh. Herzog *Wilhelm V.* auch den lukrativen Handel. 1610 entstand zwischen Reichenhall und Traunstein eine erste **Soleleitung.** Innerhalb eines Jahrhunderts stieg die Produktion der bairischen Salinen von 170.000 auf 370.000 Tonnen im Jahr 1606 an. 1620 wurde **Baiern Kurfürstentum.** Ebenfalls Ende des 16. Jh. vertrieb Salzburg die Protestanten aus der Stadt – ausgenommen waren Kinder bis 15 Jahre, die unter katholischen Familien verlost wurden. Dann kam der **Dreißigjährige Krieg** und die Produktion der bairischen Salinen sank bis 1648 auf nur noch 47.000 Tonnen. Als Residenz des Erzbistums wurde Salzburg ab dem beginnenden 17. Jh. zur prächtigen Barockstadt ausgebaut. Mehrere **Kriege mit und gegen Österreich** veränderten die politische Landschaft an den Nordalpen nur wenig.

1800–1918

Im Jahr 1810 entstand das **technische Meisterwerk der Soleleitung** von Reichenhall nach Traunstein und Rosenheim. 1834 brannte Reichenhall fast vollständig nieder, der Wiederaufbau brachte aber neuen Schwung und 1846 betrat **Reichenhall als Kurbad** die Bühne.

Baiern kämpfte zu Beginn des 19. Jh. an der Seite **Napoleons** und wurde vom Franzosenkaiser 1806 mit der Königswürde bedacht. Drei Jahre zuvor machte die Säkularisation **Salzburg zum Kurfürstentum** und schrieb es dem Großherzog von Toskana zu. 1805 gelangte es **zusammen mit Berchtesgaden an Österreich.** 1810 schlug man Salzburg und Berchtesgaden wieder Baiern zu, bis Salzburg 1816 endgültig nach Österreich gelangte.

1818 verabschiedete Baiern als erstes deutsches Land eine **Verfassung.** König *Ludwig I.* ordnete 1825 die **Umbenennung** seines Landes an: **Bayern.** Mit 18 Jahren gelangte **Ludwig II.** 1864 auf den Thron. 1870 zwang *Bismarck* Bayern in das **Deutsche Kaiserreich.** *Ludwigs* Bauwut (u.a. Schloss Herrenchiemsee) zerrüttete die Staatsfinanzen. Er ertrank 1886 unter nie geklärten Umständen bei Berg im Starnberger See.

1918–1945

Im **Ersten Weltkrieg** verloren 190.000 bayerische Soldaten ihr Leben. Österreich schaffte jeglichen Adelstitel 1918 ab. So radikal war Deutschland nicht, trotz der Räterepublik von München. Versailler Verträge, Weltwirtschaftskrise und der Wohlstandsverlust, der breite Bevölkerungsschichten traf, spülte schließlich 1933 die **Nationalsozialisten** an die Macht. Im österreichischen Braunau geboren, kämpfte *Adolf Hitler* als Meldegänger im Krieg und wandte sich nach erfolglosen Versuchen, als Kunstmaler zu reüssieren, der Politik zu. Zu seinem Lieblingsaufenthaltsort avancierte der **Obersalzberg bei Berchtesgaden,** das man zu einem der Führerhauptquartiere umbaute. Der ganze Obersalzberg wurde mit Bunkern unterhöhlt. Am Ende des Krieges 1945 stellte sich die von den siegreichen Alliierten befürchtete Alpenfestung als eine Schimäre heraus –

wenn auch zahlreiche Naziprotagonisten meinten, in den Bergen Unterschlupf zu finden. Sie wurden nach und nach aufgespürt und verhaftet.

Ab 1945

Bayern gab sich 1946 eine Verfassung als **Freistaat** (wobei Bayern schon einmal Freistaat war – von *Kurt Eisner* 1918 ausgerufen). Im Alten Schloss auf Herrenchiemsee tagte 1948 der Verfassungskonvent, der die Grundlagen für das bundesdeutsche Grundgesetz schuf. In den 1960er und 1970er Jahren wandelte sich Bayern von einem reinen Agrar- zu einem Industriestaat.

2005 wurde im Vatikan der in Marktl geborene Kardinal *Joseph Ratzinger* zu **Papst Benedikt XVI.** gewählt.

Der Zustrom an **Flüchtlingen** aus dem nördlichen Afrika und dem Nahen Osten in den Jahren 2015/16 zieht noch immer intensive Kontrollen an den Grenzen Bayerns nach sich.

Verwaltung

Die etwa 2500 km² große Region, die im Westen und Norden vom Inn, im Osten und Süden von der Grenze zu Österreich begrenzt wird, ist Teil des **Regierungsbezirks Oberbayern** und umgreift die **Landkreise Berchtesgadener Land** und **Traunstein** sowie große Teile der Landkreise **Altötting** und **Rosenheim.** Ein kleinerer Streifen am Inn gehört zum Landkreis Mühldorf. Die jeweiligen Verwaltungen haben ihre Sitze in den gleichnamigen kreisfreien Städten (Berchtesgadener Land: Bad Reichenhall). Der Regierungsbezirk Oberbayern wird von München aus verwaltet. In den fünf Landkreisen zusammen leben 740.000 Menschen. Mit über 60.000 Einwohnern ist Rosenheim die größte Stadt.

Wirtschaft

Die Region ist hauptsächlich von der **Landwirtschaft** geprägt, im Berchtesgadener Land sind die milchverarbeitenden Betriebe stark vertreten. Kleinere Industriebetriebe gibt es in den Städten am Inn. Bei Burghausen und Trostberg sind mehrere große **Chemiewerke** angesiedelt (u.a. Wackerchemie, OMV). In Bad Reichenhall ist die **Salzindustrie** ein nicht großer, aber doch sehr traditioneller Arbeitgeber. Berchtesgaden und Bischofswiesen sind für ihre mittelständischen feinmechanischen Betriebe bekannt, während bei Freilassing sich metallverarbeitende und Metallbaubetriebe niedergelassen haben. Die **Arbeitslosigkeit** liegt wesentlich unter dem bundesdeutschen Durchschnitt.

Tourismus

Ganz wesentlich für die Wirtschaftskraft der Region ist letztlich die – von der Ursprünglichkeit der Natur und der Qualität der Landschaft abhängige – Tourismusindustrie. In den Tourismusregionen Inn-Salzach (Landkreise Mühldorf und Altötting), Berchtesgadener Land, Chiemsee Alpenland (westlich des

Chiemsees) und Chiemgau (östlich des Sees) stehen etwa 55.000 Betten zur Verfügung. Im Jahr machen etwa 2,5 Millionen Gäste hier Urlaub (ca. 9 Millionen Übernachtungen).

Glaube, Feste und Brauchtum

Seinen Herzögen, Kurfürsten und Königen ist es zu danken, dass Bayern bis in die Wolle gefärbt **katholisch** ist. Sie holten die Missionare aus weit fortschrittlicheren Ländern wie Irland und schenkten ihnen Kirchen, Klöster und riesige Ländereien. Und sie verteidigten ihr Land im Dreißigjährigen Krieg auf der richtigen Seite. Dass ein Franzose dazwischenfunkte und zu Beginn des 19. Jh. jeglichen Kirchenbesitz säkularisierte – nun ja, da konnte man erst mal nichts machen. Dafür bekam man schließlich auch die Königswürde. „Peu à peu" hat man sich dann aber doch wieder mit der Kirche ausgesöhnt und öffnete ein Kloster nach dem anderen von Neuem.

Wenn die Italiener den Barock nicht erfunden hätten, die Bayern hätten es nachgeholt. Die **üppige Architektur und Innengestaltung** war so recht nach dem Stil der lebensfrohen Bayern. Ihnen blieb zumindest die Genugtuung, den Barock sich zu seinen höchsten Höhen aufschwingen zu lassen – im **Rokoko.**

Dem Üppigen zugetan war man auch beim Glauben. Von **Volksbräuchen** und überlieferten **heidnischen Festen** ließ man nicht ab. Peitschenschwingende Goaßlschnalzler mit bedrängenden Masken an Fasching, der weihnachtliche Buttnmandllauf oder die hochflackernden Sonnwendfeuer an den Berghängen, keine Obrigkeit hätte es je geschafft, den Bayern dieses **Archaische** auszutreiben. Die Männer hängten sich an Bauchketten Trophäen erlegter Tiere oder Mineralien aus den Bergen und beschworen so das Jagdglück bzw. versicherten sich ihres Reichtums. Der Dorfpfarrer tolerierte das, wenn man nur regelmäßig in die Messe ging. Dass die Frauen die Balkone mit Geranien schmückten, machte was her im Dorfbild – und sie schützten das Haus vor Missgunst.

Religionszugehörigkeit in Oberbayern

- **römisch-katholisch** 70 %
- **evangelisch** 16 %
- **ohne** 9 %
- **islamisch** 3 %
- **sonstige** 3 %

Feiertage in Bayern

- **Neujahr:** 1.1.
- **Heilige Drei Könige:** 6.1.
- **Karfreitag:** 19.4.2019, 10.4.2020
- **Ostermontag:** 22.4.2019, 13.4.2020
- **Tag der Arbeit:** 1.5.
- **Christi Himmelfahrt:** 30.5.2019, 21.5.2020
- **Pfingstmontag:** 10.6.2019, 1.6.2020
- **Fronleichnam:** 20.6.2019, 11.6.2020
- **Mariä Himmelfahrt:** 15.8.
- **Tag der dt. Einheit:** 3.10.
- **Allerheiligen:** 1.11.
- **1. Weihnachtstag:** 25.12.
- **2. Weihnachtstag:** 26.12.

107ch sk

Typische Feste

Im ganzen Alpenraum ist der **Almabtrieb** eines der größten und schönsten Feste im Jahreskreis. Noch auf der Alm haben Sennerin und Senn den Schmuck aus Zweigen und Bändern gebastelt, der am Tag des Abtriebs auf und um den Kopf der Rinder kommt. Man meint es förmlich zu spüren, dass die Viecher selbst sehr stolz sind, dass der Sommer ohne Tod und Unglück an ihnen vorbei gegangen ist und sie fett und träge ins Tal ziehen können. Ist ein Tier gestorben, fällt üblicherweise für diese Alm der prunkvolle Zug nach unten aus.

Für die jungen Männer ist der Mai der wichtigste Monat, da können sie ihre Fähigkeiten unter Beweis stellen. Soll ein neuer **Maibaum** aufgestellt werden, versuchen die Burschen des Nachbarortes, ihn zu klauen. Dann muss er ausgelöst werden – mit einer deftigen Brotzeit und viel, viel Bier. Bei den riesigen Teilen, die heutzutage zum Maibaum werden, spielt meistens die Freiwillige Feuerwehr des Ortes mit ihrem schweren Gerät eine nicht unwesentliche Rolle.

Typisch alpenländische Bauform mit Holzbalkonen und flachem, weit überkragendem Satteldach

Architektur

Im Chiemgau und im Berchtesgadener Land findet man eine enorme Bandbreite an Architekturformen, vom bescheidensten Profanbau (wie eine aus Rinden errichtete Holzfällerhütte) bis zum mehr als üppig ausgeführten Sakralbau. Burgen und Schlösser an den Flüssen, ein Klein-Versailles auf einer Insel, blumenberankte Bauernhäuser, Kirchen mit welsch bekrönten Türmen, stolze Bürgerhäuser in den Städten – ein Fest für die Augen allerorten.

Alpenländischer Stil

Die **Bauernhäuser** sind im alpenländischen Stil gehalten, teils großzügig sich als **Drei- oder Vierseithöfe** mit gemauertem Erdgeschoss über eine größere Fläche erstreckend, teils als kleiner **Einfirsthof,** bei dem nur die Feuerstelle mit Steinen gesichert war. Viele der Kleinbauern mussten ein Nebengewerbe unterhalten (Köhler, Bienenzüchter, Weber, Zimmerer), um zu überleben. So findet sich auch meist eine **Werkstatt** in den bescheidenen Gebäuden oder in einem Nebengelass. Die Großbauern hingegen lebten herrschaftlich und leisteten sich mehrere Knechte und Mägde. Wenn ein reicherer Bauer das Wirtschaften auf- und an seinen Erben abgab, bezog er das **Austragshäus'l** in unmittelbarer Nähe des Hofes, und seine Nachfahren sorgten für sein Auskommen.

Im **Bauernhofmuseum von Amerang** erhält man einen guten Überblick über die Architektur. Das **Holzknecht-Museum bei Ruhpolding** zeigt, unter welch einfachen, teils extrem unkomfortablen und schwierigen Bedingungen die Holzknechte ihr Leben verbrachten.

Inn-Salzach-Stil

Typisch für die reichen Handelsstädte an den Flüssen ist der Inn-Salzach-Stil der **Bürgerhäuser,** der sich im 16.–17. Jh. entwickelt hat. Hohe und bunte Fassaden gaukeln einen kubischen Baukörper dahinter vor, tatsächlich sind es ganz normale Häuser, denen die **Fassade** im Straßenbereich nur **vorgeblendet** wurde. So wirken die Gebäude mächtiger und der Hausherr vermögender.

Doch war dies nicht der eigentliche Grund für diese Bauweise. Verheerende Feuersbrünste legten die Städte über die Jahrhunderte immer wieder in Schutt und Asche und man suchte nach einer Lösung, damit das Feuer nicht von Haus zu Haus, von Gasse zu Gasse springen konnte. So bildete man die Dachkonstruktion nun als **Grabendach** aus. Die Dachflächen der giebelständigen Häuser wurden dabei so angeordnet, dass statt eines einzigen Firsts in der Mitte nun zwei oder mehr Firste eine Art Auffaltung des Daches bildeten. In den Kehlen erhielt man dadurch Regenabflüsse. Zur Straße hin wurde die Fassade so hoch gezogen, dass sie das Dach verdeckt. Man konnte auf diese Weise Feuerleitern ganz oben anlehnen und einen Brand besser bekämpfen.

Teils sind die Maskierungsfassaden mit **geschwungenen Giebeln** oder mit Simsen verziert, teils auch leicht abgetreppt. **Arkadengänge** boten Schutz bei schlechtem Wetter oder stechender Sonne, teilweise gliederten **Erker und Stuck** das Mauerwerk.

Lüftlmalerei

Lüftlmalerei – die **Bemalung der Hausfassaden** in den Dörfern und Städten mittels der Freskotechnik – ist in der Alpenregion länderübergreifend üblich. Die Farbe wird auf den noch feuchten Kalkputz aufgebracht, dringt dabei tief in die Poren ein und verkieselt mit dem Kalk. Damit sind die Gemälde sehr haltbar, verlangen aber auch eine hohe Disziplin und Genauigkeit der Künstler. Bei einem Fehler muss der Putz abgeschlagen werden. Einige schöne Beispiele findet man in Neubeuern, Rosenheim, Bad Reichenhall und Waging am See.

⌄ Lüftlmalerei in Burghausen

Traditionelle Musik

In den ländlichen Gebieten Oberbayerns wurde früher überall **Hausmusik** gespielt, an langen Winterabenden in der Stube. Im Sommer fand man sich zum Musizieren beim **Hoagascht** ein (wo ebenso Karten gespielt und die letzten dörflichen Ereignisse durchgesprochen wurden). War der Hoagascht ursprünglich eine sommerliche Veranstaltung im Freien, findet er heute ganzjährig und meist in den Wirtsstuben der dörflichen Gasthöfe statt.

Bespielt werden, wie in der gesamten alpenländischen Volkmusik üblich, **Gitarre, Hackbrett, Zither, steirische Harmonika, Mundharmonika** und manchmal eine **Blockflöte** oder **Klarinette** und auch die **Maultrommel.** Teils singt man auch **G'stanzl'n,** eine Folge vierzeiliger

108ch sk

Spottverse, die in inhaltlichem Zusammenhang stehen.

Die traditionelle oberbayerische Tonbegleitung von **Volksfesten,** Umzügen, Prozessionen und in sonntagvormittäglichen Biergärten ist **Blasmusik.** Tuba, Posaunen, Hörner, Klarinetten und Trompeten sorgen mit ihrem unverwechselbaren Hauruck-Sound für die rechte Stimmung, können aber auch zu traurigen oder feierlichen Anlässen in getragener Tonfärbung die notwendige Rührung untermalen.

Einer modernen Variante von Blasmusik hat sich **LaBrassBanda** aus Übersee am Chiemsee verschrieben. Ihr einzigartiger, von Bläsern getriebener Ethno-Bayern-Drive bringt die Tanzflächen der Republik und die Bühnen der großen europäischen Festivals zum Beben. Studiert haben die Bandmitglieder am Richard-Strauss-Konservatorium in München, spielen tun sie heute eine Mischung aus alpenländischer Volkmusik, Reggae und Ska-Punk mit Jazz-Einflüssen (www.labrassbanda.com).

Jodeln und Alphorn

Eigentlich haben sich mit dem Jodeln die Menschen im Gebirge Signale gegeben. Die charakteristischen schrillen Tonfolgen trugen über weite Entfernungen. Irgendwann hat sich dann die für die Alpen so typische Kunstform daraus entwickelt. „Hodl-oh-uu-dii“, „Hodl-eh-ii-dii“, „Hodl-je-ii-dii“ und andere, so lustig klingende wie sinnfreie Silben ertönten fortan über die Berge, die sich mit ihrem Echo bedankten. Erzeugt werden die ungewöhnlichen und nicht leicht zu erzeugenden Klänge durch ein schnelles Umschlagen der Stimme ins Falsett, einen häufigen Wechsel zwischen der Brust- und der Kopfstimme.

Das Alphorn, wohl das eigentümlichste Musikinstrument des Alpenraums, ist seit 1550 bekannt. Bei drei Metern Länge wiegt es dank seiner dünnen Holzwände dennoch nur wenige Kilogramm. Zum Bespielen braucht man eine gute Lunge, dann hört man es aber auch bis zu zehn Kilometer weit. Der ruhige Ton und die behäbigen, tiefen Klangfolgen vermitteln ein ganz eigenes Gefühl und jagen vielen Zuhörern Schauer über den Rücken.

Jodelseminar

Unser Tipp: Unter anderem auf der **Bründlingalm** am Hochfelln bei Ruhpolding werden in regelmäßigen Abständen Jodelseminare abgehalten, teils als Abendveranstaltung, aber auch als ganztägiger Intensivkurs. Wo lässt sich das Falsett besser trainieren als in der klaren Luft der Berge?

■ **Kontakt:** *Josef Ecker,* Kapellenweg 11, 83346 Bergen, Tel. 0 86 62 / 41 95 29, www.jodelseminar.net.

11 Anhang

105ch bh

Achtung: Gegenverkehr im kurvigen Gelände – nicht alle Verkehrsteilnehmer halten sich streng rechts

Literaturtipps

Belletristik

■ *Andreas Altmann:* **Das Scheißleben meines Vaters, das Scheißleben meiner Mutter und meine eigene Scheißjugend,** Piper. Der Autor widmet sich in seinem Buch dem Heranwachsen in der von Devotionalienhandel und klerikaler Machtdemonstration geprägten Atmosphäre Altöttings.
■ *Ludwig Ganghofer:* **Die Martinsklause.** Der Roman aus dem Jahr 1929 beschriebt die Besiedelung Berchtesgadens durch die Mönche, der Watzmann spielt auch eine tragende Rolle. Wer bei etwas altertümlichem Deutsch keine Berührungsängste hat, für den ist es ein Lesefest. Unter anderem elektronisch als kostenlose Kindle-Version und im Projekt Gutenberg erhältlich.
■ *Jessica Kremser:* **Frau Maier fischt im Trüben,** Pendragon Verlag. Chiemgau-Krimi.
■ *Wolfgang Schweiger:* **Duell am Chiemsee, Kein Ort für eine Leiche,** und weitere Krimis rund um das Ermittlerteam *Gruber* und *Bischoff,* Pendragon Verlag.

Sachliteratur

■ **111 Orte im Chiemgau, die man gesehen haben muss,** *Dorothea Steinbacher,* **111 Orte im Berchtesgadener Land, die man gesehen haben muss,** *Lisa Graf-Riemann und Ottmar Neuburger* und **111 Orte in Rosenheim und im Inntal, die man gesehen haben muss,** *Julia Lorenzer und Fabian Marcher,* Emons-Verlag. Die Bücher listen bekannte Orte und persönliche Tipps und unterhalten mit kurzweiligen Erklärungstexten. Sie eignen sich hervorragend als Hintergrundliteratur, zur Vertiefung, zur Entdeckung weiterer mehr oder weniger geheimer Plätze oder einfach nur als kurzweilige Urlaubslektüre.
■ **Oberbayern,** *Friedrich Köthe,* Reise Know-How Verlag. Reiseführer vom Autor des vorliegenden Buches.
■ **Bairisch – das echte Hochdeutsch,** *Richard Kölbl,* erschienen in der Kauderwelsch-Reihe des Reise Know-How Verlages (Band 106). Dazu gibt es den passenden **AusspracheTrainer** auf Audio-CD oder als Download.

Wir bitten um Ihre Mithilfe

Dieser Reiseführer ist gespickt mit unzähligen Adressen, Preisen, Tipps und Infos. Nur vor Ort kann überprüft werden, was noch stimmt, was sich verändert hat, ob Preise gestiegen oder gefallen sind, ob ein Hotel, ein Restaurant immer noch empfehlenswert ist oder nicht, ob ein Ziel noch erreichbar ist oder nicht, ob es eine lohnende Alternative gibt usw.

Unsere Autoren sind zwar stetig unterwegs und erstellen ca. alle zwei Jahre eine komplette Aktualisierung, aber auf die Mithilfe von Reisenden können sie nicht verzichten.

Darum: Schreiben Sie uns, was sich geändert hat, was besser sein könnte, was gestrichen bzw. ergänzt werden soll. Nur so bleibt dieses Buch immer aktuell und zuverlässig. Wenn sich die Infos direkt auf das Buch beziehen, würde die Seitenangabe uns die Arbeit sehr erleichtern. Gut verwertbare Informationen belohnt der Verlag mit einem Sprachführer Ihrer Wahl aus der über 220 Bände umfassenden Reihe „Kauderwelsch".

Bitte schreiben Sie an:

Reise Know-How Verlag
Peter Rump GmbH | Postfach 140666 | 33626 Bielefeld
oder per E-Mail an: info@reise-know-how.de

Danke!

HANS-PETER
PORSCHE
TRAUMWERK
AUSFLUGSZIEL, ERLEBNIS-AUSSTELLUNG,
GESAMTKUNSTWERK.
www.traumwerk.de
HANS-PETER PORSCHE TRAUMWERK 83454 Anger [nahe Piding]

Register

T

Die Autoren

Daniela Schetar (Ethnologin) und *Friedrich Köthe* (Soziologe) leben als Reisejournalisten in München und haben bei Reise Know-How bereits Reiseführer über so unterschiedliche Destinationen wie Namibia, Sizilien oder Slowenien veröffentlicht. Zu Zielen innerhalb Bayerns bzw. Süddeutschlands sind von ihnen die Titel „CityTrip München", „Oberbayern", „Allgäu" und „Bodensee" erschienen.

505f sk